Marie-Hélène Gutberlet • Hans-Peter Metzler (Hg.)

Afrikanisches Kino

Mit Beiträgen von

Jude Akudinobi
Férid Boughedir
Manthia Diawara
Richard Dyer
Phillip Gentile
Stuart Hall
Amadou Hampaté Bâ
Abid Med Hondo
Claire Jaumain / François Woukoache
Nixon K. Kariithi
Sarah Maldoror
Régine Fanta Nacro
Samba Félix N'Diaye
Sheila Petty
Richard Porton
Emmanuel Sama
Ousmane Sembène / Jean Rouch
Bouna Medoune Seye
Clyde Taylor
Clément Tapsoba
N. Frank Ukadike
Paulin Soumanou Vieyra

ARTE EDITION

HORLEMANN

Die Deutsche Bibliothek – CIP-Einheitsaufnahme

Afrikanisches Kino / Marie-Hélène Gutberlet ; Hans-Peter Metzler (Hg.). Mit Beitr. von Jude Akudinobi ... - Unkel/Rhein ; Bad Honnef : Horlemann, 1997
(Arte-Edition)
ISBN 3-89502-059-1
NE: Gutberlet, Marie-Hélène [Hrsg.]; Akudinobi, Jude

Titelbild unter Verwendung eines Fotos von
Marie-Paule Stokart: Asientos, 1995.

Veröffentlicht mit freundlicher Unterstützung von:
ARTE Deutschland TV GmbH
Evangelisches Missionswerk in Süddeutschland
Kirchlicher Entwicklungsdienst der Evangelischen Kirche in Deutschland durch den ABP
Elfriede Metzler
Missionswerk der Evangelisch-Lutherischen Kirche in Bayern
Tontine Maman Djougou
Umverteilen! Stiftung für eine solidarische Welt

Bitte fordern Sie auch unser aktuelles Gesamtverzeichnis an:
Horlemann-Verlag · Postfach 1307 · 53583 Bad Honnef

Gedruckt in Deutschland!

1 2 3 4 5 // 00 99 98 97

Inhalt

Prolog

Afrikanisches Kino, was ist das? Welche Bedeutungen hat »Afrika« durch seine Filme gewinnen können? Ein Kino ... der »Verdammten dieser Erde«? Wie von einem kontinentalen Visionsfeld sprechen, »das ›Afrika‹, das wir selbst geschaffen haben, das ›Afrika‹, wie wir es in unserer Politik, unserer Erinnerung und in unseren Wünschen und Sehnsüchten wieder-erzählen«, wie es Stuart Hall aus einer diasporatischen Perspektive formuliert. Wer nimmt Besitz, wer bestimmt, wer sieht, wer wünscht. Die Perspektiven sind so vielseitig, wie es Autoren, Fürsprecher, Kritiker, Filmemacher und Rezipienten gibt, und nicht zuletzt geht es darum, sich selbst zu sehen, wie es Richard Dyer in seinem Essay über das zeitgleiche Aufkommen der Filmtechnologie und der Rassentheorien erkundet.

Jenem Filmschaffen, das unmittelbar nach den Unabhängigkeitsbewegungen in den sechziger Jahren seinen Anfang nahm und sich auch hierzulande eines wachsenden Interesses erfreut, wird eine eigentümliche Erwartungshaltung entgegengebracht (zumindest keine indifferente Normalität), die uns dazu bewog, diese Texte und Autoren erstmals in deutscher Sprache vorzustellen – »Schlüsseltexte« der Geschichte dieses Filmschaffens, Filme und Autoren, die unsere Begeisterung aufflammen ließen, Texte, die uns sonst kaum zugängliche Aspekte unterbreiteten, und nicht zuletzt die Überzeugung, daß spezifische Sichtweisen gegenüber einem Rundumschlag den Vorzug eines erst beginnenden Seh- und Leseprozesses vorantreiben können, haben zur Auswahl und Zusammenstellung der vorliegenden Anthologie geführt.

»Wir haben das Kino nicht erfunden – überhaupt traut man uns nicht zu, irgendetwas jemals erfunden zu haben, wir werden unterhalten, ausgehalten, ausgenommen... Doch gibt es eine Zeit des Leidens, eine Zeit des Nachdenkens und eine Zeit, die Wahrheit zu sagen.« – Med Hondos Prolog zum Film *Les bicots nègres vos voisins* und weitere Texte, die das engagierte Kino in seiner explosiven Haltung greifbar machen, werden sich mit zurückhaltenderen analytischen, deskriptiven Beiträgen abwechseln, die nicht minder den mit jedem Film von neuem zu führenden Kampf um Gelder, um Sehen und Verstehen darlegen. In diesem Netzwerk an Zugängen erhoffen wir den Facettenreichtum jener Auseinandersetzungen um afrikanische Filme näherzubringen, der die geographischen, nationalen und kontinentalen Grenzen transzendiert.

Die Kluft zwischen den Blickperspektiven, die in der skandalumwobenen Auseinandersetzung zwischen Jean Rouch und Ousmane Sembène 1965 stattfand und die in dem vielzitierten Satz kulminierte: »Du schaust uns an, als wären wir Insekten«, begleitete seither nicht nur die Kritik am ethnographischen Film, sondern auch die Arbeit afrikanischer Cineasten, wie es Félix Samba N'Diaye aus der Distanz zu den Anfängen und Auseinandersetzungen der Autoren der ersten Stunde, der »großen Brüder« – unter ihnen Paulin Soumanou Vieyra, der seinen Beitrag dem Aspekt des Populären widmet – aus seiner persönlichen Warte beschreibt.

Paris ist die Hauptstadt des frankophonen afrikanischen Kinos: Diese normalisierte Absurdität, daß es jenseits des einstigen Apartheid-Südafrika und Ägypten keine nennenswerte afrikanische Filmindustrie gibt, erinnert an die koloniale Präsenz und Kontrolle der Westmächte und an ihre ungebrochene Vormachtstellung innerhalb der kinematographischen Repräsentierung. »Wir sind ein bißchen die ›Kolonisatoren‹, die hier Geld auftreiben, um in unseren Ländern zu drehen, und natürlich bleibt ein gewisser Anteil hier«, wie es Régine Fanta Nacro in *FantaSma* kundtut; sie möchte ungern, nur weil sie eine afrikanische Filmemacherin ist, sich allein dem engagierten, politischen Kino verpflichtet wissen.

Was mit den Filmen geschieht und welche Filme in den afrikanischen Metropolen zu sehen sind – *Mademoiselle, Rambo*, indische Melodramen ... –, welche Distributionspolitik vorherrscht, ermittelt Emmanuel Sama in seinem umfassenden Dossier. Welche Chance haben also afrikanische Filme, wo können sie gesehen werden? Férid Boughedir hält den »Autorenfilm« deshalb für unausweichlich, weil er die Sichtbarkeit, die Qualität garantiert und sich ein Publikum sichert, zu guter Letzt eines, das Festivals besucht und das die Außergewöhnlichkeit jenseits des folkloristisch Verbrämten zu schätzen meint.

Hingegen, so Nixon Kariithi, sei die Rezeption maßgeblich von einer unwissenden bzw. unerfahrenen Kritik bestimmt, in deren Haltung die Kluft zwischen Kulturzugehörigkeit und -befremdlichkeit verwischt seien, und er beschreibt dieses Spektrum des Sehens anhand der am Film *Yeelen* artikulierten westlichen Kritik. Denselben Film nimmt sich der Filmwissenschaftler Phillip Gentile vor und begibt sich als »Nichtinitiierter« in die Geheimnisse der Komogesellschaft. Diese wird in einem weiteren Beitrag des Traditionalisten Amadou Hampaté Bâ, der Jahrzehnte damit zubrachte, mündliche Überlieferungselemente zusammenzutragen, als Teilaspekt eines holistischen und zugleich poetischen Welt- und Wertesystems dargelegt.

Daß Film und mündliche Überlieferung – Oralität – zusammengehören, liegt nicht nur für afrikanische Filme auf der Hand. Manthia Diawara geht in seiner Filmbesprechung von *Wênd Kûuni* darauf ein, inwiefern traditionelle (das heißt auch konservative) Elemente hierin ebenso thematisiert werden wie emanzipatorische Aspekte, Oralität nicht etwa auf eine Vorstufe der Wissensvermittlung angesehen werden kann, sondern in ihrer Doppelbödigkeit Allegorie und Aufklärung, Mythos und Aktualität, Befürwortung und Kritik vereint. Daß Oralität jedoch nicht einer kontinuierlichen historischen Praxis gehorcht, klingt bei Hampaté Bâ bereits an. Mit der Geschichte der Kolonialisierung, der Deportation und Sklaverei fand ein Bruch statt, der in den Worten Frantz Fanons »Menschen ohne Ufer, ohne Grenzen, ohne Farbe, Heimatlose, Nicht-Verwurzelte, Engel« hervorbrachte, die als Zurückgelassene, Übriggegebliebene, historische Second-Hand-Ware zusehen müssen, wie der traumatisierenden bilderlosen Geschichte dieses Genozids erinnert werden kann: *Asientos*, aus einer Perspektive der Zurückgelassenen, auf der anderen Seite des Indischen Ozeans, die einstmals Verschleppten. Stuart Hall beschreibt, wie »Afrika« aus dieser zweiten Warte einer Fiktion ohne determinierte Verortung entspricht, die dem nomadischen transkontinentalen Ringschluß entspringt: hier kommen *présence américaine, présence européenne* mit der *présence africaine* verquickt zutage und stellen zwingendermaßen auch für den afrikanischen Kontinent das »genuin Afrikanisch« in Abrede.

Daß dieser Ringschluß nicht mit Globalität, mit einer afrikanischen Universalitätsgebärde oder einem Pan-Afrikanismus zu verwechseln ist, daß die spezifischen Orte der Geschichte und der Identifizierungen berücksichtigt werden müssen, zeigt sich zudem in der Kritik an einem feministischen Universalismus (Yoko Onos »Woman Is The Nigger Of The World«), der nicht ohne weiteres »afrikanisiert« werden kann. In diesem Sinne ermittelt Sheila Petty in *Miseria*, einer kamerunischen Fernsehserie, eine »afrikanisch-feministische« Perspektive.

Die Mehrstimmigkeit der identitätsstiftenden Referenzen, wie sie bei Hall untersucht werden, gewinnt in N. Frank Ukadikes Beitrag filmische Relevanz. Anhand zweier Dokumentarfilme eruiert er die Brüchigkeit autoritativer Stimmen, die weder einem Gegensatz von Tradition und Moderne standhalten (Jude Akudinobi), dafür einer filmischen »Geschichtsstunde« zu entsprechen scheinen, die mit der Notwendigkeit einer afrikanischen Filmkritik (Clément Tapsoba) und der Sichtbarmachung ökonomisch-globalistischer Interessen (Richard Porton) einhergehen. Diese hierin zum Ausdruck kommende Haltung, die das Attribut des »Post« im Postkolonialismus entschieden revidiert, blickt auf eine filmische Praxis zurück, die unter anderem mit Sarah Maldoror begann, als es darum ging, den Kampf um Unabhängigkeit mit den Mitteln des Kinos voranzutreiben: *Sambizanga*.

Die Aspekte von Kritik, von Produktions- und Distributionsbedingungen, von Filmseharten und Oralität, von Geschichtsfindung und emanzipativen Ansprüchen werden in den vorliegenden Beiträgen kaum in Reinkultur thematisiert. Darin zeigt sich die untrennbare Verflechtung dieser Elemente, die schließlich zur Frage nach einer spezifisch afrikanischen Filmästhetik führen. Clyde Taylor, zunächst Verfechter eines »black aesthetic«-Konzepts, stellt schließlich das gesamte Modell Ästhetik in Frage. Bouna Medoune Seye, der das Attribut des »Afrikanischen« beflissentlich bissig zu ignorieren versucht, macht aus diesen Grenzgängen zwischen den Kontinenten, Genres und Zugehörigkeiten eine kinematographische Grundfrage: Ich sehe etwas, was du nicht siehst … bloße Lust am Schauen.

> *Ein Filmemacher, das ist ein persönlicher Blick, der uns die Sache zeigt, die er als einziger sieht. Egal, wo er herkommt, er zeigt uns immer nur einen Teil der Wahrheit, einen Widerschein seiner Wirklichkeit.* (Félix Samba N'Diaye, Die Zeit der großen Brüder, in diesem Band S. 38)

Unser besonderer Dank gilt all denjenigen, die uns mit Rat, Tat, Überzeugung und Zuversicht durch alle Höhen und Tiefen beistanden.
Peace & Respect.

Marie-Hélène Gutberlet und Hans-Peter Metzler
Frankfurt am Main im Januar 1997

Abkürzungen

AFEST	Accra International Film Festival (Ghana)
AFRAM	ehem. West Africa Export Co. Inc. mit Sitz in Dakar (Senegal)
AMPECA	American Motion Pictures Export Company of Africa (USA)
BELCO	Société Béninoise d'Exploitation des Loisirs et Commerce (Benin)
CFAA	Compagnie Franco-Africaine de l'Audiovisuel (F)
CIDC	Consortium Interafricain dè Distribution Cinématographique (BF)
CIPROFILMS	Consortium Interafricain de Production de Films (BF)
CIVCA	Compagnie Ivoirienne du Cinéma et de l'Audiovisuel (CI)
COGECI	Compagnie Générale Cinématographique (F)
CNCB	Centre National du Cinéma du Burkina Faso (BF)
COMACICO	Compagnie Marocaine du Cinéma Commercial (F)
DIPROCI	Direction de la Production Cinématographique (BF)
FEPACI	Fédération Panafricaine des Cinéastes (BF)
FESPACO	Festival Panafricain du Cinéma et de la Télévision de Ouagadougou (BF)
FIAC	Fonds Ivoirien d'Aide à la Création (CI)
FODIC	Fonds de Développement de l'Industrie Cinématographique (CAM)
IDHEC	Institut des Hautes Etudes Cinématographiques, Paris (F)
MPEAA	Motion Pictures Export Association of America (USA)
OBECI	Office Béninois de Cinéma (Benin)
OCAM	Organisation Commune Africaine et Malgache (Madagaskar)
OCINAM	Office de la Cinématographie Nationale du Mali (Mali)
ONCIC	Office National pour le Commerce et l'Industrie Cinématographique (Algerien)
RECIDAK	Rencontres Cinématographiques de Dakar (Senegal)
SAFF	Southern African Film Festival, Harare (Simbabwe)
SECMA	Société d'Exploitation Cinématographique Africaine (F/Senegal)
SIC	Société Ivoirienne de Cinéma (CI)
SIDEC	Société d'Importation, de Distribution et d'Exploitation Cinématographique (Senegal)
SIMPEC	Société d'Importation, de Promotion et d'Exploitation Cinématographique (Senegal)
SOCOFILM	Societé Commerciale de Film, Genf (CH)
SONACIB	Société Nationale de Cinéma du Burkina Faso (BF)
SONAVOCI	siehe SONACIB
SONIDEC	Société Nigérienne d'Exploitation et de Distribution Cinématographique (Niger)
SOPACIA	Société de Participation Cinématographique Africaine (Senegal)
UGC	Union Générale Cinématographique (F)
ZFVA	Zimbabwe Film and Video Association (Zimbabwe)

Abid Med Hondo (1973)

Les bicots nègres vos voisins

Prolog zum Film

– Assalam oualekoum? Alhamdou lillahi!

So, du bist also ins Kino gegangen. – Aber sicher, wir alle lieben das Kino sehr, nicht wahr? Manchmal gehen wir nach der Arbeit hin, wenn wir Zeit haben und Geld. Was also bedeutet uns das Kino, uns, der afrikanischen Bevölkerung, Bürgern der Dritten Welt, uns sogenannten unterentwickelten Völkern, Bauern ohne Arbeit, verhungernden armen Teufeln? – Was? – Ja: die Kamera, der Film, die Projektoren, die Technik, wer hat das alles erfunden? Wir sicher nicht. – So viel wissen wir: Uns traut man nicht zu, jemals eine Maschine erfunden zu haben. Die Westler haben es getan. Ja, meinetwegen, die »Toubabs«. So haben die »Toubabs« das Kino erfunden, zuallererst für sich selbst: in Frankreich, England, Deutschland, den Vereinigten Staaten, und sie haben einige Filme zur Unterhaltung ihrer Landsleute ausgeheckt.

Und – als sie »chez nous« ankamen – und sie sind immer noch hier, »chez nous« –, haben sie ihre Waren mitgebracht, damit auch wir sie genießen können! [Er lacht] Das ist nett, oder? Wir werden darauf zurückkommen.

Nun, um uns mit Unterhaltung zu versorgen – und auch um uns etwas Knete abzuknöpfen, entschuldige, ein bißchen Kleingeld –, haben die »Toubabs« für uns Kinos gebaut, ihre Maschinen installiert, und wir, neugierig wie wir sind, sind hingegangen, um CI-NE-MA zu sehen.

Das KI-NO. Erinnerst du dich – ja, denk mal nach: Tarzan! Tarzan und sein Affe Chita! Hula, die Tochter des Waldes! Bozambo! Bouboulé! Ha, ha, ha, Bouboulé, der erste schwarze König! Ha, ha, ha. Und dann waren da die mutigen Entdecker, die den schrecklichsten Gefahren ins Auge schauten, um uns die Zivilisation zu bringen

– und laß uns nicht die freundlichen weißen Pater vergessen, die uns die »frohe Botschaft« brachten. Es gab sogar einige Afrikaner in diesen Filmen! Oh ja, ja, ja! Sicher, nicht viele – man bat sie, den Weg zu bahnen, die Natur zu bezwingen und mit ihren Waffen Wege durch den Wald zu schlagen – oder anders: Sie trugen all die gute Ware, sie waren die Helfer!

So sollte es sein, richtig? Die Hauptsache – und ich möchte dies betonen –, die Hauptsache war wirklich, den Eindruck zu erzielen, daß alles »wahr« war und voller echtem Lokalkolorit! Man könnte den Eindruck bekommen, daß die Geschichte zweifelsohne in Afrika stattfand, genau so wie es ist, genau hier, in unseren Ländern.

Natürlich. – Die Geschichte war nie eine afrikanische Story. [Er lacht] Schließlich wurden auch »chez nous« Filme gezeigt, die wir überhaupt nicht verstanden. Wir sind trotzdem hingegangen, um sie zu sehen. Es waren die Filme, die uns europäische Märchen erzählten, und seitdem die Europäer »chez nous« an der Spitze waren, blieb uns keine andere Wahl. Wir gingen wie die Weißen ins Kino, um des weißen Mannes Filme zu sehen, vom weißen Mann für den weißen Mann gemacht! Ha, ha, ha.

Und dann – und dann kam der Zweite Weltkrieg. Erinnerst du dich an den, he? Als unsere Väter, Onkel, Brüder, Vetter dorthin geschickt wurden, um in Europa zu sterben und um den Westen von einer westlichen Tyrannei zu befreien. Nun gut, auch darüber haben sie Filme gemacht, und wir sind hingegangen, sie zu sehen, oh ja, oh ja – [er lacht]. Sie nannten es die »afrikanischen Kampagnen«. Da waren die senegalesischen »Tirailleurs«[1], die »Tabors« aus Marokko, die »Spahi« aus Algerien. – Die Afrikaner unsere Brüder! Aber ganz sicher nicht hier, 'ne! Da waren auch Leute aus Indochina, den Antillen, kurz gesagt, aus allen Kolonien, die zur Rettung des Mutterlandes herbeieilten ...!

(Gesang)

»Aimons notre France immortelle	Lieben wir unser unsterbliches Frankreich
Aimons-la tous, aimons la bien	Lieben wir es alle, lieben wir es gut
Aimons ceux qui sont morts pour elle	Lieben wir die, die dafür gestorben sind
Sans cet amour, vivre n'est rien.«	Ohne diese Liebe ist das Leben nichts wert.

(Gebrüll)

A mon commandement! Section, attention:	Auf mein Kommando! Abteilung, Achtung:
repos! Garde-à-vous! En avant! Aie ouille	Rührt euch! Stillgestanden! Vorwärts! au ai

1 Tirailleurs, senegalesische Schützen, die in den französischen Kolonien als Fußtruppe unter französischer Führung eingesetzt wurden und u. a. auch im »Mutterland« Frankreich gegen die Deutsche Wehrmacht kämpften. Vgl. u. a. die Filme: *Camp de Thiaroye* (Ousmane Sembène, 1988) und *Sarraounia* (Med Hondo, 1986).

(Gesang)	
»Serré dans sa large ceinture Portant crénement la chechia Il a vraiment bonne figure Coulibali notre soldat.«	In seinen breiten Gürtel eingeschnürt Trägt er zackig die Chechia Gibt wirklich eine gute Figur ab Unser Soldat Coulibali.
(Gebrüll)	
Tête … droite!	Kopf … rechts!
(Gesang)	
»Au son des fifres et trompettes Sans crainte sans larmes ni peur Quand il charge à la baionette Rien ne résiste au tirailleur.«	Zum Klang der Pfeifen und Trompeten Ohn' Furcht, Tränen oder Angst Wenn er das Bajonett aufpflanzt Widersetzt sich nichts dem Tirailleur.
(Gebrüll)	
Demi-tour … droite!	Ganze Abteilung, kehrt!
(Gesang)	
»Il a fait le tour de la terre Il s'est battu sous tous les cieux Il a connu bien des misères Mais un brave est toujours heureux.«	Er hat die ganze Welt bereist Er hat sich unter allen Himmeln geschlagen Er hat viel Elend gekannt Doch ein Mutiger ist immer glücklich.
(Gebrüll)	
Demi-tour … Hoi!	Kehrt … Hoi!
(Gesang)	
»Au son des fifres et trompettes sans crainte sans larmes ni peur Quand il charge à la baionette Rien ne résiste au tirailleur!«	Zum Klang der Pfeifen und Trompeten Ohn' Furcht, Tränen oder Angst Wenn er das Bajonett aufpflanzt Widersetzt sich nichts dem Tirailleur!
(Gebrüll)	
Demi-tour … droite! A mon commandement, section … halte! Repos!	Ganze Abteilung, kehrt! Auf mein Kommando: Abteilung … stillgestanden! Rührt euch!

[Prustet vor Lachen] Ha, ha, ha! »Coulibali, unser Soldat«. Sie haben es verdammt gut hingekriegt, uns auf ihre Seite zu bringen, was? Sei unbesorgt: die Dinge haben sich nicht so sehr geändert [lacht] ...

[Er seufzt] Und dann? – Es wurde ihnen gegönnt, an den Delikatessen des amerikanischen Westen teilzuhaben. Wißt ihr, meine Brüder, diese Filme, mit den vielen Pferden und zum Schluß all diese Schüsse: Paff, paff, paff. Diese Filme, in denen all diese Indianer umgebracht werden, ja, ja, ja. Erinnerst du dich, nein? Gut. Und nun scheint es, daß auch die Italiener so was machen, ehrlich, du kannst mir glauben, – sie nennen es Italo-Western, und es werden immer noch Indianer in ihnen umgebracht. Sehr gutes Zeug, wir sehen es hier »chez nous« und genießen es schrecklich gern. Wir hören nicht auf zu lachen, wenn wir die Indianer wie Fliegen umfallen sehen. [Western-Sound]

Wir denken nie darüber nach, nicht einmal für eine Minute, daß hier in Afrika Tausende unserer Brüder jeden Tag von den Kugeln weißer Kolonialisten ermordet werden. In Südafrika, in Rhodesien, in Angola, in Mosambik, in Guinea-Bissau! – Wir müssen zugeben, daß wir manchmal etwas blöd sind: Wir gehen ins Kino und schlucken alles runter, was uns da aufgetischt wird! Wie Schafe! Schafe! Wir denken nie darüber nach, nicht einmal für eine Minute, daß diese Filme wie Gift sind, daß sie uns nicht betreffen, daß sie noch nicht einmal unsere Sprache sprechen, daß sie nicht von unserer Überlieferung, von unseren Kulturen handeln, und von unserem Alltag und unserer Mühsal sprechen sie auch nicht! Wir schlafen! SCHLAFEN! Wir lassen uns von ihnen in den Schlaf wiegen. Ja! Aber sie wissen, sie wissen sehr wohl, was sie tun, und sie tun es, um uns zum Schlafen zu bringen, damit wir träumen. Denn wenn wir nämlich nicht träumen würden, könnten wir uns ja Fragen stellen. Und es könnte für sie gefährlich werden, wenn wir anfingen nachzudenken. – Auf, vorwärts! Sie schwindeln uns an, sie ändern die Karten vor unserer Nase, wie sie sagen, und schwupp! »Les jeux sont faits. Rien ne va plus!« Und wir lassen sie spielen. Und was geht währenddessen ab, frage ich mich? Hm, hm? Unser erbärmliches Leben geht weiter, mit all dem, was *dies* beinhaltet: Arbeitslosigkeit, Hunger – und dann verlassen einige von uns das Dorf auf der Suche nach Glück und Ruhm draußen. – Ha, ha! Glück und Ruhm draußen.

[Er zwinkert] Hör mal: ich wünsche, sie könnten mir erklären – also, ich wünsche mir, daß sie uns einmal im Kino sagen, warum es reiche und arme Leute gibt. Oh! Ich spreche nicht von der Hautfarbe. Laß mich das ausführen! Schwarz, Weiß, Gelb: Farbe hat nichts damit zu tun. Ich wünschte mir vor allem, daß sie uns sagen würden, warum die Reichen immer reicher und die Armen immer ärmer werden. Und nebenbei und ganz im Vertrauen: Die reichen Leute werden dir sagen, daß es eine natürliche Sache ist. Aber es ist nicht wahr. Überhaupt nicht wahr. Und weißt du warum? Weil sie Angst haben, daß die Dinge sich um Gottes willen ändern könnten. Ja, ja, ja – die Reichen sind sich stets darüber im klaren, was sie riskieren zu verlieren. Was uns betrifft, uns arme ausgebeutete Arbeiter, so sind wir uns unserer Stärke überhaupt nicht bewußt. Wenn WIR wollten, könnten wir in der Tat die Dinge radikal verändern. Denn, um die Wahrheit zu sagen, meine Brüder, ohne uns könnte der Reiche nicht noch reicher werden! Ja, ja! Genau so ist es … [Ausruf auf Wolof]

Laßt uns zum Kino zurückkehren: Das Kino, das wir hier »chez nous« auf dem ganzen afrikanischen Kontinent zu sehen bekommen, dieses Kino, das über uns ausgeschüttet wird wie nicht versiegende Wasserfälle – das Kino, das zu 99 Prozent von ausländischen Konzernen produzierte und kontrollierte Filme zeigt – dieses Kino, in dem das Leben der Dritte-Welt-Menschen, der Menschen im allgemeinen niemals behandelt wird – was umgekehrt bedeutet, daß die Produzenten dieser Filme sich für uns ausschließlich als Konsumenten interessieren [einige Worte in Wolof].

Weißt du, daß das Kino den ausländischen Konzernen jährlich zig Billionen Francs einbringt? Weißt du, daß diese Konzerne den gesamten Verleih und alle Vorführungen, das gesamte Produktionsmaterial hier in Afrika verwalten und kontrollieren. Alles gehört IHNEN! Was ist die Folge? Ein afrikanischer Filmemacher kann noch nicht einmal sicher sein, daß sein Film in seinem Land gezeigt wird. – Dabei sind wir unabhängig, und wir sind geheißen, uns selbst zu regieren! Und doch haben wir einige Filmemacher auf unserem Kontinent, die so fähig sind wie jeder andere auf der Welt.

Wer ist dafür verantwortlich? Du, ich, wir alle, die das Kino mit geschlossenen Augen annehmen, alle kinematographischen Beiwaren, die uns wegschwemmen. Wir sind dafür verantwortlich. Mit unserem Schweigen werden wir zu Komplizen derjenigen, die uns einer Gehirnwäsche unterziehen.

Wir laufen große Gefahr, meine Brüder, denn wenn wir nicht vorsichtig sind, wird dieses kostbare und kulturelle Informations-, Genuß- und Kampfmittel, das das Kino darstellt, uns für immer durch die Finger gleiten. Bald werden sie ein neues Gebräu »afrikanischen« Kinos für uns mischen, in denen Cowboys von feudalen Rittern ersetzt und mit gemischten afrikanischen Kräutern bestreut werden und mit willigen wunderschönen Neger-Frauen, die ihre Tugenden mit jeder Spulendrehung im traditionellen Look entfalten. Die Inhalte dieser Filme aber werden alles andere sein als das, was sie beschwören. Achtung, Brüder: Demnächst werden Händler kommen, die die heutigen Produzenten und Direktoren ersetzen, und die Filme, die einst aus Hollywood, Rom, London, Paris zu uns gelangten, werden aus Johannesburg kommen. Du weißt, wo das ist: in Südafrika, der Bastion der Rassentrennung. Sehr bald schon werden diese Filme eben dort produziert, von unsere Brüdern. Wer gut erzogen und gehorsam ist, wird sich für die gleichen ausländischen Konzerne einsetzen, die darauf abzielen, uns wieder in den Schlaf zu schaukeln.

Gegen diese Gefahr zu handeln, ist notwendig, und DER EINZIGE Weg zu kämpfen, ist, alle Kinosäle und alle Verteilerkonsortien zu nationalisieren. Ja, wir brauchen ein nationales Kino, weil alles seine Zeit hat: Es gibt eine Zeit des Leidens, eine Zeit des Nachdenkens und eine Zeit, die Wahrheit zu sagen. Dieser Augenblick ist nun gekommen.

Aus dem Englischen und Französischen von Mahé Gutberlet
Mit freundlicher Genehmigung von *Sankofa/Framework*, London

Abid Med Hondo (* 1936, Mauretanien), Schauspieler und Regisseur.

Filme:

- *Ballade aux sources*, 1969, 16mm, 25'.
- *Partout ailleurs et peut-être nulle part*, 1969, 16mm, 30'.
- *Soleil ô*, 1969, 35 mm, 98'. FESPACO-Preisträger 1972.
- *Les bicots nègres vos voisins*, 1973, 35mm, 190'. Tanit d'Or, Jours du Film de Carthage 1974.
- *Nous aurons toute la mort pour dormir*, 1974, 16mm, 160'.
- *Polisario, un peuple en armes*, 1978.
- *West Indies*, 1979, 35mm, 110'. FESPACO-Preisträger 1981.
- *La reine Sarraounia*, 1986, 35mm, 120'. Djoula, Franz., Peul. FESPACO-Preisträger 1987.
- *Lumière noire*, 1993, 35mm, 102'.

Richard Dyer (1995)

. . . und es werde Licht!

Weiß-Sehen

Körper werden nicht nur nach Geschlecht, sondern auch nach »Rasse« definiert. In beiden Fällen bietet der Körper eine (wenngleich keine unendliche) Vielfalt von Möglichkeiten, aus denen Gesellschaften Kategorien bilden, die als solche nicht vom Körper selbst mitgeliefert werden. Hier kommt ein grundsätzlich menschliches Phänomen zum Tragen: Es gibt keine Kultur, die nicht Körper nach Geschlecht und anderen Gesichtspunkten klassifiziert. Doch wofür auch immer diese Kategorien stehen, wird von historischen und kulturellen Faktoren bestimmt.[2] Es steht auch die politische Frage auf dem Spiel, wie stark diese Kategorien zur Geltung gebracht werden, und, noch entscheidender, wer die Einteilung kontrolliert. Was die Frage der »Rasse« betrifft, stellt sie sich mit größerer Dringlichkeit in Gesellschaften, die sich in zunehmendem Maße aus mehreren »Rassen« und deren Kreuzungen zusammensetzen.

Im Zusammenhang mit der Definition von Menschen nach »Rassen« lassen sich zwei Aspekte festhalten, die diese Art der Kategorisierung von der Bestimmung nach Geschlechtern unterscheidet. Erstens hat es zwei gegenläufige Strömungen in der Geschichte der »Rasse« gegeben. Eine war die Vermehrung – bei gleichzeitiger strenger Einschränkung des breiten Spektrums der Körperphysiognomie – der Kategorien und Unterkategorien von »Rassen«, etwas, was man in den Auswüchsen der viktorianischen Rassentheorie oder in den mathematischen Berechnungen von gemischtrassigen Menschen im Süden der Vereinigten Staaten (Mulatten, Quadroons, Octroons usw.) findet. Die andere Tendenz war eine gegenläufige, nämlich der Versuch, von weißen und farbigen Menschen zu sprechen oder – vielleicht noch stärker polarisiert – von schwarzen und weißen Menschen.

2 Zum Begriff der »Rasse« vgl. in diesem Band den Beitrag von Clyde Taylor.

Ein zweiter Aspekt, der in der Nachkriegszeit in intellektuellen und politischen Diskussionen ausgeprägter wurde, ist die Tendenz, den Begriff »weiß« fallenzulassen oder zu ignorieren, wenn es sich um »Rasse« dreht. Wenn man zum Beispiel sagt, daß man sich mit »Rasse« befaßt, heißt dies, daß man sich mit anderen Menschen und Kulturen beschäftigt als mit weißen Menschen und mit weißer Kultur. Der frühere Rassendiskurs neigte in stärkerem Maße dazu, sich auf die »weiße Rasse« zu beziehen, auf weiße Eigenschaften, meistens im Sinne ihrer Überlegenheit, doch im gegenwärtigen Diskurs sind Weiße aus dem Blickfeld gerückt und in gewisser Hinsicht unsichtbar geworden.[3]

Das Ziel, zu dem der vorliegende Ansatz ein Beitrag ist, liegt darin, die Weißen wieder in die Diskussion über »Rasse« einzubringen, uns dazu zu bringen, das Weiß wieder zu sehen. Es ist klar, so hoffe ich, daß ich dies nicht tue, um frühere rassistische Begriffsbildungen – oder gar den recht zweifelhaften Begriff der Rasse selbst – zu Ehren gelangen zu lassen. Solange aber »Rasse« als erkenntnistheoretische politische Kategorie dient, muß sie umfassend behandelt und analysiert werden. Die gegenwärtige Stille um die weiße Identität scheint nahezulegen, daß es Menschen gibt, die »einer Rasse« zugeteilt sind (Nicht-Weiße) und andere (Weiße), die einfach Menschen sind, die menschliche Norm. Mein Ziel ist es, diese für selbstverständlich erachtete Annahme von den Weißen als Norm aufzudecken und damit die Weißen seltsam erscheinen zu lassen.

Es gibt Gefahren in diesem Unterfangen, auf die ich hinweisen sollte. Wenn man Rassennormen zu beschreiben versucht, die selbst soziale Konstrukte sind, läuft man Gefahr, sie zu sanktionieren. Den Blick ausschließlich auf das Weiße zu richten, könnte zur Folge haben, daß weiße Menschen sich dazu ermutigt fühlen, sich weiterhin über das auszulassen, worüber wir uns in Wirklichkeit immer unterhalten haben, nämlich über uns selbst (auch wenn wir meistens so vorgegangen sind, als wäre unser Reden über uns selbst nur Gerede über das Menschsein). Diese Bemühungen könnten durch Schuldgefühle angetrieben sein, durch Emotionen, die dazu führen, jede Analyse in einer Orgie von Verletzung zu ersticken, oft auf eine Weise, die mir unverwechselbar weiß erscheint – wir bezichtigen uns selbst unserer Schwäche als Weiße, aber dieses Selbstbewußtsein ist selbst ein Zeichen der Subtilität weißer Sensibilität... Schließlich könnten die Bemühungen über das Weiße in dieselbe Position von einigen Studien zu »Männern« umkippen: Indem wir die Grenzen des Weißseins erkennen, könnten wir sie schließlich beklagen (»es ist genauso schlecht, weiß zu sein«), oder wir könnten das Gefühl haben, daß wir wieder das Gespür für unser Weißsein gewinnen müssen – ein Schritt, der keine Millionen Meilen weg von weißem Stolz und weißer Überlegenheit führt. Ich habe keine Lösungen für ein solches

3 Vgl. vom selben Autor: WEISS. In: *Frauen und Film*, Bd. 54/55, 1994, S. 65-80.

Dilemma, ich kann Sie nur darauf aufmerksam machen und Sie, den Leser, auffordern, sich selbst ein Urteil über das, was folgt, zu bilden.

Mein Augenmerk in diesem Aufsatz liegt darauf, einen bestimmten Aspekt der Grundmittel fotografischen Schaffens herauszuarbeiten: Es handelt sich nicht nur um ein höchst einflußreiches Medium der Gegenwart, sondern um etwas, das für sie spezifisch und charakteristisch ist. Die Fotografie und die biologischen Begriffe von »Rasse« entstanden historisch gesehen gleichzeitig und sind miteinander verbunden, was die Bedeutung des Sichtbaren im Verständnis und in der Kontrolle gesellschaftlicher Angelegenheiten betrifft. Die fotografischen Medien spielten eine zentrale Rolle in der Bestimmung von »Rasse«, einschließlich des Weißseins. Sie waren nicht nur ein wirkungsvolles Darstellungsmittel von weißen Menschen (und von allem anderen), auch die Technologie gründete auf dem Weißsein.

Worauf ich mich hier konzentrieren möchte, ist die Beziehung zwischen der ästhetischen Technik des Films und dem weißen Körper, der Art, wie diese Technik den weißen Körper auf bezeichnende Weise wiedergibt. Eine ästhetische Technologie ist ein bestimmtes Instrumentarium, das selbstbestimmte formale und affektive Qualitäten hervorbringt. Das Instrumentarium und seine Verwendung entstehen historisch und kulturell und unterliegen ständiger historischer und kultureller Veränderung. Es gibt natürlich zahlreiche Aspekte des Phänomens, ich beschränke mich hier auf die Hervorhebung von zwei Momenten dieser Technologie: Licht und Rasse.

Licht: Die fotografischen Medien sind Lichttechnologien. Ich meine damit nicht nur die Beleuchtung. Fotos und Filme werden mit Hilfe von Licht geschaffen. Ein Foto bzw. ein Film wird durch die chemische Reaktion von Filmmaterial auf das von einem Gegenstand reflektierte Licht hervorgerufen. Das Licht ist wahrhaft ein fundamentaler Bestandteil des Mediums. Des weiteren werden das Aussehen und die Qualität des Lichts in einem Foto von mehreren Dingen hervorgerufen, einschließlich der Widerspiegelung von Objekten, die gerade gefilmt werden, das Licht, das darauf projiziert wird (auf natürliche oder sonstige Art und Weise), das verwendete Material, Beleuchtung, Entwicklung, Projektion, sogar die gemalte Illusion von Licht in einem Szenenaufbau – all dies ist für mein Thema von Bedeutung.

Rasse: Das Instrumentarium und die Art, wie es meistens eingesetzt wird, setzen die ideelle Vorstellung eines weißen Menschen voraus, der privilegiert und konstruiert wird. Sie wurde in der eigentlichen Entwicklung der Technologie vorausgesetzt, wo der weiße Körper und vor allem das weiße Gesicht als Norm galten. Die herkömmlichen Handbücher setzen all dieses weiterhin voraus. Dies hatte zur Folge, daß weiße Menschen eine privilegierte Stellung erhielten, daß der weiße Körper im Bild bevorzugt wurde, daß er sichtbarer und auffallender wurde. Dabei konstruierte die Technologie eine Vorstellung des weißen Menschen, einer Verkörperung dessen, was für weiße Menschen als charakteristisch gelten soll.

Die Grundannahmen von Weiß

Was in der fotografischen Praxis als die normale oder richtige Art und Weise gilt, das menschliche Subjekt aufzunehmen, setzt voraus, daß das Subjekt weiß sein muß. Dies kann man in jedem Standardbuch, das in Buchhandlungen, öffentlichen Bibliotheken usw. erhältlich ist, nachlesen: darin werden Anleitungen dafür gegeben, wie man das Gesicht und den Körper fotografieren soll. Hier werden Belichtungseinstellungen, Ratschläge für Lichtbedingungen oder Geräte usw. angegeben, die allesamt auf weiße Körper und Gesichter ausgerichtet sind. Fast immer werden solche Anleitungen von Abbildungen weißer Gesichter begleitet; nur selten wird ein nicht-weißer Körper abgebildet, etwa bei einer Besprechung der Schwierigkeiten, die ein solcher Körper stellt. Mit anderen Worten, es geht um das Abweichen dieses Körpers von dem, was eine kulturell festgelegte Norm ist. Dies wird manchmal ausdrücklich beschrieben, etwa im Eintrag über »Skin Tone« in der letzten Ausgabe der *Focal Encyclopedia of Photography* (1993): »Wenn es um einen Maßstab zum Zwecke der Qualitätssicherung geht, wird, sofern nicht anders angegeben, angenommen, daß das typische Subjekt ein Europider mit einem Hautspiegelungsgrad von 36 Prozent ist.« Verschiedene Hautfarben reflektieren Licht anders – durch die im menschlichen Körper gegebenen Variationen wird die Fotografie vor diese Frage gestellt, wobei aber nicht daraus hervorgeht, daß der Europide oder 36 Prozent die Norm bilden.

Daß der weiße Körper – insbesondere das weiße Gesicht – vorausgesetzt wurde, muß man im Rahmen der historischen Entwicklung der Technologie betrachten, wo die technischen Innovationen und richtigen Praktiken stets vom Bestreben geleitet wurden, das weiße Gesicht richtig darzustellen. So besprach zum Beispiel Brian Winston[4] die Entwicklung von Farbfotomaterial im Zusammenhang mit dem weißen Gesicht; es wurden ständig Veränderungen vorgenommen, bis das Material die richtige Hautfarbe des Gesichts wiedergab, was bezeichnenderweise auf den idealen Rosaton der weißen Frau hinauslief. Die Auswirkungen des Versuchs, genau diesen Ton bei anderen Farben (einschließlich anderen Hautfarben) zu erhalten, waren von zweitrangiger oder überhaupt keiner Bedeutung. Ich möchte hier ein weiteres Beispiel vorstellen: der Zusammenhang zwischen Filmmaterial, Beleuchtung und Schminke im frühen Kino.

Das orthochromatische Filmmaterial, das im frühen Kino verwendet wurde, erzeugte subtil modulierte Bilder, reagierte aber zugleich schlecht auf scharfe Kontra-

4 Brian Winston: A Whole Technology of Dyeing, 1985, S. 105-123.

ste von Hell und Dunkel. Die bevorzugte Lichtquelle, die Kohlenbogenlampe, lieferte ein streubares und sich gut verbreitendes Licht, leuchtete aber die Räume stark aus, wodurch es zu scharfen Kontrasten kam. Die andere Lichtquelle, die hell leuchtende Wolframglühlampe, war weicher, erzeugte weniger Kontraste und war auch günstiger und leichter handzuhaben. Oberflächlich betrachtet würde die Kombination von orthochromatischem Material und Wolframglühlampe als ideal erscheinen: ein Material, das keine Kontraste förderte, mit einem Licht, das sie nicht hervorrief. Es gab aber ein Problem. Das Licht der Wolframglühlampe hat einen sehr hohen Anteil an Rot und Gelb. Orthochromatisches Material reagiert nicht empfindlich auf diese Farben und gibt sie daher dunkel wieder. Dies trifft sowohl für rosafarbene Gesichter und Lippen mit einem dunkleren Rosaton zu, als auch für helle, sogar blonde Haare. Kurzum: Die Verwendung von orthochromatischem Material zusammen mit Wolframglühlampen ließ weiße Menschen schwarz erscheinen. Es wurden also Kohlenbogenlampen verwendet, trotz der Tatsache, daß sie kostspielig und schwer zu handhaben waren, nicht zuletzt für die Schauspieler, die eine besondere, schwere Schminke tragen mußten, um dem schwärzenden Effekt entgegenzuwirken. Daß man aufgrund der möglichen Folgen für eine Rasse Angst davor hatte, irgendwie anders vorzugehen, wird im folgenden Auszug aus *A Condensed Course in Motion Picture Photography* (1920), einem Standardhandbuch der Zeit, deutlich:

> *Ein weiterer Mythos, dem zahlreiche Schauspieler nachhängen, ist die Theorie der gelben Schmierfarbe. Niemand kann erklären, warum ein Schauspieler sich mit chinesisch-gelber Farbe schminken soll. Es gibt überhaupt keine fotografische Theorie, die sie oder die Verwendung derselben erklären kann. (...) Die Einwände gegen gelb sind, daß es nichtaktinisch ist, und wenn der Schauspieler sich zufällig einen Augenblick von den Strahlen der Kohlenbogenlampe weg bewegt, oder wenn er durch die unmittelbare Lichteinwirkung durch einen von einem anderen Schauspieler geworfenen Schatten verdeckt wird, so erscheint sein Gesicht sofort* SCHWARZ *(sic).* (Seite 317)

Von besonderer Bedeutung ist hier die Rolle der Hintergrundbeleuchtung. Diese wurde aus verschiedenen Gründen eingeführt, doch zwei davon hängen mit dem Weißsein zusammen. Erstens ließ eine Hintergrundbeleuchtung Blondinen blond erscheinen. Wie es der alte Filmprofi Charles Rosher formulierte: »Auf orthochromatischem Material erschien die Hautfarbe immer dunkel, es sei denn, sie wurde *beleuchtet*.[5] In seinem *Condensed Course* macht Gregory dieselbe Aussage, bietet aber eine andere Lösung an: »Gelb-blondes Haar erscheint auf dem Foto dunkel ... je lockerer es fällt, desto heller erscheint es auf dem Foto« (S. 317). Zweitens erzeugte

5 Kevin Brownlow: The Paradise´s Gone By, 1968, S. 262.

die Hintergrundbeleuchtung eine Heiligenscheinwirkung, die für die Konstruktion der Idee von Weiß wichtig ist; ich werde später darauf zurückkommen.

Die Privilegierung von Weiß

Die Schaffung und der Gebrauch von Normen, die ein weißes Subjekt voraussetzen, sollen auch dazu dienen, das Subjekt sichtbarer erscheinen zu lassen. Auf der primitivsten Ebene werden Schwarze mit Ängsten vor der Dunkelheit in Verbindung gebracht. Doch die Privilegierung des weißen Gesichts ist viel verbreiteter und normaler als das. Es geht nicht darum, rassistische Aussagen durch Beleuchtung zu machen, sondern darum, nicht-weiße Subjekte entweder mit einer Gleichstellung im Bild oder mit Attributen der Subjektivität, insbesondere der Vernunft, auszustatten, die für die westliche Kultur so entscheidend sind.

Dies läßt sich anhand von zwei beliebten Gegenwartsfilmen veranschaulichen, in denen schwarze und weiße Protagonisten spielen.[6] Der erste Film ist *Rising Sun* (USA 1993). Er handelt von der Untersuchung eines Mordfalls in einem Konzerngebäude. Sean Connery und Wesley Snipes, in den Vereinigten Staaten beide gleichermaßen bekannte Schauspieler, spielen ein Ermittlerteam. Mit anderen Worten, als Protagonisten und als Schauspieler sind sie von gleicher Bedeutung und gleichem Status. Der Film wurde stimmungsvoll beleuchtet, und wenn Snipes alleine im Bild steht, hebt die Beleuchtung die Anmut seines Gesichts hervor. Wenn er mit Connery im Bild ist, wird jedoch das Licht eindeutig auf letzteren eingestellt (ohne daß man sie jeweils getrennt beleuchtet hätte, was ja in einem Hollywoodfilm ein leichtes gewesen wäre). In einer frühen Szene befragen Snipes und Connery einen Wächter des Konzerngebäudes, Philipps, der auch ein Afro-Amerikaner ist. Er ist der wichtigste Protagonist im Bild, sowohl als Zeuge (wodurch er die Erzählung weiterentwikkelt) als auch aufgrund seiner Angst, etwas auszusagen (wodurch eine gewisse emotionale Spannung entsteht). Die Beleuchtung jedoch privilegiert Connery. Snipes und der Wächter sind schwer zu erkennen, und das Licht erfaßt Connerys Schläfen, wodurch er ein wenig von der Aura erhält, die für seine Identität so entscheidend ist. Der Film sagt nicht aus: »Connery denkt mehr als Snipes«, er reproduziert einfach die gewöhnliche Art und Weise, Weiße mit den inhärenten und überlegenen geistigen Vorgängen in Verbindung zu bringen.

Ein zweites Beispiel findet man im Film *A Few Good Men* (USA 1992). Die Hand-

6 Zwei methodologische Punkte sollen hier hervorgehoben werden. Erstens wurden kommerzielle Kinofilme aufgrund ihrer zentralen Stellung in der Kultur und ihrer leichten Zugänglichkeit für Zuschauer gewählt. Das verwendete Licht ist im Bereich des Kunst-, Dokumentar-, und Avantgardefilms sowie im postmodernen Kino und Fernsehen nicht weniger verbreitet. Zweitens rückte die weiße Qualität des Lichts aufgrund der Präsenz von nicht-weißen Protagonisten ins Zentrum des analytischen Interesses, doch ist es nicht auf Filme beschränkt, wo dies der Fall ist.

lung dreht sich um den Prozeß gegen einen Marineinfanteristen namens Dawson, einem Afro-Amerikaner, der angeklagt ist, einen anderen Rekruten verprügelt zu haben. An einer Stelle in der Gerichtsverhandlung versucht Kaffee (Tom Cruise), Dawsons Verteidiger, seinen guten Charakter dadurch zu beschreiben, daß er an einen Vorfall erinnert, der für Dawsons gute Eigenschaften spricht. Währenddessen kommt Dawson ins Bild, er wird stark, kontrastreich und von hinten beleuchtet, wodurch sein kurzer Militärhaarschnitt zur Geltung kommt. Die Aufnahme zeigt, daß solche Beleuchtung mit einem nicht-weißen Subjekt erzeugt werden kann, jedoch nur dann, wenn sich die Filmemacher darum bemühen, und nicht, wenn sie nicht-weiße Menschen auf dieselbe Art und Weise beleuchten wie Weiße.[7] In diesem Beispiel wird dies durch die moralische Aussage, die gerade in dem Augenblick im Film gemacht wird, notwendig.

Nirgendwo wird in *A Few Good Men* auf Dawsons Hautfarbe Bezug genommen, doch am Ende des Films wird angedeutet, daß man sie unbewußt zur Kenntnis genommen hat. Dawsons tugendhafter Charakter wurde mit der passenden Verzierung in der besprochenen Aufnahme untermauert, doch bis zum Schluß des Films ist der echte Held und Star Kaffee/Tom Cruise, der für seinen Freispruch sorgte, und der für Intelligenz und Tugend steht. Als sich Kaffee und Dawson trennen, wird letzterer gegen einen dunklen Holzhintergrund aufgenommen, ohne Beleuchtung im Rücken bzw. von oben und ohne »Heiligenschein«. Kaffee/Cruise hingegen steht vor einem hellen Hintergrund, seine dunklen Haare und Ohren leuchten, seine Großtat widerspiegelnd.

Diese Beispiele, denen man zahllose weitere hinzufügen könnte, da es sich hier um etwas ausgesprochen Routinemäßiges handelt, zeigen, daß, obwohl es eine Frage der Technologie ist, nicht die Technologie selbst, sondern ihr Gebrauch entscheidend ist. Des weiteren privilegiert die Technologie nicht nur Weiße, sie trägt auch zu einem Aspekt weißer Identität bei: dem Lichtfunken über dem Haupt.

...die Konstruktion des Weißseins

Ich möchte die Entwicklung des bisher Beschriebenen in einen breiteren Kontext setzen. Die Art und Weise, wie das Medium mit weißen Menschen funktioniert, hängt mit umfassenderen Entwicklungen in der Wahrnehmung und der Repräsentation zusammen, die auf weiße Menschen ausgerichtet sind. Es sind die zum Tragen kommenden darstellerischen Grundannahmen, die von Interesse sind.

Ich möchte zwei Grundannahmen über die Repräsentation im Zusammenhang

7 In der Praxis unterscheidet sich die Aufnahme schwarzer Haut von weißer in einem Blendengrad von 2 (Anm.d.Hg.).

mit der Fotografie vorschlagen, die außergewöhnlich oder zumindest weniger »augenfällig« sind, als sie erscheinen. Sie bilden einen Teil von weiterreichenden historischen und kulturellen Entwicklungen in der Organisation von Wahrnehmung und Darstellung, und sie haben für das Weißsein tiefgreifende Implikationen. Diese Annahmen lassen sich etwa so zusammenfassen: Die Welt ist durchleuchtet[8] und das Licht kommt von oben.

Die Welt ist durchleuchtet

Das Leben, wie eine Kuppel aus verschiedenfarbigem Glas,
Färbt das weiße Leuchten der Ewigkeit. (Shelley, Adonais 1821)

Die Welt läßt sich so darstellen, als würde Licht durch sie hindurchscheinen. Dies ist eine bemerkenswerte, möglicherweise verrückte Bemerkung, doch Shelleys Worte, die einen Teil des Standardrepertoires kanonischer Zitate aus der englischen Literatur bilden, findet man in keiner Anthologie, da sie nur aufgrund ihrer (jetzt konventionellen) Schönheit bizarr sind. Das Datum ist von Bedeutung, da der Vers zu einer Zeit geschrieben wurde, die die Entstehung der Vielzahl von Darstellungsweisen, die auf Lichtdurchlässigkeit gründeten, erlebte. Die Fotografie und der Film gründen ebenso darauf, da sie immer Bilder auf einem Grund (meistens weiß, auf Papier, auf der Leinwand) sind, der in unterschiedlichem Ausmaß durch das Motiv hindurch sichtbar ist. Die Fotografie entstand in den frühen Jahren des 19. Jahrhunderts, zum selben Zeitpunkt wie andere ästhetische Lichttechnologien.[9] Dazu gehören: die Laterna magica, die schon lange bekannt war, doch erst zu Beginn des 19. Jahrhunderts verbreitet wurde, vor allem im Zuge der Entfaltung einer vornehmen bürgerlichen Kultur; sodann Wasserfarben und des weiteren neue Formen der Theaterproduktion (Beleuchtung, Bühnengestaltung, die Verwendung von Gaze, Gaslicht und Projektionen), die der körperlichen Materialität des Theaters entgegenwirkten und die neue Effekte der Lichtstreuung, insbesondere in der Pantomine und im Ballett, hervorbrachten.

Solche Arten der Durchleuchtung zeigen, wie das Licht durch die Welt und damit durch die Körper von Menschen durchscheint, doch es scheint mehr durch weiße als durch schwarze Menschen. Ein Darstellungssystem darauf zu gründen, heißt nicht

8 Im englischen Original verwendet der Autor das Adjektiv *translucent*, das den Hergang der Lichtdurchlässigkeit wiedergibt, ohne daß Personen, Objekte usw. auf der anderen Seite klar zu sehen sind (Anm.d.Hg.).

9 Kirchenfensterglas ist ein Beispiel lichtdurchlässiger Repräsentation vor dem Ende des 18. Jahrhunderts. Es stellt eine interessante Ausnahme dar, da es der Durchleuchtung sowohl religiöse als auch aristokratische Konnotationen verleiht.

nur, weiße Figuren zu bevorzugen, sondern ist durchaus akzeptierbar, da es mit weißen Vorstellungen von wahrhaft menschlichen Charakteristiken übereinstimmt.

Das Licht kommt von oben

Man könnte annehmen, daß dies die natürliche Art und Weise ist, Licht darzustellen, da die Sonne von oben herunterscheint. Oberbeleuchtung findet man aber erst in verbreiteter Form seit Ende des 18. Jahrhunderts; und nur im Norden glauben wir, daß die beste Tageszeit, um draußen zu sein, der Mittag ist, wenn sich das Licht direkt über uns befindet.

Die Oberbeleuchtung entwickelte sich im Laufe des 19. Jahrhunderts im Theater und in der Fotografie, in der Neubewertung der nordeuropäischen Malerei (vor allem von Rembrandt und Vermeer). Sie wurde im Film übernommen und weiterentwickelt, insbesondere in Skandinavien und – mit den stärksten hegemonialen Auswirkungen – in Hollywood. Im Film kommt das Licht im buchstäblichen Sinne von oben, aber auch in zwei anderen Bedeutungen: Es ist nördlich (»gute« Beleuchtung in Hollywood war als »Nordlicht« bekannt, und in der eurozentrischen Geographie ist der Norden oben, der Süden unten) und himmlisch.

Das Licht von oben konnte jeden erwischen – aber es ist das Licht aus dem Land des weißen Menschenschlags, Weiße reflektieren es besser als andere, und es »paßt« schließlich zu ihrem Charakter.

Was diese zwei Grundannahmen über die Repräsentation vereint, ist die Vorstellung der Transzendenz einer geistigen, metaphysischen Präsenz innerhalb und jenseits der materiellen und physikalischen Präsenz, die im Licht manifest ist, das durch den Körper scheint, und in der Beziehung des Körpers zum Licht von oben sichtbar ist, das heißt im weißen Körper. Der schwarze Körper fängt das Licht ab, das durch ihn durchscheinen würde; es absorbiert oder wirft das Licht zurück, er selbst scheint nicht das Licht auszustrahlen oder darin eingetaucht zu sein.

Ich möchte nun diese Beschreibung des transzendenten weißen Körpers komplizierter machen, indem ich die Heterosexualität und das Geschlecht einführe. Vorstellungen von »Rasse« sind zwangsläufig Vorstellungen von Heterosexualität, da »Rasse« als Begriff grundsätzlich mit der Reproduktion[10] zu tun hat, und in unserer Kultur Reproduktion automatisch mit Geschlechterdifferenz verbunden ist.

Wenn wir das Licht in Filmdarstellungen weißer Heterosexualität betrachten, dann können wir ein gemeinsames Schema feststellen. Der Mann wird meistens angeleuchtet und farbig unterschiedlich gekleidet – unten dunkel, oben hell, oft von

10 Vgl. Marilyn Freye: On Being White. Towards a Feminist Understanding of Race and Race Supremacy, 1983, S. 122f.

der Hemdsbrust oder vom Kragen aufwärts – die Frau wird eher voll ausgeleuchtet. Er sehnt sich nach Licht, nach (weltlicher, sexueller) Transzendenz, sie ist im Licht. Wir können dies in den klassischen Standaufnahmen von weißen heterosexuellen Paaren beobachten. Das Licht fällt ganz auf die Frau (durch komplexe Lichtarrangements, mit denen von einer Quelle hervorgerufene Schatten eliminiert werden). Ihre Kleidung und Schminke (nicht nur im Gesicht) sind hell, sogar dunkles Haar ist so frisiert, daß es glänzt. Der Mann wird so plaziert, daß er in die Frau einzudringen, zu ihr zu streben scheint (wie eine Motte, die vom Licht angezogen wird). Die dunkle Gestalt seines Körpers richtet sich in ihrem Licht auf.

Das Weiße solcher Bilder liegt vor allem in der angedeuteten Geist/Körper-Dichotomie, die hier nur auf das Geschlecht innerhalb der Heterosexualität projiziert wird, analog zur Art und Weise, wie sie auf Rassenunterschiede projiziert wird. Dunkelheit steht für das Körperliche und für das Erotische, das Licht für den Geist. Die dunklen Rassen sind physisch (sie verrichten körperliche Arbeit) und erotisch (eine stereotype Vorstellung, die hier keinen zusätzlichen Glanz benötigt). Die hellen Rassen sind geistig, intelligent, zielstrebig (sie organisieren Arbeit, sie sind über die Erotik erhaben). Analog dazu ist Männlichkeit dunkel, getrieben, körperlich, während Weiblichkeit für Süße und Licht steht. Die weiße Kultur ist von der Reproduktion solcher (Wert-/Licht-)Kontraste, sogar in den Bildern von sich selbst, geradezu besessen; Menschen, die nicht weiß sind, fehlen.

Es überrascht aber vielleicht, daß innerhalb dieser Gleichung weiße Männer weniger weiß als weiße Frauen sind. Einige Faktoren sind dafür ausschlaggebend. Einer davon ist das Christentum, das selbst die Quelle des weißen Lichts in der westlichen Kultur ist: Gegensätze wie hell-dunkel, Geist-Körper, Leib-Seele, gut-schlecht. Das dem Christentum zugrundeliegende Mysterium birgt die Möglichkeit, daß die Seele Fleisch wird, daß Gott Mensch wird, ein Rätsel, das in der Verkörperung Christi verwirklicht wird. Aus der Figur Christi war bis zur Renaissance (wenn nicht schon früher) ein Nicht-Jude geworden, daß heißt, eine weiße Gestalt. Ein faszinierendes Bild von Bellini findet sich in der Städel'schen Kunstsammlung, Frankfurt am Main. Es veranschaulicht dies, indem es Jesus, die Heilige Jungfrau, Johannes den Täufer und die Heilige Elisabeth abbildet, alle guten Juden in der Geschichte des Neuen Testaments. Johannes und Elisabeth werden aber als sephardische Juden abgebildet und stehen auf der Seite des Bildes, wo weniger Licht einfällt, während Jesus und Maria ikonographisch weiße Züge (helle Haut, glattes Haar, kleine Nasen) aufweisen und sich voll im Licht befinden – Jesus und Maria sind gerettete, aufgeklärte Juden, weshalb sie nun als weiße Nicht-Juden dargestellt werden. Dagegen sind die guten, aber vorchristlichen Juden, Johannes und Elisabeth, dunkel und verbleiben im Dunkeln. Die Figur, die den Knoten des Geist-Körper-Dualismus auflöst, ist der weiße, Licht ausstrahlende Körper Christi. Doch eben weil Christus Christ ist, ist er nicht eine Figur, die weiße Männer zu sein vorgeben können. Hingegen können weiße Frauen danach streben, die Jungfrau zu sein, da sie durch Helligkeit gewandelt wurde, ohne göttlich zu sein. Aus diesem Grund streben weiße Männer zum Licht, wenn man diesen Gedanken auf das weltliche Ideal der Liebe überträgt; Frauen hingegen befinden sich im Licht.

Darüber hinaus ist der Großteil westlicher Kultur das Produkt weißer Männer. Wir könnten ihre geteilte Selbstdarstellung auf einen gewissen Realitätsbezug zurückführen, der eine nuancierte, widerspruchsvolle, gemischte Darstellung dessen, was sie (selbst) wissen, besser mit einer idealisierenden (und wie wir sehen werden, immer wieder auch abwertenden) Darstellung von Frauen vereinbaren kann. Im gleichen Sinne würde eine Darstellung von weißen Männern ohne Begehren (wobei das Begehren als etwas Nicht-Begriffliches konzeptualisiert wird) sie jeglicher Anerkennung und Sanktionierung libidinöser Lust berauben. Es wäre unhaltbar, wenn sich weiße Männer als Jungfrauen idealisieren würden.

Sodann – und dies ist, was die Rasse betrifft, vielleicht der wichtigste Punkt – sind weiße Männer die universale Entsprechung der (hegemonialen weißen) Kultur. Sie sind weder ganz im Dunkeln noch völlig im Licht. Sie dürfen nicht mit einer bestimmten Position identifiziert werden, denn geschähe dies, so würde man sie besonders hervorheben, ja komisch machen. Die Erhaltung ihres universellen Charakters innerhalb des Moments der Reproduktion (Heterosexualität) ist für das Projekt der weißen Rassenidentität von zentraler Bedeutung.

Was ich bisher vorgetragen habe, ist natürlich eine sehr grobe Vereinfachung. In Wirklichkeit ist es kaum so, daß Frauen immer nach den Stereotypen katholischer Andacht bzw. viktorianischer Tugend, auf die oben angespielt wurde, dargestellt werden. Es sind dies die klarsten, extremsten Beispiele solcher Darstellungen, und sie bieten die wichtigste Licht-Ikonographie für die Darstellung weißer Weiblichkeit. Doch viele gegenwärtige Bilder stellen die engelhafte Darstellung von weißen Frauen in Frage, während sie von ihren Beleuchtungsweisen Gebrauch machen. Dies läßt sich veranschaulichen, indem man den Einsatz von Licht in Filmsequenzen betrachtet, die etwas verwenden, was man »Mulvey-Aufnahmen« nennen könnte, nach Laura Mulveys bahnbrechender Arbeit zur Schnittechnik im Hinblick auf das Geschlecht.[11] Es handelt sich um einen Eckpfeiler der Filmgeschichte. Wir haben dabei die Aufnahme eines Mannes, der etwas betrachtet, und dann gibt es einen Schnitt zu dem, was er betrachtet: eine Frau. (Das Umgekehrte passiert meistens nicht so leicht und gehört nicht zur Routine.) In *Broken Blossoms* (USA 1919) sitzt Cheng in seinem Geschäft und sieht Lucy durch das Fenster. Ein Licht wird langsam zu ihrer Rechten gelenkt, wodurch seine Verwunderung über sie zum Ausdruck kommt. In *Gilda*

11 Vgl. Laura Mulvey: Visual Pleasure and Narrative Space, 1975.

(USA 1946) schreiten Jonny und Ballen durch die dunklen Hallen des Herrenhauses von Ballen, bis sie an der Schwelle zum Schlafzimmer stehenbleiben. Als Ballen ihren Namen ausspricht, gibt es einen Schnitt zu einer Szene, in der Gilda in einen gerade noch leeren Raum hineinstürmt, wobei sie ihr Haar zurückwirft und ihr Gesicht, bloße Schultern und Haare hell beleuchtet sind. In *Some Like it Hot* (USA 1959) platzen die Helden Joe und Jerry, die als Frauen verkleidet sind, in die Damentoilette eines Zuges hinein und treffen zum ersten Mal auf Sugar. Wie die beiden trägt sie ein schwarzes Kleid, aber sie hat keinen Hut, sondern eine Masse blonder Haare wie Goldgespinst. Sie stehen im Halbdunkel des Türeingangs, sie ist ganz ausgeleuchtet, die Rundung ihres Kopfes wird von den Lichtern, die außerhalb des Zuges vorbeiziehen, widergespiegelt. In *8 1/2* (Italien 1963) hat Guido, der mit dem Film, den er zu machen versucht, beschäftigt ist, eine Vision von seiner Traumfrau. Er sieht sie in Weiß gekleidet, wie sie sich aus einem Wald zum Licht bewegt, wobei das Bild leicht überbelichtet ist, um ihre durchsichtige Schönheit (wie er sie mit seinem geistigen Auge sieht) zu betonen.

Diese Beispiele – man könnte sie als Variationen der Darstellung weißer Heterosexualität anstatt als chronologische Abfolge betrachten – sind typisch, wobei jedes Beispiel komplex ist. Der Mann, der in *Broken Blossoms* etwas betrachtet, ist Chinese und wird im Film als Inbegriff der Tugend dargestellt. Die Männer in *Some Like it Hot* sind als Frauen verkleidet, wodurch eine andere Dynamik in ihrer Beziehung zu Sugar entsteht. Am Ende von *8 1/2* erscheint die Schauspielerin, die Guidos Vision der Traumfrau spielt, in Person und macht sich über seine Unfähigkeit lustig, Frauen als echte Personen zu sehen. Man könnte diese Variationen nicht nur als eine Bewegung weg vom marianischen bzw. viktorianischen Ideal der Frau sehen, sondern auch als Kritik desselben, als eine, die sich von der frauenfeindlichen Verurteilung (die *femme fatale*, deren Leuchten so verräterisch ist) zum Spott (die dumme Blondine), zum Selbstbewußtsein, einem Bewußtsein über das Weißsein als Konstrukt (das entgegen der Theorien der Distanzierung nicht irgendeine Herabsetzung der libidinösen Macht bedeutet) bewegt. Die frauenfeindlichen, spöttischen, dekonstruktiven Elemente bilden zum Teil eine Art Bestrafung der weißen Frauen, die es versäumten, die Engel zu sein, zu denen die weiße Kultur sie bestimmt hat; aber sie sind auch Zeugnis für den Widerstand der weißen Frauen gegen eine Rolle, die sowohl für sie als auch letztendlich für weiße Männer unbefriedigend ist.

Weiße Bilder drücken eine Vorstellung von Transzendenz aus, während sie zugleich Ausdruck eines Mißtrauens und eine Zurückweisung derselben sind. Sie deuten auf einen Dualismus von Fleisch und Geist, der gleichzeitig für Überlegenheit und eine unhaltbare Verleugnung des Körpers steht. Es ist ein Zeichen des Lebens – und ein Stempel des Todes. Es heißt, daß die Afrikaner glaubten, die ersten Europäer, die sie sahen, seien Gespenster. Vielleicht gleichen in der afrikanischen Kosmologie Gespenster lebenden Leichnamen, etwas Verblichenem, aber gleichzeitig Substantiellem, doch in Europa sind Geister Phantasiegebilde, durchsichtig und ohne Substanz. Wie durch fotografische Bilder von weißen Menschen kann man durch sie hindurchsehen. Die weiße Kultur hat sich stets der Durchsichtigkeit des Körpers gerühmt, doch in Wirklichkeit hat sie den Körper nie aufgegeben – die Imperative der Reproduktion (als die Reproduktion von Macht, von der eigenen Beherrschung der Welt) und des Begehrens waren stets bestimmend. Das Filmbild – wie das Mysterium Christi – scheint vielleicht beide, Geist und Fleisch, zusammenzuhalten. Schließlich sehen wir die Körper weißer Menschen nicht als farbiges Licht auf der Leinwand. Wir dekodieren sie nicht als materielle Personen. Doch die eigentliche Weise der Darstellung, die den dualistischen Normen der weißen Kultur stark verhaftet ist, bedeutet, daß das Bild stets Gefahr läuft, als etwas, das ohne Substanz ist, das sich gerade in Luft auflöst, betrachtet zu werden. In einem Zeitalter zunehmender Säkularisierung wird ein solches Sich-Auflösen bzw. Schwinden vermutlich nicht so sehr als Transzendenz erlebt, denn als etwas, das einfach und auf beängstigende Weise unpassend ist. Die ästhetische Technologie des Lichtes muß immer Möglichkeiten finden, den Betrachter von dieser Wahrnehmung abzuhalten, während sie gleichzeitig die Intelligenz und den Geist weißer Menschen feiert und uns dabei den Funken Licht vermittelt, der durch uns hindurch und über uns hinweg scheint.

Die weißen Bilder des Lichts sind instabil und nicht fixiert. Dies heißt aber nicht, daß sie zerbröckeln. Das Weißsein als Norm besteht weiter, zum Teil, weil es in den vorherrschenden Bildern der idealen Heterosexualität (rassische Reproduktion) in der Medienwelt aufrechterhalten wird, und zum Teil, weil es so stark vom grundlegenden Produktionsmittel dieser Bilder, nämlich dem Licht, abhängt.

Aus dem Englischen von Camilla R. Nielsen
Vortrag anläßlich des Symposiums »The Body of Gender«, Linz (A) 1995
Mit freundlicher Genehmigung des Autors und des Passagen-Verlags, Wien

Richard Dyer, lehrt Filmwissenschaft u. a. an der Universität Warwick, GB; Autor von Heavenly Bodies: Film Stars and Society (1986), Stars (1986), Now You See It: Studies on Lesbian and Gay Films (1990), Only Entertainment (1992), The Matter of Images: Essays on Representation (1993); Herausgeber (mit Ginette Vincendeau) von Popular European Cinema (1992) und weitere Publikationen zu Cultural Studies und mehr ...

»Du schaust uns an, als wären wir Insekten«

Eine historische Gegenüberstellung zwischen Jean Rouch und Ousmane Sembène im Jahr 1965

Während einer Gegenüberstellung zwischen Jean Rouch und Ousmane Sembène, die von Albert Cervoni aufgezeichnet wurde und heute als »historisch« gilt, sind die mittlerweile klassischen Formeln zum Thema *cinéma direct*, Ethnologie und afrikanischer Film ausgesprochen worden. Es lag uns viel daran, sie in wesentlichen Auszügen hier abzudrucken, da diese Rückkehr zum Text es ermöglicht, gewisse Formulierungen in ihrer ursprünglichen Genauigkeit wiederherzustellen. Seitdem hat Ousmane Sembène angeblich jede Aussage über Rouchs Filme verweigert.

Ousmane Sembène: Sollte es einmal viele afrikanische Filmemacher geben, werden dann die europäischen Filmemacher, wie du zum Beispiel, immer noch darauf aus sein, weitere Filme über Afrika zu drehen?

Jean Rouch: Das wird von sehr vielen Dingen abhängen. Meine Ansicht hierzu ist im Augenblick folgende: Ich verfüge gleichzeitig über einen Vorteil und einen Nachteil, ich bringe den Blick des Ausländers ein. Die Vorstellung von Ethnologie selbst beruht auf folgendem Gedanken: Jemand, dem man eine ihm fremde Kultur vorsetzt, sieht bestimmte Dinge, die die Leute, die sich innerhalb dieser Kultur befinden, nicht sehen.

Ousmane Sembène: Du sagtest sehen. Im Filmbereich aber reicht sehen nicht, man muß analysieren. Mich interessiert das, was es vorher gibt, bevor man sieht, und danach, nachdem man gesehen hat. Was mir, du entschuldigst, an der Ethnologie mißfällt, ist, daß es eben nicht reicht zu sagen, daß ein Mensch läuft, den man laufen sieht, man muß wissen, woher er kommt, wohin er geht …

Jean Rouch: Da hast du recht, weil wir noch nicht am Ziel unseres Wissens angelangt sind. Ich glaube ebenfalls, daß es notwendig ist, daß die auf Frankreich angewandte Ethnologie, um die französische Kultur untersuchen zu können, von Leuten von außerhalb praktiziert werden muß. Will man die Auvergne oder Lozère untersuchen, muß man Bretone sein. Mein Traum ist es, daß Afrikaner Filme über die französische Kultur machen. Im übrigen habt ihr damit angefangen. Als Paulin Vieyra *Afrique sur Seine* (1955) drehte, tat er es sicher mit der Absicht, afrikanische Studenten zu zeigen, aber er zeigte sie in Paris und dabei Paris selbst.[12] Es könnte einen Dialog geben, und ihr könntet uns das zeigen, was wir unmöglich sehen können. Ich bin sicher, daß das Paris oder das Marseille eines Ousmane Sembène nicht mein Paris oder mein Marseille sind, daß sie nichts gemein haben.

Ousmane Sembène: Es gibt einen Film, den du gemacht hast, den ich liebe, den ich verteidigt habe und den ich auch in Zukunft verteidigen werde: *Moi, un Noir* (1958). Vom Prinzip her hätte ihn ein Afrikaner machen können, aber damals befand sich keiner von uns in der Situation, die dafür notwendig gewesen wäre. Ich glaube, daß es zu *Moi, un Noir* eine Fortsetzung geben müßte. Die Geschichte – ich denke unablässig daran – dieses Jungen weitererzählen, der nach dem Indochinakrieg keine Arbeit mehr gefunden hat und im Knast landet. Was wird nach der Unabhängigkeit aus ihm? Wird sich für ihn etwas geändert haben? Ich glaube nicht. Nur ein Detail: Dieser Junge hatte eine abgeschlossene Schulausbildung; nun ist es aber so, daß heute die meisten straffälligen Jugendlichen eine abgeschlossene Schulausbildung vorweisen können. Ihre Ausbildung nützt ihnen nichts, sie erlaubt ihnen nicht, sich in normalen Bahnen zurechtzufinden. (...)

Letztendlich gibt es bisher zwei Filme über Afrika, die für mich zählen: einerseits dein Film, *Moi, un Noir,* und andererseits *Come Back Africa* (Lionel Rogosin/Lewis N'Kosi/Blake Modisane, USA 1959), den du nicht magst. Und dann noch ein dritter, von ganz besonderer Art, ich meine *Les Statues meurent aussi* (Marker/Resnais 1955).

Jean Rouch: Mich würde interessieren, warum du meine rein ethnographischen Filme nicht magst, wo beispielsweise das herkömmliche Leben gezeigt wird?

Ousmane Sembène: Weil einem darin eine Wirklichkeit gezeigt beziehungsweise vorgesetzt wird, ohne daß deren Entwicklung gesehen würde. Ich werfe ihnen vor, wie ich auch den Afrikanisten vorwerfe, uns anzuschauen, als wären wir Insekten ...

12 Zwischen 1934 und 1960 war das »Decret Laval« in Kraft, nach dem jegliche Filmprojekte und Dreharbeiten in den französischen Kolonien einer Zustimmung des Französischen Kolonialministeriums bedurften. Vieyra, erster afrikanischer Absolvent der IDEHC, wurde nicht gestattet, in Afrika zu filmen; Anlaß dafür, *Afrika* in Paris zu drehen. Dieser Zensur fielen auch die Filme *Afrique 50* (Robert Vautier, 1950) und *Les statues meurent aussi* (Chris Marker/Alain Resnais, 1955) anheim. Vgl. hierzu: Manthia Diawara: African Cinema, Politics and Culture, 1992, S. 23 (Anm.d.Hg.).

Jean Rouch: Wie Fabre es getan hätte ... Ich werde die Verteidigung der Afrikanisten übernehmen. Sie sind Menschen, denen man gewiß vorwerfen kann, schwarze Menschen wie Insekten zu betrachten. Aber dann wären sie, wenn du so willst, wie all die Fabres, die bei den Ameisen eine gleichwertige Kultur mit derselben Tragweite wie ihre eigene entdecken.

Ousmane Sembène: Die ethnographischen Filme haben uns oft mehr geschadet als genutzt ...

Jean Rouch: Das ist in der Tat wahr, aber es ist die Schuld der Autoren, wenn wir oft schlecht arbeiten. Das hindert uns aber nicht daran, in der aktuellen Situation einige Zeugnisse liefern zu können. Du weißt, daß eine bestimmte rituelle Kultur in Afrika verschwindet: die Griots sterben. Man muß die letzten noch lebenden Spuren dieser Kultur sammeln. Die Afrikanisten, die ich zwar nicht mit Heiligen vergleichen möchte, sind aber so etwas wie unglückliche Mönche, die die Aufgabe übernehmen, die kümmerlichen Reste einer Kultur zu sammeln, die auf mündlicher Überlieferung aufbaut und im Verschwinden begriffen ist, einer Kultur, die, wie mir scheint, von grundlegender Wichtigkeit ist.

Ousmane Sembène: Aber die Ethnographen sammeln nicht nur die Märchen und Legenden der Griots. Es geht nicht nur darum, die afrikanischen Masken zu erklären. Nehmen wir zum Beispiel einen anderen deiner Filme: *Les fils de l'eau* (1952). Ich glaube, daß viele europäische Zuschauer nichts davon verstanden haben, weil diese Initiationsriten für sie überhaupt keinen Sinn machen. Sicher fanden sie den Film schön, aber sie haben nichts daraus erfahren.

Jean Rouch: Wie sonst auch dachte ich, als ich *Les fils de l'eau* drehte, daß die europäischen Zuschauer gerade wegen der Sichtweise im Film die alten Stereotypen, wonach die Schwarzen alle »Wilde« sein müssen, überwinden würden. Ganz einfach zeigen, daß jemand, obwohl er nicht an einer Schriftkultur teilhat, trotzdem denken kann.

Da ist auch die Sache mit *Les Maîtres Fous* (1954), einem meiner Filme, der Gegenstand erbitterter Diskussionen mit afrikanischen Freunden war. Für mich ist er ein Zeugnis für die spontane Art, mit der die Afrikaner, die im Film gezeigt werden und die aus ihrem Milieu gerissen wurden, sich dieser europäischen, industriellen, städtischen Atmosphäre entledigen, indem sie sie spielen und sich in ihrer Darstellung ergehen. Ich glaube, daß sich in der Tat Probleme beim Vertrieb stellen. Eines Tages zeigte ich den Film in Philadelphia anläßlich eines Anthropologie-Kongresses. Eine Teilnehmerin suchte mich auf und sagte: »Kann ich eine Kopie bekommen?« Ich habe sie gefragt, warum sie eine haben wollte. Sie antwortete mir, daß sie aus den Südstaaten käme und ... daß sie diesen Film zeigen wolle ... um zu zeigen, daß die Schwarzen wirklich ... Wilde sind! Ich habe abgelehnt. Du siehst, ich habe dir ein Argument geliefert.

In Übereinstimmung mit den Produzenten wurde die Verbreitung von *Les Maîtres Fous* den Programmkinos und Filmvereinen vorbehalten. Ich glaube, daß in der Tat solche Filme keinem allzu breiten, nicht informierten Publikum präsentiert werden dürfen, zumal ohne Einführung und Erläuterung. Doch ich glaube, daß die Leute in *Maîtres Fous* mit ihrem so sonderbaren Zeremoniell einen wesentlichen Beitrag zur Weltkultur liefern.

Aus dem Französischen von Caroline Gutberlet
Mit freundlicher Genehmigung von *CinémAction*, Paris

Ousmane Sembène (*1923, Senegal), Regisseur und Schriftsteller.

Filme:
- *Borom Sarret*/Le charretier, 1962, 16mm, 22'. Franz. OF.
- *L'Empire Songhay*, 1963, unvollendet.
- *Niaye*, 1964, 35mm, 35'. Franz. und Wolof OF.
- *La noire de...* /Black Girl, 1966, 35mm, 65'. Franz. OF.
- *Mandabi*/Le Mandat/Die Überweisung, 1968, 90'. Franz. und Wolof OF.
- *Taw*, 1970, 16mm, 24'. Wolof OF.
- *Emitai*/Dieu du tonnerre, 1971, 35mm, 95'. Djoula OF.
- *Xala*/L'impuissance temporaire, 1974, 35mm, 128'. Wolof OF.
- *Ceddo*, 1976, 35mm, 120'. Wolof OF.
- *Samori*/L'Armamy Samori Toure, 1980, 180'.
- *Camp de Thiaroye*/Camp der Verlorenen, 1988, 35mm, 90'. Franz. OF.
- *Guelwaar*, 1992, 35mm, 115'. Wolof OF.

Samba Félix N'Diaye (1996)

Die Zeit der großen Brüder...

Es ist schon etwa dreißig Jahre her, da waren wir jungen Leute ganz verrückt nach Filmen. Zweimal die Woche versammelten wir uns in dem kleinen Projektionssaal des Centre Culturel Français [Dakar], um an den Vorstellungen des Filmclubs teilzunehmen. Im Laufe der Zeit, von einem Aufruhr zum nächsten und von einer Revolution zur anderen, schafften wir es, ihn in Besitz zu nehmen.

Mit unseren parteiischen Filmwünschen, unseren brüdermörderischen Streitigkeiten, unseren fortwährenden Provokationen und unseren Drohungen hatten wir die zuständigen Mitarbeiter des Zentrums völlig zermürbt, aber mit gutem Recht. Denn zu jener Zeit waren alle Mitarbeiter entweder Kollaborateure oder französische Staatsangehörige, und wir teilten weder den Standpunkt noch den Filmgeschmack dieser Herrschaften.

Wahr ist aber auch, daß wir jung waren, leidenschaftlich, ungestüm, anmaßend, unverschämt und vor allem sehr gut informiert, zumal die meisten unter uns nur dies als Hauptbetätigung hatten.

Ich erinnere mich noch heute, als wäre es gerade gestern gewesen, an unsere Streitereien dienstags abends im Anschluß an die Filmvorführungen. Oft haben sie sich wirklich gelohnt, weil wir dadurch von einer filmischen Entdeckung zur nächsten unsere Argumentation ständig verbessern und unsere Strategien überprüfen konnten. Dies hatte aber vor allem zur Folge, daß die Tendenzen verstärkt und die Anziehungspunkte ausgeprägt wurden, die Befürworter von Griffith sich immer gegen die von Eisenstein stellten. Jene Provokateure, die sich für *Intolerance* (1916) einsetzten, hatten es auf die Fans von *Panzerkreuzer Potemkin* (1925) abgesehen, und desgleichen passierte zwischen den Anhängern des deutschen Expressionismus und den Verfechtern des italienischen Neo-Realismus.

Dieser Kleinkrieg dauerte gut fünf Jahre, im Rhythmus von zwei Filmvorführungen pro Woche, bis zum Ende der sechziger Jahre.

Einer der seltenen Filme, bei dem sich diese Gruppe auf einen gemeinsamen Nenner einigen konnte, war *Citizen Kane* (Orson Welles, 1940). Doch schon zu dieser Zeit hatte ich eine deutliche Vorliebe für *Touch of Evil* (Orson Welles, 1957), aber keine Lust, diese Liebe mit jemandem zu teilen, und noch weniger, darüber mit der ganzen Bande zu diskutieren.

Wir ließen uns den französischen poetischen Realismus auf der Zunge zergehen, vor allem die Filme von Jean Renoir: Wir waren Anhänger der Arbeiterklasse, die ins Paradies kommen. Wir verpaßten fast die Begegnung mit der Nouvelle Vague, und einer der Gründe dafür war, daß der neue brasilianische Film völlig unerwartet über uns hereingebrochen war.

Ich weiß immer noch nicht, durch welchen Zufall bei der Programmerstellung wir in einem Bürgersaal der Medina, dem »Roxi«, in den Genuß dreier brasilianischer Filme kamen: *O Cangaceiro* (Lima Barreto, 1953), *Antonio das Mortes* (Glauber Rocha, 1969) und ... Ich kann mich nicht mehr an den dritten Film erinnern. Jedenfalls war das ein derartiger Schock für uns, daß wir das Kriegsbeil begruben und eine lange Zeit der Versöhnung einläuteten. Zum ersten Mal verschwiegen wir unsere politische Zugehörigkeit und die Leitgedanken, die hinter unseren Entscheidungen steckten.

Wir redeten nun endlich über das Kino, über Form, Sprache, Ästhetik. Sogar der Ton unserer Diskussionen war anders geworden, wir fingen an, das Kino selbst zu verteidigen, es war die Offenbarung.

Und das, obwohl ich persönlich mit echtem Vergnügen einige Seitenpfade ausprobiert hatte: *Las Hurdes* (1932) von Buñuel, *... a Valparaiso* (1963) von Ivens, *Tabu* (1929-31) und *Nanook of the North* (1922) von Murnau und Flaherty, *Les statues meurent aussi* (1955) von Resnais und Marker.

Als ich dann in der Folgezeit *Roma città aperta* (1944/45) von Rossellini, *Pather panchali* (1952-55) von Satyajit Ray und *Ladri di biciclette* (1948) von De Sica sah, die mich zutiefst beeindruckt hatten, gab es keinen Zweifel mehr. Ich fühlte mich dieser Art Film nah und zu ihm hingezogen.

Das große Erwachen kam durch den brasilianischen Film, der barock, lyrisch, provozierend, wollüstig war und in seiner Poesie allem, was wir bisher gesehen hatten, ähnelte und doch anders war, aber für unsere Empfindungen so durchsichtig, daß er uns zum ersten Mal das Gefühl gab, daß noch nicht alles gesagt war.

Er war das fehlende Glied, durch das nun plötzlich die Geschichte des Kinos als Ganzes faßbar wurde, seine Entwicklung und sein ungeheures Erneuerungspotential. Das beflügelte uns. Wir gelangten über das große Tor in das Innere der Imagination. Wenn ich daran denke, daß wir damals noch nichts über das kubanische Kino wußten ...

Heute bin ich davon überzeugt, daß diese Entdeckung mit Sicherheit dazu beigetragen hat, daß die bis zu diesem Zeitpunkt verborgene und zurückgehaltene Berufung einiger zur Entfaltung kam.

Unterdessen hatte Ousmane Sembène, unser verehrter großer Bruder, seinen bahnbrechenden Film *Mandabi* (1968) beendet. Wir vergingen in Bewunderung, harrten in Erwartung wie Schüler im Vorzimmer des Meisters. Sembène verwendete eine Metapher, die uns terrorisierte und unseren Eifer dämpfte, wonach er die Kinowelt, die wir nun anstrebten, beschrieb als einen riesigen Korb voller Krabben, in dem die große Krabbe die kleineren auffrißt. Für angehende Filmemacher, wie wir es damals in der Rue Mohamet V waren, war dies der tägliche Alptraum.

Im übrigen verloren einige von uns darüber fast den Verstand. Später wurde der Zynismus des Meisters, der uns ein erzwungenes Lachen abrang, um einen weiteren, sehr beliebten Spruch über den Status des afrikanischen Filmemachers ergänzt. Ein afrikanischer Filmemacher, sagte er, ist gerade einmal eine Einladung zu einem Festival wert, ein Flugticket, ein Hotelzimmer, und wenn er barmherzig war, fügte er manchmal hinzu: und als Bonus eine Blondine.

Das Fortleben dieser Gesetzmäßigkeit auf einigen Veranstaltungen oder vielmehr folkloristischen Jahrmärkten rund um das afrikanische Kino, wie sie derzeit häufiger in Europa stattfinden – angeblich zugunsten der afrikanischen Kinematographie, indem sie sich ihrer wie eines Schreckgespenstes bedienen –, hat ihm, zumindest in diesem Punkt, recht gegeben.

Entgegen den Vorstellungen, die man bekommen kann und die weit verbreitet sind, glaube ich, daß die afrikanische Kinematographie – um genau zu sein: diejenige Schwarzafrikas südlich der Sahara – unter guten Vorzeichen entstand. Als Paulin Soumanou Vieyra und seine Mannschaft 1955 *Afrique sur Seine* in Paris drehten, hatte ein Kollektiv von Schwarzen aus Afrika und von den Antillen, vielleicht französischer Nationalität, die Geburtsurkunde dieses ersten Films unterzeichnet. Sie waren für die Vorstellungen, die sich in den künstlerischen, literarischen, politischen, kulturellen Bewegungen ihrer Zeit entwickelten, empfänglich, deren Wortführer und Speerspitzen derselben Generation angehörten wie sie selbst (Césaire, Senghor, Damas, Diop, Fanon, Leiris, Mauss, Sartre, Griaule, Malraux, Dieterlen, um nur diese zu nennen). Dies geschah im Quartier Latin, zehn Jahre nach dem Zweiten Weltkrieg.

Dasselbe Kollektiv ließ sich dann 1960, zum Zeitpunkt der Unabhängigkeit, in Senegal beim Nachrichtendienst nieder, dem ehemaligen französischen Nachrichtendienst Westafrikas.

Paulin S. Vieyra, von Geburt Beniner und Wahl-Senegalese, wurde später Direktor des senegalesischen Nachrichtendienstes. Georges Caristan, in Vietnam (er sagte Indochina) geborener guayanischer Kameramann, war die zweite wesentliche Stütze und Mitbegründer des senegalesischen Kinos.

Auch Blaise Senghor und Yves Diagne, beide ebenfalls aus derselben Generation wie Paulin S. Vieyra und wie er an der Film- und Fernsehakademie IDHEC in Paris ausgebildet, machten Zwischenstation beim senegalesischen Nachrichtendienst. Während des ersten Jahrzehnts nach der Unabhängigkeit rekrutierten die Staaten Führungskräfte. Die im Ausland ausgebildeten Filmemacher wurden vom Staat angestellt, sobald sie in ihr Land zurückkehrten, und hatten denselben Status wie Journalisten. Die meisten Filmemacher und Filme kreisten um den Nachrichtendienst. Es war der einzige Ort im Lande, wo man Filmmaterial bekam.

Die ersten Werke der Filmemacher hatten im wesentlichen dokumentarischen Charakter: *Le Grand Magal à Touba* (1962) von Blaise Senghor, *Les Pompiers de Dakar* (1963) von Georges Caristan, *Ndakarou* (1964) von Momar Thiam und dem Maler Pape Ibra Tali, *Une nation est née* (1961) und *Lamb* (1963) von Paulin S. Vieyra.

Neben diesen persönlichen Werken erstellten die Filmemacher auch Reportagen über die Reisen und Begegnungen des Staatschefs Léopold Sédar Senghor im Ausland (Paris, Rom, Moskau usw.). Georges Caristan wies einige senegalesische Techniker in die Aufnahmetechnik ein. Eine nationale Kinematographie mit Tendenz zum Dokumentarischen entstand. Doch leider waren alle diese Filmemacher Beamte, also im Dienste des Staates tätig. Sowohl der eingeschränkte Rahmen, innerhalb dessen sie ihr Amt ausübten, als auch die allzu gegenwärtige Zensur sollten die Entwicklung einer filmischen Strömung bremsen, die fruchtbar, vergnügt und frei war.

1962, als Sembène, der sich selbst als Marxist, Leninist und *Ceddo*[13] definierte, seinen ersten Spielfilm, *Borom Sarret* (Senegal, 1963), drehte, wurde er von den Technikern (Beamten) des senegalesischen Nachrichtendienstes unterstützt. Er schlug als erster eine Bresche gegen die staatliche Zensur. Paulin S. Vieyra war zwischen 1962 und 1987 bis zu seinem Tod der Reihe nach Berater, Produktionsleiter, Kritiker und Freund des Filmemachers Ousmane Sembène, während Georges Caristan, sein ständiger Kameramann, bei fast allen Abenteuern mit von der Partie war.

Sembène war einer der wenigen Filmemacher, dem es gelang, eine regelrechte Mannschaft um sein Werk herum zusammenzustellen, selbst wenn er nie den Wunsch oder das Bedürfnis verspürte, sich zum Theoretiker seiner Kunst zu machen.

Das Fehlen einer echten afrikanischen Kritik und einer ausreichenden kinematographischen Kultur, die in der Lage wären, kohärente und intelligente künstlerische Reflexionen über den Sinn und die Form filmischer Werke anzustellen, stellt eine große Schwäche dar, für die wir alle zu verschiedenen Anteilen verantwortlich sind.

Solange die Kritiker, und in deren Ermangelung die afrikanischen Filmemacher, uns nicht über die Entscheidungen aufklären, die der Erstellung der verschiedenen

13 Wolof: Freier Mensch, Krieger, Animist.

Ebenen zugrunde liegen, von denen ihre Filme wimmeln, um jenes Imaginäre zu bedeuten, in dem das Publikum oft ganz allein und ohne Anhaltspunkte herumdriftet, brauchen wir uns nicht zu wundern, daß die afrikanische Kinematographie eine Randerscheinung und außerhalb der Geschichte des Kinos bleibt. Während die westliche Kritik in ihrem Standpunkt gegenüber dem, was das afrikanische Kino wirklich aussagt, außen vor bleibt und sich an anderen Interessensphären orientiert, auch wenn dies in den besten Absichten der Welt erfolgt.

Irgendwann wird es nötig sein, daß eine afrikanische Kritik – egal ob parteiisch oder unparteiisch, Hauptsache aufgeklärt – sich dieser unangenehmen Entzifferungsarbeit annimmt.

Dann scheint da noch etwas ganz offensichtlich zu sein, daß nämlich die afrikanischen Filmemacher nicht wie Europäer, wie Amerikaner oder Japaner und auch nicht wie Inder oder Südamerikaner filmen.

Aber wie filmen sie dann, die Afrikaner? Haben sie etwa eine besondere Art, ihre Kameras aufzustellen, ihre Objektive zu verwenden, mit dem Licht umzugehen, mit den Farben? Lassen sie sich vom italienischen Quattrocento inspirieren oder von den Felsmalereien von Tassili in Niger, um uns ihre Geschichten zu erzählen?

Einige seltene afrikanische Filme antworten meiner Ansicht nach auf diese Fragen: *Borom Sarret* und *Mandabi* von Ousmane Sembène, *Touki-Bouki* (Senegal, 1973) und *Contras' City* (Senegal, 1968) von Djibril Diop Mambety sowie *Baara* (Mali, 1977) und *Yeleen* (Mali, 1987) von Souleymane Cissé.

Vor gar nicht allzu langer Zeit neigten wir dazu, mit großen Steinen auf den alten Dichter und Dandy Jean Rouch zu werfen. Gewiß verdiente er in mancherlei Hinsicht unseren entgegengeschleuderten Widerspruch, wenn er den ethnologischen Dokumentarfilm in Schutz nahm, so wie ihn das westliche Universitätsmilieu mit seinen Funktionären und Fächern entwickelte. Von unserem Standpunkt aus betrachtet, denn hier geht es nur darum, lieferte uns diese exklusive und verkürzende Form mit ihren großen wissenschaftlichen Ansprüchen keinerlei befriedigende Erklärung angesichts der Komplexität der sozialen Strukturen, in denen wir die Einheimischen waren. Diese nunmehr aufgeräumte Schlacht um die Ursprünge wurde mit der Zeit nur deswegen wertvoll, weil sie eine Polemik zwischen Ousmane Sembène, Joanny Traoré und Jean Rouch auslöste, die sich im wesentlichen in einem Satz zusammenfassen läßt: »Du schaust uns an, als wären wir Insekten ...« Eine ganze Generation von Filmemachern sollte sich mit dieser Feststellung solidarisieren, so daß das eigentliche Thema der Debatte dadurch, daß alle aneinander vorbeiredeten, prompt verschleiert wurde. Jean Rouch, dessen Gewandtheit man kennt, hielt seine mit einem Anflug von Humor und Arroganz gefärbte Antwort parat: »Wenn ihr nicht zufrieden seid, dann macht es doch ebenso, kommt nach Paris und filmt die dortigen Einheimischen...« Ich ziehe die Aufrichtigkeit eines Jean-Luc Godard vor, der über den kolonialen Film sagt: »Wir waren ein wenig naiv und wagten es, in dem Moment auf die Straße zu gehen, als es verboten war, und sei es nur, weil es eine Frage des Rechts war. Die amerikanischen Filmemacher drehten nicht auf der Straße, weil es vorkommen konnte, daß jemand, der vorbeiging, ihnen anschließend einen Prozeß anhängte. Aber ich habe immer auf der Straße das Gefühl gehabt, ein bißchen wie ein Kolonialist zu sein, wie bei diesen europäischen oder amerikanischen Filmen, die in Schwarzafrika gedreht werden und wo man schöne Mädchen oder schöne Jungs sieht, die für eine Coca-Cola-Werbung in einem Einbaum sitzen, und dann sieht man zwei rudernde Schwarze, und dann habe ich auf der Straße immer das Gefühl gehabt, daß die Leute diese rudernden Schwarzen waren. Das hat mich immer in Verlegenheit gebracht ...«

Es handelt sich hierbei meiner Ansicht nach nicht um ein territoriales Problem, das Unbehagen ist überall, sondern um eine Art filmische Deontologie. Es liegt eine offenkundige Unvereinbarkeit in der Tatsache, einen Film über Leute machen zu wollen, ohne sich darum zu kümmern, was sie denken oder wie sie leben.

Wollten die afrikanischen Filmemacher aber, daß Rouch wie ein Afrikaner filmt, wollten sie, daß er sich dessen entledigt, was aus ihm einen Filmemacher macht, nämlich seines Blicks? Ich gebe zu, daß ich dies erst sehr viel später so klar feststellte. Unter diesem Blickwinkel betrachtet war Rouch unangreifbar, besser: seine poetischen Filme, denen jeder wissenschaftliche Anspruch fehlte, teilten uns sehr viel mehr von seiner Geisteshaltung mit als von den Einheimischen, die er filmte.

Ein Filmemacher, das ist ein persönlicher Blick, der uns die Sache zeigt, die er als einziger sieht. Egal, wo die Filmemacher herkommen, sie zeigen uns immer nur ihren Teil der Wahrheit, einen Widerschein ihrer Wirklichkeit.

Kino ist die Kunst der Künstlichkeit, immer auf der Suche nach einer Wahrheit. Es verwendet Aufzeichnungsmaschinen, die in der Lage sind, bei noch so nichtssagenden Existenzen Schönheiten von äußerster Tiefe zu fassen.

Die neue Generation der afrikanischen Filmemacher – Régine Fanta Nacro, Issa Serge Coelo, Dany Kouyaté, Bouna Médoune Seye, Abderrahmane Sissako, François L. Woukoache, Moustapha Dao, Issiaka Konaté und andere – um nur sie zu nennen – schreiben sich mit ein oder zwei Filmen als jüngste, vielversprechende Strömung in die Kinogeschichte Afrikas südlich der Sahara ein. Und darin liegt unsere Hoffnung.

Im Gegensatz zu den Filmemachern vor ihnen machen sie keinen übermäßigen Gebrauch von Slogans und mißbrauchen sie auch nicht, sie haben keine Komplexe und sind freier.

In diesem Punkt stehen sie der Generation des »Oeil vert«[14] nahe, obwohl sie sonst

14 Bewegung afrikanischer Filmemacher der 2. und 3. Generation, die der Vorstellung einer grünen Sahelzone anhing (Œil vert = grünes Auge).

ganz anders sind, da sie nicht theoretisieren und auch keine Ahnung von der afrikanischen Filmgeschichte im Ganzen haben. Ihre Filme sind wie Manifeste, die endlich einmal die Formen aufgrund ästhetischer Entscheidungen und durch ihre Vorsätze transzendieren. Mit dieser neuen Generation geht eine Veränderung einher, nicht wahrnehmbar für die einen, radikal für die anderen, was daran liegt, daß an diese jungen Leute nicht leicht heranzukommen ist.

Diese Generation, die nun die Nachfolge antritt, arbeitet allen Widerständen zum Trotz ohne Mentor und ohne echte Aufnahmestrukturen. Mehr als in der Vergangenheit tritt in ihren Filmen deutlich zutage, daß es nun endlich um Einbildungskraft geht, um Phantasiegebilde und Träumereien ...

Aus dem Französischen von Caroline Gutberlet
Mit freundlicher Genehmigung des Autors und des *Centre Georges Pompidou*, Paris

Samba Félix N'Diaye (*1945 in Dakar, Senegal) studierte zunächst Jura und Wirtschaft in Dakar, absolvierte eine Kamera- und Schnittausbildung an der Ecole Louis Lumière, bevor er Film an der Universität Paris VIII studierte; Lehraufträge und Vorsitz der Vereinigung senegalesischer Filmemacher (1981-83), **Dokumentarfilmemacher und Produzent.** Das Festival »Tage des Unabhängigen Films« in Augsburg widmete ihm 1992 eine Retrospektive.

Filme:
- *Perantal*, 1975, 16mm, 13'. Franz. OF.
- *Geti Tey*/La pêche aujourd'hui/Der heutige Fang, 1978, 16mm, 42'. Wolof OF.
- *La santé, une aventure*, 1986, 16mm, 15'. Franz. OF.
- In der Reihe, »Le trésor des poubelles«, 1989: *Aqua*; *Diplomates à la tomate*/Tomaten-Diplomaten; *Les chutes de Ngalam*; *Les malles*/Die Koffer, *Teug ou chaudronnerie d'art*/Schmiedekunst; alle in 16mm, 13' und franz. OF.
- *Dakar – Bamako*, 1991, S-16mm auf 35mm kopiert, 58'. Wolof/Bambara O. m.franz.U.
- *Un peintre sous verre*/Ein Hinterglasmaler, 1991, 16mm, 13'. Wolof O.m.franz.U.
- *Lettre à un ami cinéaste*, 1993, Betacam, 8'.
- *Ngor – L'esprit des lieux*, 1993/94, S-16mm auf 35mm kopiert, 90'. Wolof O.m.franz./engl.U.

Paulin Soumanou Vieyra (1976)

Afrikanisches Kino in seinem populären Ausdruck

Die denaturierten afrikanischen Künste

Wenn man von der Kunst »als Ausdruck eines Schönheitsideals in den Werken von Menschenhand« spricht, so ist dies eine Definition, die erst sehr spät auf Afrika angewendet wurde, als nämlich zu Beginn des 20. Jahrhunderts der Westen mit Malern wie Matisse oder Picasso der Welt ihre Auffassung des künstlerischen Wertes afrikanischer Statuen und Figuren enthüllte. Und weil sie anerkannte Maler der Avantgarde waren, wuchs der Einfluß dessen, was sie »Negerkunst«[15] nannten, allmählich an: Er machte sich nicht nur in den Werken westlicher Künstler bemerkbar, sondern auch in einer Bewußtwerdung der afrikanischen Kreativen, die von nun an als Künstler galten und deren Werken ein reeller Marktwert zugesprochen wurde.

Man muß natürlich sagen, daß zu einem früheren Zeitpunkt in Afrika die Beurteilungskriterien eines Kunstwerks sich an keiner Ästhetik orientierten; wichtig war vor allem die Funktion, die dieses Werk in einem zeremoniellen Ritual spielte. Der zu Ehren einer Gottheit, eines Oberhauptes oder eines Kultes hergestellte und anläßlich eines Festes in einem entsprechenden Zeremoniell geweihte Gegenstand aus Holz, Eisen oder Bronze hatte im wesentlichen symbolischen Wert.

Die europäische Kolonisation gab solange keine Ruhe, bis diese Symbole, die der

15 Unter dem Begriff »Art nègre« erfuhr afrikanische Plastik in Frankreich eine Aufwertung durch die Kubisten und die Surrealisten, im damaligen Deutschland durch die Expressionisten. Karl Einstein attestiert dieser Kunst in seinem 1915 verfaßten Manifest »Neger-Plastik« erstmals einen universellen abstrakten Wert.. (Anm.d.Hg.)

kulturellen Durchdringung im Weg standen, zerstört waren. Mit dieser Aufgabe wurden zunächst die Militärs im Hinblick auf die Besetzung der Territorien und später die Missionare im Hinblick auf die Eroberung der Seelen betraut. Der mit der islamischen Religion konfrontierte Animismus wurde in der Folge durch die christliche Religion bekämpft.

Die entweihten Statuen und Figuren durften von nun an zerstört werden; daher die im Namen der Zivilisation überall in Afrika errichteten Scheiterhaufen. So löste sich die afrikanische Kultur in ihren wichtigsten Elementen in Rauch auf und wurde durch westliche christliche Werte ersetzt, die für die Bestätigung eines zivilisierten Persönlichkeitstypus unterbreitet und aufgezwungen wurden.

Europa sollte sich dann – in Anbetracht des durch den Erwerb dieser kunstgewordenen Statuen und Figuren entstehenden Marktes – eines Besseren besinnen; fortan wurde ihre Zerstörung vermieden. Der geistige Tod hatte allerdings gereicht, um das Eindringen neuer Religionen [in Afrika] und das Auffüllen der Museen und Sammlungen [in Europa] sicherzustellen.

Der Verlust dieser Kultobjekte für die religiösen Praktiken führte zwangsläufig zur Ablehnung afrikanischer Kultur, deren Stützen sie waren. Afrika wurde zum Brachland. Die konfliktbeladenen Beziehungen zwischen den Religionen – Animismus, Islam und Christentum –, das heißt den wesentlichen Glaubensüberzeugungen, die als ideologische Fundamente und als Bestandteile der Existenz eines ganzen Volkes fungieren, gerieten zum Vorteil der europäischen Assimilationspolitik. Diese Politik wurde zuerst seitens der durch die Kolonisatoren ausgebildeten Führungskräfte und ihre Untergebenen angenommen, dann im Namen humanitärer Prinzipien und eines falschen Verständnisses von Gleichheit aufgrund ihrer unmittelbar spürbaren finanziellen Vorteile verteidigt und später widerrufen.

Doch das Übel hatte sich bereits in einem bisweilen ungeahnten Umfang bis zu den Wurzeln der afrikanischen Gesellschaften durchgefressen. In der Tat wurden die westlichen Werte durch unablässige Marterung des afrikanischen Bewußtseins an die Stelle der afrikanischen Werte gesetzt, was zu einem häufig unwiederbringlichen Ungleichgewicht der Vorstellungen führte. Mehrere Generationen von Afrikanern sind auf diese Weise unter dem Vorwand der Erziehung und Wissensvermittlung manipuliert worden.

Heute sieht man das Ergebnis, wenn man sich vor Augen führt, was noch immer als Elite bezeichnet wird, deren Verhalten oft Erstaunen hervorruft. De facto führt der Großteil dieser Elite, da sie mit der Unabhängigkeit die Nachfolge der Kolonisatoren antrat, das fort, was man ihr beigebracht hatte: die westlichen Werte zu respektieren, was konsequenterweise die Errichtung eines Neo-Kolonialismus förderte. Von daher darf man sich ebensowenig über die rückschrittliche Organisation einiger unserer Staaten wundern wie über die Konflikte, die ihre wirtschaftliche, soziale und kulturelle Entwicklung bremsen.

Sicherlich hat sich in mehreren Bereichen ein Widerstand konstituiert. Gewisse Künste haben sich trotz allem die ihrem Wesen nach besonderen Eigenschaften bewahrt. Es läßt sich allerdings nicht behaupten, daß ihre Entwicklung normal verlaufen wäre, die heftigen Eingriffe von außen haben es nicht verfehlt, ihre harmonische Weiterentwicklung zu erschüttern.

Das erklärt, warum die afrikanische Skulptur heute oft unbeseelt wirkt: Ihre einstige Aufgabe ist verschwunden, und der Begriff von Schönheit, der diesen Verlust hätte kompensieren können, ist für die Kunsthandwerker, die sich damit zufriedengeben, die Formen der Vergangenheit tausendfach für die Touristen zu kopieren, häufig eine abstrakte Vorstellung geblieben.

Es scheint, daß afrikanischer Tanz und afrikanische Musik den Übergriffen von außen besser widerstanden haben. Unsere Griots waren ihre natürlichen Verteidiger. Im Rahmen dieser Bewahrungstätigkeit ist die wichtige Rolle der Sprache hervorzuheben, da sich im Liedergut und Ritual Amerikas intakte afrikanische Sprachen finden lassen, auch wenn diese von den Nachfahren der Sklaven nicht mehr verstanden werden. Für sie wurden Musik und Tanz zu starken Bezugsmomenten, die ihre kulturelle Vernichtung verhinderten.

Das afrikanische Kino als populäre Kunst

Gehen wir noch weiter. Das Kino und die audiovisuellen Künste fangen derzeit in Afrika an, als wichtige Künste erachtet zu werden, was an ihrer Popularität liegt. Doch wie läßt sich eine populäre Kunst als solche erkennen?

Von einer populären Kunst läßt sich unserer Meinung nach sprechen, wenn der Ausdruck des menschlichen Geistes alle Mitglieder einer gegebenen Gemeinschaft unabhängig von ihrem sozialen Rang oder ihrem Geschlecht gleichermaßen trifft und von allen, unabhängig vom Bildungsgrad und von der jeweiligen philosophischen Auffassung, gleichermaßen geschätzt wird.

Populäre Kunst wird zwangsläufig durch einen Künstler entwickelt, der dem Volk lauscht. Im Zusammenhang mit der afrikanischen kinematographischen Kunst fragen wir nach der Herkunft der Filmemacher.

Es sei zunächst einmal daran erinnert, daß sich erst seit etwa zwanzig Jahren eine afrikanische Tradition des Kinos herausbildet. Da das Kino im Westen geboren wurde, waren es der Westen, der es mit seinen Traditionen nährte, sowie die Länder, in denen es sich weiterentwickelte, was zu einer Vielgestaltigkeit seines Ausdrucks führte.

Seitdem ist von nationalen Kinos und einer konzeptionellen, ideologischen und sogar technischen Vielfalt die Rede. Die kinematographische Kunst ist Trägerin der jeweiligen kulturellen Werte. Dies erscheint bereits im afrikanischen Kino trotz seiner finanziellen Schwierigkeiten. Ohne Zweifel findet sich im afrikanischen Kino das, was gemeinhin als kommerzielles Kino bezeichnet wird, Filme ohne besonderen künstlerischen Wert, aber mit großer Verbreitung, sowie Filme von besonderer Qualität, die allerdings selten ausgestrahlt werden. Die Definition dieser beiden Kinoarten ist uns allen bekannt. Bleibt zu bestimmen, was wir »populäres Kino« nennen, ein Kino, das zugleich von besonderer Qualität und jedermann zugänglich ist.

Die meisten afrikanischen Filmemacher sind Kinder der neokolonialistischen, bürokratischen, handeltreibenden oder intellektuellen Bourgeoisie. Ihre ideologische Ausrichtung hängt von ihrer eigenen Entscheidung und von ihrem Kampfgeist ab. Mit anderen Worten, es finden sich in Afrika wie im Westen engagierte afrikanische Filmemacher (im Sinne einer proletarischen Revolution) und solche, die ihrer »seelischen Verfassung« folgen und es zugleich ablehnen, wie sie sagen, Politik zu machen, ohne sich darüber im klaren zu sein, daß keine Politik machen bedeutet, die Politik der herrschenden Partei oder der regierenden Einheitspartei zu machen.

Wir haben die Entwicklung der afrikanischen Kultur im Kontext der erlittenen kulturellen Übergriffe dargelegt. Der daraus resultierende technologische und ökonomische Rückstand offenbart sich in der Unterentwicklung sämtlicher Bereiche menschlichen Handelns. Ein populäres Kino in Afrika muß also diese Situation und insbesondere die kulturelle Situation berücksichtigen, wenn man annimmt, daß populärer Film ein für alle zugänglicher Film von besonderer Qualität sein soll.

Ein zweiter Aspekt der Frage betrifft diejenigen, die dazu aufgerufen sind, diese Art Filme zu realisieren. Wir wissen, daß die afrikanischen Filmemacher zumeist aus einer bestimmten sozialen Klasse stammen und daß ihre politische Einstellung von der Vorstellung abhängt, die sie sich von ihrer Rolle innerhalb der Gesellschaft und von ihrer ideologischen Ausprägung machen.

Man muß folglich damit rechnen, im afrikanischen Kino dieselben Sorgen vorzufinden wie in allen Kinematographien, vielleicht mit Ausnahme derjenigen der sozialistischen Länder. Man wird einerseits den Autorenfilm ausmachen können, der zwar interessant, aber für die meisten Zuschauer oft unzugänglich ist, und andererseits den rein kommerziellen Film, der auf finanzielle Rentabilität ausgerichtet ist und folglich mit allen bewiesenermaßen erfolgreichen Kunstgriffen und Vorgehensweisen realisiert wird, wobei zu allem Überfluß die niederträchtigsten Instinkte kultiviert werden, um so viele Kunden wie möglich einzufangen.

Wenn es scheinbar ein Rezept für das kommerzielle Kino als solches gibt, dann läßt sich das von einem populären Kino weitaus weniger behaupten. In der Tat gibt es keine Kriterien, anhand derer es sich definieren ließe. Wenn ein Film viele Zuschauer anzieht und darüber hinaus von der Kritik als ein exzellenter Film anerkannt wird, muß er deshalb nicht zwangsläufig als populär bezeichnet werden.

Senegalesische Beispiele

Der Begriff eines populären Kinos erweist sich somit als schwer definierbar. Das Populäre läßt sich auf ein Land, sogar auf eine bestimmte Gesellschaft anwenden. Meine Beispiele werde ich aus dem senegalesischen Kino auswählen und bitte im voraus um Entschuldigung, wenn nicht alle die Filme gesehen haben, von denen die Rede ist.

1969 schlug der Film *Diègue-Bi* von Mahama Traoré alle Einnahmerekorde in Senegal. Als Koproduktion mit der SECMA, einer örtlichen Vertriebsgesellschaft realisiert, wurde der Film werbewirksam unterstützt. Nachdem ich mir den Film immer wieder angesehen hatte, fragte ich mich, was wohl die Ursache eines derartigen Erfolgs sein konnte. Der Film, in 16mm/Farbe gedreht und von ziemlich mittelmäßiger technischer Qualität, ist eine statische und theatralische Inszenierung mit größtenteils unprofessionellen, plumpen Schauspielern. Das konnte es also nicht sein, demnach blieb, auf seiten des Themas nach den Ursachen des Erfolgs zu suchen.

Die Geschichte schreibt sich in der Tat in die senegalesische Erfahrungswelt ein, insbesondere in die der städtischen Gesellschaft, einer Kategorie von Leuten, für die der äußere Schein mehr zählt als alles andere. Wenn die Frau ihrem Ehemann nicht treu ist und anderen Männern hinterherläuft, weil er unfähig ist, ihren finanziellen Anforderungen nachzukommen, folgt andernorts zwangsläufig ein Konflikt, der auf eine Trennung hinauslaufen kann. In diesem Film ist das aber nicht der Fall: Der Ehemann sucht sich eine zweite Frau, um die erste zu ärgern und ihr zu zeigen, daß er die entsprechenden Mittel hat. Leider begegnet er ausgerechnet einer »Dirienké«, einer Lebedame, die man normalerweise nicht heiratet, die aber die Kunst des Schmeichelns bestens beherrscht und die armen Männer, die sie sich auserkoren hat, Geld, viel Geld ausgeben läßt …

Der Mann, ein Beamter auf verantwortungsvollem Posten, der mit der Finanzverwaltung betraut ist, greift kurzerhand in die Kasse, um die wiederholten Forderungen dieser Kurtisane zu befriedigen und folglich zu beweisen, daß er wer ist. Das Ergebnis: Er wird gefaßt und kommt ins Gefängnis. Die unerwartete Konsequenz: Seine Frau treibt überall Geld auf, um den taktlosen und selbstgefälligen Ehemann aus dieser mißlichen Lage zu befreien. Daraus erwächst ihr die Rechtfertigung dafür, ihren Mann weiterhin zu betrügen, der es weiß und es akzeptiert.

Viele Leute haben sich in diesem Film wiedererkannt, der mit sehr bescheidenen Mitteln eine mittlerweile geläufige Situation mit Humor darstellt. Hier haben wir es also mit einem Film zu tun, von dem man nicht behaupten kann, daß er ein Werk von besonderer Qualität oder gar ein kommerzielles Werk im gängigen Sinne des Wortes ist; somit wäre er ein populärer Film, weil er sich auf die Sitten und Bräuche einer Gesellschaft stützt und dabei die Schwächen und sträflichen Verhaltensweisen von Männern denunziert, die dazu berufen wurden, ein Land zu regieren.

Dieser Film hat keine große Verbreitung außerhalb Senegals erfahren, vielleicht weil die Geschichte zu spezifisch und technisch nicht perfekt genug umgesetzt war. Die Einnahmen aus dem Kartenverkauf betrugen 15 Millionen CFA-Francs bzw. 300.000 französische Francs gegenüber Ausgaben von 10 Millionen CFA-Francs bzw. 200.000 FF. Dank der Auslandsverwertung hat dieser Film gerade mal seine Kosten decken können.

Noch ein anderer Film könnte den Anforderungen entsprechen, die man an einen populären Film stellt: *Mandabi* (1976) von Ousmane Sembène. Dieser Film (35mm/Farbe), eine französisch-senegalesische Koproduktion, weist die technischen und künstlerischen Qualitäten der besten amerikanischen oder europäischen Filme auf. Da ihm außerdem die menschliche und literarische Erfahrung eines Autors zugute kam (der Film basiert auf einem seiner Romane), waren die Geschichte stark strukturiert und die Personen gründlich einstudiert.

Der Erfolg von *Mandabi* ist beispielhaft, sowohl auf der narrativen wie auf der Ausdrucksebene des Films. Hier haben wir es mit einem technisch qualitativ hochwertigen Film zu tun: Der Autor selbst, ein Autodidakt, der seine Kenntnisse in der harten Schule des Lebens erworben hatte, stand den Leuten, deren Geschichte er erzählte, sehr nahe und seine klare Sichtweise der Ereignisse beruhte auf einer fundierten politischen Bildung.

Dennoch wurde *Mandabi* in seinem eigenen Land zur Zeit seiner Erstausstrahlung nicht von der Zuschauermenge begrüßt, die man ihm zu Recht hätte voraussagen können. Außerdem konnte man nicht erwarten, daß er sich bei Produktionskosten von annähernd 50 Millionen CFA-Francs bzw. 1 Million französischen Francs auf dem nationalen Markt rentabel gestalten würde. Gerade aber die Qualität dieses Films machte seine Ausstrahlung aus, seine technische Professionalität, der richtig getroffene Ton, die Authentizität der Situationen, die politische Reflexion über ein Phänomen der Übernahme fremder kultureller Werte in einer gegebenen Gesellschaft.

Da sie sich auf einer populären Kultur gründet und da sie so untersucht wurde, wie sie sich derzeit präsentiert, brachte der Autor aus dieser Kultur jenes zum Vorschein, was sie an Archaischem und folglich für die Entwicklung an Abträglichem an sich hatte, stellte er die importierte Kultur und ihren neokolonialen Ausdruck in Frage und enthüllte im Korpus seiner Erzählung, was die beiden betreffenden Kulturen über eine Symbiose im Hinblick auf ein neues soziales Gleichgewicht beitragen konnten. Ohne eine Lösung für die aufgeworfenen Probleme zu liefern, denn das gehört nicht in den Zuständigkeitsbereich des Künstlers, verweist der Autor trotzdem unaufdringlich auf einen Weg. *Mandabi* ist kein Film, der Thesen aufstellt. Aus der Geschichte des Films, deren erzieherische Komponente nicht zu bestreiten ist, ergeben sich eine ganze Reihe Fragen, die auf der Ebene des Verständnisses jedes einzelnen beantwortet werden müssen, da sich der Film an alle wendet.

Daraus ergibt sich für mich der Gedanke, daß der Begriff des populären Kinos nicht vom Begriff des erzieherischen Kinos zu trennen ist. Wenn viele Leute kommen, um sich einen Film anzuschauen, der überdies ein Qualitätsfilm und seitens der bedeutendsten Kritiker anerkannt ist, bringt ein solcher Film zwangsläufig jedem einzelnen Zuschauer etwas Positives. Im Falle von *Mandabi* finden sich die Zuschauer vor einem großen Spiegel wieder und sehen sich leben.

Man kann sich außerdem die Frage stellen, ob es ein bestimmtes Rezept für die Entstehung von Qualitätsfilmen gibt, die gleichzeitig jedem zugänglich sind.

Ein talentierter Filmemacher ist ganz sicher auch in der Lage, Qualitätsfilme zu realisieren. Einem geschickten Techniker, der über die entsprechende Erfahrung und das nötige Know-how verfügt, kann es gelingen, kommerzielle Filme einträglich auf den Markt zu bringen. Doch das populäre Kino setzt Verfilmungen anderer Art voraus.

Ich nannte den Fall des Senegalesen Ousmane Sembène. Wir kennen von ihm noch *La Noire de …* (1966), ebenfalls ein großer kommerzieller Erfolg, insbesondere in der Sowjetunion, *Emitaï* (1971), ein bewundernswertes geschichtliches Dokument, sowie *Xala* (1974), der in Senegal sämtliche Einnahmerekorde schlug.

Infolgedessen muß man sich zuerst dem Menschen und dann dem Künstler zuwenden, um die zur Verwirklichung von populären Werken notwendigen Fähigkeiten erforschen zu können. Der Mensch muß direkten Bezug zum Volk haben, ein politischer Militant sein, der hinsichtlich einer revolutionären Aktion, das heißt ideologischer Arbeit bewandert ist, in der Absicht, soziale Gerechtigkeit zunächst in seiner eigenen Gesellschaft und dann darüber hinaus in der Welt herbeizuführen, und er sollte auch beabsichtigen, der kulturellen Persönlichkeit Rechnung zu tragen, die seine wirtschaftliche Unabhängigkeit fördert. Dem Künstler mag sicherlich nicht immer ein populärer Film gelingen, doch muß er zumindest die Fähigkeit haben, sämtliche Elemente zusammenzutragen und aufeinander abzustimmen, die sich aus der erzieherischen und unterhaltenden Funktion eines populären Films ergeben.

Der Erfolg eines kommerziellen Films kann sich unmittelbar einstellen, wenn die Werbetrommel über Mund-zu-Mund-Propaganda funktioniert; ein populärer Film braucht möglicherweise länger, bis er Zustimmung erfährt, und bedarf der Intervention eines Kritikers, der die stilistische Eleganz aufzeigt und den Wert eines Themas herausstellt, das sich in die Sorgen eines Landes oder einer Gesellschaft einfügt. Die Übereinstimmung von Form und Inhalt empfindet das Publikum in der Tat oft auf unmittelbare Weise.

Qualitätsfilme ohne Publikum sind dramatische Fälle, sowohl für die Autoren wie für die Geldgeber. Von der Kritik für qualitätsvoll befunden, erreichen diese Filme nur ein begrenztes Publikum von aufgeklärten Kennern. Aber da ein Film unabhängig von seiner Qualität für den sofortigen Konsum bestimmt ist, wenn er rentabel sein soll, können die Autoren nicht auf das Urteil der Nachwelt warten.

Den Filmen gereicht die Zeit, die vergeht, außerdem nicht unbedingt zum Vorteil, da die Entwicklung der Technik recht schnell voranschreitet, die ästhetischen Normen Veränderungen unterliegen und die Themen in der Form, wie sie zum Ausdruck gebracht werden, veralten, selbst wenn die Gefühle ihren universellen Charakter nicht verlieren. Bleibt noch zu sagen, daß gewisse Filme zu Klassikern werden. Man muß sie bekannt machen und ihre Wertschätzung fördern. In diesem Sinne beginnt Afrika derzeit mit der Zusammenstellung von Filmarchiven, insbesondere im Hinblick auf die Bewahrung afrikanischer Filme und wichtiger Werke des weltweiten Kinos, die die Entwicklung unserer Welt widerspiegeln.[16]

Unabhängig davon, ob das Kino sich in Spielfilmen oder in Dokumentarfilmen ausdrückt, es ist und bleibt ein lebendes Zeugnis des Lebens der Gesellschaften. Autoren und Filmemacher müssen, indem sie es sich in diesem Geiste vorstellen, ihren Werken die populäre Dimension verleihen, die für die Authentizität der Tatsachen, über die sie berichten oder die sie aufnehmen, unbedingt notwendig ist.

Den Kritikern obliegt es, unabhängig von aller philosophischer Betrachtung, den Unterschied zwischen rein kommerziellen Filmen und populären Filmen spürbar zu machen. Indem sie dies tun, werden sie weiterhin auf erhabene Weise eine der schwierigsten Aufgaben überhaupt erfüllen: ein artikulierendes und dynamisches Instrument des menschlichen Bewußtseins zu sein.

Aus dem Französischen von Caroline Gutberlet
Mit freundlicher Genehmigung von Frau Vieyra und OCIC, Brüssel

16 Es sei angemerkt, daß die einzige große Sammlung schwarzafrikanischer Filme im französischen Ministerium für Zusammenarbeit (Audecam, Paris) zu finden ist (A.d.A.). 1995 wurde die Cinémathèque Africaine mit Sitz in Ougadougou (Burkina Faso) gegründet, deren Sammlung erst langsam zusammengetragen wird (A.d.Hg.).

Paulin Soumanou Vieyra (*1925 Dahomey, heutiges Benin, Wahlsenegalese, gestorben 1987), Kritiker, Journalist und Filmemacher von Reportagen, Dokumentar- und Spielfilmen.

Filme:
- *C'était il ya quatre ans*, Frankreich 1954, 35mm, 5'. Franz. OF.
- *Afrique sur Seine*, Frankreich 1955, 16mm, 21'. Franz. OF.
- *L'Afrique à Moscou*, 1957.
- *Le Niger aujourd'hui*, 1958, 16mm.
- *Les présidents Senghor et Modibo Keïta*, Senegal 1959, 16mm.
- *Indépendence du Caméroun, Togo, Congo, Madagascar*, Dokumentarfilmreihe, 1960, 16mm.
- *Une nation est née*, Senegal 1961, 35mm, 20'. Franz. OF.
- *Lamb*, Senegal/Frankreich 1963, 35mm, 18'. Franz. OF.
- *Ecrit au Caire*, Kairo 1964, 35mm, 8'.
- *Voyage du Président Senghor au Brésil*, 1964.
- *Avec l'ensemble national*, 1964, 35mm, 10'.
- *N'Diongane*, Senegal/Frankreich 1965, 35mm, 18'. Franz. OF.
- *Sindiely*, Senegal/Frankreich 1965, 35mm, 13'. Wolof OF.
- *Mol*/Un homme, un idéal de vie, Senegal/Frankreich 1966, 16mm, 32'. Franz. OF.
- *Le Sénégal au Festival Mondial des Arts Nègres*, Senegal/Frankreich 1966, 35mm, 35'. Franz. OF.
- *La bicyclette/Le gâteau/Au marché/Rendez-vous*, Senegal 1967, jeweils 1'. Franz. OF. Beitrag zur Exposition Universelle in Montréal, Kanada.
- *Ecrits de Dakar*, Senegal 1974, 35mm, 10'.
- *Diarama*, Senegal 1974, 16mm, 26'.
- *L'habitat urbain au Sénégal*, Senegal 1976, 16mm, 26'.
- *Birago Diop*, Senegal/Frankreich 1981, 16mm, 28'. Franz. OF.
- *L'envers du décor* (über die Dreharbeiten an *Ceddo* von Ousmane Sembène), Senegal 1981, 16mm, 25'.
- *En résidence surveillée*/Unter Hausarrest, Senegal 1981, 16/35mm, 100'. Franz. OF.
- *Iba N'Diaye, peintre*, Senegal/Frankreich 1982, 16mm, 35'. Franz. OF.

FantaSma

Ein Interview mit Régine Fanta Nacro (1996)

Der allwöchentliche Cinéclub des Internats in Ouagadougou, die aufgrund des Wunsches weiterzustudieren verworfenen sozialen Berufswünsche – schließlich kam ich mehr oder weniger durch Zufall zum Kino und studierte zwischen 1983 und 1986 an der INAFEC in Ouagadougou Regie, ging nach Paris, um nach den dort absolvierten Abschlußprüfungen zu promovieren. Doch mit der Arbeit an meinem ersten Kurzfilm war ich nicht mehr in der zeitlichen, geistigen und finanziellen Verfassung, Bücherwurm zu spielen und zu forschen.

Worin bestand das Thema dieser Arbeit?
Sie trug den Titel: Ein Beitrag zur Adaptierung der abendlichen dörflichen Zusammenkünfte, der *veillées villageoises*, für das Fernsehen. Ich ging von der These aus, daß diese abendlichen Versammlungen die erste Stufe der traditionellen Erziehung darstellen und daß heute diese Erziehungsform, jenseits des Zugangs zum westlichen Bildungsweg, beiseite gelassen wird, so daß vor allem die Kinder in den Großstädten sich damit nicht mehr in Beziehung bringen können. Sie kennen das Radio, Fernsehen und nicht mehr die *veillées villageoises*. Die ersten Elemente dieser Erziehung wurden durch Märchen und Erzählungen vermittelt. Meine Ausgangsfrage war: Wie kann man nun die technologischen Medien nutzen, da man sie nicht verbieten kann, um diesen Mangel zu beheben?

Wie sollten diese veillées villageoises *im Fernsehen erscheinen?*
Viele meiner Kollegen haben Märchen zu Drehbüchern umgeschrieben. Doch für mich schaltet sich das Märchen in eine umfassende Struktur der *veillées* ein: es ist Nacht, man ruft die Finsternis herbei, die Magie, man arbeitet am Erinnerungsvermögen aller Teilnehmer; jeder kann einschreiten, entweder um das Gesagte fortzu-

führen oder um auf einen Aspekt zurückzukommen, wie in einem Flash-back. Hier hat jeder seinen Platz, von den Alten bis zu den Kindern. Nichts ist dem Zufall überlassen. Ein Tagesereignis oder ein virulentes Problem gibt Anlaß, darüber zu sprechen, und ein Märchen wird der konkreten Sachlage angepaßt. Dieser umfassende Modus der Regel- und Wissensvermittlung ist ein bißchen vergleichbar mit der Schule, nur mit dem Unterschied, daß Märchen nicht eindeutig und offenkundig sind. All dem liegt eine didaktische Logik zugrunde. Da es mir unangemessen erschien, das Märchen unmittelbar an das Fernsehen anzugleichen, suchte ich nach einem System, das alle Elemente und Schritte der *veillée villageoise* respektiert. Ich wollte ihre Vermittlungscodes entdecken und versuchen, sie in der wunderbaren visuellen Sprache, die uns zur Verfügung steht, anzuwenden. Das interaktive Modell schien mir einen ersten Hinweis zu geben, ohne daß diese Technologie in Afrika direkt übernommen werden sollte.

War es der Ausgangspunkt, um Filme zu machen?
Ja und Nein. Zu der Zeit war ich zumindest eine geistige Militantin der Frauenbewegung und mein erstes Drehbuch handelte davon. Und dann wollte ich didaktische Filme drehen. Doch als ich meinen Abschluß über das Verständnis von Filmen in städtischer Umgebung machte, ist mir aufgefallen, wieviele didaktische Filme als Spielfilme gezeigt wurden. Ohne die erste didaktische Vorliebe beiseite zu lassen, habe ich mich dann dem Spielfilm zugewendet.

1983, das erste Jahr der Sankara-Regierung. Hatte dies Konsequenzen für die INAFEC, für deine Arbeit?
Ich war zu der Zeit sicher Sympathisantin der sankaraistischen Ideen und der Revolution, ohne daß dies der Grund meiner Berufswahl gewesen wäre. Doch es ist wahr, daß sich Räume auftaten; man gab nun endlich den Frauen das Recht, sich auszudrücken und sich zu organisieren. Besonders im ländlichen Bereich galt es, auf ein, wenn auch minimales, eigenes Einkommen zu kommen; ich erachte die ökonomische Unabhängigkeit der Frau als absolut notwendig. Die Organisation von Frauengruppen im Rahmen der sankaraistischen Revolution hat in der Tat sehr viel bewirkt. Und heute ist es den Frauen zu verdanken, daß sich die Wirtschaft von Burkina Faso entwickelt – dank oder trotz der Revolution.

Dein erster Film…?
In Paris angekommen, habe ich mit »Atria« [eine ausschließlich afrikanische Filme produzierende und vertreibende Firma] Kontakt aufgenommen, habe dort einige Schnittpraktika absolviert, viele Festivals besucht und auch viel die Arbeit meiner Kollegen kritisiert; jedesmal sagte man mir: »Ja, ja, du hast gut reden, ohne was

gemacht zu haben...« Konsequenterweise mußte ich einen Film machen, um herauszufinden, was ich wirklich wollte. *Un certain matin* (1992) war ein Testfilm, ein Essay. Ich hatte keine Lust, ein Publikum oder wen auch immer anzusprechen, eine Geschichte ohne jegliche Bestimmung. Ich hatte das Glück, Restmaterial von David Filas, einem kongolesischen Kollegen, zu bekommen, und meine Freundinnen waren an der Kamera und beim Ton. Es war mein Freundeskreis, französische Freunde, Leute, mit denen ich in der Schule war – keine Profis. Und ich wollte, daß wir etwas Gemeinsames machen.

Weil man unter Freunden die gleiche Vision teilt, in der Gruppe anders arbeitet?
Unter Freunden gelangt man dahin, Dinge wirklich mit Freude zu machen. Wir glaubten alle an die Geschichte von *Un certain matin*, und jeder hat sein Bestes gegeben. Man sagt zwar, Fanta hat den Film gemacht, in Wirklichkeit ist es aber ein Gruppenfilm. Es sind Leute, die ich kenne, mit denen ich mich wohl fühle, die mich unterstützen. Natürlich gab es Momente der Beklommenheit und der Verunsicherung; doch kann ich mit Freunden über technische und andere Probleme reden und auch über meine Unfähigkeitsgefühle... Mit *Puk Nini*, meinem zweiten Film, habe ich ganz ähnliche Erfahrungen gemacht.

Die Umsetzung deiner Filme wird sicherlich davon beeinflußt...
Wenn man einen Film macht, scheint immer etwas von sich selbst durch. Das Drehbuch zu *Un certain matin* hat zum Teil erstaunliche Reaktionen hervorgerufen, die ich beobachtet habe, einschließlich meiner eigenen; dies war mir wichtig, da mir die Praxis fehlte. Die Idee war eingangs sehr einfach. Ich hatte französische Sendungen gesehen wie *surprise surprise*, ich habe mit Freunden über meine Idee gesprochen, die die Geschichte mit ihren Fragen unterfütterten: »Warum möchtest du, daß er mit dem linken Fuß aufsteht, warum diese Menschenmenge, warum weint die Frau...« Es hat meine Story konkretisiert bis hin zum Schnitt und der Montage des Schlüsselsatzes *Papa, c'est quoi le cinéma* (Papa, was ist das Kino?) – eine Szene, die nicht eingeplant war. Die Schlußsequenz wurde nachts gedreht. Doch man sah nichts von diesem Vater, der soviel Zuneigung für seinen Sohn zeigte, es war zu dunkel. Wie also aus diesem Dilemma herauskommen? Und dann kam dieser magische Satz, der die Stärke des ganzen Films ausmacht. Es ist diese magische Seite des Kinos, die mich interessiert.

Du sagst Magie; während der Podiumsdiskussion in Hannover [Touki-Bouki, Juni 1996] hattest du die Referenzen Suspens und Komik, Hitchcock und Chaplin angesprochen ...
Während des Studiums an der INAFEC haben wir viel über Hitchcocks und Chaplins Filme gearbeitet. Hitchcock, der die Kunst hat, uns die Luft anhalten zu

lassen und – selbst von Freunden umgeben – Angst zu haben – ich liebte es; Chaplin besaß die Kunst zum Lachen, uns vor Lachen zum Platzen zu bringen. Von beiden fasziniert, dachte ich an eine Ausdrucksform zwischen Suspens und dem Komischen. Das habe ich in *Un certain matin* versucht; es ist mir nicht besonders gelungen … ich werde versuchen, es das nächste Mal besser zu machen.

Geht es dir darum, Aspekte der Filmgeschichte zu adaptieren?
Um welche Elemente es auch immer geht, ich glaube, daß das Kino eine universelle Sprache ist. Es ist wie ein Wörterbuch; es liegt an dir, die Worte zu wählen, um deinen Satz zu bauen, ob es nun komisch, dramatisch, thrillig oder romantisch ist. Ich versuche dem Thema entsprechend zu sehen, was mir die Waffensammlung der kinematographischen Sprache vorschlägt und wähle aus. Ich lasse mich von den magischen Lektionen von Hitchcock oder Chaplin, Buster Keaton oder Woody Allen inspirieren, ohne einen dieser Herren nachzuahmen.

Ich vermute, daß es noch andere sprachmagische, humoristische Anleihen, möglicherweise aus dem Gouranci oder Moré, deinen Muttersprachen, gibt?
Ganz bestimmt. Die Komik und der Gehalt meiner Filme ist von meiner eigenen Kultur inspiriert. Meine Mutter ist Bissa, ich selbst bin in einem Moré-Milieu aufgewachsen und zur Schule gegangen. Meine Kultur und die Kultur, die ich in meinen Filmen vermittle, hat nichts mit meiner ethnischen ursprünglichen Herkunft, dem Bissa zu tun, sondern mit derjenigen, der ich von Kindesbeinen an angehöre, Mossi, ohne selbst Mossi zu sein. Wenn ich Kino denke, denke ich gezwungenermaßen in einer Sprache und einer Umgebung, an Personen, die ich kenne, an ihren Humor, an ihre Traurigkeit …

Als ich das Skript deines nächsten Films »Le truc de Konaté« las, hatte ich gleich einen Film mit unglaublich komischen Szenen im Kopf, einen Ton im Ohr, der mich sofort nach Ouagadougou versetzte …
Ich verstehe, was du sagen willst. Vielleicht haben wir einen eigenen Humor. Doch es gibt eine universelle Art, ihn durch das Kino zu erzählen. Wie nun diese universelle Sprache benutzen, um unseren Humor durchscheinen zu lassen? Dies genau ist der schwierige Punkt und zugleich der Reichtum, der unsere Kinematographien ausmacht.

»Le truc de Konaté« ist eigentlich alles andere als lustig … Kannst du uns etwas zur Entstehung dieses Drehbuchs sagen?
Ich werde seit einiger Zeit von diesem Thema heimgesucht. Ich habe Leute verloren, die mir sehr nahe standen, eine Internatsfreundin, die an Aids gestorben ist, eine mir

sehr liebe Tante. Natürlich stelle ich mir Fragen zu dieser Krankheit, zum Schweigen unserer Regierungen, zur ärztlichen Schweigepflicht. Die Leute sind nicht informiert und können demnach nicht verantwortungsbewußt mit ihrer Gesundheit umgehen und sich schützen. Einen Film darüber zu machen, ist eine Möglichkeit, etwas gegen diese Plage zu unternehmen. Anstatt didaktisch vorzugehen, war ich von vornherein davon überzeugt, daß man die Leute am besten mit einer Komödie erreichen kann. Einen Film sehen heißt für mich: Man vergleicht die Filmsituation mit der eigenen, denkt nach und man erinnert sich weit eher der Szenen, die einen zum Lachen brachten. Du erwischst dich zum Beispiel in der Metro dabei, vor dich hinzugrinsen, wenn du daran denkst. Möglicherweise werden die Leute während des Films weinen und sich danach fragen: passe ich auf, weiß meine Familie Bescheid, was kann ich tun, ohne Filmemacher, Arzt oder Mitglied einer Selbsthilfegruppe zu sein – und wie meinen Kindern davon erzählen? Ich spreche von den Kindern, weil über Aids und der Sexualität im allgemeinen ein riesiges Tabu schwebt. Als ich mein Drehbuch der Vereinigung gegen Aids in Burkina Faso zeigte, waren sie über die beiden Kinder, die ein Paar beobachten, empört. Ihrer Meinung nach haben Kinder hier nichts zu suchen. Man darf mit ihnen nicht darüber sprechen. Sollte ich den Film mit dieser Organisation realisieren wollen, werde ich wohl einen Kompromiß eingehen und das Alter der Kinder auf 18 erhöhen müssen. Noch ist es so, daß es schamlos ist, mit Eltern oder Erwachsenen über Sexualität zu reden. Doch vor dem Hintergrund der Gesellschaftsveränderungen und dieser Krankheit kann man sich den Luxus der Scham nicht mehr leisten.

Zurück zur pragmatischen Magie … Wie würdest du deine Filmarbeit bezeichnen?
Ehrlich gesagt, keine Ahnung. Sicher versuche ich, universell zu sein, weil ich glaube, daß alle Gefühle universell sind, daß wir über die gleichen Dinge weinen und manchmal auch über die gleichen Dinge lachen, und wenn mein Land hier Einlaß findet, wäre es in Teilen etwas Universelles jenseits der spezifischen kulturellen Codes. Wenn ich dies erreiche, habe ich gewonnen. Aber ich tendiere auch dazu, Filme zu machen, von denen ich leben kann – ich muß essen, trinken wie alle anderen auch; es ist mein Brotverdienst, mein Mannequin-Kleid, das ich mir nähe. Ich verkaufe mich durch meine Filme. Keine Filme, kein Brot – ah nein, einen solchen Miserabilismus ist es nicht wert!

Wenn ich dich recht verstanden habe, ist Kino für dich ein visionärer, magischer Ort, eine zeitliche Unterbrechung, eine Regenerierungsphase. Ist es auch eine Vision, die dich bei deiner Arbeit begleitet?
Ganz sicher. Ich möchte, daß diejenigen, die meine Filme sehen, sich die Zeit nehmen, um zu vergessen. Gut, bis jetzt habe ich nur Kurzfilme gedreht, die Unterbre-

chungszeit ist nicht riesig … doch auch in fünfzehn Minuten möchte ich, daß Freud und Leid verschwinden und daß man in eine Geschichte eintaucht, die Empfindungen weckt, starke Gefühle, die erzittern lassen und die vom tagtäglichen Einerlei losreißen. Vielleicht ist es etwas Nabelschau, aber wenn ich ins Kino gehe, möchte ich meine Ängste vergessen, die familiären, die Großstadtängste, diejenigen, die meine Arbeit betreffen. Ins Kino zu gehen heißt für mich auch zu vergessen, daß ich mich in einem bestimmten Land, an einem bestimmten Ort aufhalte, um mich in einer völlig phantasmagorischen Sache wiederzufinden, die natürlich nicht jenseits des eigenen Lebens besteht.

Du sprichst von Großstadt, von Arbeit, vom Alltag in Paris; was hat es mit dem Restaurant auf sich, das du mit ins Leben gerufen hast?
Diejenigen, die mich kennen, wissen, daß ich sehr gerne gut esse. Seitdem ich in Paris lebe – es sind ziemlich genau zehn Jahre – sind ein Freund und ich auf Entdeckungstour neuer Restaurants gegangen, sei es in Paris oder der Banlieue; wir haben es geliebt, neue Spezialitäten auszuprobieren. Irgendwann haben wir uns gefragt, warum es in Paris kein burkiner Restaurant gibt, bei der Anzahl an malischen und senegalesischen. Das war die Geburtsstunde dieses berühmten Restaurants »Le Faso«, das sich in der Banlieue St. Denis befindet. Wir dachten, da leben viele Migrantinnen und Migranten, die ein bißchen wie wir sind und die gerne Spezialitäten ausprobieren; wir haben uns total verrechnet, aber es existiert noch heute. Ich habe die Finanzen geregelt und eingekauft und war von fünf Uhr morgens den ganzen Tag auf den Beinen. Nach drei Monaten habe ich aufgegeben; mir fehlte die Zeit, um an meinen Filmprojekten zu arbeiten und zu schreiben. Ich hatte gedacht, beides machen zu können, doch ist die Arbeit im Restaurant äußerst anstrengend und zeitraubend, wenn man gut sein will. Man vergißt das, wenn man essen geht. Ja selbst wenn man für Freunde zu essen macht, ist Zwangskochen nie gut. »Essen vorbereiten« sollte mit Liebe geschehen.

Das verstehe ich gut; mit den Kuchen, die ich im Café mache, habe ich immer den Eindruck, daß die Leute etwas von mir mitessen…
Philosophie in der Küche ist absolut wichtig. Jedes Mal, wenn ich ein Land bereise, in dem es kaum afrikanische Restaurants gibt, wie kürzlich in London, sage ich mir: hm, vielleicht sollte ich ein Restaurant aufmachen …

Außerdem ist es international …
… und auch kulturell. Es ist eine Form, seine Kultur zu verkaufen Die Leute, die ins »Faso« essen kommen, stellen Fragen, sie sind neugierig. Einige unserer Gäste hatten

schlagartig Lust, Burkina Faso zu bereisen – weil wir unser Land so geschickt verkauft haben... Die Notwendigkeit zu essen: noch ein Universalismus!

Wie würdest du das Hin und Her zwischen Paris und Ouagadougou beschreiben?
Zu Beginn war es eine sehr getrennte Sache. Hier in Paris habe ich Zugang zu einer Film-Infrastruktur, das bedeutet Gelder auftreiben, um in Burkina Faso zu drehen. Meine ganze Phantasie findet dort statt. Auch ist es eine Bereicherung, weil ich Zugang zu anderen Kulturen habe, und diese Möglichkeit hüte ich eifersüchtig. Es erlaubt mir, Dinge vielseitiger zu sehen und besser mein Leben zu leben. Nach den zehn Jahren, die ich in Paris lebe, bin ich jedes Mal überrascht, wenn ich in Burkina ankomme – vielleicht sollte ich dies aus Arroganz nicht sagen, aber der Eindruck bleibt, schneller gereift und gedacht zu haben, Probleme anders und zügiger anzupacken, mich nicht an Kleinigkeiten aufzuhalten, das betrifft die Arbeit, aber auch zwischenmenschliche Beziehungen. Manchmal ist es schockierend. Schlagartig weißt du nicht mehr, wo du dich befindest. Es ist nicht einfach, in einer auf ihre Weise entwickelten Welt zu leben und darin Lösungen vorzufinden, die nicht immer verständlich sind. Manchmal halte ich mich mit meiner Meinung zurück, aus Angst, daß man mir sagt, ich sei akkulturiert oder ich hätte eine Kultur geheiratet, die nicht die meine ist. Sich in zwei Kulturen zu bewegen, ist bereichernd und problematisch zugleich.

Hat dies die Konsequenz, sich in Paris unter Burkinern wiederzufinden?
Es ist ein bißchen so. Selbst wenn ich in einer französischen Kultur lebe, werde ich meinen Nachbarn vielleicht nur einmal im Jahr sehen, während wir daran gewöhnt sind, gemeinschaftlich zu leben, und wir besuchen uns sehr häufig unter Afrikanern. Es ist vielleicht auch dem Bedürfnis zuzurechnen, sich in der Gesellschaft wichtig zu fühlen, sich lebendig zu fühlen. Wochenende für Wochenende ging ich nach St. Denis zur Familie, und wir verbrachten die Zeit feiernd und diskutierend. Selbst wenn unsere Reflexionen über die Lage der Heimat etwas naiv waren, es entsprach einem Bedürfnis, zusammenzusein und natürlich auch zusammen zu essen.

Ist dieser Tenor mit den Beziehungen der vielen in Paris lebenden afrikanischen Filmemacher vergleichbar?
Wir haben wenig Kontakt untereinander, obwohl wir uns als Frankophone alle hier in Paris oder Brüssel konzentrieren. Gemessen an der Präsenz der Filmemacher ist Paris die Hauptstadt des afrikanischen Kinos. Aber wir sind in erster Linie hier, um Gelder für unsere Filme aufzutreiben. Es ist unsere Hauptbeschäftigung. Wir sind ein bißchen die Kolonisatoren, die die hier aufgetriebenen Mittel dann in Burkina investieren werden, ein nicht unerheblicher Teil bleibt natürlich hier. Es ist allerdings

bedauerlich, daß wir keine Gemeinschaftsidee unter afrikanischen Filmemachern entwickelt haben. Abderrahmane Cissako aus Mauretanien regte an, sich einmal im Jahr zu treffen. Es war sehr nett, doch ohne Konsequenzen. Einziger Anlaß, uns zu sehen, sind die Festivals. Es ist schon verrückt!

Ist dies darauf zurückzuführen, daß ihr um die gleichen Geldtöpfe buhlt, ja konkurriert?
Nein, ich habe es nie so empfunden, ganz einfach, weil wir nicht die gleiche Art Film machen. Außerdem hat jeder seine spezifischen Kontaktnetze. Je mehr privilegierte Kontakte du hast, um so eher hat dein Projekt eine Chance. Wenn du niemanden kennst, wird dein Projekt nicht wahrgenommen werden. Dieser Sachzwang erklärt weit mehr das Dilemma als etwa Konkurrenz. Außerdem werden wir dermaßen von unseren sozialen und finanziellen Problemen gehetzt, daß wir wenig Zeit haben, uns um unsere Kollegen zu kümmern. Zwischen Dreh und neuem Projekt ist es sehr hart, und so habe ich beispielsweise ein Jahr lang davon gelebt, eine alte Dame zu pflegen. Doch sollten wir uns, ähnlich der Nouvelle Vague, zusammenschließen und gemeinsame Sache machen. Ich denke an eine Gruppe, in der wir unsere Drehbücher lesen, Ideen austauschen, uns Tips geben könnten. Aber diese Form der Zusammenarbeit entwickelt sich ausschließlich unter Individuen. Wenn es darum geht, und sei es nur über eine Idee zu plaudern, kann ich Idrissa [Ouédraogo] aufsuchen oder mein Drehbuch Maurice [Kaboré] zu lesen geben. Es sind Kontakte, die sich von der Affinität leiten lassen. Ich weiß, daß Souleymane Cissé hier ist, aber ich würde nie auf die Idee kommen, ihm mein Drehbuch vorzulegen.

Du sagst Affinitäten – ist es nicht auch eine Frage der Generation? Souleymane Cissé, Med Hondo, Ousmane Sembène hatten auch eine andere gemeinsame Leitlinie, nämlich engagiertes Kino zu machen. Ist dieser Impuls noch präsent?
Sicher. Ich habe Kollegen, die mir zur Zeit den Kopf waschen; vor allem François Woukoache mag meine Filme überhaupt nicht, und er sagt es mir, auch wenn wir im übrigen gut befreundet sind. Für ihn ist es kein Kino, das Afrika weiterbringt, was seiner Meinung nach die eigentliche Aufgabe ist. Wenn er afrikanisches Kino im Kopf hat, so ist es bewußtmachendes, politisches Kino. Seine Auffassungen sind sehr stark und durchaus mit denen von Sembène, Hondo, Maldoror oder Cissé vor einigen Jahren vergleichbar. Es ist allerdings weniger eine Frage der Generation, sondern der Überzeugungen und Vorlieben, des Gefühls. Eigentlich hat François auch recht. Es braucht dieses engagierte Kino. Doch es ist wichtig, das ganze kinematographische Terrain abzudecken: ob engagiert, phantastisch oder intellektuell. Es ist Platz für alle da. Ich für meinen Teil habe große Lust, mich dem Imaginären zu widmen. Ich will nicht, daß man sagt, nur weil ich Afrikanerin bin, soll ich engagiertes Kino machen.

So, als ob man sich ständig der Welt erklären müßte …
Ja genau, und das ist furchtbar und frustrierend.

Ein ähnliches Phänomen zeigt sich darin, den Frauen aufzutragen, sich um Frauenfragen zu kümmern …
Man hatte mich anläßlich des Festivals in Dakar [RECIDAK] gebeten, die *écriture féminine* im afrikanischen Kino zu erörtern. Wenn man von weiblichem Kino spricht, habe ich meine Mühe. Ich denke, es läßt sich in erster Linie nur etwas über eine individuelle Schreibart sagen. Der Film von Flora Gomez *Mortu Nega* (1987) oder *Flames* (1995) von Anne Sinclair, die von der Beteiligung der Frauen an den Befreiungsbewegungen in Guinea-Bissau und Zimbabwe handeln, greifen wohl das gleiche Thema auf, doch sind beide Filme grundverschieden. Sicherlich divergiert der Blick von Männern und Frauen.

Zu Beginn meiner Arbeit habe ich sehr unter der Vorstellung gelitten, daß ich als afrikanische Filmemacherin kein Recht habe, anderes zu machen, als Filme über die Frauenfrage in Afrika. In Interviews wurden immer wieder dieselben Fragen gestellt: »Und die Situation der Frau…« Es ist richtig, ihre Lage ist problematisch, aber ich bin nicht zum Kino gekommen, um Frauenprobleme lösen. Dafür gibt es Organisationen, die sich der konkreten Sachlagen, sei es Abtreibung, Gleichberechtigung oder ähnliches annehmen. Dort würde ich mich jederzeit engagieren. Eine weitere Frage wiederholt sich auch ständig: »Ist es nicht schwierig, als Afrikanerin Filme in Afrika zu machen?« Und wenn ich erkläre, daß ich genau die gleichen Probleme wie meine Kollegen habe, daß man als junge Regisseurin gegen das Mißtrauen ankämpfen und die Qualität seiner Arbeit unter Beweis stellen muß, merke ich die Enttäuschung. Ich hatte den Eindruck sagen zu müssen: Oje, oje, ich habe gelitten, man hat mich zum Objekt degradiert, die Männer haben sich meiner Arbeit in den Weg gestellt usw. Dieser Ghettoismus ist absolut zu vermeiden.

Aus dem Französischen von Mahé Gutberlet

Régine Fanta Nacro (*1962, Burkina Faso) lebt und arbeitet in Paris und Ouagadougou, Filmemacherin.

Filme:
- *Un certain matin*, 1992, 16mm, 22'. Moré/Franz. OF.
- *Puk Nini*, 1995, 35mm, 32'. Moré/Franz. OF.

In Vorbereitung:
- *Le truc de Konaté*. 16mm, ~30'.

Emmanuel Sama (1993)

Ein Bericht über die abenteuerliche Geschichte der kinematographischen Distribution in Afrika

Nach wie vor sehen sich afrikanische Filmemacher bis zur Verzweiflung mit Problemen der Produktion und des Vertriebs konfrontiert. Oftmals spotten die Produktionsbedingungen jeder Beschreibung, so daß das Kunststück, einen Film zu drehen, so manchen Orden verdiente. Aber was ist letztendlich das fertige Produkt überhaupt wert, wenn es nicht von einem Vertriebsnetz profitieren kann? Der afrikanische Film ist ein Fremder auf dem eigenen Kontinent: Zurückhaltend tritt er ein, wie einer, der in ein fremdes Haus kommt. Zum schweren Erbe kolonialer Vergangenheit ist noch der leichtfertige Umgang der Regierungen mit der Kultur und dem Kino im Besonderen hinzugetreten.

Tahar Cheriaa schrieb 1966: »Wer die Distribution in der Hand hat, hat auch das Kino in der Hand.« Einige Staaten des afrikanischen Kontinents haben durchaus versucht, sie in die Hand zu nehmen, allgemein läßt sich aber feststellen, daß wir Lichtjahre davon entfernt sind, Herr über sie zu sein. Der Import und die Distribution unterstehen immer noch den Herren von gestern, die die Abendkurse schulmeisterlich bevormunden, die sie uns praktisch seit der Erfindung des Kinematographen durch die Gebrüder Lumière im Jahr 1895 vorschreiben. In der Tat begrüßte die Stadt Algier in jenem Jahr ihren Film *L'arroseur arrosé* mit Ovationen, der dann 1897 im Königlichen Palast in Fès in Marokko gezeigt wurde. Die ambulanten Vertriebsgesellschaften hatten soeben auf dem Kontinent Fuß gefaßt, und es dauerte nicht lange, da ließ sich die Gesellschaft für kommerziellen Film COMACICO in Marokko nieder.

Dakar, damals Hauptstadt von Französisch-Westafrika (AOF) empfing besagten Film der Gebrüder Lumière im Jahr 1907. Neunzehn Jahre später schuf dort die COMACICO eine Niederlassung. Und seitdem wird Afrika kräftig begossen und ertrinkt heute förmlich in den Fluten der Filme, die von anderswo herkommen.

Bewachte Jagdgebiete

Bis in die 60er Jahre hinein sind die Kolonisatoren in ihrem jeweiligen Unterdrükkungsbereich auch Herr über das Kino geblieben. Dann nahmen über Nacht die großen amerikanischen Konzerne im Filmgeschäft, die Majors, den Kontinent unter ihre Fittiche. Wir werden uns hier vornehmlich der Situation der französischsprachigen Länder annehmen, da sie im Vergleich zu den englischsprachigen einen deutlichen Vorsprung vorweist, sowohl was ihre Produktion als auch was ihre Distribution im Zusammenhang mit der Politik ihrer jeweiligen Kolonisatoren betrifft. Mit Ausnahme der didaktisch ausgerichteten Dokumentarfilme nämlich haben die Briten dem Kino nie eine große Bedeutung beigemessen. Das bezeichnendste Beispiel dafür ist das riesige Land Nigeria mit seinen 100 Millionen Einwohnern.[17]

Im besonderen Fall von [ehemals] Französisch-Westafrika waren hauptsächlich zwei Import- und Distributionsgesellschaften tätig, die bereits genannte COMACICO und die SECMA. In der Tat waren sie aber die Komparsen von zwei Gesellschaften mit Sitz in Monaco, der IMPORTEX und der COGECI, und dienten vor allem zur besseren Umgehung des französischen Fiskus. Die IMPORTEX belieferte die COMACICO, und die SECMA war Abnehmerin der COGECI. Da sie über das doppelte Monopol der Distribution und der Verwertung verfügten, flossen jedes Jahr 40-50 Prozent ihrer Umsätze wieder nach Monaco zurück. 1960 herrschten die COMACICO über 85 Kinosäle und die SECMA über 65 weitere Kinos in den 14 französischsprachigen Ländern West- und Äquatorialafrikas. Das Ausmaß der systematischen, bis zum heutigen Tage betriebenen Plünderung erschöpfend zu ermitteln, ist nicht möglich. Hunderte von Milliarden Francs wurden dem Kontinent ohne jede substantielle Gegenleistung abgeknöpft. 1969, ein Jahr vor der Verstaatlichung der Distribution in Burkina Faso zum Beispiel, betrugen die von diesen beiden Gesellschaften angegebenen Einnahmen 70 Millionen CFA-Francs. Die Pauschalsteuer warf nur 10 Millionen CFA-Francs beziehungsweise 14,5 Prozent der Einnahmen für das Land selbst ab, während sie sich die restlichen 85,5 Prozent oder rund 60 Millionen CFA-Francs in die eigene Tasche steckten. Und das sind bei weitem nicht die

17 Heute bleibt die Distribution von Filmen in Nigeria in der Hand ausländischer Firmen (aus den USA und dem Libanon). Die wirtschaftlichen Vorteile, die sich für die Vertreiber amerikanischer, englischer und indischer Filme ergeben, läuft darauf hinaus, jeden Versuch inländischer Produktion zu entmutigen. Siehe *Ecrans d'Afrique*, Nr. 2, (3) 1992.

wirklichen Zahlen, da in allen besagten Staaten der Kartenverkauf in ihr Ressort fiel. Man kann das nicht anders bezeichnen als eine echte Ausplünderung, die solange währte, bis einige Staaten erwachten und es wagten, die Kinosäle, den Import sowie den Vertrieb zu verstaatlichen.

In Guinea erfolgte die Verstaatlichung de facto zusammen mit seiner waghalsigen Erlangung der Unabhängigkeit im Jahre 1958, in Algerien 1969, in Burkina Faso 1970, in Mali 1971, in Senegal und in Benin 1974. In Zaire wurden 1973 die Kinosäle verstaatlicht und später wieder privatisiert. Die madagassische Revolution folgte diesem Beispiel im Jahr 1975. Doch sobald die ersten Hinweise auf eine Verstaatlichung bekannt wurden, reagierten die COMACICO-SECMA einerseits und die in der MPEAA zusammengeschlossenen amerikanischen Majors andererseits über ihre Filialen AFRAM und AMPECA mit einem Boykott. In den Maghreb-Staaten spielte die MPEAA eine vorherrschende Rolle. In Algerien sah sich das 1967 gegründete und 1969 mit dem Monopol von Produktion und Vertrieb betraute staatliche Amt ONCIC im Jahre 1974 gezwungen, Vereinbarungen mit der MPEAA zu unterzeichnen. Südlich der Sahara in Burkina Faso, dem ersten rebellierenden Land, wurde die damalige Nationale Filmgesellschaft SONAVOCI (heute SONACIB) laut Aussage ihres damaligen Generaldirektors gezwungen – nachdem ihre Suche nach neuen Bezugsquellen erfolglos geblieben war –, mit der COMACICO-SECMA einen exklusiven Programmvertrag für ihre Kinosäle abzuschließen. Doch dieser Filmverleih-Vertrag wurde leicht abgemildert: bestimmte Produktionen mußten gegenüber anderen nicht mehr zwingend bevorzugt werden, vorausgesetzt, man hielt sich an die vertraglich vereinbarten Lizenzgebühren für den Verleih. Gegenüber dem Fall Burkina Faso zeigte sich die Situation in Côte d'Ivoire völlig anders: Victor Bachy berichtet (in seinem bisher unveröffentlichten Missionsbericht von 1970), daß sich der Vertrieb zur Gänze und die kommerzielle Filmverwertung zu zwei Dritteln in der Hand zweier Gesellschaften, nämlich der SECMA und der COMACICO befinden. Die einzige Freiheit seitens der unabhängigen Filmverwerter bestand darin, sich um eine Zweitausstrahlung der erfolgreichen Filme zu bemühen.

Bis 1969 erfolgte der Filmverleih gegen die Entrichtung einer Pauschale in gewöhnlichen Kinos und gegen prozentuale Einnahmeanteile in Erstaufführungskinos, die vor allem von der afrikanischen Elite und Ausländern frequentiert wurden. Ab 1970 setzte sich der Filmverleih nach Prozentanteilen unter dem wachsenden Einfluß der amerikanischen Majors immer mehr durch und führte schließlich zu einer weitgehenden Amerikanisierung der Leinwände.

Seit 1961 lautete die Devise des MPEAA-Vorstands, daß »der Augenblick gekommen [ist], eine große Kerbe in dieses Afrika zu schlagen, das gerade zu erwachen beginnt. Eine konzertierte Invasion des Kontinents steht auf der Tagesordnung.« (*Variety* vom 17. Mai 1961)

Nach Nordafrika und den englischen Kolonien befindet sich zehn Jahre später auch das frankophone Afrika in amerikanischen Fängen. Die *West Africa Export Co. Inc.* wird 1969 gegründet, 1970 siedelt sie sich in Dakar unter dem Namen AFRAM Inc. an, ganz nach dem Vorbild der 1961 für die englischsprachigen Länder gegründeten AMPECA. Wirklich einsatzfähig ist das Büro in Dakar ab Januar 1972. Durch das neue System wurden die beiden Gesellschaften COMACICO und SECMA gezwungen, jeweils vor Lieferung des Films eine Mindestgarantiesumme zu zahlen sowie 40 bis 50 Prozent der Nettoeinnahmen abzutreten.

Die Explosion der Märkte

Die Folgen dieser Umstrukturierung lassen nicht auf sich warten. COMACICO und SECMA treten 1972 ihre Vertriebsanteile an die französische Gruppe UGC ab. Nach den Verstaatlichungen schlauer geworden und angesichts des aggressiven Vormarschs der Amerikaner, strebt die UGC aus strategischen Gründen die Vereinigung mit staatlichen Gesellschaften an und gründet unter ihrer Beteiligung die SOPACIA, um so ihre Interessen im Hinblick auf die aufgekauften Vertriebsnetze wahren zu können. Senegal, das eine doppelte Brückenkopffunktion für die Franzosen und die Amerikaner einnimmt und zur damaligen Zeit an der Spitze des afrikanischen Kinos steht, weigert sich, die Kinosäle, die COMACICO und SECMA zuvor an die UGC abgetreten hatten, dieser zu überlassen. Am 1. Januar 1974 wird die Import-, Vertriebs- und Verwertungsgesellschaft SIDEC gegründet mit einem Kapital von 750 Millionen, von denen ein Teil aus den Vermögenswerten der COMACICO und SECMA stammen, und sie hat zwei Gesellschafter. Der senegalesische Staat hält 80 Prozent und die SOPACIA 20 Prozent. Doch trotz ihrer theoretischen 20 Prozent behält die UGC (SOPACIA) in Senegal nach wie vor das Vertriebsmonopol. Das zeigt, wie wenig ein Land für sich allein in der Lage ist, zumal wenn es nur über ein kleines Staatsterritorium verfügt und nur wenige Kinos aufzuweisen hat, die Filmkopien zu rentabilisieren und gegenüber den Konzernen standzuhalten. In Westafrika verfügte die SOPACIA (UGC) über ein Netz von 110 Kinos sowie 130 unabhängigen privaten Kunden und hielt 75 Prozent der Marktanteile; die AFRAM kam auf 22 Prozent, die übrigen Vertriebe mußten sich den Rest untereinander aufteilen.

Unterdessen ließen die seitens der afrikanischen Filmemacher geäußerten Appelle, die Kinostrukturen müßten in die eigene Hand genommen werden, nicht nach, und 1979 richteten die Staaten der OCAM in Ouagadougou ein interafrikanisches Filmdistributions-Konsortium, die CIDC, ein. Das Konzept sah vor, daß die CIDC als eine Einkaufskooperative für einen gemeinsamen Markt von fünfzehn Staaten fungieren sollte und über ihre ankurbelnde Wirkung in der Lage sein sollte, die

Produktion von Filmen über ein anderes, mit ihr gekoppeltes Gefüge, der CIPRO-FILMS, zu unterstützen.

Das war ein Schritt in Richtung dessen, was die afrikanischen Filmemacher *die Entkolonisierung unserer Leinwände* nannten. Leider entpuppte sich die CIDC als ein Strohfeuer. In der Tat tritt die UGC – in Anbetracht der Beharrlichkeit der Staaten – im Jahre 1980 ihre Kinos und ihr Filmressort an die CIDC ab, bleibt aber Mitglied des in Paris eingerichteten Einkaufsbüros. Über ein ausgeklügeltes juristisches Manöver schaffte es die UGC, die Leitung dieses Büros, das eigentliche neuralgische Zentrum des ganzen Systems, in ihrer Hand zu behalten.

In diesem juristischen und finanziellen Wirrwarr, in dem es ganz stark nach verschiedentlicher Veruntreuung roch, kam es nie zur Afrikanisierung von CIDC-Frankreich. Die Auflösung der CIDC war dramatisch und endete in einen Prozeß, unbezahlten Gehältern und unbeglichenen Schadensersatzforderungen und – zur Krönung des Ganzen – noch in Dissonanzen zwischen den Staaten.

Trotzdem, die CIDC hat es eine Weile gegeben und ihre Erfahrung kann für andere Ansätze in der Bemühung um Zusammenschlüsse erhellend sein, durch die allein das afrikanische Kino aus seiner völligen Lähmung gerettet werden kann. Selbst wenn man die Landschaft der Distribution des afrikanischen Films in Afrika mit größter Akribie durchforstet, es lassen sich partout keine Strukturen ausmachen, die zum augenblicklichen Zeitpunkt dem Eindringling die Stirn bieten könnten. Die Staaten, in denen es noch nie nationale Filmgesellschaften gegeben hat, sind zahlreich. Diejenigen westafrikanischen oder nordafrikanischen Staaten, die über solche verfügten, mußten zusehen, wie ihnen die Schlüssel aus der Hand genommen wurden. Im englischsprachigen Afrika galt schon immer die Devise des Jeder-für-sich, und die Filmemacher sind ihr eigener Vertrieb. Einige Selfmademen schafften es, sich von der Masse in ihrem Land abzuheben und ihre Filme in den englischsprachigen Ländern Ost- und Südafrikas bekannt zu machen. So beispielsweise Kwan Ansah in Ghana mit *Love Brewed in the African Pot* (1981) und *Heritage Africa* (1988). Für Nigeria wären die Namen Ola Balogun und Ade Afolayan [Ade Love] zu nennen.

Eine trostlose Landschaft

Die *Nigerian Film Distribution Company* existiert nur auf dem Papier, während die Inder und Libanesen die Kontrolle über die Kinos haben. In den englischsprachigen Staaten des östlichen und südlichen Afrika hingegen ist die Lage weitaus dramatischer. Die USA und Südafrika bestimmen die Marschroute.[18] In einem bemerkens-

18 Zur veränderten Kinolandschaft in Südafrika vgl. Beshara Karam: Afrique du Sud. Une nouvelle politique du cinéma (franz./engl.). *Ecrans d'Afrique*, Nr. 16 (2) 1996, S. 67-69 (Anm.d.Hg.).

werten Dossier über das Kino in Zimbabwe[19] erfährt man, daß »die große Mehrzahl der auf den Kinoleinwänden Zimbabwes vorgeführten Filme durch die in Südafrika stationierten Multis vertrieben werden«. In diesem Teil des Kontinents stammen die meisten Filme aus den USA.

Das französischsprachige Afrika südlich der Sahara hat den Karren trotz zahlreicher Versuche noch längst nicht aus dem Dreck gezogen. In Mali wurde zwar ein nationales Filmbüro (OCINAM) gegründet, es ist aber schon vor Jahren wieder eingegangen. Nun wird diese Organisation zwar langsam wieder aufgebaut, stößt aber auf gewaltige Schwierigkeiten.

Das 1974 im Rahmen der Verstaatlichung gegründete beninische Filmbüro (OBECI) existiert nicht mehr. Ebenso ging die 1962 in Côte d'Ivoire als kommerzielle Aktiengesellschaft ins Leben gerufene Filmgesellschaft (SIC) 1975 ein. In Niger war die Verwertungs- und Distributionsgesellschaft SONIDEC das Werk des ehemaligen Generaldirektors der CIDC-CIPROFILMS, Inoussa Ousséni, an der auch private Investoren beteiligt waren, um dem Konsortium als Agenturen dienen zu können. Das Verschwinden der CIDC beschleunigte den Zusammenbruch der SONIDEC. Andernorts, in Kamerun, hatte der 1980 gegründete Entwicklungsfonds für die Filmindustrie (FODIC) große Hoffnungen geweckt. Dieses Milliardenprojekt verstrickte sich aber in derart undurchschaubare politische und finanzielle Intrigen, daß es schließlich einging.

SOCOFILM beispielsweise, mit Sitz in Genf und Belieferer des ganzen frankophonen Westafrika, wurde 1989 an die französische CFAA weiterverkauft, die die ehemaligen Netze der COMACICO-SECMA übernahm. Die CFAA ist eine große Holding-Firma, die sich unter anderem aus Banken wie der Crédit Lyonnais und der Caisse Populaire zusammensetzt: eine echte Finanzmacht. Sie kontrolliert das französische Jagdrevier. In Senegal ist die CFAA Aktionärin einer am 1. August 1991 neu gegründeten nationalen Import- und Exportgesellschaft (SIMPEC), an der die SIDEC mit 8 Prozent des Kapitals, die Franzosen mit 30 Prozent und die senegalesischen Aktionäre mit 62 Prozent beteiligt sind. Ist das etwa kein Grund zur Sorge, wenn man an die Erfahrung mit der UGC zurückdenkt, die mit nur 5 Prozent Kapitalbeteiligung an der SIDEC weiterhin das Programm bestimmte und folglich ihren ideologischen Einfluß beibehielt? Heute sagt man, daß der den Ausländern vorbehaltene Anteil an der SIMPEC nur 30 Prozent des Kapitals beträgt. Obwohl eine gewöhnliche Vereinbarung und kein Exklusivvertrag mit der CFAA unterzeichnet wurde, räumt der Direktor der SIMPEC ein, daß es vielleicht so etwas wie eine implizite Klausel über eine klare Bevorzugung bei gleichem Preis gibt.

Was die Ostregion Afrikas betrifft, die die Länder Zentralafrikas umfaßt, hat sich von Staats wegen bisher noch keiner für eine echte Filmpolitik eingesetzt. In Gabun

19 Erschienen in: *Ecrans d'Afrique*, Nr. 3, (2) 1993.

sind von den jährlich durchschnittlich 350 vorgeführten Filmen in den 14 Kinos im Lande, darunter drei in der Hauptstadt Libreville, 65 Prozent amerikanische, 25 Prozent französische und die restlichen 10 Prozent diverse Produktionen. Einer der ganz großen Filmemacher des gabunischen Kinos, Charles Mensah, bestätigt, daß

> *... der Vertrieb heutzutage fast vollständig durch die Gesellschaft CFAA sichergestellt ist, die die Rolle des Programmachers innehat. Und natürlich hat der Staat durch die fehlende Gesetzgebung keinerlei Einfluß und Kontrolle über die Distribution und die Verwertung.*

In der zentralen Region schließlich, mit der Hauptstadt vonCôte d'Ivoire, Abidjan, als Epizentrum, hat sich die Lage nicht verändert. Die CFAA hat sich CODIFILM einverleibt – von den Subvertriebsunternehmen *Jader* oder *Mallouh* ganz zu schweigen! – und sorgt nun als Hauptlieferantin dieser Region für eine Destabilisierung des Marktes. Die französische Firma liefert den verschiedenen Ländern etwa 52 Filme im Monat nach dem Block-Booking-System und gegen eine monatliche Lizenz von rund 7 Millionen CFA-Francs. Die Verwertungsdauer beträgt etwa drei Wochen in jedem der im Pool zusammengefaßten Länder (Côte d'Ivoire, Burkina Faso, Niger, Togo, Benin). Der Generaldirektor der SONACIB in Burkina Faso, François Vokouma, stellt fest, daß mit der CFAA

> *... die gesamte Distribution nach einem anderen Schema abläuft ... und seitdem der Markt destabilisiert wurde, stellt der Filmeinkauf eine echte zusätzliche Belastung des Etats der Gesellschaft dar. Wir kauften fünf große Filme im Monat ein. Aber seit Anfang diesen Jahres [1992] kaufen wir nicht mehr. Wir müssen zum Verleih übergehen. Jedes Jahr werden 750 bis 800 nichtafrikanische Filme über die Bildschirme Burkina Fasos ausgestrahlt, womit klar wird, warum die Gesellschaft so schwerwiegende finanzielle Probleme hat. In dieser Region ist sie noch die einzige, die ein solches Abendprogramm mit drei Filmen (18.30 Uhr, 20.30 Uhr, 22.30 Uhr) präsentiert, aber wie lange noch?*

Das Publikumsproblem

Nach solch einer Schilderung, bei der das Fehlen von Strukturen nur allzu offensichtlich zutage tritt, erscheint es ganz logisch, daß der afrikanische Film eine seltene Kost für die Konsumenten von Bildern des Kontinents ist. Karatefilme, abgefilmtes hinduistisches Theater, altertümliche Western, Kriegsfilme, Rambo und Konsorten nehmen die ersten Plätze ein. Das afrikanische Publikum bekommt nur sehr wenige große Filme guter Machart länderübergreifend zu sehen.

Serge Galanky, ehemals in führender Position bei der CIDC und nun Direktor der Verwertungsgesellschaft für Freizeit und Handel in Benin (BELCO), gibt im Hinblick auf die Stellung des afrikanischen Films in Benin zu:

> *Wir haben keine Möglichkeit, afrikanische Filme ins Programm aufzunehmen ... Wir zeigen vor allem Filme aus Niger, was mit den gemeinsamen Sprachen zu tun hat. Wir zeigen monatlich einen Film aus Niger. Was den afrikanischen französischsprachigen Film betrifft, da ist es sehr schwierig, an Kopien zu kommen.*

In Niger ist die Lage nicht unbedingt besser. Hier kommt zu den Schwierigkeiten mit der Belieferung und denen der sprachlichen Zugehörigkeit noch das Problem der Rentabilität hinzu. Mounkaïla Hassane von der Vertriebsgesellschaft ANASHUA spricht deutliche Worte: »Zum jetzigen Zeitpunkt ist es nicht gerade besonders schlau, einen afrikanischen Film zu zeigen. Es ist ein hundertprozentiger Verlust.« Damit wird das Problem des afrikanischen Films und seines Publikums aufgeworfen. Die Qualität der Produktionen spielt dabei sicherlich eine wesentliche Rolle, denn überall in Afrika kommt der afrikanische Film gut bei seinem Publikum an, das, weil es immer besser unterrichtet ist, auch immer höhere Anforderungen stellt.

Der afrikanische Film sieht sich aber mit noch zwei weiteren, unmittelbar mit dem bereits genannten einhergehenden großen Problemen konfrontiert: der Baufälligkeit und geringen Dichte der Kinos einerseits und der begrenzten Anzahl der Filme als Folge der Schwierigkeiten bei der Produktion andererseits. Kein afrikanisches Land kann auf sich alleine gestellt den eigenen Markt abdecken (außer in Ägypten vielleicht, wo sich notwendigerweise ein Problem des Publikumsgeschmacks stellt). Man braucht sich keine Illusionen zu machen, wie dies François Vokouma von der SONACIB, die den Ruf hat, in Sachen Vertrieb und Verwertung afrikanischer Filme die Spitzenposition einzunehmen, unterstreicht:

> *In Burkina Faso werden ständig große Anstrengungen zur Förderung des Konsums afrikanischer Filme unternommen. Aber man muß sich auch die Tatsache vor Augen führen: Es sind nicht genügend afrikanische Filme da, um den Bedürfnissen des Publikums entgegenzukommen. Burkina Faso konsumiert über 700 Filme im Jahr, während nicht mehr als 50 Filme zur Verfügung stehen. Afrikanische Filme, die sich einer gewissen Beliebtheit erfreuen, wurden von der SONACIB aufgekauft, doch mittlerweile sind sie so oft über die Bildschirme gelaufen, daß die Leute gewissermaßen die Schnauze voll haben.*

Vertrieb und Verwertung müssen zwangsläufig die Fähigkeit besitzen, neue Produktionsressourcen zu generieren. Ein einziges defektes Rädchen blockiert das ganze System, »denn das einzige Geld, das in den Film reinvestiert werden kann, ist das Geld des Zuschauers«, bestätigt Gaston Kaboré, Direktor der FEPACI.

Der Fall SONACIB

Die Kinematographie in Burkina Faso und ihre nationale Filmvertriebs- und Verwertungsgesellschaft SONACIB sind zwar beispielhaft, aber noch verbesserungswürdig. Im Zuge der Verstaatlichung von 1970 ins Leben gerufen, begann die SONACIB mit einem Kapital von 20 Millionen CFA-Francs, wovon 52 Prozent dem Staat gehörten, 29,65 Prozent sonstigen öffentlichen Trägern und 17,83 Prozent Privatpersonen, darunter auch Filmemachern. Als derart strukturierter Betrieb wird die SONACIB somit weitestgehend vom Staat beherrscht und macht das Kino zu einem Bereich relativer nationaler Souveränität. Ein gleichzeitig mit ihrer Gründung eingerichteter Fonds zur Förderung und Ausweitung kinematographischer Tätigkeiten steht dank der Überweisung von 15 Prozent ihrer jährlichen Bruttoeinnahmen zur Verfügung. In den vergangenen Jahren war die Gesellschaft bemüht, den Filmemachern entgegenzukommen. Die Verantwortlichen bestätigen, daß es keinen burkiner Filmemacher gibt, dessen Filme nicht von ihr eingekauft worden wären. Die Leitung der Filmproduktionsgesellschaft DIPROCI kommt in den Genuß einer Kopie, wenn die SONACIB einen Film einkauft, der eine staatliche Koproduktion ist.

Was die Einnahmen betrifft, so fallen ihr 40 Prozent zu, wenn ein burkiner Film in ihr Vertriebsnetz aufgenommen wird, die restlichen 60 Prozent bilden den Produzentenanteil. Handelt es sich um sonstige afrikanische Produktionen, ist das Verhältnis umgekehrt. Die SONACIB kauft ebenfalls Kopien ein. Sie verfügt über eine Auswahl von etwa fünfzig afrikanischen Filmen, darunter alle FESPACO-Preisträger (»Etalon de Yennenga«). Bei einigen Filmen hat die Gesellschaft Vorkasse auf die Einnahmen geleistet. Innerhalb Afrikas hat Burkina Faso den afrikanischen Film von Gebühren befreit, und die SONACIB hat einige bemerkenswerte Zeichen gesetzt. Sie hat mehrmals die Initiative für den Vertrieb von burkiner Filmen im Ausland ergriffen und unterstützt. Keine Gesellschaft in dieser Region Afrikas, außer der SIDEC in Senegal zu einer bestimmten Zeit, ist bisher solche Risiken eingegangen, denn die Kontrolle des Kartenverkaufs und die Unbeständigkeit der Partner sowie die hohen Kosten solcher Unternehmungen stellen wesentliche Schwierigkeiten dar.

Nichtsdestotrotz sieht sich die SONACIB derzeit enormen finanziellen Schwierigkeiten gegenübergestellt, die sie unbedingt überwinden muß, damit dieses für die

Entwicklung der nationalen Kinematographie von Burkina Faso wichtige Instrument erhalten bleibt.

Angesichts der von Nord nach Süd immer häufiger umgesetzten Privatisierung ist es langsam an der Zeit, daß die Regierungen und die Privatunternehmer begreifen, daß die Kultur nichts Unproduktives ist. Es zeichnet sich eine zwar langsame, aber durchaus ermutigende Neuordnung der audiovisuellen Landschaft ab. Im nordafrikanischen Tunesien ist die Entwicklung schon weit fortgeschritten, und seit fünf Jahren können Filme von höchster Qualität wie beispielsweise *Halfaouine* (Férid Boughedir, Tunesien 1990) einen großartigen Erfolg nicht nur beim tunesischen Publikum verbuchen.

Es bedarf eines Aufrüttelns

In Afrika südlich der Sahara entstehen Strukturen an den Stellen neu, wo sie einst verschwanden. In Senegal ist die SIMPEC mit ihrem Generaldirektor Boubacar Hane fest entschlossen, die »Siebte Kunst« unter höchsten Qualitätsanforderungen zu fördern: »Wir kämpfen hart, um die Filme unter Bedingungen zu verkaufen, die natürlich die besten für uns sein müssen, da wir ein Handelsunternehmen sind, das sich um Rentabilität bemühen muß.«

In Côte d'Ivoire wurde ein Hilfsfonds für Künstler (FIAC) eingerichtet – bleibt noch, ein Zentrum zur Förderung des Films auf die Beine zu stellen. Die ivorische Gesellschaft für Film und Audiovisuelles (CIVCA) stellt derzeit Untersuchungen an, wie man in einem Land, in dem private Verwerter wie Pilze aus dem Boden schießen, unter anderem ein einheitliches Kartenverkaufssystem festlegen kann. In Mali wurde eine Gesetzgebung zum Film unter Einbeziehung der seit 1991 bereits in Burkina Faso sowie in Frankreich geltenden entwickelt, die noch vom Parlament verabschiedet werden muß.[20] Im Augenblick sieht es so aus, daß die Filmemacher sich entweder als Einzelgänger oder in Gruppen, wie zum Beispiel Kora Films, zusammengeschlossen mit ihren Filmen unter dem Arm durchschlagen und daß wir uns auf eine bevorstehende Privatisierung der Kinos zubewegen.

In Gabun haben sich Produzenten und Techniker aus dem audiovisuellen Bereich im Anschluß an die ersten Gabunischen Kinowochen (7. bis 12. September 1990 in Libreville) anläßlich der Gründung des Nationalen Rates für Medien zusammengeschlossen. Die Auswirkungen der Erschütterung, die die afrikanischen Filmemacher ausgelöst haben, sind noch bis Zimbabwe zu spüren, wo der erste Spielfilm, *Jit* von Michael Raeburn, (zufällig ?) im selben Jahr realisiert wurde. Die dort 1982 ins Leben gerufene Vereinigung für Film und Video (ZFVA) ist »durch das völlige Fehlen von

20 In Burkina Faso steht die Verabschiedung bis heute (Ende 1996) noch aus (Anm. d. Hg.).

afrikanischen Filmen und Fernsehproduktionen beunruhigt und bemüht sich, Afrika sein Kino zurückzugeben«.

Eine ganze Palette unbedingt notwendiger Maßnahmen zur Entfaltung von Produktion, Vertrieb und Verleih muß so schnell wie möglich ergriffen werden, insbesondere müssen die Steuern auf Filmproduktionen merklich reduziert werden und diesen Förderungen zugute kommen. Der Vertrieb afrikanischer Filme muß in den Genuß von Gebührennachlaß oder Rückvergütung kommen.

Letztendlich sind die Erschließung und die Organisation der Distribution nur über einen Zusammenschluß der afrikanischen Staaten in Einkaufs- und Vertriebszentralen nach dem Vorbild der verflossenen CIDC-CIPROFILMS möglich.

Während des V. Kongresses der FEPACI im Februar 1992 wurde die Einrichtung eines Exekutivsekretariats beschlossen, das mit der Distribution und Produktion beauftragt ist und durch den Produzenten Ahmed Attia koordiniert wird. Vielleicht ist das ja der Anfang einer ernsthaften Inangriffnahme dieses stacheligen Dossiers ... Jedenfalls hält die Dringlichkeit der Lage wohl kaum eine andere Alternative bereit.

Aus dem Französischen von Caroline Gutberlet
Mit freundlicher Genehmigung des Autors und von *Ecrans d'Afrique*, Ouagadougou

Emmanuel Sama, freier Journalist aus Burkina Faso; arbeitet für *Ecrans d'Afrique, Sidwaya, Racines, Amina* u. a.; derzeit Informationssekretär der CNCB. Mitglied des Zusammenschlusses der burkiner Kritiker. Mitautor des Dokumentarfilms »Pour écrire un mot« (zusammen mit Reni Mertens und Walter Mart, CH), 1988.

Férid Boughedir (1992)

Bleibt uns nur das »Autorenkino«?

Welche Zukunft haben die afrikanischen Kinematographien weltweit? Um uns eine Vorstellung davon machen zu können, müssen wir uns einmal wieder der historischen Entwicklung anderer Kinematographien der »Dritten Welt« zuwenden.

Wir können alsbald erkennen, daß die Kinematographien jener Gegenden der Erde, die sich zu ökonomisch lebensfähigen Industrien entwickeln konnten (in Indien, Ägypten, Brasilien, den Philippinen usw.), vor den 50er Jahren entstanden sind, das heißt bevor das Fernsehen Hollywood um die Hälfte seiner lokalen amerikanischen Zuschauer brachte. Dies führte zu einer vorsätzlichen Invasion der außeramerikanischen Bildschirme und Leinwände. Die übrige Welt wurde für Hollywood-Produktionen lebenswichtig. Und Hollywood war nicht allein: Der »Kuchen«, der heute die Leinwände der Welt ausmacht, ist schon längst zwischen den verschiedenen bestehenden Industriekonzernen aufgeteilt. Für einen neuen Eindringling wie das afrikanische Kino ist es zu spät, sich noch hineinzwängen zu können und seinen Anteil an Vorführplätzen einzufordern. In der gleichen Weise, wie in der Weltindustrie die Aufgabenbereiche bereits aufgeteilt sind, kann ein »industrielles«, breit angelegtes Kino aus der »Dritten Welt« mit dem Wunsch nach einem weltweiten Marktanteil heute keinen Platz mehr auf dem Spielfeld des globalen Kinovertriebs besetzen.

Wie aber könnte die Zukunft des afrikanischen Kinos in der Welt aussehen? Die Erfahrung hat gezeigt, daß neue Filme aus der »Dritten Welt« dennoch einen Platz im Weltmarkt einnehmen, vor allem im »kulturellen« Bereich, das heißt an Abspielstätten, die »experimentelles Kino« zeigen, oder im Fernsehen, hier allerdings unter der Bedingung, daß es »Autorenfilme« sind, die eine Sichtweise, einen Standpunkt zu den kulturellen oder sozialen Wirklichkeiten eines Landes einnehmen und vermitteln.

Heute besteht ein »internationaler Umschlagplatz von Autorenfilmen«, der von Festivals ins Leben gerufen wurde: hier werden Autorenfilme aus der »Dritten Welt« zugelassen. Bevorzugt werden folkloristische Filme und Autorenfilme, die tief in ihrer Kultur verwurzelt sind (selbst wenn sie sie kritisieren!). Kurz gesagt: was der Qualität des künstlerischen Kinos entspricht und nicht der Massenproduktion. Das kulturelle Kino des Inders Satyajit Ray oder des Ägypters Youssef Chahine wird von Fernsehanstalten beider Blöcke eingekauft, während die »kommerziellen« Filme derselben Länder ausgeschlossen sind. Einlaß verweigert wird solchen Produktionen, die die Nachahmung westlicher Action-Filme ablehnen, beziehungsweise einem kritischen Kino aus der »Dritten Welt«. Man könnte behaupten, daß diese spezifische Situation gerechtfertigt ist: Durch seinen historischen und kulturellen Kontext ist afrikanisches Kino dazu verdammt, das »gute« Kino zu sein, von dem die Pioniere des Kinos träumten, das heißt ein engagiertes Kino von hoher künstlerischer Qualität, das die landesspezifischen kulturellen und gesellschaftlichen Wirklichkeiten reflektiert.

Dennoch tut sich ein Lichtblick auf: Ohne seine 700 Millionen Zuschauer wäre das indische Kino nicht lebensfähig; auch wenn die afrikanischen Kinematographien zu spät erschienen, um einen vergleichbaren Markt aufzubauen, können sie nur als »Qualitätskino« bestehen – ein staatlich gefördertes Kino, das sich in Teilen aus der Besteuerung ausländischer Filme finanziert, so wie es derzeit in Frankreich und in Europa im allgemeinen der Fall ist. Dieser Typus Kino kann für afrikanische Regierungen prestigereich das Bild ihrer Länder nach außen vermitteln, und es ist zugleich ein Kino, das im Landesinneren vertrieben werden kann. In der Tat besteht die zweite Chance für afrikanische Filme darin – und es grenzt an ein Wunder –, daß das Publikum dieses Kontinents, dem es noch immer an Bildern von sich selbst mangelt, häufig afrikanische »Kultur«-Filme zu Erfolgen macht, während sie andernorts entschieden als von ausländischen kommerziellen Filmen beeinflußt gelten. Was ist der ertragreichste Erfolg in Algerien? *Omar Gatlato* (Merzak Allouache, 1977) ist ein in der algerischen Realität tief verwurzelter Autorenfilm. Das gleiche gilt für *Halfaouine* (Férid Boughedir, 1990) in Tunesien, für *Djéli, un conte d'aujourd'hui* von Fadika Kramo Lanciné (Côte d'Ivoire, 1981), der 1982 soviel Erfolg hatte wie 1989 die populäre Komödie *Bal Poussière* (1989) seines Landsmanns Henri Duparc. *Wênd Kûuni* von Gaston Kaboré (Burkina Faso, 1982) und *Finyé* von Souleymane Cissé (Mali, 1982) waren in Mali und in vielen anderen afrikanischen Ländern ein Erfolg. Gleiches ließe sich über den Film *Nyamanton* des Maliers Cheikh Oumar Sissoko (1987) sagen. Um ehrlich zu sein: Man kann nicht von allen afrikanischen »Autorenfilmen« behaupten, daß sie erfolgreich sind. Allerdings ist es wohltuend festzustellen, daß dank des afrikanischen Publikums die besten Filme häufig auch diejenigen sind, die Erfolg haben! Die problematische, wenn nicht unmögliche Gleichsetzung von »Autorenfilm« und »populärem Kino« funktioniert in Afrika. Dies ist die einmalige Chance für die Filmemacher: jenseits eines entfremdenden »Konsumkinos« wird afrikanisches Kino entweder »gutes Kino« sein oder aufhören zu bestehen.

Aus dem Englischen von Mahé Gutberlet
Mit freundlicher Genehmigung des Autors und OCIC, Brüssel

Férid Boughedir (*1944, Tunesien), Kritiker und Filmemacher.

Filme:

- *Paris Tunis*, 1964, 16mm, 26'.
- *Riche pour un jour*, mit Mustapha Mourali, 1965, 16mm, 26'.
- *Le rouni*, 1970, unvollendet.
- *Nozha raiqa*/Le pique-nique (nach Texten von Ali Douagi, Hamouda Ben Halima und Hédi Ben Khalifat), 1972, 16mm.
- *Cinéma africain*, 1976, unvollendet.
- *Caméra d'Afrique*, 1983. Preis der Coopération Culturelle et technique de FESPACO 1983, 16mm, 90'.
- *Cinéma de Carthage*, 1984, 16mm.
- *Caméra arabe*, 1987, 16mm, 60'.
- *Halfaouine*/Zeit der Träume, 1990, 35mm, 98'.
- *Halk-el-wad*/Un été à la Goulette, 1995, 35mm, 100'.

Nixon K. Kariithi (1994)

Der blinde Fleck westlicher Filmkritik – das Beispiel *Yeelen*

Der Film *Yeelen* (1987) wird von westlichen und afrikanischen Filmkritikern gleichermaßen als einer der besten afrikanischen Filme erachtet. Auch gilt der Film als ein Wendepunkt im afrikanischen Kino, da er ganz offensichtlich nicht politisch motiviert ist und nicht die Misere des Landes thematisiert, zwei Aspekte, die den afrikanischen Film seit Beginn der Unabhängigkeit geprägt haben.

Yeelen spielt im präkolonialen Mali (Westafrika) und erzählt die Geschichte einer Familie, die durch Machtkampf, Wissensgier und schließlich Rache auseinandergerissen ist. Das Ganze ist feinsinnig in das Geheimnis alter afrikanischer Mythen gehüllt. Es ist eine Geschichte über das häufig verwendete Thema explosiver Gegensätze: das Gute und das Böse, das Alte und das Neue, das Akzeptable und das Nichtakzeptable – idiosynkratische soziale Konflikte.

Generell stimmen Filmkritiker darin überein, daß Souleymane Cissés tiefes Verständnis der Bambara und ihrer Traditionen den narrativen, kulturellen und ästhetischen Elementen in *Yeelen* einen starken Impuls gegeben hat. Der Film ist ein Höhepunkt in Cissés Bemühen, die reiche und autonome Kultur der größten Volksgruppe Malis, der Bambara, auf die großen Leinwände der Welt zu bringen. *Cinq jours d'une vie* (1972), der erste Spielfilm, bei dem er Regie führte, handelt davon, daß die traditionelle Erziehung im Sinne des Koran die jugendlichen Bambara nicht erreicht. Sein zweiter Spielfilm, *Den Muso* (1974), erzählt die epische, aber politisch prekäre Geschichte einer jungen stummen Bambara-Frau, »die sowohl unter den phallozentrischen Kräften der Tradition als auch der modernen Welt zu leiden hat«, so Manthia Diawara in *Souleymane Cissés Light on Africa* (1988, S. 12). Sein dritter und vierter

Film, *Baara* (1978) und *Finye* (1982), ließen das vertraute Terrain der Bambara-Traditionen hinter sich und behandeln brisante politische und ideologische Themen. Der fünfte Spielfilm, *Yeelen*, ist eine Rückkehr zu der von ihm favorisierten Löffel-Dialektik (*spoon dialectics*) des Alten und Neuen, der Notwendigkeit von Gewalt vor jeder Neuerung und eine Auseinandersetzung mit der Rolle der Frau in diesem Schaffensprozeß.

Wie bereits in Cissés anderen erfolgreichen Filmen entspinnt sich die Erzählung in *Yeelen* um einen bekannten Mythos, der hier und da durch das Einweben traditioneller und kultureller Konzepte an Komplexität gewinnt. Eine ältere kinderlose Frau (gespielt von Soumba Traoré) bringt einen Sohn zur Welt, der gemäß der Traditionen das Wissen der Bambara bewahren soll. Ihr Ehemann, Soma (gespielt von Niamanto Sanago), ist Mitglied einer Geheimgesellschaft, *Komo*[21], und glaubt nicht, daß sein Sohn ihm gleichkommen wird; er ist fest entschlossen, ihn zu vernichten. Als die Mutter das besondere Schicksal ihres Sohnes erkennt, flieht sie mit ihm und nimmt den Zauberflügel – den *Kôré* – mit, der einzige Gegenstand, der es mit der Stärke der *Komo*-Gesellschaft aufnehmen kann. Wütend macht sich ihr Mann mit seinem Zauberpfahl – dem *Kolonkalanni* – auf die Suche nach den beiden. Nach jahrelanger Flucht vor dem Zorn ihres Mannes und einem Leben im Versteck gibt die Mutter schließlich den Kampf auf und erzählt ihrem Sohn Nianankoro (gespielt von Issiaka Kane) die Geschichte, die sich hinter ihrer Flucht verbirgt. Nianankoro, mittlerweile ein junger Mann, schwört, sich seinem Vater zu stellen. Nachdem ihm seine Mutter noch einen letzten Rat erteilt hat, macht er sich auf ins Unbekannte. Er weiß wenig von den Grausamkeiten und Verlockungen der Welt, und selbst von den Ausmaßen seiner Zauberkräfte ahnt er nichts.

Den nun folgenden Anstrengungen, die wütende Verfolgung des Vaters zu überleben, gilt das Hauptaugenmerk des Films. Nianankoros Wanderschaft durch das karge Land des Mandé sprechenden Volkes ist in Aufnahmen eingefangen, die ein deutlich höheres Tempo aufweisen als die der meisten afrikanischen Produktionen. Eine Begegnung mit Kriegern aus dem Land der Peul bietet ihm zum ersten Mal Gelegenheit, seine heiligen Kräfte auszuprobieren, wodurch ihm die Anerkennung und Bewunderung der Dorfältesten, die Aufhebung einer Todesstrafe wegen Ehebruchs durch das Landesoberhaupt und sogar eine Frau beschert wird. Soma, sein Vater, der in der Zwischenzeit mit seinem Zauberpfahl, dem *Kolonkalanni*, überall auf seinem Weg eine Spur des Terrors hinterläßt, holt seinen Sohn rasch ein. Er beleidigt Schmiede bei der Arbeit und bestraft sogar das Oberhaupt der Peul, indem er die besonderen Kräfte des *Komo* anwendet. Nianankoro und seine junge Frau Attu machen sich auf den Weg zu seinem Onkel Djigui. Ausgerüstet mit dem reaktivierten magischen Flügel des *Kôré* empfängt er den Segen seines Onkels und bricht auf, um

21 Vgl. in diesem Band den Beitrag von Hampaté Bâ.

sich seinem Vater in einem finalen und fatalen Showdown zu stellen. Seine schwangere Frau, die einen Sohn von ihm erwartet, läßt er zurück.

Symbolik und Mythos

Yeelen löst eine Reihe von Gedanken aus, von denen die meisten um Cissés umfassende Einbeziehung von Symbolik kreisen. Die ausschließliche Verwendung von natürlichem Licht (der Film ist größtenteils bei Tagesanbruch oder in der Dämmerung gedreht) und die letzte »blendende« Inszenierung von Licht als richtender Gewalt in der explosiven finalen Konfrontation (die auffallend seltenen Nachtszenen überraschten, da in alten afrikanischen Traditionen ebensoviel in der Nacht vor sich ging wie am Tage) ganz im Sinne des Titels, der wörtlich übersetzt soviel wie »Helligkeit« oder »Licht« bedeutet, sind wahrscheinlich die gelungensten Momente des Films. Im Einklang damit steht der Vorspann, in dem die Lebenskraft des Lichts erklärt wird. Das Magazin *Time Out* (Okt. 1988, 27) beschrieb in seiner Kolumne »Critics Choice« *Yeelen* als »voller Licht und Feuer« und als »ein beeindruckendes Erwachsenwerden des afrikanischen Kinos, das einen vertrauten geistigen Ringkampf besingt (...)«. Auch der Filmkritiker Gilbert Adair erkennt in seinem Beitrag *The Artificial Eye* (in *Sight and Sound*, Bd. 57, 1988) lobend die kraftvolle Darstellung von Licht in dem Film an:

> *Die Erzählung des Films handelt nicht von einem elementaren Konflikt zwischen den Kräften des Lichts und den Kräften der Dunkelheit, sondern von den vehement bekämpften und unwiderruflichen Inkarnationen der ersteren. Wir befinden uns hier im hellsten Afrika.*

Neben dem Licht verwendet Cissé in der Darstellung von Krisis und Konfrontation ausgiebig die afrikanische Kalebasse. Das Wahrsagen mit Hilfe von Kalebassen-Bildern ist eine alte und anerkannte Methode im afrikanischen Mythos, und Nianankoros Fähigkeit zur Ausübung dieser Kunst gleich zu Beginn des Films – er kann den Zorn und die Verfolgung seines Onkels in einem Bild »lesen«, das auf der Wasseroberfläche in einer Kalebasse erschienen ist – ist ein Symbol für seine gewaltigen »magischen« Kräfte. Eine zweite symbolische Verwendung erfahren die Kalebassen in der Flußszene, in der die Mutter auf ihrem Weg zu den Mandé – dort will sie einen Heilkundigen um Hilfe bitten, ihre Familie wieder zu versöhnen und das System der Familie zu stabilisieren – beschließt, sich zu reinigen und die Wassergöttin der Bambara um eine Intervention zu ersuchen.

Daß die Mutter dabei Milch verwendet, ist ein Zeichen für die Wichtigkeit der

Lösung, die sie anstrebt, hat aber gleichzeitig mehrere Bedeutungen. Für das ländliche Volk der Bambara stellte Milch eine angemessene Opfergabe beim Gebetsritual dar, zum einen, weil sie zu den Hauptnahrungsmitteln zählte, und zum anderen, weil sie in vielen afrikanischen Kulturen allgemein als sauber und rein galt. Als Symbol für Mutterschaft ist Milch sicherlich das geeignetste Produkt für Nianankoros Mutter, um sich zu reinigen, bevor sie vor die Kraft tritt, die sie als »Mutter aller Mütter« bezeichnet. Die Symbolik geht jedoch über die Verwendung von Milch hinaus: zwei leere Kalebassen treiben stetig aufeinander zu und prallen zusammen, womit deutlich signalisiert wird, daß die Konfrontation zwischen Vater und Sohn unabwendbar ist. Die Mutter, von der »göttlichen Offenbarung« erschüttert, hält die letzte Kalebasse mit Milch über ihren Kopf und ruft die Göttin des Wassers an:

Hörst du mich Verlorene,
Göttin des Wassers?
Hör mich an, Mutter aller Mütter!
Höre diese hilflose Mutter.
Rette meinen Sohn, laß ihm kein Leid geschehen.
Bewahre dieses Land vor dem Untergang.
Laß nicht zu, daß Gras das Haus der Diarra überwuchert.

Ihr Gebet vermittelt jedoch auch eine andere, versteckte Botschaft: Die unvermeidbare Kollision von Nianankoro und seinem Vater wird nicht nur ein simples Duell zwischen Vater und Sohn werden, sondern ein explosiver Showdown, der die ganze Sippe auslöschen könnte. Dies wird durch ihren Verweis auf das »Gras, das das Haus der Diarra überwuchert« illustriert, während ihre zuvor formulierte Bitte an die Göttin, das Land vor dem Untergang zu bewahren, darauf hinweist, daß sich die drohende Zerstörung über das gesamte Land der Bambara erstrecken wird. Ihre Befürchtungen werden von Niananköros Onkel Djigui bestätigt, wenn er davor warnt, daß Somas Grausamkeit und Selbstsucht wohl noch Unglück über das Volk bringen werden. Auch die »außerirdischen« Stimmen in der finalen Konfrontation sprechen davon, daß Zerstörung das Land wegen der Schandtaten heimsuchen wird, die Soma und seine Vorfahren begangen haben.

Wenn Niananköro auf das Bild seines Onkels Bafing in der Kalebasse spuckt, wird damit Haß und Widerstand gegen die höchste Ordnung symbolisiert. Das Spucken ist außerdem ein Symbol dafür, sich einer Herausforderung zu stellen, anstatt immer weiter zu fliehen. Interessanterweise hatte das Spucken in der afrikanischen Kultur zwei widersprüchliche Bedeutungen: Verehrung und Segnung (wenn sich jemand mehrmals leicht auf die Brust spuckte) und andererseits Haß und Verachtung (wenn jemand kräftig zur Seite oder direkt auf die gemeinte Person spuckte). Das Spucken auf das Bild im Wasser ist ein Fluch, und die Tatsache, daß das Bild von Onkel Bafing verschwindet, nachdem Nianankoro dreimal darauf gespuckt hat, symbolisiert den Triumph Nianankoros: er kann ebensogut seinen grausamen Vater besiegen. Diese Offenbarung wird im Ausruf seiner Mutter gegenüber deutlich: »Er ist verschwunden!«

Anhand der wirkungsvollen Darstellung von Widerstandskräften in der Gesellschaft kann der Film in zwei Erzählstränge unterteilt werden. Der erste Erzählstrang folgt Nianankoro, dem Symbol für eine stabile Gesellschaft, die ihre Schamanenkräfte nicht mißbraucht. Er bietet erst dann seine Kräfte auf, als ihn das Oberhaupt des Landes der Peul enthaupten lassen will. Zuvor wandert er lange ohne Wasser durch die Wüste, ohne jemals seine Zauberkräfte gegen den Durst zu bemühen. Als er am Wasserloch der Tiere, wo er versucht, eine Kuh zu fangen, um sie zu melken, von Peul-Kriegern angegriffen wird, flieht er. Auch nachdem er dem Verlangen seines Körpers nachgegeben und mit der Frau des Oberhauptes geschlafen hat, bittet er diesen, wie es die Sitte befiehlt, ihn zu töten.

Der Film läßt keinen Zweifel daran, daß Nianankoro der Tugendhafte ist, der die Gesellschaft unter Einsatz seines Lebens von Selbstsucht und Niedertracht befreit. Er bedient sich jedoch auch wirkungsvoller Distanzierungsmittel, wie die Verfolgungsjagd am Wasserloch und die Ehebruch-Szenen, die aus einer objektiven Perspektive zeigen, daß es sich bei der Figur tatsächlich um einen Sterblichen handelt, der den Launen menschlicher Gefühle unterworfen ist.

Eine weitere Komponente des ersten Erzählstrangs ist in Nianankoros Mutter personifiziert, deren Leben als Inbegriff von Elend und Qual aufgrund der selbstsüchtigen und fanatischen Machtbesessenheit ihres Mannes geschildert wird. Ihre Rolle, die Hauptlast der Niedertracht ihres Mannes zu tragen, steht symbolisch für die unterdrückte afrikanische Frau; die Auswahl einer alten Frau (unter zahlreichen jüngeren) für diese Rolle könnte als Forderung verstanden werden, dem Leiden und der Härte, die afrikanische Frauen ertragen müssen, ein Ende zu setzen. Die auffällige Abwesenheit des Patriarchats im Film reflektiert den Triumph einer Frau als dem *eigentlichen* Oberhaupt einer afrikanischen Familieneinheit, obgleich diese Rolle in der Regel indirekt und untergeordnet ausgefüllt wird. Diese These wird von zwei eindeutigen Ereignissen gestützt: Obwohl Nianankoro bereits erwachsen ist, schaut er für jede Art von Hilfe und Führung zu seiner Mutter auf; diese antwortet ihm mit weisem Rat und schenkt ihm ein Amulett zu seinem Schutz. Die letzten Worte und das Geschenk seiner Mutter begleiten ihn auf seiner mörderischen Reise. Als zweite Begebenheit fällt auf, daß es Attu, Nianankoros Frau, ist, die nach der Apokalypse das Wissen des Volkes der Bambara an ihren Sohn weitergibt, womit erneut die Wichtigkeit der Stellung der Frau in der Entwicklung einer Gesellschaft gezeigt wird.

Der zweite Erzählstrang folgt Soma, der den gesamten Film über als bösartiger Mann gezeichnet wird. Szenen, in denen er Bedienstete schikaniert, schimpft, flucht und jeden, der ihm in die Quere kommt, einschüchtert, sind ein Hauptmerkmal des Films. Es muß jedoch angemerkt werden, daß der tyrannische Umgang mit Bediensteten in vielen afrikanischen Gesellschaften einschließlich der Mandé Tradition hat, wobei die Ältesten, die die höchsten Stammesgeheimnisse bewahrten, die Arbeit und Dienste der Jüngeren durch physische Strafen und psychologische Einschüchterung überwachten. Murphy zufolge trennten viele afrikanische Gesellschaftssysteme die Ältesten von den Jungen und unterstützten ihre politische und wirtschaftliche Kontrolle über die Jugend.[22]

Die Macht, die sich Soma über seine beiden Bediensteten anmaßt, wird in seinem rauhen Umgang mit dem Duo, selbst wenn die Männer sichtbar erschöpft sind, besonders augenscheinlich. Ihre völlige Abhängigkeit zeigt sich in der Nachmittagsszene in der Nähe der Schmiede, als eine Frau Soma Wasser anbietet: Er trinkt und reicht dann die Kalebasse mit Wasser an seine Bediensteten weiter. Später ist in einer Nachtszene am Lagerfeuer zu sehen, wie er dem Duo gegrilltes Huhn anbietet, bevor er selbst ißt. In afrikanischen Systemen, in denen eine solche Kontrolle bestand, war Verpflegung vermutlich das einzige, was die Bediensteten – außer der Hoffnung, daß etwas von dem privilegierten Wissen ihres Meisters auf sie abfallen würde – für ihre Arbeit bekamen. Der ihm vorauseilende Ruf, daß er über eine unermeßliche Zauberkraft verfügt, erklärt vielleicht teilweise Somas unverschämte Haltung gegenüber nahezu allen Menschen und auch, warum ihm Schmiede, Eingeweihte und Dorfälteste mit Angst und Verehrung begegnen. In der Szene in der Schmiede ist Djigutigui, der Schmiedemeister, von Somas Überraschungsbesuch erschüttert und spricht in Metaphern:

Djigutigui: *Eine Hyäne am hellichten Tag (ist) ein schlechtes Omen. Was ist geschehen?*
Soma: *Nichts Unumstößliches, aber meine Gegenwart verheißt nichts Gutes. Mein Sohn, Nianankoro, hat die Fetische der Bambara gestohlen und ist außer Landes geflohen.*
Djigutigui: *Wohin läuft die Ziege, wenn sie vom Weg abkommt?*
Soma: *Ich werde ihn finden, selbst in einem Ameisenhaufen; ich werde ihn töten.*

Somas Bosheit erreicht ihren Höhepunkt, als er das Oberhaupt der Peul vor seinen Untertanen beschimpft und sogar bestraft. Er symbolisiert so soziale Instabilität. Diese Darstellung wird noch verstärkt durch den vergeblichen Versuch einiger Personen, ihn umzustimmen und Nianankoro zu verzeihen. Djigutigui, der Schmied, fragt, wohin die Ziege, ein domestiziertes Tier und Begleiter des Menschen, läuft, wenn sie vom Weg abkommt, und läßt dadurch anklingen, daß Soma seinen anson-

22 W. P. Murphy: »Secret Knowledge as Property and Power in Kpelle Society: Elders versus Youth«, *Africa*, Bd. 50, Nr. 2, 1980, S. 193.

sten guten Sohn nicht wie einen gesellschaftlichen Rebellen behandeln soll. Bei der geheimen Zeremonie des *Komo* nehmen einige Eingeweihte Soma darüber ins Gebet, warum er seinen Sohn so besessen verfolge, und bitten ihn inständig, ihm zu vergeben:

... Verschwende die Elefantenkugel nicht, um auf Hasen zu schießen.
... Nicht jede Wolke bringt Regen.
... Kein Adler kann einen Elefanten in die Lüfte tragen. Du hast dein Heilmittel vom heiligen Feigenbaum.
... Vertreibe alle Qual aus deinem Herzen, verschone deine Feinde. Du hast dich nach Osten und Westen gewandt, und sie haben »ja« gesagt.

Soma weist sämtliche Versöhnungsversuche zurück und beschließt, seine Suche fortzusetzen und seinen Plan, Nianankoro auszulöschen, durchzuführen. In dieser Szene kommt die Dialektik von *Yeelens* Erzählstruktur filmisch besonders stark zum Ausdruck. Sie thematisiert den unersättlichen Wissensdurst eines Mannes, der ihn später vernichten soll. Soma wird tatsächlich als eine Figur mit immensem Wissen und gewaltigen Fähigkeiten geschildert, was anhand seiner »seltsamen« Gabe, einen Albino und einen Hund zur Opferung herbeizurufen, verbildlicht wird.

Die Figur Somas stellt den Zuschauer an einen Scheideweg: entweder unterwirft er sich den selbstsüchtigen und katastrophalen Kräften des *Komo*-Systems, das den *Status quo* verteidigt, oder er ist bereit, in den beschwerlichen Kampf um Freiheit und Wohlstand einzutreten. Diese Szene bildet einen scharfen Kontrast zu der emotionalen Abschiedsszene zwischen Nianankoro und Attu, in der er Wissen, Weisheit und Elternliebe seinem ungeborenen Sohn sinnbildlich mit seinem Hemd vermacht. Die emotionsgeladene Abschiedsszene symbolisiert Nianankoros Kontrolle über das Wissen und die Versicherung einer stabilen Zukunft. Die Verantwortung, das Wissen an nachfolgende Generationen weiterzugeben, wird Attu übertragen – eine Handlung, die die Gleichberechtigung der Geschlechter und einen Zusammenhalt ausdrückt, eine wichtige Verschiebung im Vergleich zu dem Bild von Nianankoros Mutter – einem Opfer männlichen Chauvinismus'.

Die Sprache in Cissés Film

Obwohl zahlreiche Kritiker *Yeelen* als ein klassisches Beispiel für die »Rückkehr zur Quelle« (*return-to-sources*)-Filme erachten, behauptet Cissé selbst, es handle sich um seinen bisher »politischsten Film«. Er erklärt, der Film transportiere all die politischen Botschaften, die er immer schon in filmischer Form vermitteln wollte. Manthia Diawara führt in dem Gespräch mit Cissé (a. a. O.) dagegen an, das »Rückkehr-zur-

Quelle«-Genre sei gerade deshalb so beliebt, weil afrikanische Filmemacher weniger offen mit politischen Themen umgehen wollten, um der staatlichen Zensur zu entgehen, präkoloniale Traditionen zu erforschen oder einfach, um eine neue Filmsprache zu finden, die mit den beliebten westlichen Filmen um Zuschauer konkurrieren kann (Diawara, S. 16). Auf diesem Weg, so Diawara, können die Filmemacher »beweisen, daß bereits vor der europäischen Zivilisation eine dynamische afrikanische Geschichte und Kultur existierten«. Folglich definieren die Filme ihren Stil durch ein Wiedererforschen alter afrikanischer Traditionen wie das geheime *Komo*-Ritual in *Yeelen*, ihrer Erscheinungsformen und ihres Zaubers. Cissé stimmt mit Diawaras These überein, daß die Suche nach einer neuen Sprache in *Yeelen* auf politischen Druck zurückzuführen ist:

> *Nach »Finye« wollte ich meinen Stil ändern, bevor die Leute anfangen würden, mich als politischen und didaktischen Filmemacher abzustempeln... Ich geriet wegen meiner vorhergehenden Filme unter Druck, und es war klar, daß ich die Sache entweder entschärfen oder eine ganz andere Art Kino machen müßte, wenn ich in meinem Land bleiben und ein gewisses Maß an Ausdrucksfreiheit genießen wollte.* (Diawara, S. 13)

Daß Cissé dazu überging, seine eigenen Traditionen zum Filmthema zu machen, war jedoch auch von der traurigen Situation der noch in den Anfängen steckenden malischen Filmindustrie beeinflußt. In einer 1988 vom *Monthly Film Bulletin* veröffentlichten Filmographie, *Stories of the Past – Souleymane Cissé*, merkt Cissé an, daß er es verabscheut, wie einige afrikanische Produzenten westliche Filmstile imitieren:

> *Ich hoffe, in Zukunft Filme machen zu können, in denen die alten Tiefen afrikanischer Kultur wieder heraufwogen. Zu diesem Zweck verbringe ich meine Zeit damit, alte Männer aufzusuchen, die mir vergangene Geschichten erzählen – wahre oder mythische. Ein Kino, das das amerikanische oder europäische imitiert, wird (in Afrika) vergeblich sein. Wir müssen in unsere eigenen Quellen eintauchen.* (S. 348)

Mit seinem Debüt einer Rückkehr-zur-Quelle-Thematik gibt Cissé eine überwältigende Darstellung afrikanischer Dialektik. Er sieht seinen Eintritt in dieses Genre als eine Erweiterung afrikanischer Filmformen und gleichzeitig als Versuch, seine politische Botschaft von einem »transparenten Stil« auf eine »tiefere Ebene« zu verlagern (Diawara, S. 13). Er bringt die Bedeutung des Titels mit den sozialen, wirtschaftlichen und politischen Anstrengungen eines Volkes in Verbindung:

> *»Licht« ist etwas Wunderbares, das wir immer bei uns haben sollten. Wenn*

> *»Licht« unser Wissen leitet, müssen wir lernen, es richtig zu nutzen; wir müssen lernen, es zu kontrollieren. Der Mensch ist besessen von der Qual zu wissen, Macht über Wissen zu haben und die Gefahr zu meiden, über ein Wissen zu verfügen, das ihn vernichten kann. Der Mensch kennt die Grenzen der Wissenschaft nicht: wir wissen zu erfinden, wissen uns aber nicht vor unseren Erfindungen zu schützen.* (Diawara, S. 15)

Darüber hinaus stellt Cissé die These auf, die Beherrschung des Inhalts – Raum und Umgebung – gehe im afrikanischen Film der Beherrschung der Form voraus. Wie bereits in seinen früheren Filmen ist es Cissé gelungen, in *Yeelen* eine universelle Wirkung zu erzielen, indem er mit der Vorstellungswelt des Publikums spielt. Dieses Konzept gründet auf seiner Überzeugung, daß Phantasie kosmisch ist: »Phantasie ist für jeden einzelnen etwas Persönliches, Intuitives. Für mich ist Phantasie planetarisch, kosmisch ... Ich bin Soninké, drücke mich jedoch in Bambara aus.«[23]

Ein weiterer einmaliger Aspekt in Cissés Filmsprache sind die symbolischen Lösungen, die er anbietet. Niankoro kämpft erbarmungslos gegen seinen bösen Vater an und rettet das Bambara-Volk vor der Zerstörung durch den *Komo.* Er ist jedoch als Held der Gegenwart angelegt, während sein Sohn die Zukunft verkörpert – er trägt den Namen Nankama (was soviel wie »bestimmt für« bedeutet), ein Begriff, der in Lobliedern der Mandé verwendet wird. Die Konzeption von Zukunft wird auch in vielen anderen Beispielen deutlich. Das Bild von Nianankoros alter, unterdrückter Mutter als Symbol für gesellschaftliche Unterdrückung wird in der filmischen Zukunft durch die junge, kraftsprühende Attu ersetzt, sie symbolisiert Freiheit und Wohlstand. An die Stelle des völlig sonnenverbrannten Bodens (Ausdruck des Leidens) in einer früheren Sequenz des Films tritt durch die Verwendung fotografischer Lichtfilter kühler, samtener, fließender Sand. Nianankoros gequälter Gesichtsausdruck wird von der Entschlossenheit in den Augen seines Sohnes abgelöst, der zur Zukunft wird. Außerdem fällt auf, daß die friedliche Welt, die in der ersten Hälfte von *Yeelen* zu sehen ist, zum Schluß wiederhergestellt wird – das hält an der Theorie des russischen Formalismus fest, die besagt, daß ein Gleichgewicht zunächst gestört und anschließend wiederhergestellt werden muß. All dies steht im Einklang mit dem Sprichwort, das den Film einleitet: *Hitze erzeugt Licht. Und die zwei Welten, Himmel und Erde, entstehen durch Licht.*

Die Produktion von *Yeelen* erteilt weitere Lektionen darin, wie afrikanische Autoren durch bestehende Strömungen in der Filmtheorie in ihrem Filmverständnis beein-

23 Zitiert nach James Leahy: *Yeelen*, a biofilmography, *Monthly Film Bulletin*, Bd. 55, Nr. 658 (11, 1988), S. 343-344.

flußt werden. Auf der einen Seite kann angeführt werden, daß Cissés Anwendung der russischen Filmtheorie der Tatsache Rechnung trägt, daß er in Moskau Filmproduktion studiert hat. Andererseits könnte von der starken Dialektik ein wichtiger Rückschluß gezogen werden, wie Pam Cook es in *The Cinema Book* (1993) nennt: durch »verschiedene Standpunkt-Diskurse« hat Regisseur Cissé Widersprüche erfolgreich eingesetzt (Cook, S. 242). In ihren Ausführungen über den klassischen realistischen Film zeigt Cook, daß, um den Pluralismus der Standpunkte der einzelnen Film-Figuren zu bewahren – wodurch die innere Stabilität des Films gefährdet ist – kontroversen Diskursen durch hierarchische Anordnung ein ungleicher Status eingeräumt wird. Daß der Leitfigur der Erzählung eine Position »dominanter Spiegelung« (*dominant specularity*) zugewiesen wird, ist ein prägnantes Merkmal von *Yeelen* – Nianankoro wird als die stärkste Figur zelebriert, und dem Zuschauer fällt die Identifikation mit ihm leicht. Hier erfüllt der Film eine zweite Voraussetzung für Realismus, nämlich daß das Bild als Garant für Wahrheit funktioniert. In Anlehnung an MacCabe sieht Cook in diesem zweiten Kennzeichen eine grundlegende Veränderung in der Form des Filmes: »interne Kennzeichen, die auf den Interaktionsprozeß zwischen Film und Leser/Zuschauer verweisen« (Cook, S. 243).

Bei der Produktion von *Yeelen* gab es auch eine Reihe von Schwierigkeiten. So ist die Liste der Sponsoren beispielsweise länger als der Abspann. Laut Cissé ist der Film überall in Mali und später in Côte d'Ivoire und Kamerun gut gelaufen. In einem Interview der *Black Film Review* sagte er, der Film sei in sämtlichen westeuropäischen Ländern für die großen Kinos gebucht worden und es habe sich ein Verleih für den japanischen und fernöstlichen Markt gefunden (Diawara, S. 12-16). Er erklärte weiter, daß ein Abkommen zur kulturellen Zusammenarbeit im frankophonen Afrika die Distribution von Filmen in diesen Ländern erleichtere und darüber hinaus Koproduktionen fördere, die mit den anglophonen Ländern praktisch unmöglich wären. Das ewige Problem unzureichender technischer Ausrüstung, so Cissé, habe er überwunden. Er entwickelte eine »*mise-en-scène*, die für die Mittel, die mir vor Ort zur Verfügung standen, praktischer und realistischer war« (Diawara, S. 14). Obwohl ihn die meisten Filmkritiker dafür rühmen, einen hochwertigen Film mit Laien-Darstellern gemacht zu haben, beschreibt Cissé die Arbeit mit einer Gruppe von Schauspielern, von denen die meisten Analphabeten waren, als beschwerlich und räumt ein, sein Team häufig gezwungen zu haben, das Drehbuch auf eine Person umzuschreiben:

> *Die Geschichte meines Films ist die Geschichte meiner Schauspieler: wie ich sie kennenlernte, wie ich ihnen half, ihre Rolle zu entwickeln, und was sie schließlich aus den Figuren, die ich ihnen gab, gemacht haben. Als wir anfingen, waren sie Laien… Da die meisten von ihnen nicht lesen konnten, mußte ich jede Nuance, jede Textzeile erklären. Mit jedem Schauspieler beginnt eine neue Geschichte.*[24]

Kritische Rezeption

Yeelen erhielt als erster afrikanischer Film 1987 auf dem Filmfestival in Cannes einen Sonderpreis der Jury. Regisseur Cissé bekam außerdem großes Lob und Anerkennung dafür, daß er Afrika an den Tisch hochwertiger Filmproduktionen gebracht habe. In seiner Kritik im *Monthly Film Bulletin* (11, 1988) beschreibt James Leahy den Film als »leicht zugänglich für Zuschauer, die von der Lehre und Tradition der Bambara (oder sogar Afrikas) keine Ahnung haben«. Er führt aus:

> *Das Thema des Films – der Konflikt zwischen Vater und Sohn, Macht und Wissen, und die daraus resultierende zerstörerische Bedrohung dieses Familienerbes – die zentrale Reise, die gleichzeitig eine Jagd ist, und die elementare Metaphorik (Licht, Feuer, Wasser und Erde) haben eine universelle Wirkung. Dies ist jedoch keineswegs das Produkt eines falschen Universalisierungsversuchs, sondern erwächst vielmehr aus einer profunden Reaktion auf ein bestimmtes Glaubenssystem, das sorgfältig erkundet und erforscht wurde.* (Leahy, S. 344)

Zwar stimmt Leahy mit Cissé darin überein, daß dieser die Phantasie des Publikums verführt, er besteht jedoch darauf, daß die Stärke des Films ebenso von der Phantasie des Publikums profitiert, das mit dem Schicksal der Filmfiguren und ihren sozialen und dramatischen Interaktionen mitleide. Er behauptet weiter, daß »jedes sprachliche, gestische und performative Detail Bedeutung erzeugt«. (Leahy, ebd.)

Adair bezeichnete den Film als »ein Meisterwerk, der schönste Film, der je aus Afrika hervorgegangen ist«, und weiter als »der erste in der Filmgeschichte des Kontinents, bei dem keinerlei Abstriche gemacht werden müssen«. Er applaudiert dem Film für seine »erstaunliche Virtuosität und Versiertheit« und erklärt ihn als reich an

> *kunstfertiger Bildstruktur (die Farbe der Kinematografie), als verblüffenden Kontrast zu der Grobkörnigkeit, die man von bestimmten Miserabilismus-Filmen der »Dritten-Welt« kennt und die paradoxerweise genau die Bilder heraufbeschwört, die sie erzeugt.* (Adair, ebd., S. 284f.)

Adair postuliert, dieses Werk zaubere durch eine reiche und sinnliche Palette von Farben, Bildern und magischen special effects die malische Landschaft hervor. Er erklärt weiter, daß sich Cissés Werk zwar von dem westlicher Produzenten unterscheide, die »sich alle Mühe geben, den Zuschauer in einem ausschließlich wörtlichen, augenfälligen Sinn zu blenden«, sich *Yeelens* Blendung hingegen rein auf die

24 Leahy: *Yeelen*, a biofilmography, S. 344.

mise-en-scène beschränke. Er sieht die durch den »großartigen und atemberaubenden Tagesanbruch« dargestellte »Zukunft« als die Zukunft einer neuen Generation im afrikanischen Kino. Tony Ryans von *Time Out* (Okt. 1988, S. 30) begrüßt *Yeelen* mit großem Beifall als einen Film, der »von seinem naturalistischen Anfang bis zu seinem geheimnisvollen, unvergeßlichen Ende einem speziell afrikanischen Weg der Aufklärung folgt«.

Aber nicht alle Kritiker waren von Cissés Produktion begeistert. So bezeichnete Yung in der Filmkolumne von *Variety* (13. Mai 1988, S. 137) den Film als »ein akribisch gearbeitetes und wunderschön eingefangenes Filmwerk«, dessen hoher Standard ihn jedoch »für viele, die mit der afrikanischen Kultur nicht vertraut und nicht an ihr gemächliches Tempo und ihr Interesse gewöhnt sind, unerreichbar macht«. Er nennt *Yeelen* einen »schwierigen Film«, der den »alten Volkszauber, den Urkonflikt zwischen Vätern und Söhnen und eine politische Parabel auf komplexe Weise mit einbezieht.« Er schreibt weiter:

> *Die kurze Einleitung des Films führt den unbewanderten Zuschauer nicht besonders weit in diese offensichtlich komplizierte Sphäre ein, und so ist es einem selbst überlassen, wie man die beiden heiligen Symbole versteht: einen gewaltigen Pfahl, der von zwei Männern getragen wird und der dazu dient, Verbrecher aufzuspüren, und einen geschnitzten »Flügel«, der ebenfalls magische Kräfte besitzt.* (ebd.)

Der schärfste Angriff kam allerdings von *Screen International* (29. Okt. 1988, S. 19), wo es hieß, in gewisser Hinsicht erinnere der Film mit seiner Verfolgungsjagd auf feindlichem Gelände und dem Showdown zwischen Vater und Sohn an einen Western: »Trotzdem könnte sich Yeelen als zu schwer verdaulich für das westliche Publikum erweisen, das daran gewöhnt ist, leichte Filmkost zu sich zu nehmen.«

Die Reaktion westlicher Kritiker auf *Yeelen* ist ein wichtiger Bestandteil der westlichen Sichtweise des afrikanischen Kinos im allgemeinen. Obwohl viele Kritiker *Yeelen* als »besten Film Afrikas« bejubelten, tauchten in ihren Besprechungen deutliche Widersprüche auf, die zeigen, wie sehr die historischen und kulturellen Kräfte im afrikanischen Kino mißverstanden werden (Diawara, S. 16). Als Reaktion auf die mangelnde Anerkennung von Mythos und Symbolismus, Familie und Sitte in afrikanischen Filmen, bemerkt A. Enahoro in seinem Beitrag *Towards a Philosophy of African Cinema* (1988):

> *Der afrikanische Cineast ist wie ein Vorbote: er erzählt seinem Publikum die Probleme der Gesellschaft. Es liegt in seiner Verantwortung, diese Probleme zu erkennen. Er ist das Sprachrohr der Gemeinschaft, da wohl keine Gesellschaft ihr*

> *eigenes Herz ganz und gar kennt, und wenn es einer Gemeinschaft an dieser Art Wissen fehlt, wird sie sich ganz sicher in allem, was sie selbst betrifft, etwas vormachen. Diese Art von Unwissen bedeutet den Tod einer Gesellschaft-* (Enahoro, S. 137)

Die Fehldeutungen von Cissés Film nahmen vielerlei Gestalt an. *Screen International* vom 29.10.1989 vermißt in dem Film eine Erklärung dafür, warum Soma die erbarmungslose Verfolgung von Niananköro aufgenommen hat. Niananköro wird als ein junger Mann »an der Schwelle zum Erwachsensein beschrieben, der beginnt, das Ausmaß seiner besonderen Kräfte – über Generationen weitergegebener alter Volkszauber – zu entdecken«. Weiter heißt es dort, »aus Gründen, die nie genannt werden, verfolgt [Nianankoros] Vater sie mit der Absicht, seinen Sohn zu töten« (*Screen International*, S. 19). Der offensichtliche Irrtum besteht darin, daß dem Rezensenten der gesamte Kern des Films und Ursprung des Konflikts – Somas exzessive Anwendung des Geheimwissens und der Macht des Komo – ebenso entgangen ist wie die daraus hervorgehenden Lektionen, sprich die Dialektik einer Gesellschaft, die gegen die Qual und Unterdrückung kämpft, die von einer Handvoll Egoisten ausgeht.

Leahy, der behauptet, der Film habe eine universelle Wirkung, mißversteht vieles an der Geschichte, die sich hinter der Verfolgung verbirgt, und verwässert dadurch seine gesamte Kritik (Leahy, S. 344). Er führt fälschlicherweise an, daß Nianankoro »sich heilige Bambara-Fetische angeeignet hat und von seinem rachsüchtigen Vater verfolgt wird, dessen Kräfte von einem Zauberpfahl geleitet werden, der *Verlorene und Verlorenes* sucht«. Auch deutet er die Szene mit dem Baderitual im Fluß falsch, von der er behauptet, Nianankoros Mutter würde sich »waschen und läutern«, womöglich aufgrund ihrer Komplizenschaft beim Diebstahl der Bambarafetische. Leahys Darstellung entbehrt jeglicher Grundlage, da er nicht erläutert, warum die Erzählung den Dieb so weit fliehen läßt und warum der schuldige Sohn und sein vermeintlich unschuldiger Vater in der finalen Konfrontation umkommen. Ferner begeht er einen fatalen Fehler, indem er Djiguis Dialog für Nianankoros hält und daraufhin schwere Fehlurteile trifft, wie »Nianankoro wurde durch das magische Auge des Flügels des Kôré geblendet«. Was aber ließ dann Onkel Djigui erblinden, der sein Augenlicht erst dann wiedererlangt, als das Auge des *Kôré* (das Nianankoro von seiner Mutter erhielt) wieder eingesetzt ist?

Auch John Akomfrah übersieht in *City Limits* (20. Okt. 1988) den Kern der Erzählung des Films, wenn er feststellt, daß Nianankoro »an der Schwelle zum Erwachsensein einen heiligen Gegenstand des Stammes stiehlt und mit seiner Mutter davonläuft« (ebd., S. 27). Von falschen Voraussetzungen ausgehend zieht Akomfrah ungeheuerliche Schlüsse: Er sieht Soma den »Pfahl der Bürde der Vergeltung« tragen, riecht »Verfehlung in der Luft, gekleidet in voller ödipaler Pracht«, fühlt mit Somas

»Wut elterlicher Machtlosigkeit« mit und verkündet sogar, der Junge müsse sterben »als ein Akt der Buße«. Sein ärgerlich hohes Maß an Unkenntnis der afrikanischen Traditionen und Mythen im Film offenbart sich in seiner Schlußfolgerung, bei *Yeelen* handele es sich um »ein ausschweifendes monumentales Märchen, das episch anspruchsvoll erzählt ist und eine rücksichtslose Mißachtung der Tradition aufzeigt«, und der Film weiche einem Realismus aus, um sich statt dessen an einen »agnostizistischen« afrikanischen Mythos zu klammern.

Der Gipfel des Mißverständnisses der Kritiker im Hinblick auf die afrikanische Familie und Tradition ist jedoch die Vorstellung eines ödipalen Verhältnisses zwischen Nianankoro und seiner Mutter. Tony Ryans verstand den Film als eine Geschichte über »den Übergangsritus eines jungen Mannes vom Jugend- ins Mannesalter«, die »herrlich körperlich« erzählt ist »mit Bildern, deren Schönheit fast greifbar war, mit Körpern von einzigartiger Eloquenz«, und die »wie ein Komet hoch über den Ruinen des bekannten Ödipus-Mythos schwebt« (Ryans, S. 30). Adair stellt die Behauptung auf, die Film-Erzählung habe »mythisch-tragische, kryptisch-ödipale Resonanzen, (die) eine verblüffende Verwandtschaft mit denen bestimmter Hollywood-Megahits der letzten Jahre für sich in Anspruch nehmen können« (Adair, ebd., S. 284). Leahy geht sogar noch weiter mit seiner These über eine »afrikanische Psychoanalyse«, die innerhalb der afrikanischen Kultur entstanden sei:

> *Die unmittelbare Reaktion auf den Film ist, daß* Ödipus auf Kolonos, *in dem der Tod des Helden »schöner ist als der jedes anderen Mannes«, einen ebenso geeigneten Bezugspunkt für* Yeelen *darstellt wie* König Ödipus *und der Komplex, den Freud aus diesem Drama abgeleitet hat.* (Leahy, ebd., S. 344)

Die Behauptung, Nianankoro hege ödipale Gefühle für seine Mutter, ist nur schwer zu halten, nachdem die Erzählung enthüllt, daß die beiden seit über zwei Jahrzehnten vor Somas Zorn auf der Flucht sind. Sie treten lediglich in zwei kurzen Szenen zusammen auf, die sexuell völlig harmlos, andererseits jedoch beladen sind mit der Botschaft von Leid und Verzweiflung, und die Nianankoro zum Mittelpunkt des Films macht, als er verkündet, daß er zurückgehen und sich dem Angriff seines Vaters stellen werde. Seine Mutter ist eine typische afrikanische Mutter: eine gestrenge Erzieherin, die, selbst wenn die Dinge nicht gut stehen, an die Institution der Familie glaubt. Nianankoros Bemerkung, warum Soma ihn denn gezeugt hätte, wenn er nicht bereit sei, ihn als Sohn zu akzeptieren, verletzt sie; der Sohn entschuldigt sich schnell und bittet seine Mutter um Rat, indem er zu ihr sagt: »Ich verlasse mich auf deine Weisheit; was muß ich tun?«

Isidore Okpewho vertritt in *Myth in Africa* (1983) die Position, daß einige der Voraussetzungen, auf denen die Theorie der Psychoanalyse (das Fundament des

Ödipuskomplexes) gründet und auf denen die Filmkritiker ihre »Hatz« aufbauen, äußerst fragwürdig sind, was die afrikanische Welt betrifft (ebd., S. 14). Er argumentiert, daß die Theorie, obwohl sie für einige europäische oder westliche Gesellschaftssysteme wahr sein mag, wohl kaum auf das zeitgenössische Westafrika zutrifft, insbesondere weil die traditionelle Familie polygam war und eine andere Machtstruktur hatte. Er führt aus:

> *In (afrikanischen) Haushalten gibt es viele Kinder, die um die Gunst ihres Vaters buhlen, Rivalität findet eher unter den Kindern als zwischen Kind und Eltern statt; es gibt mehr geschwisterliche Rivalität als ein parrizidales Bedürfnis.* (ebd.)

Selbst wenn nur wenige Kinder da sind, ist allgemein bekannt, daß sich die Väter ausnahmslos auf eine unbeteiligte Position zurückzogen und ihren Frauen eine größere Verantwortung bei der Erziehung der Kinder überließen. Nach Okpewho hatte dies häufig zwei sichtbare Effekte: zum einen gab es einen geschwisterlichen Wettstreit um die Aufmerksamkeit der Mutter, und da es die Mutter war, die die Bestrafung für Vergehen zumaß, nahm sie zum anderen in den Augen der Kinder eine wichtigere Rolle ein als der Vater. Folglich war das Verlangen zu töten weniger stark entwickelt. Okpewho räumt jedoch ein, daß insbesondere »das Thema vom Sohn, der dazu bestimmt war, seinen Vater zu übertreffen« einen Beweis für die im Mythos verankerte Vater-Sohn-Rivalität liefert:

> *Der Vater versucht, seinen Sohn zu vernichten; der Sohn triumphiert zum Schluß, wird jedoch durch den Rat seiner Mutter davon abgebracht, den Vater umzubringen.* (ebd., S. 14)

Das Vorstehende impliziert, daß der Mythos die Vernichtung des Vaters durch den Sohn nicht unterstützt. In der Tat ist dies die Botschaft des Films, die deutlich wird, wenn sich Nianankoro bei der finalen Konfrontation weigert, seinem Vater auszuweichen, und eine Erklärung für Somas unergründlichen Haß verlangt. Aber Soma versagt ihm jegliche Erklärung und besteht statt dessen darauf, daß der Sohn sterben muß. Letztendlich bittet Nianankoro den Vater, sich auf den Tod vorbereiten zu dürfen, ein deutlicher Hinweis darauf, daß er der Angegriffene und nicht der Angreifer ist. Seine seltsam friedliche Stimmung beschwört den Rat seiner Mutter herauf: sie hatte ihn vor den weitreichenden Kräften Somas gewarnt, und Djigui hatte ihm vor Augen geführt, daß er geopfert werden wird, sein ungeborener Sohn hingegen die Zukunft sein würde.

Aus dem Englischen von Andrea Honecker
Mit freundlicher Genehmigung des Autors und *FESPACI,* Ouagadougou

Nixon K. Kariithi studierte Journalismus an der University of Wales in Cardiff und war Assistent des *Freedom Forum Media Studies Centre* der Columbia University, New York; er ist Mitherausgeber des wöchentlich erscheinenden Nachrichtenmagazins *The Economic Review* (Kenia) und arbeitete für das BFI, London. Seine Forschungsgebiete umfassen afrikanische Mediensysteme und das Kino der Dritten Welt.

Souleymane Cissé (* 1940, Mali), Filmemacher.

Filme:
- *L'homme a des idoles,* 1965, 35mm, 10'.
- *Source d'inspiration,* 1968, 16/35mm, 10'. Franz. OF.
- *L'aspirant,* 1968, 35mm, 10'. Franz. OF.
- *Degal à Dialloube,* 1970, 35mm, 20'. Franz. OF.
- *Fête du Sanké,* 1971, 35mm, 15'.
- *Cinq jours d'une vie,* Mali/Senegal/Frankreich 1972, s/w, 35mm, 50'. Bambara OF.
- *Dixième anniversaire de l'OUA,* Senegal 1973, 16mm, 30'.
- *Den Muso,* Mali/Frankreich 1974, 16mm, 90'. Bambara OF. m. franz. U.
- *Chanteurs traditionnels des Iles Seychelles,* Frankreich 1978, 16mm, 15'. Franz. OF.
- *Baara*/Le travail/Der Lastenträger, Mali/Frankreich 1978, 16mm/35mm, 90'. Bambara OF.
- *Finyé*/The Wind/Le vent/Der Wind, Mali/Frankreich 1982, 35mm, 100'.
- *Yeelen*/Das Licht, Mali/Frankreich 1987, 35mm, 105'.
- *Waati,* Mali/Frankreich/Tunesien 1995, 35mm, 142'.

Phillip Gentile (1995)

Inmitten von Geheimnissen – *Yeelen*

Sedu Traoré, Bildhauer und Schmied aus dem Volk der Bambara, sagte einmal, daß die Komo-Maske, obwohl sie die Gestalt eines Tieres habe, »kein Tier, sondern ein Geheimnis« darstelle. In *Yeelen* (Mali, 1987) lädt Regisseur Souleymane Cissé den malischen Zuschauer ein, tiefer in Geheimnisse vorzudringen, während er es dem »uneingeweihten« implizit westlichen Publikum überläßt, sich mit einer universalisierten und im Grunde verarmten Bedeutung zu begnügen. Als »Uneingeweihter« hoffe ich, von meinem »Außenseiter«-Status Gebrauch machen zu können, um Cissés Doppelrolle als Regisseur und deren Einfluß auf das Funktionieren der kinematographischen Bildsprache in *Yeelen* zu untersuchen.

Symbole, Bilder, Codes

In den meisten Besprechungen wird *Yeelen* als ein exemplarischer Fall des Trends im afrikanischen Film südlich der Sahara gesehen, »zur Quelle zurückzukehren« und einen besonderen Schwerpunkt auf die symbolischen und mythischen Säulen des Films zu legen.[25] David Bordwell und Kristin Thompson zeigen auf, wie der »grundlegende Symbolismus« des Films ein »filmisches Äquivalent« zum afrikanischen mündlich überlieferten Mythos schafft.[26] Lizbeth Malkmus und Roy Armes gehen im besonderen darauf ein, wie der *Komo*, der *Flügel des Kôré*, der *heilige Geier* und der *Zauberpfahl* im Film als »Elemente des zugrundeliegenden Mythos«[27] erklärt werden. Für Manthia Diawara stellt der Film die Thematisierung des klassischen Konfliktes

25 Manthia Diawara: African Cinema. Politics and Culture, 1992, S. 159.
26 Bordwell/Thompson: Film History. An Introduction, 1994, S. 793.
27 Armes/Malkmus: Arab and African Filmmaking, 1991, S. 183.

zwischen »alt« und »neu« dar, ausgedrückt in den Gegensatzpaaren von *Flügel des Kôré* und *Pfahl des Komo*, Milch und Wasser, Vater und Sohn.[28] Nach Victor Bachys Ansicht bekräftigen die kosmischen Symbole in *Yeelen* (Wasser, der »Ursprung aller Fruchtbarkeit«; Feuer, das »erste Werkzeug in der Evolution des Menschen«) die universellen Nachwirkungen des Strebens nach Wissen.[29]

Jede dieser Betrachtungen scheint einen Zusammenhang zwischen den symbolischen und mythischen Säulen von *Yeelen* und einer unausgesprochenen Undurchsichtigkeit oder Resistenz im Film herzustellen; dies ermutigt den Betrachter, der seinen Blick mehr auf einzelne Elemente als auf die Beziehung zwischen den Elementen konzentriert, den »Code zu knacken«, und verbannt die Symbole der Bambara ins Reich des Unzugänglichen, Exotischen und Fremdartigen.

»Sehen, deuten, ergründen«

In einem Interview mit Diawara beschreibt Cissé, inwiefern der Wert von *Yeelen* für das afrikanische Publikum in Teilen auf das im Film porträtierte Komo-Ritual zurückzuführen ist, dessen Rezeption und Interpretation sich um eine doppeldeutige Achse drehen:

> *Zum ersten Mal dekodiert ein Film das geheime Ritual, das in dem Lied, das sie normalerweise im Radio hören, besungen wird. […] Dadurch lädt er den Zuschauer ein, tiefer in die Signifikanz des* Komo *einzutauchen, über die wörtliche Bedeutung des Liedes und über den Film hinaus. Gesucht werden die kodierten Bedeutungen des Liedes, die überaus wichtig sind, da sie die Geheimnisse des Universums in sich bergen. In meinem Film befindet sich das Publikum inmitten dieser Geheimnisse, wo es eine Menge zu sehen, zu deuten und zu ergründen gibt. Diese Ebene des Films ist für den malischen Zuschauer unglaublich spannend. Die nicht eingeweihten Zuschauer hingegen, also die Amerikaner, Franzosen oder Briten, sehen den Film mit Sicherheit »wörtlich«. Ein solcher Zuschauer hört das rituelle Lied, liest die Übersetzung – aber diese direkte Übersetzung ist nicht das, was im Film ausgedrückt wird. Die Sätze sind kodiert und verweisen auf andere Objekte, die den Regeln eines speziellen Wissens gehorchen. Die Regeln dieses Wissens können jedoch einzig von Eingeweihten des* Komo *dekodiert werden.*[30]

Neben seiner Gegenüberstellung des »Wörtlichen« und »Kodierten« spielt Cissé auf konzentrische strukturelle Räume, konzentrische Bereiche von Deutungsschwierig-

28 Diawara, African Cinema, S. 161.
29 Victor Bachy: Pour une histoire du cinéma africain, 1987, S. 10.
30 Manthia Diawara: Souleymane Cissé's Light on Africa, *Black Film Review* 4, 1988, S. 15.

keiten und Auslegung an. Hier stoßen wir auf eine mögliche Überschneidung des universellen »Zuschauers« und des »malischen Zuschauers«. Auch wenn Cissé die universelle Bedeutung des Films dem »uneingeweihten« westlichen Zuschauer überläßt, scheint er bei seiner Verwendung des Begriffs »Zuschauer« unbeabsichtigt eine gewisse Doppeldeutigkeit zu bewahren. Denn selbst wenn er den malischen Zuschauer einlädt, eifrig »zu sehen, zu deuten und zu ergründen«, ist das Objekt eines solchen Strebens an »die Regeln eines speziellen Wissens« gebunden, die einzig von den Eingeweihten des *Komo* dekodiert werden können.

Die Vorstellung spezifischer Deutungsschwierigkeiten des malischen Zuschauers erinnert an Evan Zeusses Beschreibung des »Weltenbaums« der Bambara (in *Ritual Cosmos*, 1979), der in den Initiationsriten der *Komo*-Gesellschaft sinnbildlich die Erde mit dem Himmel vermählt und für Eingeweihte als Quell der Erneuerung steht. Nachdem sie ein symbolisches Begräbnis und eine symbolische Schwangerschaft erfahren haben, erhalten die Initiierten eine strenge Unterweisung in etwa 240 von dem Baum herabhängende Symbole. Diese aus gewöhnlichen Gegenständen wie einem Löffel, geschnitzten Figuren und Tüchern bestehenden Symbole werden mit Sprichwörtern assoziiert, die den Initiierten auf die sinnbildliche Bedeutung hinter der Erscheinung einstimmen. Da die somit konfigurierten Zeichen lediglich die äußere Form des »kosmischen Wortes« darstellen, liegt laut Zeusse die Weisheit darin, »das Wort unter all seinen wechselnden äußeren Formen zu kennen. Dieser Unterweisung werden tiefere Bedeutungen zugewiesen. Aber ein völliges Verständnis dieser Bedeutungen erlangen selbst initiierte Jugendliche erst sehr viel später.« (Zeusse, 153)

Zeusses Ausführungen hinsichtlich des *Kôré*-Rituals scheinen zu bestätigen, daß selbst gegenüber dem »initiierten« Zuschauer eine Bedeutungsebene zurückgehalten wird. Diese stellt die Idee von einer unproblematischen textuellen Einheit in *Yeleen* in Frage, die eine kodierte/kulturell spezifische Bedeutung einer wörtlichen/verallgemeinerbaren Bedeutung gegenüberstellt und entsprechend ein »initiiertes« einem »nicht initiierten Publikum«. Eine potentielle Bedeutungsebene, die selbst dem malischen Zuschauer unzugänglich ist, öffnet einen Raum, in dem es sowohl für »Initiierte« als auch für »Nichtinitiierte« mit ihren jeweiligen widersprüchlichen und vielleicht sich überschneidenden Zuschauerbedürfnissen und -interessen eine Menge »zu sehen, zu deuten und zu ergründen« geben könnte. Aber irgendwie bestätigt das nicht zwangsläufig eine auf einfachen kodiert-wörtlichen Gegenüberstellungen basierende textuelle Einheit. Auf die Gefahr, daß es so scheint, als ersetze ich ein binäres System durch ein anderes, möchte ich Cissés buchstäbliche Unterscheidung hinsichtlich des Verhältnisses zwischen *Griot* und Historiograph und letztendlich zwischen *histoire* und *discours* neu fassen. Eine solche Diskussion wird hoffentlich einen Betrachtungsraum für diverse Interpretationsansätze zu *Yeelen* eröffnen, der unter Umständen sowohl westliche als auch afrikanische Zuschauer dazu anregen wird, auf das zu reagieren, was N. Frank Ukadike als Cissés umstrittene Haltung bezeichnet: durch einen aktiven Prozeß des Erforschens und Entdeckens »ein unlenkbares Publikum ... in ein fügsames zu verwandeln«.[31]

Oralität/Geschichte/Macht

In Anbetracht der vielen Thesen, die hinsichtlich der Rolle des *Griot* bereits aufgestellt wurden, werde ich meine Ausführungen auf das Verhältnis zwischen *Griot* und Historiograph und deren jeweiliges Verhältnis zur Tradition beschränken. Bei den Mandé-sprechenden Völkern arbeitete der *Griot* traditionell als Hofdichter im Dienste der königlichen Familie. In seinem Dienst für einen Edelmann wurde dem *Griot* ein einfacher Satz anvertraut, den er mittels bildlicher Ausdrücke und Ausschmückungen verschönerte und ihm mehr Bedeutung verlieh. Die Mandé erachten das gesprochene Wort bzw. seine Fähigkeit, *Nyama* oder nutzbare, aber potentiell gefährliche Energie freizusetzen, als mögliche Gefahren- und Unruhequelle.[32]

Das Dilemma des Historiographen ist untrennbar an die problematische Funktion von Sprache gekoppelt, die sowohl offenbarend als auch verräterisch sein kann, da sich laut Christopher Miller in seiner Diskussion der mündlichen Überlieferung bei den Mandé »Schreiben zu Reden wie Reden zu Schweigen verhält: in beiden Fällen findet ein Übergang von Authentizität zu Alterierung statt, von der Wahrheit zum bildlichen Ausdruck«[33]. Jede Phase stellt somit einen Abfall vom prälapsalen stummen Wort dar, da Sprechen – und später Schreiben – nicht nur Konkretisierung, Fixierung und Abschwächung, sondern auch Deformation bedeutet – und all dies auf die Gefahr hin, *Nyama* freizusetzen. In Anbetracht der Überschätzung des »unbeugsamen« symbolischen Netzwerkes in *Yeelen* und der Universalisierung der Vater-Sohn-Beziehung von Soma und Nianankoro bietet das Dilemma des Historiographen sowohl hinsichtlich seiner Affinität als auch seiner potentiell antagonistischen Haltung gegenüber dem *Griot* die Möglichkeit, Cissés problematisches Verhältnis zur traditionellen Kultur der Bambara darzulegen.

Die folgende Diskussion zieht die Möglichkeit in Betracht, daß in *Yeelen* mindestens zwei organisierende Strömungen vorherrschen: Die erste ist »inhalts«-orientiert in dem Sinne, daß sie versucht, eine Darstellung der Bambara-Kultur unter spezifischen materiellen Bedingungen aufrechtzuerhalten. Mein Bezugsrahmen in diesem Zusammenhang bildet Cissés Aussage, daß »es Inhalte gibt, die uns häufig dazu zwingen, angemessene Formen auszuwählen«.[34] Eine solche Strömung bringt Cissé in eine

31 N. Frank Ukadike: Black African Cinema, 1994, S. 259.

32 Robert McNaughton: Secret Sculptures of the Komo, 1979, S. 24.

33 Christopher Miller: Orality Through Literacy. Mande Verbal Art After the Letter, *The Southern Review*, Nr. 23, 1, 1987, S. 100.

Linie mit dem Historiographen und verdeutlicht sich am Beispiel seiner Haltung beim Filmen des »Komo«-Rituals. Als solche ist sie gleichzusetzen mit dem, was Emile Benveniste als *histoire* oder den Ausdrucksmodus, der hervorspringende Ausdrucksformen unterdrückt, beschrieben hat. Die zweite organisierende Strömung ist eng mit dem Sachverhalt verbunden, wie der Regisseur die Bildsprache mit all ihren »deformativen« Andeutungen einsetzt. Cissés Verwendung des bildlichen Ausdrucks beschwört die notwendigen, jedoch fragwürdigen Talente des *Griot* und dient als Ausdruckslinie, um eine lebendige Neuinterpretation von Tradition einerseits zu untergraben und andererseits zu unterstützen. Als solche ist sie gleichzusetzen mit dem vieldiskutierten Begriff des *discours*, dem Ausdrucksmodus, der der Präsenz eines Sprechers, eines Zuhörers und eines Sprechzusammenhangs entspringt.

Auf die Frage nach eventuellen technischen Schwierigkeiten während der Aufnahmen des *Komo*-Rituals erinnert sich Cissé, wie er eine »praktische und realistische« *mise-en-scène* entwickeln mußte, um die unzulänglichen technischen Voraussetzungen vor Ort zu kompensieren.[35] Solche Anpassungen resultieren aus der Überzeugung des Regisseurs, daß der Inhalt angemessene Formen diktiert, sowie aus einer »bewußten« Haltung gegenüber den Räumen und der Umgebung, in der die Dreharbeiten stattfinden. Um das Drehbuch an das Ritual anzupassen, wurden die Mitglieder des *Komo* mit einem rudimentären Gerüst der Geschichte und dem speziellen Kontext des Rituals vertraut gemacht. Obwohl Diawara behauptet, das Ritual sei in langen, durchgehenden Einstellungen gefilmt, die mehr das »richtige Bild« als einen bestimmten Blickwinkel betonten, zeigt sich bei näherer Betrachtung, daß sowohl die performativen Aspekte des Rituals als auch der rituelle Ort viel komplexer behandelt wurden, als Diawara oder Cissé dargelegt haben. Obwohl der Regisseur vorgibt, sich beim Filmen der Schauspieler auf einen Abstand von 10 bis 15 Metern beschränkt zu haben, sind innerhalb der fünf Segmente, aus denen das *Komo*-Ritual besteht, emphatische Wechsel des Bildausschnitts zu erkennen.

Der eigentlichen Ritualsequenz geht eine kurze Kamerafahrt über eine Baumreihe voraus, die, wie Ukadike beobachtet, in ihrer Mehrdeutigkeit und ihren Interpretationsmöglichkeiten der Undurchsichtigkeit und Unwegsamkeit, die mit der Hollywood-Vorstellung von »Dschungel« assoziiert werden, entgegenwirkt. In der nächsten Aufnahme tritt der Meister des *Komo* quasi aus der Leinwand direkt in eine Halbtotale. Es folgt eine Kamerafahrt, die alle zehn Mitglieder des *Komo* in einem vereinten Raum miteinander verbindet. Das Schöpfen und Trinken des Hirsebiers wurde in einer Halbtotalen/Halbnaheinstellung aufgenommen, wobei jede Einstellung die einzelnen Reaktionen von vier *Komo*-Mitgliedern in voller Länge festhält. Während der nächsten Szene, in der die Göttin Niale angerufen wird, öffnet sich der

34 Diawara: Souleymane Cissé's Light on Africa, S. 15.
35 Ebd., S. 14.

Bildausschnitt ganz kurz zu einer Totalen. Es folgen drei Halbnaheinstellungen: Die erste zeigt einen Eingeweihten, der Pfeife raucht, die zweite zeigt Cena, Mitglied des *Komo*, der nach rechts schaut, die dritte zeigt den Meister, der Soma nach dem Grund für seinen Besuch fragt. Es scheint, als lösten die Frage und der nach links gerichtete Blick des Meisters einen Kameraschwenk nach links zu Soma aus, der sodann seine Klage vorbringt. Es folgt ein Austausch zwischen Soma, dem Meister und Cena, wobei jedes der Mitglieder einzeln in Großaufnahme zu sehen ist. Im letzten Segment »schreit« Soma in einer Halbtotalen wie die heiligen Tiere und entfacht eine *Call-&-Response*-Segnung, deren Höhepunkt in einer amerikanischen Einstellung eingefangen ist. Nach dieser Szene folgen zwei vieldeutige Aufnahmen der *Komo*-Statue, die zu Beginn des Films gezeigt wurde. In der ersten ist die Statue isoliert zu sehen; in der zweiten steht sie vor dem mit Ideogrammen der Bambara bedeckten Baum.

Auf den ersten Blick scheint Cissés Darstellung des *Komo*-Rituals – das teils durch technische Einschränkungen, teils durch die Anweisungen, die die Mitglieder des *Komo* erhalten haben, geformt ist – Beispiel zu geben für das, was Benveniste als den »historischen« Ausdruck bezeichnet hat und sich damit auf Ereignisse bezieht, die sich in einer bestimmten festgelegten Zeit ereignet haben, ohne daß der Sprecher in die Erzählung eingriff.[36] Insofern die *Komo*-Mitglieder authentische rituelle Aufgaben in einem bestimmten Kontext der Erzählung ausführen, scheinen sie in eine *histoire* eingebettet, in der die Ausdrucksformen unterdrückt sind. So gesehen sind sie Teilnehmer einer – wie John Caughie es nennt – *discours*-Maskerade in Form von *histoire*, die es dem historisch Spezifischen erlaubt, in Gestalt des Natürlichen und Immerwährenden aufzutreten.[37] Von der heftigen Wirkung her betrachtet, die das Ritual auf Regisseur und Filmteam hatte, und von Cissés Aussage, daß »es etwas ganz außerordentliches ist, rituelle Szenen zu *entdecken*, an denen man nicht teilgenommen hat«,[38] weist die Szene jedoch auch die dokumentarische Unmittelbarkeit eines wiederentdeckten historischen Momentes auf. Unter Berücksichtigung von Benvenistes Einschränkung, daß *histoire* »der Vergangenheit angehören muß«, scheint es, als winde sie sich kraft ihrer »speziellen Temporalität« aus der universalisierenden *discours*-in-Form-von-*histoire*-Maskerade heraus.[39] Somit dient die Darstellung des *Komo*-Rituals – bei Betrachtung der Produktionsbedingungen und des Kontextes der Erzählung – zur Betonung der doppelten Bedeutung von *histoire* (sowohl erzählte Geschichte als auch historische Geschichte), die zwischen der »Gegenwärtigkeit« von Diskurs und der »Vergangenheit« von Geschichte unterscheidet.

Cissé bewahrt nicht einfach nur mittels langer Weitwinkeleinstellungen die räumlich-zeitliche Einheit des Rituals, vielmehr suggeriert er mit seiner Wahl der Kamera-

36 Emile Benveniste: Correlations of Tense in the French Verb. Problems in General Linguistics, 1971, S. 206.
37 John Caughie (Hg.): Theories of Authorship. 1981, S. 202.
38 Diawara: Souleymane Cissé's Light on Africa, S. 13.
39 Benveniste, ebd., S. 208.

standpunkte, seiner *mise-en-scène* und Schnittechnik eine vitale Beziehung zwischen den Mitgliedern des *Komo* und ihrer unmittelbaren physischen Umgebung sowie eine hierarchische Ordnung innerhalb der Gruppe. In Farben gekleidet, die mit den Erdtönen seiner natürlichen Umgebung harmonieren, tritt der Meister aus dem Strauchwerk heraus. Erst in der nächsten Einstellung ist zu sehen, daß er zu den bereits versammelten Mitgliedern des *Komo* stößt. Die nach links gerichete Bewegung des Meisters unterstützt die Kamerafahrt, die den Raum der sitzenden Mitglieder vereint. Dann befiehlt der Meister das Ausschenken des Hirsebiers. Zu Beginn des rituellen Trinkens wird jeweils gezeigt, wie der Meister und Soma bedient werden. Daraufhin sieht man zwei Mitglieder, deren Namen nicht genannt werden, trinken, aber nicht, wie sie bedient werden. Dann folgt eine Totale der verbleibenden Mitglieder. Diese Einstellungsfolge, die Art und Dauer der Aufnahme jedes Mitglieds oder der Teilnehmergruppen läßt eine implizite Hierarchie erkennen. Bei der Untersuchung des Bildausschnitts im Verhältnis zu der dringenden »Sache« des *Komo* zeigt sich, daß Somas Klage und Appell an die anderen Teilnehmer sowie Aussagen über Macht und Vergeltung in Close-ups, Halbnaheinstellungen und Halbtotalen gedreht sind und so versucht wird, die Mitglieder des *Komo* zu isolieren und den gemeinsamen Raum aufzuspalten. Loblieder und Danksagungen wiederum sind aus einem weiteren Winkel gefilmt, der den Raum tendenziell wiedervereint.

Es ist nicht meine Absicht, einen wirklichen Wert zu postulieren, der eine Totale (die einen Raum vereint) von einer Schuß/Gegenschuß-Aufnahme (die einen Raum aufspaltet) unterscheidet; Teshome Gabriel hingegen vertritt den Standpunkt, der Einfluß der mündlichen Überlieferung in einer Umgebung, in der unveränderte, natürliche Formen dominieren, habe im afrikanischen Kino zu einer Betonung des Raums auf Kosten der Zeit geführt.[40] Ferner stellt er die These auf, daß durch das Übergewicht der Weitwinkelaufnahmen und langen Einstellungen ein Gefühl von menschlicher Gemeinschaft und eine harmonische Beziehung zwischen Mensch und Natur vermittelt werden, und der Panoramaschwenk – insofern als er die Integrität des Raums bewahrt – eine Vorstellung von Gleichzeitigkeit transportiert – im Gegensatz zum linearen/chronologischen. Im Hinblick auf Gabriels Beobachtungen untergräbt Cissé das Gefühl einer räumlichen Einheit, das eingangs durch die linksgerichtete Kamerafahrt vom Meister aus erzeugt wird, indem er zwischen weiteren Bildausschnitten, die eine kollektive Lobesgeste zeichnen, und engeren, fragmentierenden und isolierenden Einstellungen wechselt, die eine eigenwillige Vergeltungsverpflichtung hervorzuheben scheinen. Die räumliche Fragmentierung könnte als Andeutung auf ein zerfallendes Gemeinschaftsgefühl verstanden werden, welche bereits ahnen läßt, daß Soma zum Schluß von seinen Göttern verlassen wird. Die

40 Teshome Gabriel: Towards a Critical Theory of the Third World Films. In: Pines/Willemen (Hg.): Questions of Third Cinema, 1989, S. 44.

hierarchische Autoritätsstruktur, die sich in den Aufnahmen bestimmter Mitglieder beim rituellen Trinken von Hirsebier andeutet, könnte auch als eine Anspielung darauf verstanden werden, was Dominique Zahan als eine Aufwertung der Vorstellung von Unterwerfung und Dominanz in Geheimgesellschaften der Bambara beschreibt.[41] Ein solcher Ethos erlaubt ein von Selbstherrschaft getragenes heroisches Konzept, in dem der Eingeweihte wenig Grund hat, Neid gegenüber Gott zu hegen, denn – um es mit den Worten Zahans zu sagen – »kann es eine größere Tapferkeit und Furchtlosigkeit geben, als die, sich selbst zu besiegen?«[42] In beiden Fällen ist das, was als transparente, »bewußte« Wiedergabe eines verehrten kulturellen Rituals erscheint, durch Film- und Schnittechniken unterhöhlt, die aufgrund ihrer Abgeschlossenheit eine tiefere kulturelle Fragmentierung zum Ausdruck bringen und Somas moralische Arroganz als untrennbar von der Strenge und kollektiven Vermessenheit der *Komo*-Gesellschaft darstellen.

In seinem Aufsatz *Popular Culture and Oral Traditions in African Film* schreibt Manthia Diawara, daß Volksbräuche wie Lieder und Tänze, die Auftritte des *Griot* und die Darstellung des afrikanischen Gesellschaftssystems häufig benutzt würden, um den Effekt des Realen zu erzielen und als Vehikel für Gesellschaftskritik dienten. Das »Reale« ist hier offen für vielerlei Interpretationen und hat die Aufgabe, akzeptierte Vorstellungen des Exotischen umzustürzen. In *Xala* (Ousmane Sembène, Senegal 1974) wird die Darstellung von Lied und Tanz beispielsweise eingesetzt, um den oberflächlichen Umgang der Politiker mit den Traditionen zu kritisieren und die Darstellung von Afrikanern im europäischen und amerikanischen Kino ironisch zu kommentieren. In *Yeelen* unterstreicht Cissés Porträt des *Komo*-Rituals die Heterogenität und Flexibilität eines Filmstils der »Dritten Welt«, der narrative und orale Formen, Volksmusik, Schweigen und Auslassungen sowie den Übergang von fiktionaler Darstellung zur Realität und von der Realität zur Fiktion umfaßt. Gerade dieser hybride Charakter ist es, der den Schritt unterbindet, im Komo-Ritual verkörperte Elemente der mündlich überlieferten Kultur lediglich aufzuzeigen und zu bewahren. Ein solcher Ansatz vermeidet einfache Form/Inhalt-Unterscheidungen. Cissés Behandlung des Rituals ist ein einschlägiger Fall. Cissé behauptet, technische Beschränkungen hätten eine physische Distanz und konsequenterweise eine gewisse ideologische Neutralität gegenüber dem Ritual diktiert. Doch ermöglichte gerade die Heterogenität von Cissés Ansatz sowohl die Einbindung des relativ unverfälschten Rituals in einen fiktiven Kontext als auch eine implizite Kritik dieses Rituals durch das, was Gabriel treffend als den »Schandfleck« des konventionellen Filmstils bezeichnet.[43]

Um die Ausdrucksformen in *Yeelen* zu verfolgen und besser auf die strukturellen Besonderheiten des Films und seinen kulturellen Kontext eingehen zu können, soll-

41 Dominique Zahan: The Religion, Spirituality, and Thought of Traditional Africa, 1970, S. 120.
42 Ebd.
43 Gabriel: Towards a Critical Theory, S. 39.

ten wir uns Cissés Verwendung von Metapher und Metonymie anschauen, welche die Merkmale von *discours* konstituieren und eine gewisse Affinität mit den deformativen Implikationen der Macht des *Griot* hinsichtlich seiner sprachlichen Ausformung und Ausschmückung aufweisen.

Den Bildmetaphern auf der Spur

Yeelen beginnt mit einer Einführung in das Symbolsystem der Bambara. Die Eröffnungsszene besteht aus einer Abfolge von vier Bambara-Ideogrammen, die in etwa wiedergegeben werden können mit: *Helligkeit: Hitze erzeugt Feuer, und die zwei Welten (Himmel und Erde) entstehen durch Licht.*

Die anschließenden Zwischentitel erläutern den Unterschied zwischen der Initiations-Gesellschaft des *Kôré* und dem *Komo* als privilegierte Wissenskörper und legen deren symbolische und heraldische Konfigurationen dar. Symbol der Komo-Gesellschaft ist der heilige Geier, ihr Wahrzeichen das Holzpferd, ihr königliches Zepter der *Flügel des Kôré.* Das *Kolonkalanni,* der Zauberpfahl, wird eher utilitaristisch als symbolisch beschrieben: Er hat die Aufgabe, »Verlorenes« zu finden und Diebe, Lügner und Betrüger zu bestrafen.

Der so dargestellte festgeschriebene Status des Symbols steht in Konflikt mit der Vorstellung von Prozeßhaftigkeit, da das Symbol für Helligkeit nicht nur gezeigt, sondern nach und nach *konfiguriert* wird. *Yeelen* bietet nicht nur ein kurzes Lexikon der Symbole, auch beschreibt der Film das Verhältnis zwischen diesen Symbolen sowie den kosmischen Vorgang, der das zentrale Bild des Films hervorruft. »Helligkeit« ist nicht mehr bloß ein Zeichen, sondern beruht auf einer dialektischen Beziehung zwischen Himmel und Erde. Der Kôré-Flügel ist weniger ein Symbol als eine metonymische Verlängerung, die zudem mit einem »Auge« vervollständigt werden muß.

Dieser kurzen Erklärung folgt eine komplexe metonymische Strategie, die die Konfrontation zwischen Soma und Nianankoro nicht nur ankündigt, sondern auch erklärt. Auf die Totale eines scheinbaren Sonnenaufgangs folgt ein Umschnitt auf einen in Flammen stehenden Opfervogel, wiederum gefolgt von einer weiteren Aufnahme der Sonne, womit eine zeitliche Ellipse angedeutet und das Vergehen von Zeit markiert wird. Die nächste Aufnahme zeigt einen kleinen Jungen, der eine Ziege an einen heiligen Schrein/Statue führt. Nachdem der Junge die Ziege mit einem Seil an der Statue festgebunden hat, folgt ein Schnitt, und die Kamera schwenkt über das »Auge« und den »Flügel« des Kôré, der an den Arm der Statue gelehnt steht, bevor sie anschließend den Edelstein in der Stirn der Statue und die Tränen, die der Statue über das Gesicht laufen, einfängt. In der nächsten Einstellung tropft Blut auf den zentralen Edelstein des Pfahls. Dann enthüllt ein vertikaler Schwenk hinunter auf den Edelstein, daß das Blut von dem Opfervogel stammt. Die nun folgende Totale zeigt zunächst, wie Soma den Pfahl umkreist und dabei die Macht des Gottes *Mali* beschwört, und dann die Opferung des Vogels. Die Szene endet damit, wie Soma seine Suche nach Nianankoro vorbereitet und den Pfahl sorgfältig in ein Tuch wickelt.

Die symbolische Tragweite des *Flügel des Kôré*, der heiligen Statue, des Zauberpfahls und der Bilder, die Soma in seinen Gebeten heraufbeschwört, ist in eine komplexe figurative Kette eingebunden, die sich von der Zeichnung des Ideogramms für »Helligkeit« bis zum finalen Einhüllen des Pfahls erstreckt. Zwar scheint es, daß in der formalen Ähnlichkeit zwischen den Tränenspuren auf der Bambara-Statue, der Blutspur auf dem Pfahl, der Milch, die sich über Nianaleoras flehende Gestalt ergießt, und den Rinnsalen des heiligen Wassers beim Bad von Nianankoro und Attu ein metaphorischer Zusammenhang herausgestellt wird. Der Tenor der implizierten Vergleiche wird jedoch erst viel später in der Konfrontation zwischen Soma und Nianankoro deutlich. Wenn sich Vater und Sohn am Ende gegenüberstehen, gibt es im Film wieder einen Schnitt, und es folgt eine außerdiegetische [sich nicht unmittelbar in die narrative Struktur der Sequenz einfügende] Aufnahme der Bambara-Statue. Obwohl diese Einstellung erneut die tropfenden Spuren zeigt, die Tränen oder Opfertrunk sein können, folgt auf die nächste Aufnahme, die an den früheren Umschnitt auf das Blut am Pfahl erinnert, ein Close-up von Nianankoro, das seine Tränenspuren enthüllt. Anstatt den Sprung von einem diegetischen zu einem figurativen Register zu betonen, wird die formale Ähnlichkeit zwischen Blut und tropfenden Spuren sichtbar gemacht, auch wenn die vollständige Bedeutung bis zur Konfrontation zwischen Vater und Sohn latent bleibt.

Derartige metaphorische Assoziationen sind eng an noch komplexere metonymische Vorgänge, räumliche Trennungen und zeitliche Umkehrungen geknüpft. In der ersten Szene des Films kann das Bild der zum Teil aufgehenden/untergehenden Sonne (aufgrund der zeitlichen Umkehrung des Films ist dieser Aspekt zweideutig) in der syntagmatischen Kette als die physische Verkörperung des Zeichens für Helligkeit gedeutet werden. In der nächsten Einstellung sehen wir das, was als die »elementare« Gleichsetzung von Sonne und Feuer in der Opferung des Huhns bezeichnet werden könnte. Erst später, nachdem wir Somas Gebete gehört haben, wird uns klar, daß sich das Feuer bei der Opferung des Huhns als eine Demonstration göttlicher Macht offenbart.

Durch die Gegenüberstellung zeitlicher und räumlicher Umkehrungen, die nicht nur aus Rückblenden oder zeitlichen Ellipsen bestehen, werden in *Yeelen* psychologische Verschiebungen geschaffen. Diese Umkehrungen stellen die »profane Zeitdauer« neben das, was Mircea Eliade als »heilige Zeit« bezeichnet, denn nach Eliades

Definition ist »heilige Zeit« von Natur aus umkehrbar, da es sich dabei um gegenwärtig gemachte mythische Zeit handelt; durch religiöse Feste und liturgische Praxis ist heilige Zeit endlos erneuerbar und wiederholbar.[44] Dies wäre eine Erklärung für die mythische Temporalität, die aus den Aufnahmen der Bambara-Statue spricht, und für die außerdiegetischen Bilder des Wasserbüffels, Elefanten und Löwen, die in die Konfrontation zwischen Nianankoro und Soma eingestreut sind.

Die Andeutung mythischer Zeit ist an einen Komplex visueller Motive geknüpft, die auf dem Prinzip der metaphorischen Ähnlichkeit beruhen. Die Verwendung dieser Mittel in *Yeelen* zahlt sich erst im nachhinein aus: Dabei denke ich insbesondere an das Motiv des »Kollidierens/Aufprallens« (in Ermangelung eines präziseren Begriffs), das zum ersten Mal in einer Großaufnahme der treibenden Holzschalen auftaucht, die kurz zusammenstoßen, als Nianankoros Mutter ihre Bittgebete spricht. Später im Film werden wir Zeuge, wie zwei Krieger – einer von ihnen Peul – Kampfhaltung einnehmen und in einer Art Schädelringkampf ihre Stirn gegeneinander drücken. Der Peul wird geschlagen und fällt den Regeln entsprechend in seine Waffe. Die Krieger fungieren in einem wörtlichen/narrativen Kontext, eine bildliche Resonanz finden sie jedoch erst in der Konfrontation zwischen Soma und Nianankoro. Erst rückwirkend machen die Schalen den Gegensatz von Milch und Hirsebier als grundverschiedene rituelle Opfergetränke und die damit assoziierte konträre Vorstellung göttlicher Intervention bewußt. Erst rückwirkend und in Anbetracht der finalen Konfrontation zwischen Vater und Sohn, rufen die kollidierenden Schalen das Bild von Soma und Nianankoro als Gefäße für *Njama* wach und rücken den rituellen Wettkampf, der in der Zwischenzeit zwischen den Kriegern stattgefunden hat, in ein neues Licht: Er erscheint jetzt nicht mehr so sehr wie ein Messen von physischer Kraft, sondern wie eine figurative Verlängerung des gegensätzlichen Willens von Vater und Sohn. Wenn Nianankoro am Ende seinem Vater gegenübertritt, handelt es sich nicht um einen Showdown im Sinne des Westerngenre, sondern um ein notwendiges Glied im Nexus kosmischer Transformation, aus dem die gesamte figurative Ökonomie des Films ihren Sinn bezieht. In diesem Zusammenhang sind die Schalen, die Krieger und die Konfrontationen von kosmischer Tragweite nicht so sehr metaphorische Mittel in einem zentralen Bild. Vielmehr könnte darin eine Ähnlichkeit mit den Assoziationsketten in einem Organisationsprozeß – ähnlich denen einer Traumverdichtung – gesehen werden, in dem die zentrale Idee und der Schnittpunkt *Yeelen* oder »Helligkeit« ist.

Insofern scheint es passend, den kosmischen Wandlungsprozeß nicht symbolisch darzustellen, sondern durch den Einsatz von Metapher und Metonymie figurativ, was *Yeelen* höchst eindrucksvoll als *discours* auszeichnet und Cissé mit der Rolle des *Griot* in eine Linie bringt. Ich würde so weit gehen zu behaupten, daß in *Yeelen* die

44 Mircea Eliade: The Sacred and the Profane, 1957, S. 68, 70.

Gegenwart des *Griot* durch genau diese Ausdrucksformen als eine strukturierende Abwesenheit fungiert. Paradoxerweise ist es jedoch Cissés Treue zur Rolle des Historikers, seine peinlich genaue Wiedergabe der Kultsprache und der Durchführung des Rituals, die seine Bildsprache rechtfertigen.

In *Yeelen* manifestiert sich das widersprüchliche Nebeneinander von *Griot* und Historiograph als ein Kontinuum von Ausdrucksformen, die in dem fortwährenden Gerangel von *histoire* und *discours* kommen und gehen. Der implizite, durch Bildschnitt und Kameraeinstellungen gesetzte Kommentar, der die scheinbar transparente, »inhalts«-orientierte Herangehensweise an das *Komo*-Ritual untergräbt, und die Unterstreichung der doppelten Bedeutung von *histoire* als »historische Geschichte« und »erzählte Geschichte« bestätigen Cissés Rolle als Historiograph und spielen auf den impliziten Verrat des Historikers an der mündlichen Überlieferung an. Die Verwendung der metaphorischen Bildsprache, die als Cissés markantestes »Stil«-Merkmal gesehen werden kann, gibt ihm ein Mittel an die Hand, um den statischen Symbolismus einer bestimmten Kultur zu transzendieren. Doch erleben wir in der Figur Somas nicht nur die Verkörperung der unflexiblen, eigensinnigen Moral des *Komo*, sondern auch ein warnendes Korrelat zu der deformativen Macht des Bildes. Es scheint passend, daß ein Film, der sich des bildlichen Ausdrucks bedient, um die Spannung zwischen Kritik und Bestätigung traditioneller Kultur widerzuspiegeln, dieses innerhalb eines Erzählrahmens macht, der in dieser Art und Weise mit dem Gebrauch und Mißbrauch von *Nyama* beschäftigt ist. Durch seine Dar- und Infragestellung der paradoxen Funktionen von *Griot* und Historiograph besiegelt *Yeelen* das Sprichwort der Bambara: *Der Zauber ist vollbracht, wir haben ein Mittel, um uns selbst zu erhalten.*

Aus dem Englischen von Andrea Honecker
Mit freundlicher Genehmigung des Autors und *IRIS*, Iowa

Phillip Gentile, Assistent der Filmwissenschaft an der University of Southern Mississipi. PhD am *Institut for Visual and Cultural Studies*, Universität Rochester.

Amadou Hampaté Bâ (1986)

Die lebende Überlieferung

Die mündliche Überlieferung ist der einzige Weg, um wirklich in die Geschichte und die Seele der afrikanischen Völker eindringen zu können. Leider haben wir es heute aber mit der letzten Generation der großen Wissenshüter zu tun, von denen man behaupten kann, sie seien das lebende Gedächtnis Afrikas. Dieses Gedächtnis stellt einen durch das Zusammentreffen glücklicher Umstände wunderbarerweise bewahrten Teil des Weltkulturerbes dar.

Aber, wird man einwenden, kann man der mündlichen Überlieferung überhaupt trauen? Diese Frage ist falsch gestellt, wenn man davon ausgeht, daß der Wert eines Zeugnisses vom Wert des Zeugen selbst abhängt, der sowohl für das Schriftliche wie für das gesprochene Wort nichts anderes als der Mensch selbst sein kann.

Verfolgt man die Kette der schriftlichen Zeugnisse in der Zeit zurück, wird man schließlich auf das mündliche Zeugnis stoßen, welches am Anfang aller menschlichen Vermittlung steht. Außerdem beruft sich der Mensch in dem Augenblick, in dem er ein Ereignis schriftlich festhält, nicht etwa auf einen Zeugen; und wenn er es gar selbst erlebt haben sollte, erzählt er es nicht zuerst sich selbst, bevor er es niederlegt?

Das wahre Problem liegt also im Wert des Menschen-Zeugen und insbesondere an der Beständigkeit der Verbindung zwischen dem Menschen und seinem Wort. Aber gerade in den mündlichen Gesellschaften ist diese Verbindung zwischen den Menschen am stärksten ausgeprägt. Wo es das Schriftliche nicht gibt, ist der Mensch an sein Wort gebunden. Eine schriftliche Verpflichtung ist weniger verbindlich. Weil das Wort als heiliger Bote verborgener Energien angesehen wird, wird es als solches geehrt und mit Bedacht eingesetzt.

Amadou Hampaté Bâ: La tradition vivante. In: Histoire générale de l'Afrique, Bd. 1: Méthodologie et préhistoire africaine. Paris, 1986, S. 99-112.

Hätte man die Gelegenheit, einen wahrhaften afrikanischen Überlieferer zu fragen, was mündliche Überlieferung sei, könnte es sein, daß er schließlich antwortet: »Die allumfassende Kenntnis«.

Im Gegensatz zu dem, was häufig angenommen wird, umfaßt die mündliche Überlieferung in der Tat nicht nur die Märchen und Sagen, die mythischen oder historischen Erzählungen der Griots oder alten Fabeldichter. Die mündliche Überlieferung ist die große Schule des Lebens: Sie handelt von Religion, von Naturwissenschaften, wie zum Beispiel der Kenntnis der Mineralien, von Pharmakopöe und Medizin, von professioneller Initiation, von Geschichte, von Spielen und Freizeitvergnügungen ebenso wie von Liebe und Tod. Da in den mündlichen afrikanischen Gesellschaften die Kenntnis mit dem konkreten Verhalten des Menschen in der Gesellschaft verbunden ist, ist sie weder abstrakt noch unabhängig vom Leben selbst. Sie ist mit dem gegenwärtigen Leben und über das göttliche Wort mit dem Ursprung aller Kenntnis verbunden.

I. Der göttliche Ursprung des schöpfungskräftigen Wortes

Eine der bedeutenden Initiationsschulen der sudanesischen Savanne, *Komo,* besagt, daß das Wort (*kuma*) ein Gott vorbehaltenes Merkmal war, mittels das er die Dinge schuf, »was *Maa Ngala* (Gott) sagt, das ist ...!«

Am Anfang war nur eine lebendige Leere, die vom Leben des Seins lebte. Einer, der sich selbst *Maa Ngala* nannte. Dann schuf er *Fan*, das uranfängliche Ei, das in seinen neun Fächern die neun fundamentalen Zustände der Existenz beherbergte. Als dieses Ei ausgebrütet war, kamen Wesen heraus, die alle stumm waren. *Maa Ngala* aber, der sich einen Gesprächspartner schaffen wollte, entnahm daraufhin jedem dieser Wesen ein Stück, mischte sie und bildete aus einem von sich selbst ausgehenden Feuerhauch ein Wesen für sich: den Menschen, dem er einen Teil seines eigenen Namens gab, *Maa* (Mensch). Als Synthese von allem Bestehenden ist der Mensch auch Träger des Schöpfungswerkzeugs selbst: des Wortes. Der Mensch ist derjenige, der Gott antwortet und dem Gott antwortet. Indem es von Gott kommt, ist das Wort göttlich; indem es zu ihm selbst übergeht, ist es heilig ...

Wissen, Wollen, Können sind die drei Fähigkeiten, mit denen Gott den Menschen bedacht hat, aber nur vermittels des Wortes.

In der Tat geht in Fulfulde die Bezeichnung für Wort (*haala*) auf den Wortstamm *hal* zurück, das heißt »Kraft verleihen« und im weiteren Sinn »verwirklichen«. Und es wird vom ersten Menschen gesagt: »Weil er mit Gott gesprochen hat, bekam *kiikala* Kraft«. Denn durch die Schwingungen, die es auslöst, erregt und bewegt das Wort alle Dinge, auch die materiellen, in der gleichen Weise, wie es jemanden, der gerufen wird, dazu verleitet, sich herumzudrehen und zu antworten. Deshalb ist das Wort die große, aktive treibende Kraft der afrikanischen Magie. Dieses Wort Magie wird von Wissenschaftsgläubigen und Europäern im allgemeinen auf seine negative Bedeutung reduziert, während es in Afrika nur die Handhabung der Kräfte bezeichnet, also eine an sich neutrale Sache, die sich zudem als nützlich oder verhängnisvoll erweisen kann, je nachdem, welche Richtung ihr gegeben wird... Es wird gesagt: »Weder die Magie noch das Glück sind an sich schlecht. Ihr Gebrauch macht sie zu etwas Gutem oder Schlechtem.«

Die gute Magie, also nicht die der Zauberer, sondern die der Initiierten und der Meister des Wissens, zielt auf die Läuterung der Menschen, Tiere und Gegenstände ab, um die Kräfte vermittels des Wortes wieder in Ordnung zu bringen.

II. Die Traditionalisten

In Bambara werden sie *Doma* oder *Soma* genannt, die »Wissenden«. In Peul heißen sie im gleichen Sinne *Silatigi* oder *Gando*. Manchmal wird ihnen auch der Titel »Wissensmacher« verliehen.

Sie können initiierte Meister oder Initiationslehrer in einem traditionellen Fachgebiet (Schmied, Weber, Jäger, Fischer usw.) oder Träger von Allgemeinwissen sein. In der sudanesischen Savanne gibt es bedeutende spezialisierte Initiationsschulen: in Mali den *Komo*, den *Koré*, den *Nama*, den *Dô*, den *Diarrawara*, den *Nya*, den *Nya-worolé* usw.

Bei dem Wissen handelt es sich jedoch nicht um Ausschnitte daraus. Die meiste Zeit ist der Wissende ein »Allgemeinwissender«, der über Kenntnisse sowohl in Pflanzen- wie auch in Erdkunde, landwirtschaftlicher oder medizinischer Eigenschaften sowie in Wasserkunde, Astronomie, Kosmogonie, Psychologie usw. verfügt. Es handelt sich dabei in der Tat um eine Wissenschaft des Lebens und um eine höchst praktische Wissenschaft, die darin besteht, verfügbare Energien im Dienste des Lebens freizusetzen. Es waren die großen *Doma*, die über allumfassende Kenntnis verfügten: der Peul Ardo Dembo, die Bambara Danfo Siné und Latif sowie heute Iwa und Banzoumana, der große blinde Musiker.

Zur Zeit der Kolonisierung wurden die Traditionalisten als mögliche Widerstandspole ausgeschaltet: Sie flüchteten sich in den Busch. In zwanzig Jahren aber, am Ende dieses Jahrhunderts, werden alle großen Wissenshüter der Tradition dieser Region Afrikas zweifelsohne verschwunden sein.

III. Die Authentizität der Übertragung

Die wahren Traditionalisten haben einen religiösen Respekt vor der Wahrheit. Für sie ist die Lüge nicht nur ein moralischer Fehler, sondern auch ein rituelles Verbot, dessen Übertretung das Ende ihrer Funktion mit sich brächte: »Es wird gesagt, es sei besser, daß die Welt von dir abgeschnitten ist, als daß du durch die Lüge von dir selbst abgeschnitten bist.«

Ein Meister des Messers (Opferpriester), ein Dogon des Pignari-Landes (Mali), der lügen mußte, um eine verfolgte Frau, die er bei sich versteckt hatte, zu retten, trat spontan von seinen Verpflichtungen zurück, da er glaubte, die rituellen Bedingungen nicht mehr einhalten zu können, die zur angemessenen Erfüllung seines Amtes notwendig gewesen wären.

Bevor er mit einer wichtigen Erzählung anfing, rief Danfo Siné aus: »Möget Ihr (Oh, Ihr Ahnen) meine Zunge zügeln! Bewacht den Ausgang meiner Worte, damit sie ihre natürliche Ordnung respektieren und ihr folgen mögen.«

Man darf also die *Doma*-Traditionalisten, die es verstehen, zu lehren und bei Bedarf zu erheitern, nicht mit den öffentlichen Unterhaltern verwechseln (Griots, Troubadoure und Hausgefangene), deren Hauptaufgabe darin besteht, zu zerstreuen, und die zu diesem Zweck die Freiheit haben, die Wahrheit zu verdrehen und Lügen zu erfinden. »Es ist ihnen erlaubt, zwei Zungen zu haben.« Das Publikum verwechselt diese verschiedenen Personenkategorien nicht. Wenn Danfo Siné auftrat, wurde er von zwei Mitarbeitern assistiert, die er mahnend beschwor, sie mögen ihm »als Aufpasser und Stützen dienen«. Die Traditionalisten nennen für gewöhnlich ihre Quellen: »Ich verdanke dies einem Soundso, der es wiederum einem Soundso verdankt usw.« Sie erweisen dem historischen oder mythischen Urheber die Ehre, indem sie in die Hocke gehen, wobei die rechte Ellbogenspitze auf dem Boden ruht und der Vorderarm nach oben gestreckt wird.

Die Erwähnung dieser Vermittlungskette ist entscheidend, denn ohne reguläre Vermittlung gibt es keinen magischen und sakramentalen Fluß.

Sollte der Vorsänger des *Komo* der von ihm erhaltenen Botschaft etwas Neues hinzufügen, wird er sich bemühen, entsprechend darauf hinzuweisen: »Dies ist meine Hinzufügung. Falls ich mich irre, vergeßt nicht, daß ich wie Ihr von einer Handvoll Hirse, einem Schluck Wasser und einzelnen Atemzügen lebe. Der Mensch ist nicht unfehlbar!«

Das Aufsteigen innerhalb der Kenntnis hängt im übrigen nicht vom quantitativen Ausstoß der Worte ab, sondern von der Übereinstimmung des eigenen Wortes mit dem eigenen Leben. Da die Tradition gelebtes Wort ist, ist deren Vermittlung an andere (und darin liegt eine Schwäche gegenüber dem Schriftlichen) schwierig.

Ich erinnere mich, daß 1928, als ich in Tougan, Obervolta [heute Burkina Faso] diente, ein junger französischer Ethnologe eintraf, um Forschungen über das Opferhuhn bei der Beschneidung anzustellen. Der französische Kommandant rief also die Notabeln zusammen, schärfte ihnen ein, daß sie mit dem Forscher voll und ganz zusammenarbeiten sollten, und beharrte darauf, »daß man ihm alles sagen solle«. Der »Meister des Messers«, der von diesem Gesuch betroffen war, erwiderte schnell: »Er will, daß wir ihm alles sagen?« War der Betreffende etwa gekommen, um sich beschneiden zu lassen? Als er erfuhr, daß der Fachmann lediglich gekommen war, um sich zu informieren, zog der alte Opferpriester die Konsequenz, daß der Ethnologe die Prozedur des »Einwickelns in Stroh« verdiente, ein Vorgang, bei dem, wenn es keine andere Lösung gibt, jemand mit leeren Worten (dem Stroh) in Verwirrung gebracht wird, ohne auf das Wesentliche einzugehen.

Abgesehen von der freiwilligen Ausbildung an den großen Initiationsschulen ist die traditionelle Ausbildung Gemeinschaftssache. Sie steht auch mit dem Alltagsleben in Verbindung. Die Märchen und Sagen sind reich an Lektionen in Sachkunde und Moral. Sprichwörter sind Botschaften, die die Ahnen der Nachwelt überlassen haben. Gewisse, auf mathematischen Grundsätzen aufbauende Spiele dienen dem Training des Geistes und vermitteln gleichzeitig verschlüsseltes Geheimwissen. So beispielsweise das auf einem Nummernsystem aufbauende *Banangolo*-Spiel aus Mali, das mit den 266 *siqiba* bzw. Zeichen in Verbindung steht, die den Eigenschaften Gottes entsprechen.

Entdeckt der alte Meister einen Termitenhügel im Busch, kann er je nach Zuhörerschaft graduell unterschiedliche Lektionen erteilen. Er wird entweder über das Tier selbst etwas sagen, über die seine Sitten bestimmenden Gesetze und über seine »Seins-Klasse«, oder er wird eine Lektion in Moral erteilen über das Leben der Gemeinschaft und das, was es an Solidarität und Verzicht voraussetzt, oder aber er wird in verborgenere Kenntnisse einmünden.

In der sudanesischen Savanne wird alles, was auf unserem Planeten existiert, in drei große Kategorien oder »Seins-Klassen« gegliedert, die wiederum in jeweils drei Gruppen unterteilt sind: Auf der untersten Stufe befinden sich die »stummen«, »leblosen« Wesen, deren Sprache als geheim angesehen wird. Sie sind fest, flüssig oder »rauchig« (gasförmig). Auf der mittleren Stufe befinden sich die »unbeweglichen Belebten« (Pflanzen). Schließlich die beweglichen Belebten, die ihren Lebensraum auf der Erde, im Wasser oder in der Luft haben.

In dieser gesamten »Naturgeschichte« sticht die des Menschen besonders hervor, weil er alle drei Reiche (der Mineralien, Pflanzen und Tiere) in sich zusammenfaßt, weil er aus einem Stück zusammengefügt wurde aus allen Dingen, die vor ihm da waren, und auch weil er mit dem Wort bedacht wurde und als solcher der Partner Gottes und der Hüter der Natur ist. Die Komplexität des Menschen kommt in der Maxime zum Ausdruck: »Die Personen der Person sind zahlreich in der Person.«

IV. Die traditionellen Berufe

Die Handwerksberufe sind bedeutende Vektoren der mündlichen Überlieferung. Das Werk der Handwerker ist groß, weil es die göttliche Schöpfung selbst »nachahmt«. Die Überlieferung der Bambara lehrt, daß *Maa Ngala,* als er das Universum schuf, darin einiges unvollendet gelassen hat, damit *Maa* sie vervollständige und im Hinblick auf eine Vollendung modifiziere. Das handwerkliche Werk besteht also in einer Wiederholung oder Wiederaufnahme der Schöpfung, und zwar vermittels des Wortes. Es wird gesagt: »Der Schmied schmiedet das WORT, der Weber webt es, der Schuster glättet es, indem er es zurichtet.«

So wimmelt es in jedem Beruf von Symbolen. Der Weber (*Maabo* bei den Peul) verwahrt den Sinn jedes einzelnen der 33 Teile, aus denen sich sein Webstuhl zusammensetzt. Die acht Hauptholzer des Stuhls symbolisieren als Längshölzer die vier Mutter-Elemente (Erde, Wasser, Luft, Feuer) und die vier Himmelsrichtungen sowie als Querhölzer die vier Zwischenhimmelsrichtungen. Zu diesen acht Hölzern wird der Weber selbst hinzugerechnet, so daß sich neun Elemente ergeben, die neun Seins-Klassen, neun Körperöffnungen (die Türen der Lebenskräfte), neun Menschenkategorien bei den Peul usw. darstellen.

Bevor er mit seiner Arbeit beginnt, berührt der Weber jedes Teil des Webstuhls einzeln und spricht Anrufungsformeln. Das Hin und Her seiner Füße dürfte folgende Worte hervorbringen: *Fonyonko! Fonyonko! Dualismus! Dualismus! Wenn der eine sich erhebt, senkt sich der andere.*

Da ist vom Tod des Königs und der Krönung des Prinzen die Rede, von der Bestattung des Großvaters und der Geburt des Enkels, von Scheidungsstreitigkeiten, die sich mit dem Lärm eines Hochzeitsfestes vermischen …

Seinerseits sagt das Schiffchen:

Ich bin die Schicksalsbarke.
Ich schlüpfe zwischen die Erzählungen der Kettfäden hindurch,
die das Leben darstellen.

Vom rechten Rand gelange ich, meinen Darm (den Faden) entleerend,
zum linken Rand, um meinen Teil am Gesamtwerk zu erbringen.
Vom linken Rand gelange ich dann wieder zum rechten Rand.
Indem ich meinen Darm entleere.
Das Leben ist ein ewiges Hin und Her.
Ein nimmer endendes Geschenk aus sich selbst heraus.

Das Stoffband, das um einen Stab gewickelt wird und auf dem Bauch des Webers ruht, stellt die Vergangenheit dar, das Webgarn symbolisiert das Mysterium von morgen. Der Weber verrichtet acht Hin- und Herbewegungen hintereinander (Füße, Hände, Schiffchen und das rhythmische Kreuzen der Schußfäden), die den acht Haupthölzern und den acht Beinen der mythischen Spinne entsprechen, die ihre Wissenschaft dem Ahnen der Weber beibrachte.

Der Schmied arbeitet im selben zugleich mythischen und schöpferischen Universum. Er ist »der erste Sohn der Erde«. Die Schmiede hat im übrigen dieselbe Bezeichnung wie das uranfängliche Ei *Fan*, aus dem das gesamte Universum einst schlüpfte und das die erste heilige Schmiede war. Außerdem sind die vier Mutter-Elemente notwendigerweise in der Schmiede vorhanden: das Wasser in einer kleinen Kalebasse, das Feuer, die Luft der Blasebalge und ein kleiner Erdhaufen.

Sexuelle Symbolik ist ebenfalls vorhanden. Die beiden runden Blasebalge, die der Gehilfe des Schmieds betätigt, werden mit den Hoden des Mannes gleichgesetzt. Die Luft, mit der sie sich füllen, ist die Lebenssubstanz, die durch eine Art Düse, den »Phallus«, zur Feuerstätte der Schmiede geschickt wird, die wiederum die Gebärmutter versinnbildlicht, wo das verändernde Feuer wirkt. Desgleichen symbolisiert der Amboß das weibliche und der Hammer das männliche Organ.

Der Schmied ist ein Kenner der Lebenskräfte. Wie sein Name auf Peul, *baylo*, schon sagt, ist er ein Veränderer. Als Meister des Messers ist er mit der Beschneidung betraut. Der Schmied am Hochofen, der sowohl die Gewinnung von Mineralien als auch deren Schmelze beherrscht, verfügt über die meisten Kenntnisse. Zu seinen Kenntnissen von den »Söhnen aus dem Schoß der Erde«, den Mineralien, kommen noch die von den Pflanzen hinzu. Er wird beispielsweise eine Goldader allein aufgrund der genauen Prüfung der Pflanzen und Steine an der Erdoberfläche ausmachen können. Die Ausbeutung der Naturressourcen erfolgte nicht allein des Profits wegen, sondern im Zusammenhang einer Vorstellung der Teilnahme am Universum.

Kurz, die Arbeit der Handwerker war nicht nur eine einfache schöpferische Tätigkeit, sondern eine Neu-Schöpfung der Welt. Die Arbeit war nicht auf Produktionsabläufe und -handlungen begrenzt, sondern bezog das ganze Leben mit ein, indem sie einen sozialen Status schuf, das heißt ein System von Verboten und Verpflichtungen, die an die Funktion gebunden sind.

Auf diese Weise bildete jede Berufssparte einen Initiationsweg. Der Weg der Schmiede (*numu-sira* bzw. *numuya* in Bambara), der Weg der Landwirte, der Weg der Weber, der Weg der Peul-Hirten (*Lawol fulfuldé*) usw. bildeten für jede Gruppe eigene Lebenscodes, die traditionsgetreu überbracht wurden. Bemerkenswert dabei aber ist, daß jeder Weg, wenn man ihn vertieft, bis zur Einheit führen kann, von der er nur ein besonderer Widerschein ist.

So gibt es, trotz der sexuellen Verbote, die die einzelnen Gruppen voneinander trennen (Endogamie), und trotz der rituellen Geheimnisse, ursprünglich keine die einen oder die anderen erniedrigende Hierarchie, da wir es mit unterschiedlichen Wegen zu tun haben, auf denen sich jeder zum selben Gipfel erheben kann. »Gott hat den Handwerker gemacht«, besagt eine Lebensweisheit. Aber dieselbe Lebensweisheit besagt auch: »Der Krieg und der Adelige haben den Gefangenen gemacht.«

Hier wird sichtbar, wie sich die Hierarchie aufgrund einer Einteilung, die nichts mit der Arbeitsteilung zwischen den Berufsgruppen zu tun hatte, allmählich herausbildete. Anfangs leiteten die *Silatigi* (initiierte Meister der Peul) die Peul-Clans. Später wurden sie durch die *Ardo* (Chef-Könige) ersetzt.

Die zweifelsohne aus der Entwicklung der Berufsgruppen hervorgegangene kriegerische Funktion hat diese in gewissen Regionen der Savanne auf den Rang von »Kasten« reduziert, denen zwar gewisse Verbote auferlegt waren, die aber im Gegenzug berechtigt waren, alles von den »Adeligen« zu fordern und alles von ihnen zu bekommen.

In der Mandé-Tradition wird so in absteigender Rangfolge unterschieden zwischen den Schmieden, den Webern, den holz- und den lederverarbeitenden Berufen sowie den öffentlichen Unterhaltern. Jede Gruppe wird im übrigen in drei weitere unterteilt: bei den Schmieden beispielsweise in die Hochofen-, die Schwarzmetall- und die Edelmetallschmiede (Schmuckhersteller).

Die Jäger, Fischer und Landwirte wurden keinen »Kasten«, sondern eher Ethnien zugeordnet. Jäger sind im übrigen große Naturkenner. Das gilt auch für die Heilkundigen, die allen Kasten oder Ethnien angehören können, wobei gewisse Ethnien auf dem Gebiet der Pharmakopöe weiter fortgeschritten sind als andere. Dies ist bei den Dogon der Fall, die zu Meistern der Heilkunst in Sachen Knochenbrüche, Lepra, Tuberkulose und Lähmungen aufgestiegen sind.

V. Die öffentlichen Unterhalter oder »Griots«

Für die Entspannung des Volkes und die Unterhaltung bei öffentlichen oder privaten Anlässen oder Veranstaltungen zu sorgen, ist Sache der *Griots*.

Man unterteilt sie in drei Kategorien: *Musiker, Sänger und Komponisten*, die sämtliche Instrumente spielen (Monochord, Gitarre, Kora, verschiedene Trommeln ...). *Botschafter*, die an einen Königshof oder an eine Person gebunden und damit betraut sind, im Falle von bevorstehenden Allianzen oder bei Unstimmigkeiten zwischen Familien zu vermitteln. *Genealogen, Historiker oder Verfasser* mündlicher Texte, die im allgemeinen viel reisen, da sie an keine Person oder Familie gebunden sind.

Im Gegensatz zu den freien Menschen oder Adeligen (*Horon* in Bambara), ist der Griot frei in seiner Wortwahl. Er ist weder zu Diskretion noch zu absolutem Respekt gegenüber der Wahrheit verpflichtet. Er kann manchmal dreiste Lügen auftischen, ohne daß jemand das Recht hätte, ihm das übelzunehmen. Man akzeptiert es, ohne dabei der Dumme zu sein, denn der Griot hat zwei Zungen und »einen zerrissenen Mund«.

Im Gegensatz zum Adeligen und zum freien Menschen, der seine Zunge hüten muß, ergeht sich der Griot förmlich in Worten, denn er kann sie, wenn es sein muß, wieder zurücknehmen. Er ist die Zunge seines Herren, wenn dieser einer Dame seine Liebe erklären möchte, um politische Verhandlungen einzuleiten oder sogar ein Handelsgeschäft zu knüpfen oder auch eine Streitigkeit im gegenseitigen Einvernehmen zu beenden.

Das Wort *dieli* zur Bezeichnung des Griots bedeutet auch »Blut«. In der Tat fließen die Griots wie Blut in den Adern des sozialen Körpers, den sie entweder heilen oder krank machen können, je nachdem, ob sie seine Konflikte abschwächen oder verschärfen.

Man muß in der Tat wissen, daß nicht alle Griots unverfroren, schamlos oder opportunistisch sind. Einige von ihnen werden *Dieli-faama* (»Könige der Griots«) genannt. In ihrem Mut, ihrer moralischen Integrität, ihrer Tugend und Weisheit stehen sie den Adeligen und freien Menschen in nichts nach und mißbrauchen niemals die Rechte, die ihnen die Sitte gibt.

In schwierigen Situationen regen und stacheln sie den Mut der Leute an, indem sie die guten Eigenschaften ihrer Vorfahren beschwören, und sie zögern gegebenenfalls nicht, an der Seite ihres Herrn im Kampf zu sterben.

Vor der Beschneidungsprobe feuern sie den Jugendlichen an, mutig zu sein: »Dein Vater Soundso, der auf dem Schlachtfeld getötet wurde, schluckte den glühenden Eisenbrei (die Kugeln), ohne mit der Wimper zu zucken. Ich hoffe, daß du morgen keine Angst vor dem langen spitzen Messer des Schmieds haben wirst.« Während der *Soro*-Zeremonie bei den Bororo-Peul in Niger sind es wieder die Griots, die mit ihren Gesängen den jungen Mann unterstützen, sich der Prüfung der heftigen Stockhiebe, die ihm auf die Brust verabreicht werden, zu stellen, die er ohne mit der Wimper zu zucken und lächelnd über sich ergehen läßt. Man sieht die Griots nicht nur auf Festen, Taufen oder Hochzeiten, sondern sie sind auch bei der Verrichtung von Gemeinschaftsarbeiten zugegen, wo sie die Jugendlichen mit ihren Rhythmen und ihren Gesängen zum Wettstreit aufheizen.

Das Geheimnis für den großen Einfluß der Griots auf die gesellschaftlich bessergestellten Gruppen liegt in der Kenntnis ihrer Genealogie und ihrer Familien. Sollten sie mit dieser Geschichte den sensiblen Nerv des Stolzes der Dynastie oder des Clans getroffen haben, erhalten sie von den freien Menschen und Adeligen unglaubliche

Geschenke. Manche sind sich selbst nicht zu schade, sich ihrer eigenen Kleidungs- und Schmuckstücke zu entledigen, um damit den Griot zu beehren, der informiert, Psychologe und Künstler genug war, ihre Vorfahren gebührend zu rühmen. Das passiert selbst dann, wenn die Adeligen leidgeprüfte Menschen sind und der Griot wohlhabender ist als sie.

So füllen die Griots von Generation zu Generation ihr Gedächtnis mit den verschiedensten Tatsachen und Ereignissen an und werden zu ambulanten Bibliotheken, Archivaren der afrikanischen Gesellschaft und manchmal zu großen Historikern.

Es sei aber immer wieder betont, daß sie nicht die einzigen Traditionalisten sind, bei weitem nicht. Sie decken nur einen Teil von ihnen, und nicht gerade den vertrauenswürdigsten, ab, da sie oft nur schwer Zugang zum Status des *Doma*-Kenntnisträgers haben, weil dieser das Schweigen, die Diskretion und Beherrschung des Wortes verlangt. Aber so wie ein Traditionalist, der kein Griot ist, ein großer Historiker sein kann, kann auch ein Griot in den Stand eines *Doma*-Traditionalisten aufsteigen, wenn er sich der erforderlichen Initiation unterzogen hat (wobei ihm die *komo*-Initiation versperrt bleibt). Ist der Griot einmal *Doma* geworden, dann ist er absolut vertrauenswürdig, denn neben seinem Talent zu unterhalten besitzt er nun die Tugend der Selbstbeherrschung. Iwa und Banzoumana aus Mali sind beste Beispiele dafür.

Auf dem Gebiet der öffentlichen Spaßmacher, Gelegenheitshistoriker und Histrionen gibt es viele verschiedene Varianten. So beispielsweise die *Bemmbaado* (wortwörtlich »die auf dem Rücken Getragenen«, weil sie eine Last für die Gesellschaft darstellen) und die *Tiapourta*, abgehalfterte Adelige, die noch mehr Unverfrorenheit und Schamlosigkeit besitzen als der schlimmste Griot, da sie die Griots selbst um Geschenke nachsuchen …

VI. Wie wird man Traditionalist?

Jeder in der sudanesischen Savanne konnte aufgrund seiner Kenntnisse *Doma*-Meister werden. Auf dem einen oder anderen Wege konnte er in der Tat über die Initiation dahin gelangen. Es fand keine Segregation statt. Alles hing nur von der Eignung des einzelnen ab. Kenntnis wurde so hoch bewertet, daß sie Vorrang vor allem anderen hatte und Würde verlieh. So konnte der Kenntnisträger, ganz gleich auf welches Gebiet sich diese Kenntnisse bezogen, einen Sitz im Rat der ÄLTESTEN, der höchsten Instanz der Gemeinschaft, unabhängig von seinem sozialen Status (Adeliger, Handwerker oder Hausgefangener) innehaben: »Kenntnis kennt weder Rassen noch das väterliche Tor (den Clan). Sie verleiht einem Menschen Würde«, lautet das Sprichwort. Bis zum Alter von 42 Jahren sollte der Mensch eigentlich in die Schule des Lebens gehen und mußte in den Versammlungen vor allem zuhören, um die während seiner Initiation angeeigneten Kenntnisse zu vertiefen. Ab dem Alter von 42 Jahren war er gehalten, dem noch Erfahreneren als er selbst aufmerksam zuzuhören. »Jeden Tag, so sagt man, vernimmt das Ohr etwas, das es bis dahin noch nicht gehört hatte.« Die Ausbildung erfolgte also unablässig.

Nach ihrer Initiation verließen die jungen Handwerker ihre Dörfer, um von Dorf zu Dorf zu ziehen, wobei sie manchmal einige Werkzeuge auf dem Rücken mit sich führten, um sich, wenn sie mit anderen Erfahrungen in Berührung kamen, weiterzubilden. Allerorts wurden sie zu den Häusern oder in die Viertel von Angehörigen ihrer Gilde geführt. Trat der Betreffende respektvoll und höflich auf, konnte er sogar Geheimnisse sammeln, durch die er seine Fähigkeiten erweitern konnte; denn es wird gesagt: »Das Geheimnis der Alten ist nicht mit Geld zu bezahlen, sondern mit guten Manieren.« Der junge *Horon* hingegen verläßt normalerweise nicht seine Heimat, da er für die Verteidigung seines Landes einberufen werden könnte.

Aber die großen Kenntnisträger, die Heilkundigen zum Beispiel, begeben sich auf Reisen, um ihre Sachkenntnisse zu verbessern. Es hat im übrigen spezielle Straßennetze gegeben, die unter dem Schutz des Königs und der Götter standen und von Menschen der Kenntnis benutzt wurden, um möglichen Unannehmlichkeiten zu entgehen. Waren sie am Ziel angelangt, war die »gastgebende« notable Persönlichkeit für den Schutz und das Wohlergehen der Reisenden verantwortlich. Unter ihnen befanden sich oft Genealogen, die ihr Wissen nur dadurch erweitern konnten, indem sie ihre Information vor Ort sammelten. Auf diese Weise gelang es dem bedeutenden Molom Gaolo, die Genealogie sämtlicher Peul-Völker des Senegal zusammenzustellen. Und als sein Alter es ihm nicht mehr erlaubte, selbst zu reisen, schickte er seinen Sohn Mamadou Molom los, um seine Nachforschungen in Mali fortzuführen. Zu der Zeit, als ich Molom Gaolo kennenlernte, war es ihm gelungen, die Geschichte von rund vierzig Generationen zusammenzutragen und festzuhalten.

VII. Der Einfluß des Islam

Die Besonderheiten des afrikanischen Gedächtnisses und die Modalitäten seiner mündlichen Übertragung wurden durch die Islamisierung in dem Maße nicht beeinträchtigt, in dem der Islam sich der Tradition anpaßte, nämlich immer dann, wenn sie nicht gegen dessen Grundprinzipien verstieß. Die Symbiose war manchmal so perfekt, daß es schwierig wurde, die Zutaten des Islam vom Rest zu unterscheiden. Einige große islamische, auf rein mündlicher Vermittlung basierende Schulen lehrten den Islam, mit Ausnahme des Koran und des kanonischen Gebets, in den einheimischen Sprachen. Nennen wir hier unter vielen anderen die Schulen von Djelgodji und Barani in Obervolta [heute Burkina Faso], von Niafunké und Nara in Mali, von

Scheich Usman Dan Fodio in Nigeria, von Tierno Bokar Salif in Bandiagara und von Scheich Salah, dem großen Dogon-Marabut. In der Tat sind die eine wie die andere Tradition – unabhängig von der gemeinsamen sakralen Vorstellung des Universums und der Rolle des Menschen innerhalb dessen – darum bemüht, ihre Quellen zu nennen (auf arabisch *isnad*) und nichts an den Worten des Meisters zu ändern; ihnen ist derselbe Respekt für die uranfängliche Vermittlungskette (auf arabisch *silsila* bzw. Kette) und dasselbe System von Initiationswegen gemeinsam. Die den großen Kenntnisträgern bekannten Kategorien wurden um die der Marabuts und der großen Sufi-Scheiche ergänzt, während die sozialen Strukturen oftmals unangetastet blieben (Berufe, »Kasten« usw.). Die islamische Kultur stellte nur eine neue Quelle zur Verleihung von Würde dar.

VIII. Die Geschichte einer Ernte

Ich für meinen Teil habe mich seit meiner frühesten Kindheit gebildet und nach und nach einzelne Überlieferungselemente zusammengetragen, die es mir ermöglichten, die *Histoire de l'Empire peul du Macina au XVIIIe siècle* (Geschichte des Reiches der Peul von Macina im 18. Jahrhundert) zu schreiben.

Als Angehöriger der Familie des Provinzchefs von Tidjani kam ich mit Reisenden und Männern des Hofes in Berührung, die in Scharen erschienen. Da ich den Geschichtenerzähler, Genealogen und Historiker Koullel, einen Peul, mit beharrlicher Regelmäßigkeit besuchte, bekam ich von meinen Kameraden bald den Spitznamen »Am Koullel«, das heißt »Kleiner Koullel«. Dank des Umzugs meiner Familie nach Bougouni war es mir möglich, den großen *Doma* Danfo Siné, einen Bambara, sowie seinen jüngsten Sohn Latif kennenzulernen. In Bamako [Mali] brachte man mich dann mit verschiedenen, manchmal widerstreitenden Gruppen in Kontakt, die jeweils eine andere Version der Geschichte des Reiches von Macina hatten: die Macinanké selbst, die Toukoulör, ihre Gegner, und andere Ethnien (Bambara, Marka, Sarakomé, Songhai usw.), die mehr oder weniger in die Ereignisse involviert gewesen waren. Von da an begann ich mit der systematischen Aufzeichnung der verschiedenen Traditionen, was über fünfzehn Jahre dauerte, und verfolgte die Spuren der mündlichen Dokumente bis zum [Fluß] Senegal und nach Kano [Nigeria].

Ich stellte fest, daß trotz der über tausend Informanten, die angehört wurden, der Faden der Erzählung immer derselbe war. Die Unterschiede in den Einzelheiten konnten nur von leichten Gedächtnislücken oder Temperamentsunterschieden herrühren.

Diese Erfahrung brachte mir den Beweis, daß die mündliche Überlieferung, vom wissenschaftlichen Standpunkt her betrachtet, volle Gültigkeit hat.

IX. Charakteristiken des afrikanischen Gedächtnisses

In Gesellschaften, in denen alles am vermittelten Wort hängt, ist das Gedächtnis überdurchschnittlich entwickelt. Man trifft zum Beispiel des Lesens und Schreibens unfähige Händler, die viele riesige Geschäfte gleichzeitig betreiben, einer großen Personenzahl Geld leihen oder solches von ihnen leihen und sich dennoch eine bis aufs Komma genaue Buchführung über all diese Güter- und Geldbewegungen merken können, ohne daß sie sich irgendeine schriftliche Notiz machen und ihnen der geringste Fehler unterläuft.

Eine der Besonderheiten eines solchen verbalen Gedächtnisses liegt darin, daß die Erzählung en bloc, in einem Stück wiederhergestellt wird, so wie man sie selbst überliefert bekam. Im Zusammenhang mit den Kriegen der Toukoulör weiß man, welchen bestickten Boubou der große Held Oumarel Samba Dondo bei welcher Schlacht trug, wer sein Reitknecht war und was aus ihm geworden ist; man kennt den Namen seines Pferdes und was ihm widerfuhr usw. In der mündlichen Erzählung existieren keine kleinen Details, weshalb ausnahmslos alles mitgeliefert wird, oder man verzichtet darauf zu erzählen. Man sagt: »Wenn du keine Zeit zum Zuhören hast, werde ich es dir ein anderes Mal erzählen.«

Darin liegt ein großer Vorteil für den Historiker, denn innere und äußere Kritik können bestimmte Einzelheiten besonders betonen, um einen Text zu bestätigen oder zu verwerfen. Im übrigen verbergen die unscheinbarsten Zeugnisse manchmal äußerst wichtige wissenschaftliche Lehren. Es sei hier das Beispiel von *Thianaba* genannt, der Schlange der Peul, deren »Legende« die Abenteuer und die Wanderung durch die sudanesische Savanne nachzeichnet. Der um 1921 mit dem Bau des Staudamms von Sansanding beauftragte Ingenieur Belime war neugierig und folgte den Spuren der in der Legende wiedergegebenen geographischen Hinweise. Groß war seine Überraschung, als er so den Verlauf des alten Niger-Flußbetts entdeckte.

Schlußbemerkungen

Afrika erlebt ganz offensichtlich eine Epoche tiefgreifender Veränderungen. Daher die Widersprüche, die man feststellen kann. Die jungen Führungskräfte bzw. »modernen« Geschäftsführer verwalten mit Hilfe geliehener Codes, Mentalitäten und Ideologien Gesellschaften, die in ihrer eigenen Struktur und Auffassung noch nicht umgeschwenkt sind und die nicht verstehen, warum bestimmte Verpflichtungen hier und bestimmte Strafen dort auferlegt werden.

Gewiß ist seit einiger Zeit bei einem wichtigen Teil der gebildeten Jugend das Bedürfnis zu spüren, auf die Traditionen der Ahnen zurückzugreifen und deren fundamentale Werte herauszustellen, um die eigenen Wurzeln und das Geheimnis der ureigenen Identität wiederzufinden. Aber das herrschende System agiert in entgegengesetzter Richtung.

Es ist bereits zu mehreren Brüchen in der Vermittlung gekommen: ganze Jahrgänge von Soldaten, die während der beiden großen Weltkriege außer Landes gegangen sind, wurden oft zugleich aus ihrer Initiationsphase gerissen, in der sie mit dem großen Stamm der Tradition hätten verbunden werden sollen.

Das gleiche gilt für die eingeschulte Jugend und für die Jugendlichen vom Land, die von den sich tentakelartig nach allen Richtungen ausbreitenden Städten aufgesogen werden. Da, wo wir jetzt sind, nämlich in Anbetracht der letzten Generation der großen Hüter der mündlichen Tradition, stellt sich die Frage der Vermittlung auf dramatische Weise. Eine der Antworten besteht darin, den Schwerpunkt ganz massiv auf das Einsammeln der verfügbaren Daten zu setzen. Um das zu erreichen, wird der Forscher sich mit Geduld wappnen und »das Herz einer Turteltaube, eine Krokodilshaut und einen Straußenmagen« haben müssen, wie man so schön sagt.

Das Herz einer Turteltaube, um niemals ärgerlich zu werden oder aufzubrausen. Eine Krokodilshaut, um sich allerorts und auf alles zum Schlafen hinlegen zu können. Einen Straußenmagen, um alles essen zu können, ohne sich den Magen zu verderben oder angeekelt zu sein.

Und er wird sich auch der Worte von Tierno Bokar, dem Weisen von Bandiagara, entsinnen:

Wenn du wissen willst, wer ich bin;
wenn du willst, daß ich dir beibringe, was ich weiß,
höre augenblicklich auf, das zu sein, was du bist,
und vergiß, was du weißt.

Aus dem Französischen von Caroline Gutberlet

Amadou Hampaté Bâ, geboren 1900 in Bandiagara (Mali), gestorben 1991 in Abidjan (Côte d'Ivoire), Historiker und Kulturkritiker, hat sich Zeit seines Lebens der Erhaltung und Verschriftung mündlich überlieferter Geschichten und Legenden und dem Einfluß des Kolonialismus verschrieben. Seine französisch verfaßten Schriften umfassen Geschichtswerke, Erzählungen und den autobiographischen Roman *Amkoullel, l'enfant Peul* (dt. Jäger des Wortes, Peter Hammer Verlag 1995).

Manthia Diawara (1989)

Die Erzählstruktur in *Wênd Kûuni*

Orale Literatur und der Afrikanische Film

In seinem Bemühen um eine Definition des afrikanischen Kinos erklärte Gaston Kaboré, Regisseur von *Wênd Kûuni* (Burkina Faso 1982), afrikanische Filmemacher hätten bislang keinen Stil gefunden, der sie als Mitglieder einer Filmbewegung charakterisieren und von europäischen Regisseuren abheben würde. Um eine eigene Filmsprache zu finden, mit der es gelingt, die afrikanische Geschichte und Kultur widerzuspiegeln, müßten Filmemacher – so Kaboré – »nach ihrem authentischen inneren Selbst suchen. Diese Suche ist endlos und mühsam und verlangt von den Künstlern, unaufhörlich sich selbst und ihre Kultur zu erforschen.«[45] Historiker und Kritiker haben darauf hingewiesen, daß afrikanische Filmemacher einem umfangreichen Werk mündlicher und schriftlicher Literatur gegenüberstehen, aus dem sie ihre Lektionen über narrative Mittel, Geschichte und Kultur lernen können. Die meisten von ihnen sind der Meinung, daß Film und Literatur vieles gemeinsam haben und daß sich afrikanische Filmemacher am Beispiel der Schriftsteller, *Griots* und anderer traditioneller Geschichtenerzähler orientieren sollten. Die Kenntnis afrikanischer Literatur mache die Filmemacher nicht nur sensibler für die Mehrdeutigkeit der Repräsentationsmöglichkeiten in Afrika, sondern helfe ihnen auch, all die Lektionen, die sie von europäischen Schulen gelernt haben, in einen afrikanischen Kontext einzubinden.

Die Bedeutung der Literatur für den Film war auch ein Schwerpunktthema des neunten FESPACO (1985), zu dem neben Schriftstellern wie Mongo Beti und Ousmane Sembène auch Filmemacher, Kritiker und Historiker eingeladen waren, um über

45 Neuvième FESPACO: Cinéma et Libération des Peuples, Ouagadougou, 1985, S. 52.

die Möglichkeiten der filmischen Adaption afrikanischer Klassiker zu sprechen. Während des Kolloquiums wurden vor dem Hintergrund der Literaturverfilmungen *Kongi's Harvest* (Ossie Davis, Francis Oladele, Nigeria 1971) und *L'Aventure ambiguë* (Jacques Champreux, 1984) Aspekte der Darstellung wie Wahrscheinlichkeit *(vraisemblance)*, Realitätstreue und Originalität diskutiert. Aufgrund des relativ schwachen Anklangs von *Kongi's Harvest* und *L'Aventure ambiguë*, verglichen mit dem großen Erfolg von Filmadaptionen mündlicher Überlieferungen wie *Wênd Kûuni* und *Nelisita* (Ruy Duarte de Carvalho, Angola 1984), stellten einige Teilnehmer die These auf, daß die orale Literatur eine bessere Inspirationsquelle sei, als die in den ehemaligen Kolonialsprachen verfaßte afrikanische Literatur. Der äthiopische Regisseur Haile Gerima führte beispielsweise an, daß er, bevor er zu filmen beginne, zuerst ein englischsprachiges Drehbuch in seine Muttersprache, Amharic, übersetzen müsse. Im Übersetzungsprozeß jedoch können kulturelle Feinheiten verlorengehen. Wenn afrikanische Filmemacher französisch-, englisch- oder portugiesischsprachige Literatur als Quelle der Inspiration bzw. Adaption verwenden, kann sich das auch nachteilig auf den Film auswirken. Die Zwänge der geborgten Sprache deterritorialisieren Inhalt und Form des Films, anstatt ihn mit afrikanischen Kultur- und Diskurstechniken zu bereichern. Das sind nach Gerima die Gründe dafür, daß sich Filmemacher mehr der oralen als der schriftlichen Literatur zuwenden.

Der Einfluß der afrikanischen Literatur auf den Film ist auch von einzelnen Wissenschaftlern diskutiert worden. Pierre Haffner zum Beispiel vertritt in *Essai sur les fondements du cinéma africain* (1978) die Position, daß der afrikanische Film aus dem afrikanischen Theater erwachsen ist. In seiner Darstellung der Fortentwicklung des afrikanischen Kinos aus dem Theater führt Haffner die Lieder der *Griots*, die Darbietungen der Ringkämpfer in Mali und Senegal und insbesondere das Spiel der *Koteba* in Mali an. Im Theater der *Koteba* sieht Haffner das »dramatischste aller traditionellen Ausdrucksmittel, weil es Figuren auf die Bühne bringt, die miteinander agieren und sprechen« (Haffner, S. 61). Darin zeigt sich deutlich Haffners Interesse an der Bewegung im Raum und den Dialogen der *Koteba*, zweier Faktoren, die er im neuen afrikanischen Film für unentbehrlich hält. Zwar diskutiert er auch andere narrative Elemente der *Koteba* wie Raum und Zeit, stellt dabei jedoch lediglich ihren Einfluß auf die Zuschauer heraus. Haffner geht nicht darauf ein, auf welche Art und Weise zeitliche und räumliche Mittel im Film eingesetzt werden können[46] (Haffner, S. 88ff).

Auch Françoise Pfaff beschäftigt sich in ihrem Buch *The Cinema of Ousmane Sembène* (1984) mit der mündlichen Überlieferung und stellt den Einfluß des *Griots* auf den Filmemacher heraus. Pfaff kommt zu dem Schluß, daß Sembène nicht nur den

46 Haffner behauptet beispielsweise, »afrikanische Geschichten seien selten linear« und daß infolgedessen »afrikanisches Kino auf nicht-linearen Ereignissen aufgebaut sei«.

Griot als Chronisten der Geschichte seines Volkes ersetze, sondern daß seine Filme in gewisser Hinsicht auch mit dem traditionellen Theater der *Yoruba* oder dem Maskenfest der *Ikaki* vergleichbar seien. Sie verweist auf die physische Anwesenheit des *Griot* in mehreren Arbeiten von Sembène (*Niaye, Borom Sarret, Xala* und *Ceddo*) und stellt fest, daß die Filme, »ähnlich der Verkündung des *Griot,* die Handlung unmittelbar sichtbar und hörbar machen« (Pfaff, S. 32).

Wie bereits erwähnt, untersuchen Historiker und Kritiker das Verhältnis zwischen Literatur und Film und deren wechselseitige Einflußnahme.[47] Diese Untersuchungen beschränken sich allerdings darauf, entweder die Spuren der oralen Literatur im Film zu dokumentieren (Anwesenheit des *Griot*, Verwendung von Helden und Gebräuchen, die der mündlichen Überlieferung entliehen sind) oder aber »Film« als eine Form der oralen Literatur zu diskutieren (Analyse immer wiederkehrender Muster, Formeln, Sprichwörter, epischer Momente und Lieder). Es wird nicht darauf eingegangen, daß sich die Erzählperspektiven ändern, wenn der Film die Geschichte aus der mündlichen Überlieferung übernimmt. Sobald die außerfilmischen Elemente der Geschichte mit den speziellen Filmelementen kombiniert werden, erlangt der Regisseur in seiner Funktion als *auteur* eine größere Präsenz als der Erzähler des literarischen Textes. Das kann dazu führen, daß vom Originaltext zum Film bestimmte Figuren auf Kosten anderer verändert und die Reihenfolge und der Schluß der Erzählung neu angelegt werden. In *L'Aventure ambiguë* zum Beispiel legte der Regisseur Jacques Champreux den Akzent auf den Senghorismus bzw. die Symbiose zwischen verschiedenen Kulturen und verzichtete dafür auf ein wahrhaft-mögliches Porträt der Djalobé und ihrer würdevollen Erscheinung. Wie ich später noch darlegen werde, verwendet der Film den Stoff der oralen Literatur, um die Ideologie seiner Zeit widerzuspiegeln und nicht etwa die Ideologie der mündlichen Überlieferung. Wo am Ende einer mündlichen Erzählung die Rückkehr zu Gesetz und Ordnung steht, wird in der Filmversion der Wunsch nach einer neuen Ordnung zur Überwindung der alten festgefahrenen laut. Daher wird ein *Griot* in einem Sembène-Film anders gesehen als in der mündlichen Überlieferung.

Eine Rückbesinnung auf das innere Selbst oder die afrikanische Kultur bedeutet aber noch lange nicht, daß sich der Filmemacher, der sich auf orale Literatur stützt, der Tradition unterordnet. Vielmehr handelt es sich um ein Hinterfragen der Tradition, um einen kreativen Prozeß, der es dem Regisseur ermöglicht, sich einerseits auf die Tradition zu stützen und andererseits moderne Mittel einzusetzen. Um meinen Standpunkt zu veranschaulichen, werde ich zu *Wênd Kûuni* übergehen und den Gebrauch einiger narrativer Elemente wie Handlungsebenen (*functions*)[48], Sequenz-

47 Siehe auch Alain Ricard: Du théâtre au cinéma yoruba: le cas nigérien. In: *CinémAction*, Nr. 26, 1983, S. 160-167.

48 Diawara benutzt den Begriff der Handlung (function/functions) um faktische, filmisch umgesetzte und

folge (*order*) und Stimme (*voice*) diskutieren.[49] Da es sich bei diesem Film, der mit dem »Caesar de la Francophonie« (1985) und einigen anderen Preisen ausgezeichnet wurde, um eine Adaption aus der mündlichen Überlieferung handelt, werde ich versuchen aufzuzeigen, wie Ereignisse und Figuren im Film gegenüber ihrer ursprünglichen Darstellung transformiert wurden. Schließlich werde ich darauf eingehen, daß am Ende des Films eine andere ideologische Ordnung steht, als es die mündliche Überlieferung vorsieht. Die Oralität ist das (eigentliche) *Thema* des Films, da er eine mündliche Wiedergabe der Geschichte einbezieht, die er später umstößt.

I

Bevor ich die Erzählstruktur in *Wênd Kûuni* näher untersuche, soll jedoch zunächst ein Überblick über die wichtigsten narrativen Ereignisse im Film gegeben werden. Am Anfang der Geschichte sieht man eine Frau in einer Hütte sitzen; sie hält ihren Sohn in den Armen und weint. Ihr Ehemann, ein Jäger, wird seit 13 Monaten vermißt. Es tritt ein Mann an ihre Tür und erklärt ihr, daß es sinnlos sei, noch länger zu weinen, und daß ihr Mann tot sein müsse, da er ansonsten nach Hause käme. Sie solle aufhören, so störrisch zu sein und stattdessen einen anderen Mann heiraten, der ihrem Sohn den Vater ersetzen würde. Sie will davon nichts wissen und sagt ihrem Sohn, daß sie vorhat wegzulaufen. Nach dieser Szene setzt der Vorspann des Films ein. In der darauffolgenden Szene findet ein Händler den Jungen bewußtlos im Wald und bringt ihn auf dem Rücken seines Esels in das nächstgelegene Dorf. Der Junge ist stumm und kann daher nicht erklären, wie er in den Wald gelangt ist. Der Händler bringt ihn bei einer Familie unter, bis sein Dorf und seine Eltern gefunden sind. Als es nicht gelingt, das Zuhause des Jungen ausfindig zu machen, beschließt das Dorfoberhaupt, ihn bei der Familie zu lassen. Seine neuen Eltern (Tinga und Lale), die bereits ein kleines Mädchen (Pongnéré) etwa im selben Alter haben, geben dem Jungen den Namen Wênd Kûuni (Geschenk Gottes). Es folgen mehrere Szenen, in denen Leute bei ihrer täglichen Arbeit im Haus, auf dem Feld und auf dem Marktplatz zu sehen sind. Auch wird gezeigt, wie Wênd Kûuni und Pongnéré die für Jungen und Mädchen typischen sozialen Rollen erlernen: Pongnéré hilft ihrer Mutter und Wênd Kûuni hütet die Ziegen. Eines Tages entdeckt Wênd Kûuni im Wald an einem Baum einen erhängten Mann. Der schreckliche Anblick verursacht bei Wênd

potentielle, der ursprünglichen Erzählung entnommenen, jedoch nicht ausgeführten Story-Momente zu ergründen (Anm.d.Hg.).

49 Eine Diskussion narrativer Elemente wie Sequenzfolge und Stimme findet sich bei Gérard Genette: Frontières du récit, in: *Figures II* (1969), und Discours du récit III, in: *Figures III* (1972). Die Idee der Funktionen wird eingeführt von Vladimir Propp, in: Morphologie du conte russe (1970). Siehe auch Roland Barthes: Introduction à l'analyse structurale du récit, und Claude Bremond: La logique des possibles narratifs, in: *Communications*, 8, 1966.

Kûuni einen Schock, der ihm seine Sprache zurückgibt. Jetzt kann er Pongnéré seine Geschichte erzählen, die in einer Rückblende gezeigt wird. Wir sehen, wie Wênd Kûuni und seine Mutter aus dem Dorf gejagt werden. Die Dorfbewohner beschuldigen die Mutter der Hexerei, bewerfen sie mit Steinen und stecken ihre Hütte in Brand. Wênd Kûuni und seine Mutter verirren sich im Wald; sie setzt sich schließlich völlig erschöpft und krank an einen großen Baum. Bevor sie stirbt, sehen wir Bilder ihres Mannes auf der Jagd. Durch den Tod seiner Mutter völlig verstört, läuft Wênd Kûuni schreiend davon. Die Rückblende endet, und wir sind wieder bei Wênd Kûuni und Pongnéré.

Die Geschichte wird größtenteils in Totalen erzählt, nur kurz vor Schluß sieht man Schuß/Gegenschuß-Nahaufnahmen von Wênd Kûuni und Pongnéré. Bis auf die täglichen Begrüßungen, die Zurufe auf dem Marktplatz und die Fragen und Antworten wird kaum Dialog eingesetzt. Bei jeder sich bietenden Gelegenheit bricht Pongnéré das allgemeine Schweigen des Films, indem sie mit Wênd Kûuni spricht. Hin und wieder erläutert ein Erzähler aus dem Off dem Zuschauer die Situation. Oberflächlich betrachtet liegt die Vermutung nahe, daß es sich bei dem Film um eine Adaption aus der mündlichen Überlieferung handelt, da der Off-Erzähler mit dem Geschichtenerzähler gleichgesetzt werden kann. Die reduzierten Dialoge und die Totalen implizieren, daß es nur einen Erzähler gibt: den allwissenden, objektiv beobachtenden Geschichtenerzähler.

Oberflächlich betrachtet ist es außerdem ein Leichtes, in der augenscheinlich linearen Erzählstruktur nur eine einzige mündliche Erzählung zu sehen. Wirft man einen Blick auf die Handlungsebenen, erkennt man jedoch, daß hier mindestens drei wichtige Geschichten zu einer verknüpft wurden. Zum Beispiel die erste Handlungsebene – »der vermißte Ehemann« am Anfang des Films – ruft eine Reihe von Möglichkeiten auf den Plan, die die Struktur einer eigenständigen Geschichte konstituieren. Die ursprüngliche Abfolge der Ereignisse in dieser ersten Geschichte besteht aus: 1) der Ehemann ist verschwunden; 2) Aufbruch zur Suche nach dem Ehemann, oder Nichtaufbruch, was bedeutet, daß die Frau auf ihren Mann warten oder einen anderen Mann heiraten muß; 3) das Finden des Ehemanns; 4) Erfolg und Rückkehr.

Es ist interessant, wie diese Möglichkeiten im Film dargestellt sind. Die Ausgangssituation wird nicht gezeigt; der Zuschauer erfährt in den ersten Bildern des Films, daß der Ehemann seit 13 Monaten vermißt wird. Die zweite Handlungsmöglichkeit wird am Ende des Films in einer Rückblende aus der Sicht Wênd Kûunis erzählt. Außerdem erfährt der Zuschauer in diesem Rückblick, daß die Mutter Wênd Kûunis stirbt, ohne seinen Vater gefunden zu haben. Folglich muß Option 3, die vor Option 2 in den Film eingeführt wird, vorübergehend ausgesetzt werden, bis ein neuer Handlungsträger die Aufgabe übernimmt, das fehlende Objekt zu suchen. Option 3 wird dadurch zusätzlich kompliziert, daß Wênd Kûuni seine Sprache verloren hat. Die verschiedenen Versuche, ihn zurück in sein Dorf zu seinen Eltern zu bringen, treffen so mit der Suche nach dem vermißten Vater zusammen. Die vierte Option ist sogar noch weiter verschoben, da Wênd Kûuni, der seine Mutter als Handlungsträger der Suche ersetzt und sich selbst anstelle des vermißten Vaters findet. Eine neue Ordnung innerhalb dieser ersten Handlungsebene wird durch die Flashback-Erzählung am Ende des Films errichtet, wenn Wênd Kûuni den Tod seiner Mutter und seines Vaters akzeptiert.

Die andere eigenständige Geschichte aus der mündlichen Überlieferung, die sich im Film manifestiert, ist die Geschichte vom »gewollten Sohn«, die folgende unveränderlichen Handlungselemente aufweist: 1) der Wunsch nach einem Sohn[50]; 2) die Versuche, einen Sohn zu bekommen; 3) die Ankunft des Sohnes und 4) seine Krönung. Obwohl einzig die Ankunft dargestellt ist, spielt der Mythos vom »gewollten Sohn« im Film doch eine wichtige Rolle. Der Filmtitel *Wênd Kûuni* – das Geschenk Gottes –, der gleichzeitig der Name des Protagonisten ist, besitzt in dieser Geschichte eine vertraute semantische Bedeutung. Wenn nach mehreren fehlgeschlagenen Versuchen endlich der Sohn auf die Welt kommt, erhält er in der Regel den Namen »Geschenk Gottes«. Auch die Struktur der Familie, in die Wênd Kûuni aufgenommen wird, betont den Mythos vom »gewollten Sohn« durch die Verwendung eines einzigen Aspekts im Film. Die Familie besteht aus einem Vater, einer Mutter und einer Tochter, Pongnéré, aber es gibt keinen Sohn. Wênd Kûuni füllt die Lücke des fehlenden Sohnes. Die Tatsache, daß viel Filmzeit darauf verwendet wird, zu zeigen wie Wênd Kûuni seinem (Pflege-)Vater hilft oder anderen männlichen Pflichten nachkommt, stützt die These, daß er der »gewollte Sohn« oder das Geschenk Gottes ist.

Der dritte Mythos im Film schließlich betrifft die »Emanzipation der Tochter«. Im Gegensatz zu den vorausgehenden Mythen, die in der mündlichen Überlieferung weit verbreitet sind, handelt es sich hier um eine neue Geschichte, die gleichzeitig mit dem Einzug der schriftlichen Literatur und des Films in Afrika aufkam. Dieser Mythos geht möglicherweise auf Frantz Fanons Studien über die algerische Frau während des Befreiungskrieges zurück.[51] In der Literatur verwenden Ousmane Sembène und Ngugi wa Thiong'o den Mythos als Metapher für den Befreiungskampf der unterdrückten Mehrheit in Afrika. Aber erst im Film werden die Existenzweisen und Funktionen dieses Geschichtentyps deutlich geschildert. An dieser Stelle kom-

50 Der Mythos vom »gewünschten Sohn« ist in den Volkssagen reichlich vertreten und ist gleichzeitig die Struktur, die Geschichtenerzähler am häufigsten verwenden, wenn die bestehende Ordnung inakzeptabel ist und ein Held erscheinen muß, der sie ändert. Siehe dazu Djibril T. Niane: Sundita, An Epic of Old Mali, 1965.

51 In: L'an V de la révolution algérienne (1964) vertritt Fanon den Standpunkt, eine algerische Frau müsse ihren Körper in einer revolutionären Weise neu annehmen, sobald sie in die moderne Stadt kommt. Seiner Ansicht nach ist diese neue Dialektik des Körpers und der Welt für die moderne Frau von zentraler Bedeutung (S. 42-43). Ebenfalls interessant in diesem Zusammenhang ist Fanons Ausführung über die revolutionäre Verwendung des Schleiers.

men einem spontan mehrere Filme von Sembène in den Sinn: *Xala* (Senegal 1974) mit seiner Geschichte von Rama und den Bettlern, die »Princess Dior« in *Ceddo* (Senegal 1976) und die Frauen aus *Emitaï* (Senegal 1971). Andere Regisseure folgten Sembènes Beispiel: Haïlé Gerima stellt in *Harvest 3000 Years* (Äthiopien 1974) den Fall von Beletech dar, und auch Souleymane Cissés *Den Muso* (Mali 1975) und Ben Diogaye Beyes *Sey Seyeti* (Senegal 1980) – um nur diese Filme zu nennen – sind um den Mythos des »emanzipierten Mädchens« herum aufgebaut.

Die stets gleichbleibenden Handlungselemente des Mythos sind: 1) System der Unterdrückung; 2) der Wunsch auszubrechen; 3) Erfolg und Aufbau einer neuen Ordnung. Im Film manifestiert sich der erste Aspekt in Pongnérés Situation eines Mädchens in einer patriarchalen Gesellschaft. Sie hat nicht das Recht, draußen die Abenteuer zu erleben, in die Wênd Kûuni eingeweiht wird. Sie ist an Aufgaben im Haus und in der näheren Umgebung des Dorfes gefesselt. Die Freiheitsbeschränkungen von Frauen in patriarchalen Systemen werden schon früher im Film angefochten, als Wênd Kûunis Mutter eine Wiederheirat ablehnt. An einer anderen Stelle im Film moniert eine Frau, Timboko, in aller Öffentlichkeit, man würde sie zwingen, einen alten, impotenten Mann zu heiraten. Auch Timboko wird von dem gesellschaftlichen System, das sie anklagt, als Hexe und Schlange bezeichnet.

Die Ereignisse des zweiten Handlungsmoments umfassen auch Pongnérés Freundschaft zu Wênd Kûuni, in der sich ihr Wunsch abzeichnet, ihrer Situation als Mädchen zu entfliehen. Entgegen der Warnungen ihrer Mutter geht sie mit Wênd Kûuni in den Wald spielen. Vom Mythos des »gewollten Sohns« her gesehen könnte man argumentieren, Wênd Kûuni sei schlicht und ergreifend Pongnérés Bruder geworden. Aber das Verhältnis zwischen den beiden, so wie Pongnéré es sieht, transzendiert in der ödipalen Phase die patriarchale Ordnung, die zwischen Bruder und Schwester aufgebaut wurde. Pongnéré ist androgyn in ihrer Beziehung zu Wênd Kûuni, wenn sie sagt, sie wünschte sich ein Junge zu sein, damit sie mit ihm spielen könne. Die ökonomische Ausrichtung (*economisation*) des weiblichen und männlichen Geschlechts in der Person Pongnérés hallt in einer Sequenz in *Harvest 3000 Years* wider, in der auch Beletech merkt, daß sie aufgrund ihres Geschlechts vom Spiel der Jungen ausgeschlossen wird.

Das dritte Handlungsmoment führt zu Begebenheiten, die größtenteils aus der Sicht Pongnérés dargestellt werden. Die Totalen werden seltener, und an ihre Stelle treten subjektive, mit Liebe gezeichnete Aufnahmen. Jedesmal, wenn Pongnéré Wênd Kûuni in die Felder folgt, entsteht der Eindruck eines Rendezvous zwischen Liebenden. Die Schuß/Gegenschuß-Aufnahmen der lächelnden Pongnéré, wenn sie mit Wênd Kûuni zusammen ist, und die überlebensgroßen Bilder des Jungen aus der Vogelperspektive isolieren die Jugend aus den alltäglichen zweckmäßigen Aufgaben des Landlebens. Pongnéré setzt ihre Spielwelt an die Stelle der starr errichteten

Ordnung, und in ihrer subversiven Intervention tauscht sie die Rolle einer Beigabe (*adjuvant*) oder unterstützenden Figur, die sie in der Erzählung hat, gegen die Rolle einer zentralen Figur oder einer Erlöserin.

Sicherlich profitieren die Filmemacher von der Hinwendung zur mündlichen Überlieferung, aus der sie lernen, daß die chronologische Nebeneinanderstellung bestimmter Handlungsebenen einen bestimmten Geschichtentypus hervorbringt. Folglich bietet die mündliche Überlieferung nicht nur unschätzbare Mittel der Linearisierung, sondern auch Montagetechniken und Möglichkeiten, eine Handlung zu eröffnen und zu schließen. Insofern die Filmereignisse Handlungen aus der traditionellen Geschichte und Kultur imitieren, hilft die Rückbesinnung auf die mündliche Überlieferung dem Filmemacher, wahrhaft-mögliche Handlungsebenen in einer bestimmten Geschichte zu wählen.

Über seinen Wunsch hinaus, um der Tradition Willen zur Tradition zurückzukehren, ist es auch die Aufgabe des Filmemachers, aus der oralen Literatur zeitgenössische Formen und Inhalte zu entwickeln. Kaborés Strategie in *Wênd Kûuni* besteht darin, drei eigenständige Geschichten derart miteinander zu verknüpfen, daß daraus eine neue entsteht. Die semantische Sprachebene der archetypischen Geschichten – »der vermißte Ehemann«, »der gewollte Sohn« und »die emanzipierte Tochter« – wären wohl ohne Wirkung geblieben, hätte Kaboré sie in seinem Film nacheinander gezeigt. Die didaktische Aussage jeder einzelnen Geschichte wird jedoch untergraben, weil sie entweder nur in Teilen erzählt wird oder weil die Ereignisse bestimmter Handlungsstränge in mehreren archetypischen Geschichten gleichzeitig auftauchen.

Die Montage der möglichen Handlungsebenen im Film radiert die Botschaft einiger archetypischen Geschichten aus. Der Film beginnt beispielsweise mit der Geschichte vom »vermißten Ehemann«. Anstatt aber damit fortzufahren, springt er mit der Szene, in der ein Händler Wênd Kûuni bewußtlos im Wald findet, auf eine andere Handlungsebene. Das chronologische Abspulen der Geschichte vom »vermißten Ehemann« wird also ausgesetzt, während das Ereignis »Wênd Kûuni hat sich verirrt« eine Handlungskette auslöst, dargestellt durch die Suche nach dem Dorf und den Eltern des Jungen, durch das Angebot von Ersatzeltern und einem Ersatzdorf, die Beziehung des Jungen zu Pongnéré und das Wiedererlangen seiner Stimme. Bis die Geschichte vom »vermißten Ehemann« am Schluß des Films zu Ende erzählt wird, wird ihre Botschaft unterdrückt, und Schwerpunkt der Erzählung ist nicht, ob Wênd Kûuni seinen Vater und seine Mutter wiedergefunden hat, sondern, daß er seine Erinnerung und seine Stimme wiedererlangt und in der Welt Pongnérés glücklich ist. Hier kann nun eingewendet werden, daß die Figuren von Wênd Kûuni und Pongnéré die verschiedenen archetypischen Geschichten des Films dominieren, da sie diese immer zu transzendieren scheinen, anstatt als Akteure darin vorzukommen. Dies wird insbesondere in der Geschichte vom »vermißten Ehemann« deutlich, wenn dem Zuschauer die vollständige Geschichte in der Rückblende aus der Sicht von Wênd Kûuni aufgeht. Auch Pongnéré sprengt die Konstruktion ihrer Figur als Wênd Kûunis Schwester in der Geschichte vom »gewünschten Sohn«, um am Ende ein emanzipiertes Mädchen zu werden.

Der Film arbeitet daher deutlich mit den archetypischen Geschichten der mündlichen Überlieferung, indem er die Zeichen ihrer Handlungsstränge untergräbt. Die Montage und Kombination bzw. Verschmelzung der Ereignisse dieser Narrationen bewirkt, daß diese in den Hintergrund gedrängt werden, während die Geschichte von Pongnéré und Wênd Kûuni in den Vordergrund tritt. Kaboré hat aus einfachen und linearen Erzählungen, deren Sinn und Zweck es ist, den Status quo aufrechtzuerhalten, eine komplexe Handlung geschaffen, die sich gegen die repressiven Kräfte der Tradition auflehnt. Anstatt die einzelnen Charaktere auf ihre Rollen in den traditionellen Handlungsmöglichkeiten zu beschränken, hebt Kaboré sie über die archetypischen Geschichten hinaus und integriert sie in eine neue Geschichte, in der zeitgenössische Themen mitschwingen. Die Erhebung von Wênd Kûuni und Pongnéré über die Tradition weckt den Wunsch nach einer neuen Ordnung, mit dem sich afrikanische Filmemacher, von Sembène bis Kaboré, auseinandersetzen. In seinem Film *Ceddo* zum Beispiel stellt Sembène das Religionssystem in Frage und sieht in den Ceddos die einzigen Hoffnungsträger der Revolution; in *Finyé* (Mali 1982) schafft Souleymane Cissé eine Verbindung zwischen der Jugend (dem Symbol für Hoffnung) und der Tradition in Auflehnung gegen die Diktatur des Militärregimes; Fadika Kramo Lanciné enthüllt in *Djélì – un conte d'aujourd'hui* (Côte d'Ivoire 1980) die negativen Aspekte des Kastensystems und ersinnt eine Welt, die ohne diese hierarchische Gesellschaftsordnung besser dran wäre.

Afrikanische Filmemacher unterscheiden sich von den traditionellen Erzählern (*raconteurs*) durch ihre zukunftsorientierte Haltung. Während es in der Erzählung des *Griot* um Unordnung und die Wiederherstellung traditioneller Ordnung geht, will der Filmemacher die bestehende Ordnung überwinden... Die Filmhelden sind für gewöhnlich Frauen, Kinder und Bettler; Konzepte wie Neokolonialismus, technologischer Paternalismus, Polygamie und Sexismus werden mit den Schurken im Film assoziiert. Es werden in der Regel häufiger die traditionellen Handlungselemente eingesetzt, die zu einer Revolution im Staat führen, als die, die den Status quo wiederherstellen: Daher folgt in *Wênd Kûuni* auf den ersten Handlungsstrang »vermißter Ehemann« nicht »Frau heiratet wieder« und »Ordnung ist wiederhergestellt«, sondern es folgt, daß die Frau das Dorf verläßt. In einer anderen Szene, in der sich eine Frau einem Mann widersetzt, kehrt keine Ordnung ein, weil sich die Frau dem patriarchalen System nicht unterwirft. Vielmehr hängt sich der Mann auf und verweist damit auf die Schwäche (*impotence*) des Systems. Der Widerstand gegen die Ordnung wird besonders deutlich in der Figur Pongnérés, die sich wünscht, ein Junge zu sein, weil ihr Geschlecht ihren Handlungsraum einschränkt.

II

Nach dieser Ausführung der Handlungsebenen und ihrer Umwandlungen in *Wênd Kûuni* ist es nun wichtig, zu anderen narrativen Elementen überzugehen und ihre Verwendung im Film zu untersuchen. Auch hier wird der subversive Gebrauch von Oralität offenkundig. Wie bereits erwähnt, spielt die Erzählfolge bei der Organisation der Handlungsstränge eine bestimmte Rolle. Im folgenden werde ich hervorheben, in welcher Reihenfolge die Ereignisse im Film dargestellt sind, und werde sie mit der Abfolge der Ereignisse in der Geschichte vergleichen. Ein solcher Vergleich wird nicht nur aufzeigen, inwiefern der Film die Geschichte abwandelt, er wird auch bestimmte Elemente ans Licht bringen, die in der Geschichte nicht vorkommen. Betrachten wir zunächst einmal die Chronologie der wichtigsten Ereignisse in der Geschichte: 1) Es war einmal ein Händler, der fand einen Jungen bewußtlos im Wald. Als der Junge wieder zu sich kam, konnte er sich weder daran erinnern, wer er war, noch woher er kam. Er war stumm. 2) Der Händler brachte ihn in das nächste Dorf und ließ ihn dort bei einer Familie. Sie gaben dem Jungen den Namen Wênd Kûuni. 3) Die Familie hatte ein kleines Mädchen namens Pongnéré, das sich eng mit Wênd Kûuni anfreundete. 4) Eines Tages entdeckt Wênd Kûuni an einem Baum einen erhängten Mann. Er erleidet einen so großen Schock, daß er seine Erinnerung und seine Sprache wiederfindet. Jetzt kann er über seine Vergangenheit sprechen. Sein Vater war während einer Jagd verschwunden; seine Mutter wurde aus dem Dorf getrieben, weil sie das Angebot, erneut zu heiraten, ausgeschlagen hatte. Erschöpft und krank stirbt sie mitten im Wald und läßt den Jungen allein zurück.

Ein Vergleich dieser Zusammenfassung der Ereignisfolge in der mündlichen Überlieferung mit der bereits beschriebenen Sequenzfolge der Ereignisse im Film verdeutlicht, daß die erste Szene des Films Teile der letzten Szene der mündlichen Erzählung enthält. Interessant ist auch, daß dieselbe Szene am Ende des Films in einer Rückblende aus der Sicht Wênd Kûunis wiederholt wird. Die Verschiebung der Szene, in der Wênd Kûunis Mutter um ihren vermißten Mann weint, an den Anfang des Films verändert in vielerlei Hinsicht die mündliche Erzählung, die damit beginnt, wie der Händler Wênd Kûuni bewußtlos im Wald findet.

Aus stilistischen Gründen stellen die beiden Medien, Bild und Ton, zu Anfang verschiedene Probleme heraus. Im Off-Kommentar (*oral text*) gibt Wênd Kûunis

Situation, als er gefunden wird, das erste Rätsel auf. Das beeinflußt den Zuschauer, der nun Ereignisse erwartet, die darauf abzielen, die Ordnung für den Jungen wiederherzustellen. Im Filmbild hingegen betrifft das erste Rätsel der Geschichte die Figur der Mutter. Der Zuschauer erwartet, daß sie entweder erneut heiratet und dadurch wieder in die Obhut des patriarchalen Systems aufgenommen wird oder daß sie sich gegen dieses System auflehnt. Der Erzähler der mündlichen Überlieferung löst beim Publikum Fragen zu der Vergangenheit des Jungen aus, indem er *in medias res* mit der Szene »Händler und bewußtloser Junge« beginnt. Die Eröffnungsszene im Film entspricht jedoch dem chronologischen Anfang der Geschichte. Somit betreffen die Fragen, die sich hier stellen, eher die Zukunft des Jungen als seine Vergangenheit. Damit dient die Wiederholung des Anfangs der Geschichte am Filmende mehr dazu, die Ereignisse, die der Zuschauer bereits gesehen hat, näher zu erklären, als dazu, ein Ereignis preiszugeben, von dem der Zuschauer bislang nichts wußte. Der Off-Kommentar hält den Anfang der Geschichte bis zum Schluß zurück und macht ihn so zu dem zentralen Ereignis, auf das der Zuschauer wartet.

III

Die abweichende zeitliche Abfolge der Ereignisse im Film als Ganzes beeinflußt die Bedeutung der Geschichte aus der mündlichen Überlieferung. Die Eingangsszene des Films zeigt eine Person, die mit dem System nicht klarkommt; eine Frau, die ihre Wünsche über die Tradition stellt, beschließt wegzulaufen. Der Off-Kommentar repräsentiert genau die gegenteilige Ideologie: die Geschichte beginnt mit dem Jungen, der sich verlaufen hat und ein Zuhause braucht. Während das Filmbild im Haus einsetzt und hinaus in die Wildnis weist, verläuft die mündliche Überlieferung des Off-Kommentars von der Wildnis ins Dorf. Der Erzähler der mündlichen Geschichte ist daran interessiert, dort wo Chaos herrscht, den Status quo wiederherzustellen, während der Filmemacher die bestehende Ordnung ablehnt und ein alternatives System vorschlägt. Dieser binäre Gegensatz zwischen drinnen und draußen bzw. Tradition und Veränderung wird auch von anderen afrikanischen Regisseuren eingesetzt. In *Harvest 3000 Years* nimmt Beletech am Spiel der Jungen teil, wenn sie weit genug vom Dorf entfernt sind. Am Ende des Films verläßt Berehun das Dorf. In *L'exilé* (Niger 1982) von Oumarou Ganda lernt der Held, außerhalb seines eigenen Königreichs zu regieren. In *Ceddo* wird die Revolution von außen durch die Ceddos herbeigeführt. Auch *Wênd Kûuni* endet draußen auf den Feldern, wohin sich die beiden Helden vor den unterdrückenden Kräften der Tradition zurückgezogen haben. In der mündlichen Überlieferung taucht diese Szene weder als ein Ereignis der Geschichte noch als narratives Element auf. Der Film unterstreicht diese und andere

Außenszenen, weil sie Freiraum darstellen. Im Off-Kommentar hingegen dominieren die Innenszenen, die für Sicherheit und Erhaltung stehen.

In der Erzählung von *Wênd Kûuni* beherrschen die Totalen das Bild; erst nachdem sich Pongnéré und Wênd Kûuni treffen, werden Großaufnahmen und Halbtotalen bei der Schilderung ihrer Interaktion wichtig. Wie bereits erwähnt, werden die Totalen von ausgedehnten Momenten des Schweigens begleitet, die regelmäßig von rituellen Begrüßungen, seltener von Gesprächen unterbrochen werden. Von Zeit zu Zeit faßt ein Off-Erzähler den Lauf der Geschichte zusammen, als wolle er den Zuschauer an seine narrative Autorität erinnern. Totalen und ein stummer Soundtrack scheinen die geeigneteren narrativen Mittel im Vergleich zu Close-ups und ausgedehnten Gesprächen bzw. Debatten, die aufgrund der täglichen Routine der Leute, die immer ihre Arbeit tun und nie ihre traditionellen Rollen verlassen, herausstechen. Ich will darauf hinaus, daß die Fokussierung im Film größtenteils eine externe ist. Die Figuren sind zunächst vom Standpunkt eines implizierten Erzählers (Off-Erzähler) aus zu sehen; sie sind aus der Entfernung zu sehen, zu betrachtende Objekte, und um eine Erzählperspektive zu schaffen, ist ihnen, bevor Pongnéré Wênd Kûuni trifft, die Hinwendung zur Kamera verwehrt. Die Totalen und das anhaltende Schweigen der Figuren implizieren einen objektiven Stil, eine Dokumentation des afrikanischen Landlebens, die nicht von Close-ups und individuellen Vorstellungen verzerrt wird. Die Realitätswirkung dieses Stils erinnert an die Erzählung in der mündlichen Überlieferung. Der *Griot* – der Bewahrer des traditionellen Erbes – ist der einzige Erzähler der Geschichte. Jede Version, die er erzählt, wird vom Publikum als Realität dessen angesehen, wie es einmal war. Ganz im Gegensatz zu den implizierten Erzählern moderner Romane und Filme, deren Können daran gemessen werden kann, inwieweit sie sich selbst im Hintergrund halten und die Figuren die Erzählung ausführen lassen, hängen Macht und Meisterhaftigkeit des *Griot* davon ab, in welchem Maße sein Publikum in der von ihm erzählten Geschichte seine Präsenz spürt. In *Wênd Kûuni* fungiert der Off-Erzähler als der *Griot*, insofern als er beständig durch das Zusammenfassen der Geschichte seine Redundanz manifestiert.

Sobald jedoch Pongnéré Wênd Kûuni begegnet, wird im Film eine andere Erzählperspektive aufgebaut. Der externe Blickwinkel, der in der Erzählung vorgeherrscht hatte, wechselt sich nun mit einer inneren Fokussierung ab, die Pongnérés Sicht der Welt darstellt. Nachdem sie zunächst als ein anschaubares Objekt dargestellt wurde, wird sie nun zum Subjekt, aus dessen Perspektive der Zuschauer die Welt des Films sieht. Die Ausführung der subjektiven Schilderung oder die Verwendung von Filmfiguren als Erzähler – im Sinne einer Alternative zu der weiter oben beschriebenen objektiven Darstellung – setzt ein, wenn Pongnéré Wênd Kûuni von ihrem Traum erzählt. Die Szene ist mit Close-ups und Schuß-/Gegenschuß-Aufnahmen von Pongnéré gedreht, in denen sie auf dem Boden kniet und zu Wênd Kûuni aufschaut. Es ist interessant, daß sich die Figuren jetzt anschauen und zueinander aufschauen, während sie zuvor ihren Blick immer nur nach unten gerichtet hatten. Der Zuschauer sieht Wênd Kûuni aus der Sicht Pongnérés, wenn diese ihm erzählt, daß sie einen Traum hatte, in dem er sprechen konnte. Die Gegenschuß-Einstellung zeigt, wie Wênd Kûuni sie lächelnd anschaut, und verdeutlicht, daß sie ihm Hoffnung und Selbstvertrauen gegeben hat.

An einer anderen Stelle im Film widersetzt sich Pongnéré den Vorschriften ihrer Mutter und folgt dem Jungen in die Felder. In dieser Szene bittet sie Wênd Kûuni, ein Lied für sie zu spielen. Als er ihr durch Gesten zu verstehen gibt, sie solle nach Hause gehen, da sich ihre Mutter sonst Sorgen mache, sagt sie ihm, daß sie sich wünsche, ein Junge zu sein, damit sie immer bei ihm sein könne. Im ersten Teil dieser Szene gibt es einige ungewöhnliche Einstellungen: zunächst sieht der Zuschauer ein Close-up von Pongnéré, die von der Leinwand blickt und nach Wênd Kûuni ruft. Nach einem Close-up des Jungen, der sich zu ihr umblickt, enthüllt eine Totale, daß Pongnéré noch viel weiter von dem Jungen entfernt ist, als es die Großaufnahme zuvor implizierte. Diese Art von Aufnahmen, die im objektiven Erzählmodus nicht möglich gewesen wären, werten Pongnérés Subjektivität auf. Als Mädchen ist sie an ganz bestimmte Räume gebunden; daher muß sie Raum verändern oder aufbrechen, um ihre Freiheit zu finden. Durch diese subjektiven Aufnahmen wird Pongnérés Stimme zu einer wichtigen Erzählstimme, da der Zuschauer durch ihre Augen die Dinge sieht, die entweder fehlen oder von der objektiven Schilderung des Off-Erzählers nicht akzentuiert werden. Nach Pongnérés Aufbegehren fällt es beispielsweise leichter, mit den beiden Frauen zu sympathisieren, die sich weigerten, einen Mann zu heiraten, den sie nicht mögen.

Zwar berichtet der Off-Erzähler, Wênd Kûunis Gedanken bedrückten quälende Dinge, aber die Geschichte des Jungen erfährt der Zuschauer erst, wenn Pongnéré ihn bittet, sie ihr zu erzählen. Mit ihr fängt der Zuschauer an, Wênd Kûuni zu schätzen, nicht weil er seine Eltern verloren hat, sondern weil er ein Individuum und ein gutaussehender Junge ist. Die subjektive Erzählung im Film wird noch durch die Rückblenden aus der Sicht Wênd Kûunis verstärkt. Es ist denkbar, daß eine Frau, die sich über den Rat der Älteren zu einer Wiederheirat hinwegsetzt, in der mündlichen Überlieferung als Hexe und Gefahr für die Gesellschaft bezeichnet wird. Wênd Kûunis Schilderung erzeugt allerdings eine Situation des Mitleids, mit der sich der Zuschauer identifiziert. Die Dorfbewohner hingegen, die die Mutter mit Steinen bewerfen und ihr Haus in Brand stecken, werden als die »Bösen« gesehen. Es ist interessant, daß Wênd Kûunis Geschichte von der objektiven Erzählung ausradiert wird, weil, wie Pongnéré ihm zu verstehen gibt, eigentlich nur die Älteren die Geschichte hören dürfen. Die Tatsache, daß er sie dem Mädchen draußen in den Feldern noch einmal erzählt, ist mit der Emanzipation des Mädchens gleichbedeutend. Die Deterritorialisierung verschiebt den semantischen Wert der Geschichte zugunsten der subversiven Mittel, die im Film eingesetzt werden.

Zweifelsohne stützen sich die afrikanischen Filmemacher auf die traditionellen Geschichtenerzähler wie den *Griot*. Ihre Filme deuten jedoch bereits eine neue Ordnung an und weisen dem *Griot* das Althergebrachte, Statische zu.

Aus dem Englischen von Andrea Honecker
Mit freundlicher Genehmigung des British Film Institute, London

Manthia Diawara, Direktor der *African Studies* an der New York Universität, Autor von »African Cinema – Politics and Culture« (1992) und weiteren Beiträgen u. a. in *Village Voice, Black Film Review, Sight and Sound*; Herausgeber von »Black American Cinema« (1993), der 1996 gegründeten Zeitschrift *Black Renaissance*. Autor der Filme *Sembène Ousmane: The Making of African Cinema* und *Rouch In Reverse*/Der Fuß des Löwen, GB/USA/Mali 1995, Video, 51'. Franz./engl. O.m.engl.U.

Gaston Kaboré (*1951 in Bobodioulasso, Burkina Faso), Filmemacher von Dokumentar- und Spielfilmen, Herausgeber der Zeitschrift *Ecrans d'Afrique*.

Filme:

- *Je reviens de Bokin*, Burkina Faso 1977, 16mm, 38'. Moré OF.
- *Stockez et conservez les grains*, Burkina Faso 1978, 16mm, 22'.
- *Utilisation des energies nouvelles au milieu rural*, Burkina Faso 1979, 16mm, 40'.
- *Regard sur le VIème FESPACO*, 1979, 16mm, 40'.
- *Wênd Kûuni*/Geschenk Gottes, Burkina Faso 1982, 35mm, 75'. Moré OF.
- *Propos sur le cinéma*, 1986, 16mm, 14'. Franz. OF.
- *Zan Boko*, Burkina Faso 1988, 35mm, 95'. Moré OF.
- *Rabi*, Burkina Faso 1992, 62'. OF m.engl. UT.
- *Madame Hado*, Burkina Faso 1992, 14'. OF m.engl. UT.

Asientos (1995)

Die Geschichte schreitet voran und hält sich dabei das Gedächtnis zu wie man sich die Ohren zuhält.
(Chris Marker, Sans Soleil)

Asientos bedeutet: »wohlbegründete, vereinbarte Sache«. Im 16. Jahrhundert überträgt der spanische Staat den neuen Mächten, den Finanz- und Handelskompanien, die Organisation des Sklavenhandels anhand von sogenannten Asientos oder Lizenzen.

Das Asiento ist ein Vertrag öffentlichen Rechts zwischen dem König und einer Vertragspartei. Es ist eine einseitige, durch den König gewährte Rechtseinräumung zur Lieferung einer ganz bestimmten Anzahl von Negern in die Kolonien gegen gewisse Leistungen. Das erste Asiento über Neger wurde im Jahre 1528 an Deutsche übertragen, Eynger & Sayler, Mitglieder des Hofes von Karl V. Sie erhielten das Monopol über 4.000 binnen vier Jahren zu liefernde Schwarze von einem Wert von 40 Dukaten pro Kopf gegen die Entrichtung von 20.000 Dukaten an das Schatzamt. Sie verkauften die Lizenzen an die Portugiesen.

SIE: Das erste Mal, daß wir uns begegnen, verstehe ich nicht, was er will. Ich bin nie in Afrika gewesen. Ich weiß nicht, nach was die Ländereien Afrikas, und auch nicht, nach was die Völker Afrikas aussehen.
Ich höre ihm zu, wie er spricht ...
Zu viele Bilder hier in Europa, sagt er. Zu viele ohnmächtige Bilder. Dort, die Abwesenheit der Bilder. Und die Schwierigkeit, das leere Fach seines Gedächtnisses aufzufüllen.

Er selbst hat in Frankreich studiert, aber sein Körper ist dort geblieben. Sein Körper ist dort. Sein Körper ist durchdrungen vom Leiden, zu dieser Vergangenheit, die ihn mit Grauen erfüllt, keinen Zugang zu haben. Dort, sagt er, spricht man nicht davon, wenn man etwas Hartes erlebt. Die schwerwiegenden Dinge bleiben in

Schweigen gehüllt. Er hat das Bedürfnis, sich zu erinnern. Aber wie kann man sich an etwas erinnern, das nirgends existiert? Wie soll man sagen können: Siehe! Das hat stattgefunden, ein für allemal.

Er hat Angst. Er hat Angst, daß es im übrigen wieder anfängt, hier, heute, fängt es wieder an.

Warum immer noch in der Vergangenheit herumwühlen? Kinder werden geboren, Kinder spielen, reicht das etwa nicht?

Ich kam seiner Bitte nach, ihm zu helfen, das leere Fach seines Gedächtnisses aufzufüllen. Die toten Seelen der Verstorbenen mit einem Namen zu versehen.

Da, wo ich leide, sagt er, gibt es nichts zu leiden. Aber auch nichts, dieses Leiden erträglich zu machen. Wie soll man den Ort dieses Leidens erreichen? Wie kann man wissen, was passiert ist? Es gibt nichts zu zeigen. Es gibt nichts.

STIMME 1: Soviel Blut in meinem Gedächtnis! In meinem Gedächtnis sind Lagunen. Sie sind mit Totenköpfen bedeckt. Sie sind nicht mit Seerosen bedeckt...

In meinem Gedächtnis sind Lagunen. An ihren Ufern sind die Tücher der Frauen nicht ausgelegt. Mein Gedächtnis ist von Blut umgeben. Meines Gedächtnisses Gürtel ist aus Leichen gemacht!

STIMME 1: Mein Körper hat sich über seine Wunden geschlossen. Mein Körper muß so viele Jahrhunderte erheben. Diese Jahrhunderte, die uns von dir trennen. Seit Jahrhunderten schreien deine Ahnen, meine Brüder. Und niemand hört. Verschwunden sind sie in der Geschichte.

Du kannst es nicht glauben. Du willst es nicht glauben. Du hast Angst... Du schluckst die Stücke deiner Kindheit, die dich nicht mehr schützt, herunter. Hör zu...

Im Jahre 1492 kommt Christoph Kolumbus in Amerika an. In der Folgezeit besetzen die Spanier, die Franzosen und die Engländer nach und nach die Inseln des amerikanischen Kontinents.

Im Jahr 1492 zählt die indianische Bevölkerung rund 6 Millionen Menschen, um 1900 sind es nur noch 250.000 Indianer. Die Vernichtung der Indianer sollte die Deportation von Millionen Afrikanern nach sich ziehen, die als Hilfskräfte in den Zuckerrohr- und Baumwollplantagen Amerikas dienen.

Von Norden nach Süden und von Osten nach Westen, von den am Atlantik und anderswo gelegenen Häfen aus rüstet der Alte Kontinent seine Schiffe für finstere Handelsgeschäfte auf. Niemals zuvor hatten sich die Europäer auf eine Jagd auf Sklaven derart gigantischen Ausmaßes begeben. Diese Jagd erfolgt systematisch und geschieht allein in der Absicht, sich Sklaven zu verschaffen.

Die wohlanständigen Bürger von Bordeaux, Bristol, Kopenhagen oder Lissabon investieren in dieses Geschäft und bestehen darauf, Großhändler und nicht nur

Händler genannt zu werden. Denn wie du siehst, treiben sie Handel im Großen und nicht im Kleinen.

STIMME 1: Unserer Lieben Frau der Hoffnung, Unserer Lieben Frau des Erbarmens, Herzog von Bourgogne …

STIMME 2 (fällt STIMME 1 ins Wort und fährt fort): … *Unserer Lieben Frau der Hoffnung, Unserer Lieben Frau des Erbarmens, Herzog von Bourgogne, Jesus-Maria-Josef, Heiliger Karl, Zwei Schwestern, Einzige Tochter, Kleine Nina, Wellenbrecher, Schöne Pauline, Contrat Social*

STIMME 1: Nichts unterscheidet die Sklavenschiffe von den anderen Handelsschiffen, denn die Sklavenhändler verwenden Segelschiffe, die schon ganz müde sind von jahrelangen Transporten.

STIMME 1: *Jesus-Maria-Josef, Heiliger Karl, Zwei Schwestern, Einzige Tochter …*

STIMME 1: Der Handel mit den schwarzen Sklaven hat vier Jahrhunderte angehalten. Vier Jahrhunderte lang wird Afrika seiner kräftigsten Kinder beraubt.

STIMME 2: *Das ist ein in der Geschichte der Menschheit bis dahin nie dagewesener demographischer Aderlaß. Die politische Karte Afrikas unterliegt tiefgreifenden Veränderungen.*

STIMME 1 (fällt STIMME 2 ins Wort und fährt fort): Im Dscholof, im Kayor, im Songhai, im Kongo, in Kaarta, in Ségou, im Staate Abomey, im Staate Ashanti …

STIMME 2: *Die traditionellen Mächte werden in ihren Fundamenten erschüttert. Die Gewinne aus dem Sklavenhandel sind höher als die aus dem Handel mit Kolanüssen, Elfenbein oder Vieh. Das Trachten nach dem Gewinn und die Verlockung des Geldes bringt die Volkstribune gegeneinander auf. Immer mehr Kriege brechen aus. Die Völker werden gefangengenommen und verkauft. Vier Jahrhunderte lang kommt es zu Plünderungen, zu Raub, zu Vergewaltigungen, zur Ausplünderung von Mensch und Vieh …*

STIMME 1: Zur Zerstörung der moralischen und geistigen Werte …

STIMME 2: *Das soziale Gleichgewicht wird zerstört. Der Druck durch die europäische Nachfrage nach Sklaven zerstört das soziale Gleichgewicht.*

STIMME 1: Jeden Tag bin ich hierher gekommen. Jeden Tag habe ich auf dich gewartet. Ich wollte dich sprechen. Wo warst du? Du schaust nicht, du hörst nicht zu. Du spielst.
Du bist jung, es ist, als wärst du nicht geboren. Du weißt nicht einmal, daß ich einst gewesen bin. Was willst du? Laß mich, du wirst von mir nichts bekommen. Ich bin tot. Du kannst nicht in den Tod eindringen.

STIMME 1: Deine Ahnen, meine Brüder? Ich sehe sie ... Ihre Arme und Beine sind abgerissen, ihre Augen geblendet. Meine Brüder ... Ich sehe sie wie bei einem Schiffbruch langsam aus der Finsternis treten. Ihre Haut ist ein Leichentuch, ihr Körper eine Hülle des Schweigens.
Ja, ich sehe sie. Sie sind da! Einfache Ware, die andere Waren transportieren. In Karawanen, die unter Peitschenhieben an den Pisten entlang sich vorwärts bewegen. Die Männer sind zu zehnt oder zu zwanzig miteinander verkettet. Sie tragen eiserne Ringe um den Hals, die eine mit einem Schloß gesicherte Kette verbindet. Den aufsässigen unter ihnen sind die Hände auf dem Rücken und ein Stück Holz quer vor den Mund gebunden.

Manchmal, damit eine Mutter das Elfenbein tragen kann, das einen höheren Preis hat als ein Kind jüngeren Alters, entledigt man sich des Kindes, indem man es mit einem Speer durchbohrt oder seinen Kopf gegen einen Baum zerschlägt.

Ja, ich sehe sie ... Die Gefangenen in Küstennähe zu Gruppen geschart ... In den Sklavenkontoren ... Wie sie warten, verkauft zu werden.

Du, der du groß geworden bist, ohne zu wissen. Du, der du so viele Bücher gelesen hast. Der du so viele Zahlen gesehen und verglichen hast. Du, der du die Reiserouten der Sklavenschiffe nachgezeichnet hast. Du weißt immer noch nicht, warum das Meer diese Leichen nicht an Land spült.
Hör zu ...
Du kannst in die Geschichte eintreten. Aber du kannst nicht aus ihr heraus. Du kannst die Toten nicht ausgraben, nicht ihre Schreie, nicht ihre Aufstände, nicht ihre Wunden.
Ich bin tot. Und du warst nicht geboren. Ich werde sterben, ohne dir im geringsten etwas zurückgelassen zu haben.
Waisenkind. Von jenen, die gegangen sind und nicht zurückkamen. Deine Ahnen. Meine Brüder.

Du willst besuchen ... SEHEN? Geh hin. Schau es dir an. Du wirst Mauern sehen, Steine, die einer auf dem anderen liegen. Du wirst den Wind sehen und das Meer. Den Sand, auf den du trittst und der dir die Füße wärmt.

Es ist ein Markt. Und wie auf jedem Markt muß man die richtige Wahl zu treffen wissen. Der Wundarzt nimmt die Leibesvisite vor: Ja keine alten Männer mit runzeliger Haut, hängenden und verschrumpelten Hoden, geschoren und rasiert. Die großen dürren Neger mit schlaffem Bauch und blödem Gesichtsausdruck verkaufen sich schlecht.

Die Frauen dürfen weder flache Brüste mit vorstehenden Warzen noch hängende und schlaffe Brüste haben. Bevorzugt werden vor allem gebärfreudige Exemplare. Die gute Ausformung des Beckens und der Brust wird besonders hoch geschätzt. Die Frauen müssen einen »aufrechten Busen« haben.

Ein junger Mann um die zwanzig mit intaktem Gebiß, gut ausgebildeten Muskeln mit ein wenig Fett ist ein »Prachtexemplar« und verkauft sich zu Höchstpreisen.
Das Fehlen eines einzigen Zahns oder der geringste Fleck in einem Auge macht einen Sklaven schon minderwertig gegenüber einem Sklaven erster Güte.
Ich war nackt, ohne Worte, den Eindringlingen ausgeliefert. Mein Körper ist bei einem Schiffbruch verlorengegangen. Ich habe mich zu meinen namenlosen Brüdern gesellt, die in den Rissen der Geschichte übereinandergestapelt sind. Ich existiere nicht mehr. Tu etwas für mich:
ERINNERE DICH
Erinnere dich der Qualen meiner Brüder, deiner Ahnen …
Erinnere dich der Ängste und Lügen. Der Einsamkeit und der Kälte. Der Gewalt und der Grausamkeit. Erinnere dich der abgeschnittenen Zungen, der durchgeschnittenen Kniekehlen, der stählernen Speere, die Brüste durchbohrten.
Erinnere dich des Geruchs vom Tod!

STIMME 2: Die Gefangenen sind nach Gewinn aufgeteilt. Mit dem Brenneisen gezeichnet. Geschoren. Mit dem Brenneisen gezeichnet zu sein, heißt, daß das Sklavendasein für alle Zeiten in das Fleisch eingeschrieben ist. Wiegt der Gefangene weniger als dreißig Kilo, wird er als »vorübergehend unfähig« eingestuft und in eine Spezialzelle zum Mästen eingesperrt.

Verweigert ein Gefangener die Nahrung, öffnet man ihm den Mund mit einem Spezialwerkzeug, dem *speculum oris*. Das *speculum oris* wird überall in den Läden von Nantes und Liverpool zum Kauf angeboten.

Männer und Frauen sterben. Die Epidemien raffen sie dahin.
Die Ruhr- und die Gelbfieber-Epidemien. Skorbut und Masern töten.
Kinder sterben.
Die Epidemien raffen sie dahin. Die Ruhr- und die Gelbfieber-Epidemien.
Männer und Frauen sterben. Skorbut und Masern töten.
Die Epidemien raffen sie dahin. Kinder sterben.
Die Ruhr- und die Gelbfieber-Epidemien. Mit dem Brenneisen gezeichnet. Geschoren.

Mit dem Brenneisen gezeichnet zu sein, heißt, daß das Sklavendasein für alle Zeiten in das Fleisch eingeschrieben ist.

Die ganze Nacht hat sie Trauer getragen. Die Trauer über Millionen von Toten ohne Grabstätte. Die Toten von gestern, und die Toten von heute. Die ganze Nacht hat sie Namen herausgeschrien. Namen, die auf immer in den Rissen der Geschichte verlorengegangen sind.

Hört ... Ein Hund bellt. Ein Kind weint. Der Tag wird zur Nacht ...

Es ist der Tanz der Geier und der Aasfresser.

Jemand weint. Jemand überquert den Ozean. Zehn Millionen Menschen überqueren den Ozean. Oder waren es zwanzig? Oder fünfzig? Niemand weiß es genau.
Und TOMBA? Wer erinnert sich an TOMBA? Er zettelte auf einem Schiff eine Revolte an und hatte eine Frau zur Komplizin. Tomba wurde getötet.

Daß sein Herz und seine Leber gegessen werde, befahl der Kapitän zwei seiner Gefährten. Daß man sie an den Daumen aufhänge. Daß man sie auspeitsche. Daß man sie solange mit Messern schlitze, bis sie tot sei.

Tomba, der Mandschak. Wer erinnert sich deiner? Vielleicht warst du ein Yoruba oder ein Bambara? Niemand weiß es. Und die Frau? War sie nun eine Bororo oder eine Peul? Vielleicht Toukoulör? Wie soll man es wissen? Wer wird es uns sagen?
Die toten Seelen bleiben stumm.

Die Erde hat gebrannt. Die Erde ist mit Blut getränkt. Die Erde ist von Tränen überströmt. Gesten und Worte haben keinen Sinn mehr. Schweigen hat sich über die Lieder und Tänze gelegt.
Jemand weint, jemand leidet. Es ist das Leiden dessen, der keinen Namen hat. Es sind die Tränen eines Volkes, das keine Gräber hat.

STIMME 1: »Soviel Blut in meinem Gedächtnis! In meinem Gedächtnis sind Lagunen. Sie sind mit Totenköpfen bedeckt. Sie sind nicht mit Seerosen bedeckt ...
In meinem Gedächtnis sind Lagunen. An ihren Ufern sind die Tücher der Frauen nicht ausgelegt. Mein Gedächtnis ist von Blut umgeben. Meines Gedächtnisses Gürtel ist aus Leichen gemacht!«

SIE: Wir haben uns von dem Grauen ferngehalten und zugleich abgelehnt, für unsere Verbrechen einzustehen. Es ist so einfach zu glauben, es habe nicht stattgefunden ... Dieses Zeitalter stellt das Vergessen her.
Ich höre ihm zu wie er spricht ... Die Zeit, sagt er, löscht aus. Die Zeit wirft in den Schatten zurück. Die Zeit nimmt keine Rücksicht auf unser Unglück ... Doch diese Körper ...
Wie kann man sie vergessen? Diese verlorenen Körper mit der durchlöcherten Haut. Diese zerfetzten Körper ...

Wie kann man vergessen, wenn dieses Volk heute noch seinem Tod entgegengeht? Da seine Bilder einen Markt beliefern, dessen Kunden wir sind?
Dieses Volk ist schwarz. Wie ich. Ja, ich weiß. Du bist weiß, sagt er zu mir.

Ich frage mich ... Warum kann die Liebe verschwinden, warum diese Gleichgültigkeit, die tötet. Auf noch grausamere Weise.
Ich schaue dieses Jahrhundert an, das sich zerreißt, die Geschichte, die sich wiederholt, und ich habe Angst ...
Ich würde mich gerne nähern ...
Ich würde mich gerne nähern, mich setzen ... Still sein ...
Ja ... Still sein, sagt er. Dem Schweigen zuhören. Wieder lernen zu schauen, um das Namenlose zu sehen. Eines Tages vielleicht ...

Dialogtext des Films Asientos *von Claire Jaumain und François Woukoache.*

François Woukoache: Über *Asientos*

Asientos ist ein Traum: Er erzählt die Geschichte einer unmöglichen imaginären Begegnung. Der Film ist eine fiktive Autobiographie, da er die Geschichte eines jungen Afrikaners meiner Generation erzählt, der, um die Bilder des gegenwärtigen Afrika schauen zu können, enorm viel leisten und ein komplexes System erfinden muß, das ihn zwingt, wieder in die Vergangenheit einzutauchen, um die für die Bewältigung der heutigen Wirklichkeit notwendige Kraft zu finden. Denn über die Tragödie hinaus, wie sie die Deportation von mehreren Millionen Menschen darstellt, evoziert der Film die Tragödie eines Volkes, das heute mit einer kaum zu leistenden Trauerarbeit konfrontiert ist.

Das Schweigen der toten Seelen verdammt uns zu versuchen, die Kluft, die uns von ihnen trennt, zu überwinden. Es verdammt uns, die letzten Spuren unablässig zu befragen, die möglicherweise noch von dem Grauen dessen zeugen können, was sich abgespielt hat. Dafür müssen wir wieder lernen, zu schauen. Hinschauen und SEHEN.

Asientos ist also die Geschichte einer Initiation des Blicks. Eines inneren Blicks, der nicht durch das Bild geht (die Filmrolle brennt) und also nicht durch die Maschinen, die uns am Sehen hindern.

Asientos ist kein erklärender Film, der darum bemüht wäre, eine Leere durch einen massiven und überdeutlichen Informations-Diskurs aufzufüllen.

Es geht auch nicht darum, auf möglichst transparente Weise zu illustrieren.

Der Film wurde in der Gewißheit gemacht, daß dieses Thema uns dazu zwingen würde, die Mittel des Kinos und der Kunst im allgemeinen zu hinterfragen und diese Fragen in die Form des Teilens zu integrieren, um diesem historischen Moment heute Rachnung tragen zu können.

Asientos wurde in dem Bewußtsein gemacht, daß Kino eine Kunst ist, die ebenso rein ist wie Musik, ebenso komplex wie Malerei und ebenso abstrakt wie Poesie es sein kann. Es ging darum, eine ungewohnte Erzählweise, das heißt neue Beziehungen zwischen Tönen und Bildern zu erforschen, um über diese Verbindungen die Mittel zu erlangen, ein *Gedächtnis*, Fragmente von Gedächtnis zu rekonstruieren.

Mir war bewußt, daß der gewählte Standpunkt (sich mitten im Herz der Kunst zu bewegen) Überraschung, Zweifel, Unbehagen und sogar Wut hervorrufen konnte. Doch Ziel des Films ist es nicht, den Zuschauer zu beruhigen oder zu trösten, indem er auf sein unmittelbares, »spontanes« Verständnis setzt oder ihm ein unmittelbares Vergnügen bereitet, das sich im unmittelbaren Konsum erschöpft. Daher die Notwendigkeit, auf eine rein emotionale Zustimmung zu verzichten. Es geht darum, durch ein Bündel von Fragen etwas zu empfinden, wahrzunehmen und die für die Analyse und Reflexion notwendige Distanz in Betracht zu ziehen.

Aus dem Französischen von Caroline Gutberlet
Mit freundlicher Genehmigung von François Woukoache

François L. Woukoache (*1966 in Yaoundé, Kamerun), Filmemacher, Cutter, Produzent und Drehbuchautor.

Filme:

- *Melina*, 1991/92, 16mm, Farbe, 52'. Kodak/Jane Gueronnet-Preis anläßlich des 12. Bilan du film ethnographique in Paris, 1993.
- *Asientos*, Belgien 1995, 35mm, s/w und Farbe, 52'. Drehbuch und Regie François Woukoache. Antoine Bonfanti, für den Ton verantwortlich, gehört zu den großen seines Faches und lehrt u. a. an der Hochschule der Drei Welten in Havanna. Rémon Fromont an der Kamera, die Musik von Torinho Ramos, die künstlerische Leitung unter Bruno Noytten (Kameramann und Regisseur u. a. von Camille Claudel, 1988) sowie die Kostümbildnerin Oumou Sy bildeten das renommierte Team dieser internationalen Produktion von P.B.C. Pictures (Lüttich), INDIGO Filmproduktion (Berlin), Radiodiffusion Télévision Sénégalaise (Dakar), GSARA (Brüssel). *Asientos* erhielt mehrere Preise, darunter den Preis der Agence de Coopération Culturelle et Technique, Paris (ACCT), und den Spezialpreis der Dokumentarfilm-Jury, 1995; AGIP-Preis (bester Kurzfilm) und Preis C.M.D. Ecrans d'Afrique (Preis der Kritik) in Mailand, 1996.

Stuart Hall (1989/1994)

Zur kulturellen Identität im Kino der afrikanischen Diaspora

Ein neues karibisches Kino ebenso wie die entstehenden Kinematographien der afro-karibischen Schwarzen in der Diaspora gesellen sich nun zu den anderen »Dritte Welt«-Kinematographien. Alle diese kulturellen Praktiken und Formen der Repräsentation rücken das schwarze Subjekt in ihr Zentrum und fragen nach der kulturellen Identität. Welches ist dieses sich entwickelnde, neue filmische Subjekt und von wo aus spricht es? Tätigkeiten der Repräsentation schließen immer Positionen ein, von denen aus wir sprechen oder schreiben: Positionen der Artikulation (*enunciation*). Während wir meinen, sozusagen in »unserem eigenen Namen«, von uns selbst und unserer eigenen Erfahrung zu sprechen, legen neue Artikulationstheorien nahe, daß der Sprechende und das Subjekt, über das gesprochen wird, niemals identisch sind und niemals exakt den gleichen Platz einnehmen. Identität ist weder so vollkommen transparent, noch so unproblematisch, wie wir denken. Statt Identität als eine schon vollendete Tatsache zu begreifen, die erst anschließend durch neue kulturellen Praktiken repräsentiert wird, sollten wir uns vielleicht Identität als eine »Produktion« vorstellen, die niemals abgeschlossen ist, sich immer in einem Prozeß befindet, und immer innerhalb – nicht außerhalb – der Repräsentation konstituiert wird. Diese Sichtweise hinterfragt die Autorität und Authentizität, die der Begriff der »kulturellen Identität« für sich beansprucht.

Ich versuche hier einen Dialog, eine Untersuchung zum Thema kultureller Identität und kinematographischer Repräsentation zu eröffnen. Selbstverständlich muß auch das »Ich«, das hier schreibt, selbst als ein »artikuliertes« gedacht werden. Wir alle haben einen bestimmten Ort, eine bestimmte Zeit, eine spezifische Geschichte und Kultur, von denen aus wir schreiben und sprechen. Was wir sagen, steht immer »in einem Kontext« und ist verortet. Ich wurde in Jamaika geboren und verbrachte dort meine Kindheit und Jugend in einer Familie der unteren Mittelschicht. Als Erwachsener habe ich in England, im Schatten der schwarzen Diaspora – »im Bauch der Bestie« – gelebt. Ich schreibe vor dem Hintergrund einer lebenslangen Beschäftigung mit *Cultural Studies*. Wenn der Eindruck entsteht, der vorliegende Text sei von den Erfahrungen der Diaspora und von ihren Erzählungen über Verschleppung bestimmt, dann sollten wir uns daran erinnern, daß jeder Diskurs »plaziert« ist, und somit auch das, woran das eigene Herz hängt, seine Gründe hat.

Es gibt mindestens zwei verschiedene Wege, über »kulturelle Identität« nachzudenken. Die erste Position bestimmt diese kulturelle Identität im Sinne einer gemeinsamen Kultur, eines kollektiven »einzig wahren Selbst«, das hinter vielen anderen, oberflächlicheren oder künstlich auferlegten »Selbst« verborgen ist, und das Menschen mit einer gemeinsamen Geschichte und Abstammung miteinander teilen. Dieser Definition nach reflektieren unsere kulturellen Identitäten die gemeinsamen historischen Erfahrungen und die gemeinsam genutzten kulturellen Codes, die uns als »einem Volk« – unabhängig von den sich verändernden Spaltungen und Wechselfällen in unserer kulturellen Geschichte – einen stabilen, gleichbleibenden und dauerhaften Referenz- und Bedeutungsrahmen zur Verfügung stellen. Diese »Einheit«, die allen anderen oberflächlicheren Differenzen zugrundeliegt, ist die Wahrheit oder das Wesen des »Karibischseins« bzw. der schwarzen Erfahrung. Es ist diese Identität, die von einer karibischen Diaspora entdeckt, ausgegraben, ans Licht gebracht und durch filmische Repräsentation ausgedrückt werden muß.

Ein derartiges Konzept kultureller bzw. nationaler Kultur spielte in allen post-kolonialen Kämpfen, die unsere Welt so tiefgreifend umgestaltet haben, eine entscheidende Rolle. Es stand schon zu Beginn des Jahrhunderts im Zentrum der Vision von Dichtern der »Négritude«, wie Aimé Césaire und Léopold Senghor[52], und im Zentrum der Vision des panafrikanischen politischen Projektes. Es ist weiterhin eine äußerst machtvolle und kreative Kraft für die sich entwickelnden Repräsentationsformen heute marginalisierter Völker. In den postkolonialen Gesellschaften ist die Wiederentdeckung dieser Identität, wie Frantz Fanon es in *die Verdammten dieser Erde* (dt. 1981) nannte, zum Objekt einer »leidenschaftlichen Suche« geworden, die

> *... von der geheimen Hoffnung genährt und geleitet wird, jenseits der gegenwärtigen Misere, der Selbstverachtung, dieser Abdankung und Selbstverleugnung, eine*

52 Aimé Césaire (geb. 1913 auf Martinique), Dichter und Politiker; Léopold Sedar Senghor (geb. 1906 in Thiès, Senegal), Dichter und Literaturwissenschaftler; 1960–1980 Staatspräsident des Senegal. Beide gelten als die Begründer der *Négritude*.

> *schöne und leuchtende Ära zu finden, die uns sowohl vor uns selbst als auch vor den anderen rehabilitiert.* (Fanon, 1981, S. 178)

Neue Formen kultureller Praxis in diesen Gesellschaften richten sich zu Recht an diesem Projekt aus, denn laut Fanon

> *... gibt sich (der Kolonialismus) nicht damit zufrieden, das Volk in Ketten zu legen, jede Form und jeden Inhalt aus dem Gehirn des Kolonisierten zu vertreiben. Er kehrt die Logik gleichsam um und richtet sein Interesse auch auf die Vergangenheit des unterdrückten Volkes, um sie zu verzerren, zu entstellen und auszulöschen.* (Ebd.)

Mit seiner Beobachtung stellt Fanon die Frage nach der Natur dieser »tiefgreifenden Suche«, die die neuen Formen visueller und insbesondere der kinematographischen Repräsentation antreibt. Geht es nur um die Erschließung dessen, was die koloniale Erfahrung begraben und überlagert hat, darum, die versteckten Kontinuitäten ans Licht zu bringen, die von der kolonialen Erfahrung unterdrückt worden sind? Oder erfordert diese Forschung eine gänzlich andere Praxis, nicht die Wiederentdeckung, sondern die *Produktion* von Identität, nicht eine Identität, die sich in der Archäologie, sondern der *Wieder-Erzählung* der Vergangenheit finden läßt?

Wir sollten jedoch zunächst die Bedeutung dieses Aktes der imaginären Wiederentdeckung nicht unterschätzen oder vernachlässigen. »Verborgene Geschichten« haben in der Entwicklung der wichtigsten sozialen Bewegungen unserer Zeit eine bedeutende Rolle gespielt: im Feminismus, im Antikolonialismus und im Antirassismus. Die photographischen Arbeiten einer Künstlergeneration von Jamaikanern und Rastafaris wie zum Beispiel Armet Francis (ein in Jamaika geborener Photograph, der seit seinem achten Lebensjahr in Großbritannien lebt), sind Zeugnis für die anhaltende kreative Macht dieser Identitätskonzeption innerhalb der entstehenden Repräsentationspraktiken. Francis' Photographien von Menschen des schwarzen Dreiecks – Afrika, der Karibik und den USA – versuchen, »die tiefe Einheit der schwarzen Menschen, die durch Kolonisierung und Sklaverei über die afrikanische Diaspora verteilt wurden«, in visueller Form zu rekonstruieren. Seine Arbeit ist ein Akt imaginärer Wiedervereinigung.

Entscheidend ist, daß solche Bilder einen Weg eröffnen, der Erfahrung von Zerstreutheit und Fragmentierung, die allen Geschichten der aufgezwungenen Diaspora gemeinsam ist, einen imaginären Zusammenhang zu verleihen. Sie tun dies, indem sie Afrika als die Mutter dieser unterschiedlichen Zivilisationen repräsentieren oder »versinnbildlichen«. Das »Zentrum« dieses Dreiecks ist noch immer Afrika. Afrika ist der Name für den fehlenden Begriff, die große Aporie, die im Mittelpunkt unserer kulturellen Identität steht und die ihr eine Bedeutung verleiht, die sie lange nicht besaß. Niemand kann heute bei der Betrachtung dieser strukturellen Bedeutungen, im Lichte der Geschichte der Deportation, Sklaverei und Migration, übersehen, daß die Wunde der Trennung, der »Verlust der Identität«, die für die karibische Erfahrung wesentlich gewesen ist, nur dann zu heilen beginnt, wenn diese vergessenen Verbindungen erneut einen Platz erhalten. Solche Arbeiten stellen eine imaginäre Vollständigkeit oder Fülle wieder her, die gegen die zerbrochene Vorstellung unserer Vergangenheit gesetzt werden kann. Sie sind Ressourcen des Widerstands und der Identität, anhand derer wir uns mit den fragmentarischen und pathologischen Formen auseinandersetzen können, in denen diese Erfahrungen innerhalb des dominanten Regimes der visuellen Repräsentation des Westens rekonstruiert wurden.

Nun gibt es eine zweite, mit der ersten verwandte und doch davon unterschiedene Sichtweise von kultureller Identität. Diese zweite Position erkennt in dem, »was wir wirklich sind«, neben den vielen Ähnlichkeiten auch die entscheidenden Punkte einer tiefen und signifikanten Differenz. Wir können nicht mehr länger exakt über »eine Erfahrung, eine Identität« sprechen, ohne ihre andere Seite anzuerkennen: die Brüche und Diskontinuitäten, welche gerade die karibische »Einzigartigkeit« ausmachen. In diesem Sinne ist kulturelle Identität ebenso eine Frage des »Werdens« wie des »Seins«. Weit entfernt davon, in einer bloßen »Wiederentdeckung« der Vergangenheit begründet zu sein, die darauf wartet, entdeckt zu werden, und die, einmal entdeckt, unser Bewußtsein über uns selbst bis in alle Ewigkeit absichert, sind Identitäten die Namen, die wir den unterschiedlichen Verhältnissen geben, durch die wir verortet sind, und durch die wir uns selbst anhand von Erzählungen über die Vergangenheit verorten.

Nur diese zweite Sicht ermöglicht es uns, den traumatischen Charakter der »kolonialen Erfahrung« richtig zu verstehen. Die verschiedenen Weisen, mit denen schwarze Menschen und schwarze Erfahrungen in den dominanten Repräsentationsregimes verortet und unterworfen wurden, waren Effekte einer gezielten Ausübung kultureller Macht und Normalisierung. Wir wurden durch jene Regimes nicht nur im Sinne von Edward Saids *Orientalismus* (dt. 1985) innerhalb der Wissenskategorien des Westens als unterschiedene und andere konstruiert. Vielmehr hatten sie die Macht, uns dazu zu bringen, daß wir uns *selbst* als »Andere« wahrnahmen und erfuhren. Jedes Repräsentationsregime ist ein Machtregime, das, worauf uns Foucault hinweist, durch das verhängnisvolle Doppel von »Macht/Wissen« geformt ist. Doch dieses Wissen ist internalisiert und nicht äußerlich. Es ist eine Sache, ein Subjekt oder eine Gruppe in einem herrschenden Diskurs als das Andere zu verorten. Es ist jedoch etwas ganz anderes, sich dem »Wissen« nicht bloß durch das Aufzwingen eines Willens und einer Herrschaft, sondern auch durch die Macht des inneren Zwangs und durch subjektive Anpassung als Norm zu unterwerfen. Das ist die Lehre – die dunkle Majestät – aus Fanons Einsicht in die kolonisierende Erfahrung in *Schwarze Haut, weiße Masken* (dt. 1980).

Diese innere Enteignung der kulturellen Identität verkrüppelt und verunstaltet. Wenn ihrem Schweigen nichts entgegengesetzt wird, bringt es – wie es Fanon lebhaft beschreibt – »Menschen ohne Ufer, ohne Grenzen, ohne Farbe, Heimatlose, Nicht-Verwurzelte, Engel« (Fanon, 1981, S. 185) hervor. Trotzdem verändert diese Vorstellung des Andersseins als innerem Zwang unser Konzept von »kultureller Identität«. Aus dieser Perspektive ist kulturelle Identität alles andere als ein fixiertes Wesen, das unveränderlich außerhalb von Geschichte und Kultur läge. Sie ist nicht irgendein in uns vorhandener universeller und transzendentaler Geist, in dem die Geschichte keine grundlegenden Spuren hinterließ. Sie ist nicht ein für allemal festgelegt, kein fixierter Ursprung, zu dem es irgendeine letzte und absolute Rückkehr geben könnte. Sie ist aber auch nicht nur ein bloßes Trugbild. Sie ist etwas *Reales*, nicht nur ein bloßer Trick der Einbildungskraft. Sie hat ihre Geschichtsvarianten – und Geschichten haben ihre realen, materiellen und symbolischen Effekte. Die Vergangenheit spricht weiterhin zu uns. Doch da unsere Beziehung zu ihr, wie die Beziehung des Kindes zur Mutter, immer schon eine »nach der Trennung« ist, spricht sie uns nicht als einfache, faktische Vergangenheit an. Sie wird immer durch Erinnerung, Phantasie, Erzählungen und Mythen konstruiert. Kulturelle Identitäten sind die instabilen Identifikationspunkte oder Nahtstellen, die innerhalb der Diskurse über Geschichte und Kultur gebildet werden. Kein Wesen, sondern eine *Verortung* (*positioning*). Daher gibt es immer eine Identitätspolitik, eine Politik der Verortung, für die es keine absolute Garantie eines unproblematischen, transzendentalen »Gesetzes des Ursprungs« gibt.

Diese zweite Sichtweise der kulturellen Identität ist uns weniger vertraut und verunsichert uns stärker. Wenn Identität nicht in einer direkten, ungebrochenen Linie aus einem fixierten Ursprung hervorgeht, wie können wir dann ihre Formierung verstehen? Wir könnten uns schwarze, karibische Identitäten so vorstellen, daß sie von zwei gleichzeitig wirksamen Achsen oder Vektoren – einem der Ähnlichkeit und einem der Differenz und des Bruches – »eingerahmt« werden. Die eine gibt uns eine gewisse Grundlage in der Vergangenheit und Kontinuität im Verhältnis zu ihr. Die zweite erinnert uns daran, daß das, was wir miteinander teilen, gerade die Erfahrung tiefgreifender Diskontinuität ist: Die Völker, die in die Sklaverei, Deportation, Kolonisation und Migration getrieben wurden, kamen vor allem aus Afrika – und als das Angebot an Menschen aus Afrika zurückging, wurde es vorübergehend durch VertragsarbeiterInnen aus dem asiatischen Subkontinent aufgefrischt. (Diese oftmals vernachlässigte Tatsache erklärt, weshalb wir in Guayana oder auf Trinidad die paradoxe »Wahrheit« des Fehlers von Christoph Kolumbus sehen können, die in den Gesichtern der dort ansässigen Völker symbolisch eingeschrieben ist: Wir *können*

»Asien« finden, wenn wir nach Westen segeln, wenn wir wissen, wo wir suchen müssen.)

In der Geschichte der modernen Welt gibt es kaum traumatischere Brüche als diese erzwungenen Trennungen von Afrika – ein Bruch, der in der europäischen Vorstellung von Afrika als dem »dunklen Kontinent« bildlich zum Ausdruck kommt. Dabei kamen die Sklaven aus unterschiedlichen Ländern, Gemeinschaften und Städten und hatten unterschiedliche Sprachen und Götter. Die afrikanischen Religionen, die das geistige Leben der BewohnerInnen der Karibik so maßgeblich bestimmen, *unterscheiden* sich deutlich vom christlichen Monotheismus in dem Glauben, daß Gott so mächtig ist, daß er lediglich durch eine Vervielfältigung geistiger Manifestationen erfahren werden kann, die überall in der natürlichen und sozialen Welt präsent sind. Diese Götter leben weiter in einer untergründigen Existenz, in einem religiösen Universum, das aus haitianischem Voodoo, Pocomania, Native Pentacostalism, Black Baptism, Rastafarianismus und dem lateinamerikanischen Katholizismus der schwarzen Heiligen zusammengesetzt ist. Das Paradoxon besteht darin, daß es die Entwurzelung durch Sklaverei und Deportation und die Eingliederung in die Plantagenwirtschaft (sowie in die symbolische Ökonomie) der westlichen Welt waren, welche diese Menschen über ihre Unterschiede hinaus gerade in dem Moment »vereinten«, als sie vom direkten Zugang zu ihrer Vergangenheit abgeschnitten wurden.

Aus diesem Grund bleibt die Differenz in und neben der Kontinuität bestehen. Nach einer längeren Abwesenheit bedeutet die Rückkehr zum Karibischen, den Schock der »Dopplung« von Gleichheit und Differenz erneut zu erfahren. Als ich als Jamaikaner die französische Karibik besuchte, sah ich sofort den Unterschied zwischen Martinique und beispielsweise Jamaika, der nicht eine bloße Differenz der Topographie und des Klimas ist, sondern eine tiefgreifende kulturelle und historische Differenz. Sie verortet die BewohnerInnen von Martinique und Jamaika *sowohl* als gleiche *als auch* als verschiedene. Zudem werden die Trennungslinien der Differenz immer wieder in Beziehung zu unterschiedlichen Referenzpunkten neu bestimmt. Für den entwickelten Westen sind wir mehr oder weniger »das Gleiche«. Wir gehören zum Marginalisierten und Unterentwickelten, zur Peripherie, zum »Anderen«. Wir sind der äußere Rand, die »Kante« der metropolitanen Welt, immer der »Süden« in bezug auf das, was für andere *El Norte* ist.

Gleichzeitig stehen wir nicht alle in der gleichen Beziehung des »Andersseins« zu den metropolitanen Zentren. Jede Gruppe hat ihre ökonomische, politische und kulturelle Abhängigkeit unterschiedlich ausgehandelt. Und diese »Differenz«, ob sie uns gefällt oder nicht, ist bereits in unsere kulturellen Identitäten eingeschrieben. Zudem ist es dieses Aushandeln von Identität, das uns von anderen lateinamerikanischen Menschen mit einer ähnlichen Geschichte unterscheidet – wir sind *Caribbe-*

anyes, les Antilliens, »Insulaner« vom Festland aus gesehen, und wir unterscheiden uns auch untereinander, als Jamaikaner, Haitianer, Kubaner, Guadelouper, Barbadoser etc. ...

Wie kann nun dieses Spiel von »Differenz« innerhalb der Identität beschrieben werden? Die gemeinsame Geschichte – Deportation, Sklaverei, Kolonisierung – hat all diese Gesellschaften maßgeblich gestaltet und vereint uns über unsere Differenzen hinweg. Doch sie konstituiert keinen gemeinsamen *Ursprung,* weil sie nur eine Übertragung im metaphorischen wie im wörtlichen Sinne darstellte. Die Einschreibung der Differenz ist ebenso spezifisch und entscheidend. Ich benutze das Wort »Spiel«, da die Doppeldeutigkeit dieser Metapher wichtig ist. Einerseits weist sie auf die Instabilität, die Unbestimmtheit, auf das Fehlen einer abschließenden Lösung hin. Andererseits erinnert sie uns daran, daß der Ort, an dem diese »Dopplung« am deutlichsten ist, das vielfältige »Spiel« der karibischen Musik ist. Daher kann das kulturelle »Spiel« filmisch nicht durch eine einfache binäre Opposition – »Vergangenheit/Gegenwart«, »die Anderen/Wir« – repräsentiert werden. Seine Komplexität geht über diese Binarität hinaus. An verschiedenen Orten, zu verschiedenen Zeiten, in der Beziehung auf verschiedene Fragen werden die Trennungslinien wieder neu gezogen.

Ein triviales Beispiel vermittelt die Art und Weise, wie Martinique sowohl »französisch« als auch *nicht* »französisch« ist. Natürlich ist es ein französisches *département,* was sich in seinem Lebensstandard und seinem Lebensstil widerspiegelt. Fort de France ist wesentlich reicher und »modischer« als Kingston. Kingston ist nicht nur augenscheinlich ärmer, sondern befindet sich an einem Übergangspunkt zwischen einer anglo-afrikanischen und einer afro-amerikanischen Mode, für all jene, die sich Modetrends überhaupt leisten können. Das typisch »Martinikanische« besteht in der speziellen und eigentümlichen Ergänzung, die die schwarze und farbige Haut zur »Verfeinerung« und Kultiviertheit der aus Paris entstammenden *haute couture* beiträgt: eine Verfeinerung, die, weil sie schwarz ist, immer grenzüberschreitend ist.

Wollen wir diesen Sinn von Differenz, der nicht pures »Anderssein« meint, einfangen, müssen wir das Wortspiel eines Theoretikers wie Jacques Derrida entfalten. Derrida benutzt bei seiner Schreibweise von »Differenz« ein regelwidriges »a« – *différance* – als eine Markierung, die unser gewohntes Verständnis bzw. unsere Übersetzung des Wortes bzw. Begriffs stören soll. Dadurch wird das Wort zu neuen Bedeutungen in Bewegung gesetzt, ohne die Spur seiner anderen Bedeutungen auszulöschen. Bedeutung ist demnach nie endgültig und vollständig, sondern bewegt sich weiter und schließt andere zusätzliche oder ergänzende Bedeutungen ein. Dies bringt die klassische Ökonomie von Sprache und Repräsentation durcheinander. Ohne Differenzbeziehungen könnte es keine Repräsentation geben. Was dann aber innerhalb der Repräsentation konstituiert wird, ist für weitere Aufschiebungen, Schwankungen und Reihungen offen.

An welcher Stelle gelangt nun Identität in diese unbegrenzte Aufschiebung von Bedeutung hinein? Derrida hilft uns hier weniger als er könnte, obwohl der Gedanke der »Spur« uns einer Antwort näherbringt. Hier scheint es manchmal, als ob Derrida seinen AnhängerInnen erlaubt hat, sich seine tiefgründigen theoretischen Einsichten in Form einer Zelebrierung formaler »Verspieltheit« anzueignen, die sich ihrer politischen Bedeutung entleert. Wenn die Signifikanz von der endlosen Neuverortung ihrer unterschiedlichen Ausdrücke abhängt, so resultiert Bedeutung in jedem spezifischen Fall aus dem kontingenten und arbiträren Halt – der notwendigen und temporären »Unterbrechung« in der unbegrenzten Semiosis der Sprache. Bedeutung entfaltet sich über die arbiträre Beendigung hinaus weiter, die sie überhaupt erst zu einem beliebigen Moment möglich macht. Sie ist immer entweder über- oder unterdeterminiert, entweder ein Überschuß oder eine Ergänzung. Es bleibt immer etwas »übrig«.

Mit diesem Konzept von »Differenz« wird es möglich, die Verortung und Neuverortung karibischer kultureller Identitäten im Verhältnis zu mindestens drei »Präsenzen« – ich benutze hierbei die Metapher von Aimé Césaire und Léopold Senghor – neu zu denken. Bei den »Präsenzen« handelt es sich um die *Présence Africaine*, die *Présence Européenne*, und um die dritte, vieldeutigste »Präsenz« von allen, die *Présence Américaine*. (Natürlich lasse ich für dieses Moment die zahlreichen anderen kulturellen »Präsenzen« – die indische, chinesische, libanesische etc. –, die darüber hinaus die Komplexität der karibischen Identität konstituieren, außer acht.) Ich benutze den Begriff »Amerika« hier nicht im Sinne der »Ersten Welt« – der große Cousin des Nordens, dessen »Ränder« wir bevölkern – sondern im zweiten, wesentlich umfassenderen Sinn: Amerika, die »Neue Welt«, *Terra Incognita*.

Die *Présence Africaine* ist der Ort des Verdrängten. Afrika war – weiter als die Erinnerung reicht, durch die Macht der Erfahrung der Sklaverei zum Schweigen verurteilt – tatsächlich in allen Aspekten des täglichen Lebens präsent: Im Alltag und in den Bräuchen der Sklavenquartiere, in den unterschiedlichen Sprachen und im Patois der Plantagen, in den oftmals von ihren Taxinomien losgelösten Namen und Begriffen, in den Rhythmen der Sklaven- und post-emanzipatorischen Gesellschaft. Das Afrika als Signifikant, das in der Sklaverei nicht mehr direkt repräsentiert werden konnte, blieb und bleibt die ungebrochene und unaussprechbare »Präsenz« in der karibischen Kultur. Sie »verbirgt« sich hinter jeder sprachlichen Flexion, hinter jeder erzählerischen Wendung des karibischen kulturellen Lebens. Sie ist der Geheimcode, mit dem jeder westliche Text »neu gelesen« wurde. Sie ist der *basso continuo*, auf dem jeder Rhythmus und jede Körperbewegung beruht. *Dies* war und ist das »Afrika«, das noch »in der Diaspora lebendig und wohlauf ist«.[53]

53 Vgl. Stuart Hall/T. Jefferson: Resistance through Rituals. Youth Subculture in Post-War Britain 1976.

Als ich in den vierziger und fünfziger Jahren in Kingston aufwuchs, war ich von den Zeichen, der Musik und den Rhythmen dieses Afrikas der Diaspora – das allein als Ergebnis langer und diskontinuierlicher Transformationsprozesse existierte – ständig umgeben. Obwohl die meisten Menschen um mich herum in den unterschiedlichsten Schattierungen braun oder schwarz (Afrika »spricht«!) waren, habe ich kein einziges Mal gehört, daß jemand sich selbst als »afrikanisch« oder als Mensch »afrikanischer Abstammung« bezeichnete. Erst in den siebziger Jahren wurde die afro-karibische Identität für die Mehrheit der Jamaikanerinnen und Jamaikaner in ihrer Heimat und im Ausland historisch zugänglich. In diesem historischen Moment, in dem sie ihr »Schwarzsein« entdeckten, erkannten sie sich selbst als Söhne und Töchter der »Sklaverei«.

Diese tiefgreifende kulturelle Entdeckung konnte jedoch nicht direkt und ohne »Vermittlung« stattfinden. Sie wurde erst *durch* die Einflüsse der post-kolonialen Revolution auf das Alltagsleben, durch die Bürgerrechtskämpfe, die Rastafari-Kultur und die Reggae-Musik – Metaphern, Erscheinungen oder Signifikanten einer neuen Konstruktion des »Jamaikanischseins« – erfahrbar. Das war das »Neue Afrika«, das in einem »Alten Afrika« gründete. Es war eine spirituelle Entdeckungsreise, die in der Karibik zu einer autochthonen kulturellen Revolution führte. Dies ist, so ließe sich behaupten, ein notwendigerweise »verschobenes« Afrika, eine spirituelle, kulturelle und politische Metapher.

Es ist die Präsenz/Anwesenheit Afrikas in dieser Form, die »Afrika« zu einem Signifikanten für die neuen Konzeptionen karibischer Identität werden ließ. Alle Menschen in der Karibik, unabhängig vom jeweiligen ethnischen Hintergrund, müssen sich früher oder später mit dieser *afrikanischen Präsenz* auseinandersetzen. Schwarze, Braune, Farbige oder Weiße – alle müssen der *Présence Africaine* ins Gesicht blicken und ihren Namen nennen. Ob es sich dabei jedoch um den eigentlichen Ursprung unserer Identitäten handelt, um eine über vierhundert Jahre der Vertreibung, Zersplitterung und Deportation hinweg unveränderte Identität, zu der wir letztendlich und im wörtlichen Sinne zurückkehren können, daran darf zu Recht gezweifelt werden. Das »ursprüngliche« Afrika existiert nicht mehr, auch Afrika unterlag Wandlungsprozessen. In diesem Sinne läßt sich Geschichte nicht rückgängig machen. Wir dürfen nicht den Fehler des Westens wiederholen, der Afrika genau dadurch normalisiert und sich angeeignet hat, indem er es in einer zeitlosen Zone der ursprünglichen und unveränderlichen Vergangenheit einfror. Zwar müssen nun auch die karibischen Menschen endlich mit Afrika rechnen, aber es kann nicht irgendwie wiederentdeckt werden.

Uns gehört unwiderruflich, was Said einmal »imaginative Geographie und Geschichte« nannte, die »dem Geist hilft, das Bewußtsein seiner selbst dadurch zu intensivieren, daß sie die Distanz und Differenz zwischen dem, was ihm nah, und dem, was weit von ihm entfernt ist, dramatisiert.« Diese Geographie und Geschichte »(besitzt) einen imaginativen oder figurativen Wert, den wir benennen und fühlen können« (Said, Orientalismus, S. 155). Unsere Zugehörigkeit zu ihr begründet das, was Benedict Anderson in *die Erfindung der Nation* (dt. 1988) mit dem Begriff der »imaginären [klandestinen] Gemeinschaft« umschrieben hat. Zu diesem »Afrika«, das unausweichlich Teil der karibischen Vorstellungswelt ist, können wir im wörtlichen Sinne nicht einfach zurückkehren.

Der Charakter dieser aufgeschobenen »Heimreise«, ihre Dauer und Komplexität sind in zahlreichen karibischen Filmen und Texten anschaulich behandelt worden. Die dokumentarischen Archiv-Photographien von Tony Sewell – *Garveys Kinder: Das Erbe des Marcus Garvey*[54] – erzählen die Geschichte einer »Heimkehr« zu einer afrikanischen Identität, die notwendigerweise über den Umweg London-Vereinigte Staaten führte. Sie »endet« nicht in Äthiopien, sondern bei Garveys Statue vor der St.-Ann-Gemeindebücherei auf Jamaika, sie »endet« auch nicht mit einem traditionellen Stammeslied, sondern mit der Musik von Burning Spear und dem *Redemption Song* von Bob Marley. Hier finden wir unsere »lange Reise zurück in die Heimat«. Der couragiert geschriebene Bildkommentar von Derek Bishton, *Black Heart Man* – die Reise-Geschichte eines weißen Photographen »auf den Spuren des gelobten Landes« –, nimmt seinen Anfang in England und führt weiter über Shashemene, dem Ort in Äthiopien, den viele Jamaikaner auf der Suche nach dem gelobten Land durchstreifen, direkt in die Sklaverei. Die Reise endet jedoch in Pinnacle, Jamaika, wo sich die ersten Niederlassungen der Rastafarians entwickelt haben, und sie endet »jenseits« davon – zwischen den Armen und Enteigneten in Kingston des zwanzigsten Jahrhunderts und in den Straßen von Handsworth, England, wo Bishtons Entdekkungsreise begonnen hatte. Diese symbolischen Reisen sind notwendig für uns alle, und sie sind notwendigerweise zirkulär. Hier finden wir das Afrika, zu dem wir – »über einen Umweg« – zurückkehren müssen: Das Afrika, das ein Teil der Neuen Welt *geworden* ist, das »Afrika«, das wir selbst geschaffen haben, das »Afrika«, wie wir es in unserer Politik, unserer Erinnerung und in unseren Wünschen und Sehnsüchten wiedererzählen.

Was hat es mit dem zweiten, beunruhigenden Term unserer Identitätsgleichung, der europäischen Präsenz auf sich? Für viele von uns besteht hier das Problem nicht in einem Zuwenig, sondern in einem Zuviel. Während Afrika ein Fall des Ungesagten war, leiden wir in bezug auf Europa darunter, daß es ununterbrochen spricht und uns spricht. Die europäische Präsenz unterbricht die Unschuld des ganzen Diskurses über »Differenz« in der Karibik, indem sie die Frage der Macht einführt. »Europa« ist

54 Marcus Moziah Garvey (1887 auf Jamaika geboren, 1940 in London gestorben), gründete 1914 auf Jamaika die *Universal Negro Improvement Association*, vertrat eine Doktrin der Reinheit und Trennung der Rassen; der Slogan »Back to the Roots«, zurück nach Afrika, geht auf ihn zurück.

unwiderruflich mit dem »Spiel« der Macht, mit den Strängen von Gewalt und Zustimmung und mit der Rolle des *Herrschenden* in der karibischen Kultur verknüpft. Es ist die europäische Präsenz in Form von Kolonialismus, Unterentwicklung, Armut und Rassismus gegen Farbige, die innerhalb ihres dominanten Repräsentationsregimes das schwarze Subjekt verortet hat: im kolonialen Diskurs, dem der Abenteuer- und Entdeckungsliteratur, dem über die Romantik des Exotischen, im Auge des Ethnographen und Reisenden, in den Topoi des Tropischen, im Tourismus, den Reiseführern und in Hollywood, in den gewalttätigen und pornographischen Sprachen des *Ganja* und der städtischen Gewalt.

Da es bei der *Présence Européenne* um Ausgrenzung, Zwang und Enteignung geht, erliegen wir oftmals der Versuchung, diese Macht als vollkommen außerhalb von uns zu sehen, als eine äußere Kraft, deren Einfluß wir – ähnlich wie die Schlange ihre Haut – einfach abstreifen können. Woran uns Frantz Fanon in seinem Buch *Schwarze Haut, weiße Masken* erinnert, ist die Tatsache, daß und wie diese Macht zu einem konstitutiven Element unserer eigenen Identitäten geworden ist:

> *... und der Andere fixiert mich durch Gesten, Verhaltensweisen, Blicke, so wie man ein Präparat mit Farbstoff fixiert. Ich wurde zornig, verlangte eine Erklärung. Nichts half. Ich explodierte. Hier die Bruchstücke, die von einem anderen Ich wieder zusammengesetzt wurden.* (Fanon, 1980, S. 71)

Dieser »Blick« von dem sogenannten Ort des Anderen aus fixiert uns nicht nur durch seine Gewalt, Feindseligkeit und Aggressivität, sondern auch durch die Ambivalenz seines Begehrens. Dies konfrontiert uns nicht einfach direkt mit der herrschenden europäischen Gegenwart als einem Ort oder »Schauplatz« der Integration, an dem all diejenigen Gegenwarten, die sie aktiv zerstört hatte, neu zusammenfügt und in einen Rahmen gefaßt werden. Als Schauplatz einer tiefgreifenden Spaltung und Verdopplung, die Homi Bhabha »die ambivalenten Identifikationen der rassistischen Welt« genannt hat, »das ›Anderssein‹ des Selbst, ist sie in das perverse Palimpsest der kolonialen Identität eingeschrieben«[55].

Der Dialog von Macht und Widerstand, von Verweigerung und Anerkennung mit und gegen die *Présence Européenne* ist fast ähnlich komplex wie der »Dialog« mit Afrika. Im alltäglichen kulturellen Leben läßt er sich in seiner reinen und unberührten Form nirgendwo widerfinden. Er ist zu jeder Zeit und immer schon mit anderen kulturellen Elementen synkretisch verschmolzen, kreolisiert – nicht verloren jenseits des »Middle Passage«, sondern immer schon präsent: von den Harmonien unserer Musik bis zu dem *basso continuo* Afrikas durchquert und durchkreuzt er unser Leben an jedem Punkt. Wie können wir diesen Dialog so inszenieren, daß wir endlich

55 In: Einleitung zu Frantz Fanon: Black Skin, White Mask, 1986.

diejenigen sind, die ihm, ohne Terror und Gewalt, seinen Platz zuweisen, anstatt für immer und ewig durch ihn unseren Platz zugewiesen zu bekommen? Werden wir jemals dazu in der Lage sein, seinen unumkehrbaren Einfluß anzuerkennen und gleichzeitig seinem imperialisierenden Blick zu widerstehen? Bisher konnte dieses Rätsel nicht gelöst werden; höchst komplexe kulturelle Strategien sind dafür erforderlich. Denken wir zum Beispiel nur an den Dialog eines jeden karibischen Filmemachers und Autors, den er auf die eine oder andere Weise mit dem dominanten Kino und der dominanten Literatur des Westens führen muß. Denken wir an das komplexe Verhältnis junger schwarzer britischer FilmemacherInnen zu der »Avantgarde« der europäischen und amerikanischen Kinematographien. Wer würde diesen angespannten und qualvollen Dialog als »eindimensional« beschreiben?

In der Gegenwart der »Neuen Welt« geht es weniger um Macht als um den Boden, den Ort und das Territorium. Die »Neue Welt« ist der Treffpunkt, an dem die vielfältigen kulturellen Nebenflüsse zusammenlaufen, sie ist das »leere« Land (das die europäischen Kolonisatoren entleert haben), in dem Fremde aus allen Teilen der Welt zusammenstießen. Niemand von den heutigen Inselbewohnern – den schwarzen, braunen, weißen, afrikanischen, europäischen, amerikanischen, spanischen, französischen, ostindischen, chinesischen, portugiesischen, jüdischen und niederländischen – »gehörte« ursprünglich dorthin. Die Neue Welt ist der Ort, an dem die Kreolisierungen, Assimilationen und Synkretismen ausgehandelt wurden. Die Neue Welt ist der dritte Term, die erste Szene, auf der die verhängnisvolle und tödliche Begegnung zwischen Afrika und dem Westen inszeniert wurde. Sie muß auch als Ort vielfältiger und kontinuierlicher Vertreibungen verstanden werden: die der präkolumbianischen UreinwohnerInnen, der Arawaks, der Kariben und Indianer – die ständig aus ihrer Heimat vertrieben und dezimiert wurden –, die zahlreicher Völker aus Afrika, Asien und Europa; die ständigen Vertreibungen durch Sklaverei, Kolonisation und Eroberung. Die Neue Welt steht für die endlosen Wege, auf denen die karibischen Völker zur Migration bestimmt wurden. Sie ist zum Signifikanten für die Migration selbst geworden, für das Reisen, Unterwegssein und für die Rückkehr als gemeinsame Erfahrung und Bestimmung, für den Antillaner als den Prototypen des Nomadentums der modernen oder postmodernen Welt, der sich ständig zwischen dem Zentrum und der Peripherie hin und her bewegt. Die Beschäftigung mit Bewegung und Migration ist dem karibischen Kino und anderen »Dritten« Kinematographien (*Third Cinemas*) gemeinsam. Aber es ist für uns eines der bestimmenden Themen, das sich in allen Drehbüchern, filmischen Bildern und Erzählungen wiederfinden läßt.

Die *Présence Americaine* ist durch Erfahrungen des Schweigens und der Unterdrükkung gekennzeichnet. In seinem Aufsatz *Inseln des Zaubers* (1987) erinnert uns Peter

Hulme daran, daß wir es bei dem Wort »Jamaika« mit der spanischen Version des Namens der eingeborenen Arawaks – »das Land der Wälder und des Wassers« – zu tun haben, der durch Kolumbus' Umbenennung in »Santiago« nie ersetzt worden ist. Die Präsenz der Arawaks ist heute die von Geistern, die auf den Inseln hauptsächlich in Museen und archäologischen Stätten als Teil der kaum wahrgenommenen und nutzbar gemachten »Vergangenheit« sichtbar ist. Hulme bemerkt, daß sie zum Beispiel im Emblem des *Jamaican National Heritage Trust* nicht auftaucht. Stattdessen wurde die Figur von Diego Pimienta gewählt, die Figur »eines Afrikaners, der 1655 auf der Seite seiner spanischen Herren gegen die englische Invasion der Inseln gekämpft hat« – eine verzerrte, metonymische, schwache und demütigende Repräsentation der jamaikanischen Identität, sollte es diese jemals gegeben haben! Die Gegenwart der »Neuen Welt« – Amerika, *Terra Incognita* – ist daher selbst der Beginn der Diaspora, der Verschiedenheit, der Vermischung und der Differenz.

Afro-karibische Menschen sind immer schon Menschen der Diaspora. Ich benutze den Begriff hier metaphorisch und nicht im wörtlichen Sinne: Ich verstehe uns nicht als zerstreute Stämme, deren Identität nur im Verhältnis zu einem gelobten Heimatland gesichert werden kann, und die unter allen Umständen, und sei es, daß sie andere Völker ins Meer treiben, in ihre Heimat zurückkehren müssen. Diese Vorstellung entspricht der imperialistischen und hegemonialen Form von »Ethnizität«. Wir kennen das Schicksal des palästinensischen Volkes, das unter einem solchen rückwärtsgewandten Konzept von Diaspora leiden mußte, und wir wissen von der Mittäterschaft des Westens. Das Verständnis der Diaspora-Erfahrung, um das es mir geht, wird nicht von Essenz oder Reinheit bestimmt, sondern von der Anerkennung notwendiger Heterogenität und Verschiedenheit; von einem Konzept von »Identität«, das mit und von – nicht trotz – der Differenz lebt, das durch Hybridität lebendig ist. Die Identitäten der Diaspora produzieren und reproduzieren sich ständig aufs neue, durch Transformation und Differenz. Wenn wir das einmalige, das »eigentlich« Karibische benennen wollen, dann finden wir es gerade in der Mischung der Farben, der Pigmentierungen, der Physiognomien, in den »Variationen« des Geschmacks, die die karibische Küche ausmachen und in der Ästhetik des »Cross Overs«, des »Cut-and-Mix« – ich gebrauche den aussagekräftigen Begriff von Dick Hebdige –, der das Herz und die Seele der schwarzen Musik ist. Junge schwarze Künstler und Kritiker in Großbritannien gehen immer häufiger dazu über, in ihren eigenen Werken »die Ästhetik der Diaspora« und ihre Formationen innerhalb der post-kolonialen Erfahrung anzuerkennen und zu entdecken:

> *Eine ganze Reihe kultureller Formen besitzt eine »synkretische« Dynamik, die die Elemente des herrschenden Codes der dominanten Kulturen kritisch aneignet und »kreolisiert«, vorgegebene Zeichen desartikuliert und ihre symbolischen Bedeutun-*

> *gen reartikuliert. Die subversive Kraft dieser hybridisierenden Entwicklung zeigt sich besonders deutlich gerade auf der Ebene der Sprache; dort sind es Kreolisch, »Patois« und schwarzes Englisch, die die linguistische Dominanz des »Englischen« – der Nationalsprache des Herren-Diskurses – durch strategische Flexion, Akzentverschiebungen und andere performative Umbrüche in den semantischen, syntaktischen und lexikalischen Codes dezentrieren, destabilisieren und karnevalisieren.*[56]

Da diese Neue Welt für uns als ein Ort, als eine Erzählung der Vertreibung dargestellt wird, entsteht daraus eine bildliche Fülle, die die endlose Sehnsucht nach einer Heimkehr zu »verlorenen Ursprüngen« weckt, den Wunsch nach der Wieder-Verschmelzung mit der Mutter. Niemand, der sie einmal aus der blau-grünen Karibik hervortauchen sah, kann die Inseln des Zaubers je vergessen. Doch ist diese »Rückkehr zu den Anfängen« wie das Imaginäre bei Lacan – sie kann weder erfüllt noch erwidert werden. Sie ist der Beginn des Symbolischen, der Repräsentation, die unbeschränkt erneuerbare Quelle unserer Sehnsüchte, Erinnerungen, Mythen, Suche und Entdeckungen, kurz, das Reservoir unserer filmischen Erzählungen.

Ich habe versucht, Identität als etwas zu denken, das innerhalb und nicht außerhalb der Repräsentation konstituiert wird. Daher verstehe ich das Kino nicht als zweitrangigen Spiegel zur Reflexion des schon Existierenden, sondern als Repräsentationsform, die in der Lage ist, uns als Subjekte neu zu konstituieren, und die es uns ermöglicht, Orte zu entdecken, von denen aus wir sprechen können. Benedict Anderson hat in *Die Erfindung der Nation* (1988) aufgezeigt, daß Gemeinschaften nicht mit Kriterien wie Falschheit/Echtheit gemessen werden können, sondern daß sie sich durch den Stil unterscheiden, in dem sie imaginiert werden. Dies leistet das moderne schwarze Kino, indem es uns erlaubt, unsere unterschiedlichen Teile und Geschichten zu betrachten, zu erkennen und jene Identifikationspunkte oder Verortungen zu konstruieren, die wir im Nachhinein unsere »kulturellen Identitäten« nennen.

> *Es genügt also nicht, in der Vergangenheit des Volkes unterzutauchen, um hier Elemente einer Kohärenz gegenüber den verfälschenden und abwertenden Unternehmungen des Kolonialismus zu finden... Die nationale Kultur ist nicht jene Folklore, in der ein abstrakter Populismus die Wahrheit des Volkes hat entdecken wollen ... Die nationale Kultur ist die Gesamtheit der Anstrengungen, die ein Volk im geistigen Bereich macht, um die Aktion zu beschreiben, zu rechtfertigen und zu besingen, in der es sich begründet und behauptet hat.* (Fanon, 1981, S. 197)

Aus dem Englischen von Joachim Guschke und Dominique John

56 K. Mercer: Diaspora Culture and the Dialogic Imagination 1988, S. 57.

Mit freundlicher Genehmigung des Autors, des Argument Verlags, Hamburg, und Lawrence and Wishart, London

Stuart Hall, Mitbegründer der *Cultural Studies* (GB), lehrt in England und den USA, u. a. an der New York University, Medien- und Kulturkritiker und Essayist v. a. zur kulturellen Repräsentation der schwarz-karibischen Diaspora in England sowie zu Migration und Popkultur.
Eine umfangreiche Bibliographie seiner Schriften stellte Julia Koivisto für den Schriftenband »Rassismus und kulturelle Identität«, Hamburg 1991, S. 223f., zusammen.

Sheila Petty (1995)

Miseria – »No Woman, No Cry«?

Es versteht sich von selbst, daß eine sinnvolle Studie über Frauen in der »Dritten Welt« unbedingt die sozialen, kulturellen und historischen Wirklichkeiten des Lebens gerade dieser Frauen berücksichtigen muß. Die Schriften von schwarzen und »Dritte-Welt«-Feministinnen/Frauenrechtlerinnen (*feminists/womanists*) setzen sich verstärkt für die Notwendigkeit ein, die Unterdrückung der Frau in der Geschichte zu überdenken und dabei bestimmte Orte oder Standorte zu berücksichtigen. Chandra Talpade Mohanty vertritt in ihrer Untersuchung *Third World Women and the Politics of Feminism* (1991) die Auffassung, daß

> *... schwarze, weiße und andere Frauen der »Dritten Welt« in bezug auf das besondere Erbe der europäisch-amerikanischen Hegemonie nach dem fünfzehnten Jahrhundert auf sehr unterschiedliche geschichtliche Entwicklungen zurückblicken: Das Erbe von Sklaverei, Verschleppung, Plantagen- und Zwangsarbeit, Kolonialismus, imperialer Eroberung und Völkermord. Daher haben »Dritte-Welt«-Feministinnen für eine Neuschreibung der Geschichte plädiert, der die spezifischen Standorte und Geschichten des Kampfes der farbigen Menschen, der postkolonialen Völker und der von solchen Völkern angewandten täglichen Überlebensstrategien zugrunde liegen.«* (Mohanty, S. 10)

Die Tatsache, daß viele westliche feministische Theorien fehlschlagen, die sich mit Themen beschäftigen, welche die Frauen der »Dritten Welt« unmittelbar betreffen, unterstreicht die Notwendigkeit, daß diese Frauen ihre eigenen kritischen und theoretischen Methodologien zur Selbstanalyse festlegen und entwickeln müssen. Wird ein bestimmtes Sprachsystem zur Analyse eines anderen kulturellen Produktes verwendet, projiziert sich die in diesem System innewohnende Bedeutung und Ordnung auf das Produkt. In diesem Sinne schrieb Trinh T. Minh-ha, »die gestohlene Sprache bleibt immer die Sprache der anderen.«[57]

Die Sprache der westlichen feministischen Filmtheorie, insbesondere die psychoanalytisch inspirierte Variante, ist dann problematisch, wenn man sie auf nicht-eurozentrische Film- und Fernsehtexte anwendet. Zunächst einmal ist sie in ihrer Beschreibung und Analyse von Text und Zuschauer von einer binären Logik (männlich/aktiv, weiblich/passiv) abhängig. Des weiteren isoliert sie den geschlechtlichen Unterschied als alleinigen Faktor an der Schnittstelle textueller und rezeptiver Prozesse. Schließlich versucht die psychoanalytische feministische Filmtheorie – indem sie sich auf gewisse filmische Codes und Mechanismen konzentriert, durch die das klassische Hollywoodkino die Geschlechterdifferenz verstärkt hat – zu ermitteln, welche Wirkung diese Codes auf die Erfahrungen geschlechtsdeterminierter Individuen (*gendered individuals*) hat. Obgleich der Platz der Frau in diesem psychoanalytischen Ansatz eher der einer Abwesenden ist, wird oft angenommen, daß das Modell, welches den geschlechtlichen Unterschied in den Vordergrund stellt, um den Ausschluß von Frauen aus dem politischen, wirtschaftlichen und kulturellen Leben der westlichen Gesellschaft zu erklären, gleichermaßen für alle Epochen, filmische Verfahren und kulturelle Gruppen gilt.

Man muß fairerweise hinzufügen, daß neuere feministische Analysen und Produktionen allmählich den Eurozentrismus dieses Modells in Frage stellen. So behauptet Ellen Seiter beispielsweise, daß »die psychoanalytische Theorie die feministischen Filmstudien für die Bedeutung von Rassen- und Klassenunterschieden blind gemacht hat.«[58]

Und Jacqueline Bobo fordert, die akademische Bildung für die Zuschauerin nicht nur auf die weiße, mittelständische Frau zu beschränken.[59] Diese Kritiken legen sicherlich nahe, daß kritische bzw. theoretische Modelle in der feministischen Filmwissenschaft entwickelt werden sollten, die es erlauben, Frauen im Kino als historisch, gesellschaftlich und kulturell bestimmte Subjekte zu betrachten.

Schriften, die die Analyse der Geschlechterdifferenz bevorzugen, können schließlich dazu führen, weitere Wirklichkeiten nicht-eurozentrischer Filme zu verdecken. In gewissem Maße stellt diese Bevorzugung einen Eingriff in den Prozeß der Bedeutungsherstellung dar, weil sie voraussetzt, daß bestimmte äußere politische Anliegen (zum Beispiel die des Kritikers bzw. der Kritikerin) wichtiger als die des Filmes sind.

Diese Vorstellung der feministischen Intervention ist gewiß nicht neu. Ein Werk wie *All That Hollywood Allows: Re-Reading Gender in 1950s Melodrama* (1991) von Jackie Byars befaßt sich nicht nur mit den Arten, wie Feministinnen bei ihrem Streben nach

57 Trinh T. Minh-ha: Woman, Native, Other, 1989, S. 20.
58 Ellen Seiter: Individual Response, *Camera Obscura* Bd. 20/21, 1989, S. 283.
59 Jacqueline Bobo: Individual Response, *Camera Obscura* Bd. 20/21, 1989, S. 100-103.

Veränderung in den Prozeß der Bedeutungsherstellung eingreifen, sondern baut auch auf sie auf. Eine der Gefahren, die diese Form der Intervention darstellt, sofern sie bei nicht-eurozentrischen Filmen angewendet wird, ist eine mißverständliche Übernahme oder Verzerrung von Bedeutung.

In den sechziger und siebziger Jahren wurden westliche Technologien und Ideologien in den neu entstandenen afrikanischen Nationen eingeführt. Das Medium Fernsehen wurde in manchen Fällen mit der Absicht lanciert, die kulturelle und nationale Selbstdarstellung zu fördern; aber aufgrund wirtschaftlicher Zwänge wich man bald auf die Ausstrahlung von Serien wie *Kojak, I Love Lucy* und schließlich *Dallas* und *Dynasty* aus. Die Autoren von *Broadcasting in the Third World: Promise and Performance* (1977), Elihu Katz und George Wedell, erörtern diesen Prozeß von dem Zeitpunkt, an dem sich ein staatliches Fernsehen etablierte, bis hin zu dem Moment, an dem der Großteil der Sendezeit im Ausland eingekauft werden mußte, daß heißt, daß die einzigen verfügbaren Programme massenhaft produzierte amerikanische Langzeitserien und Fortsetzungsprogramme sind. Diese werden im übrigen gekauft, weil sie billig sind und man davon ausgeht, daß sie Programmformaten entsprechen, die zwar im Westen entwickelt wurden, in Afrika jedoch gleichermaßen gut verstanden werden. Und tatsächlich, weil das Fernsehen so neu ist und diese Programme zu den ersten gehören, die von afrikanischen Zuschauern gesehen werden, wecken bereits die Programmformate selbst gewisse Erwartungen. Bedeutung entsteht daher auf der Grundlage der in einem Bild/Text ausgedrückten Wirklichkeit (oder Wirklichkeitseindrucks) sowie aus der Beziehung zwischen dem Bild/Text und anderen Sendeformaten, die die Zuschauer gesehen haben.

Dallas und *Dynasty* sind zwei der beliebtesten Fernsehsendungen in Kamerun. Beide Serien drehen sich um die unverhüllten Geschichten von Reichtum, Macht und Korruption innerhalb des familiären Gefüges. Beide entsprechen dem Programmformat der Soap Opera. Genau von diesen Faktoren profitierte Blandine Ngono Ambassa, Autorin und Regisseurin bei CRTV (dem staatlichen kamerunischen Fernsehen) im Jahr 1990 – nur fünf Jahre nach der Einführung des Fernsehens in Kamerun. Diesen Beispielen folgend erkannte sie, daß einheimische Initiativen zur Schaffung nationaler Programme über die Produktion von Sendungen an sich hinausgehen und auch den Bereich des Programmformats einschließen sollten. Dementsprechend entschloß sie sich dazu, *Miseria,* ein Familienmelodram in Form einer fünfteiligen Miniserie, zu konzipieren – ein Programmformat, das den Fernsehzuschauern in Kamerun bereits vertraut war.

Ambassa reagierte auf die Kolonialisierung der afrikanischen Fernsehbildschirme. Ihr Umgang mit Herrschaftsprozessen beschränkt sich nicht allein darauf, den Machtapparat anzuprangern, sondern beschreibt ein alternatives Modell des Widerstandes gegen solche Strukturen. Anstatt die Serienform als imperialistisch zu verwerfen, suchte Ambassa vielmehr nach Wegen, wie sie zur Weiterentwicklung dieses Modells beitragen konnte. Sie sieht ihre Hauptaufgabe nicht im Aufbrechen hegemonialer Codes; dann nämlich wäre *Miseria* ein Gegenprodukt, eine aufgrund von westlicher Unterdrückung – wenn auch in Opposition zu ihr – geschaffene Miniserie. Stattdessen stellt *Miseria* eine vollständige Alternative zum eurozentrischen Denken und seinem implizierten »Anderen« dar, da der Autorin daran gelegen ist sicherzustellen, daß für die Ergründung afrikanischer Wirklichkeiten einzigartige fernsehspezifische Inhalte und Formen geschaffen werden.

Miseria handelt von dem Leben einer sehr armen, in Yaoundé [Hauptstadt Kameruns] lebenden Familie, die aus einer alleinerziehenden Mutter, ihrer Tochter und ihrem Sohn besteht. Die Mutter arbeitet als Obstverkäuferin auf dem örtlichen Markt, der Sohn transportiert Waren in einer Karre, während die Tochter, Assoko, eine höhere Schule besucht. Angesichts der Not ermuntert die Mutter ihre Tochter zur Prostitution. Sie erkrankt an einer ernsthaften Geschlechtskrankheit, wird jedoch von einem jungen Ingenieur gerettet, der sich hoffnungslos in sie verliebt hat.

Man ist an dieser Stelle versucht, die Lage von Assoko als Erfahrung geschlechtsbedingter Unterdrückung zu deuten. Aus der Sicht des traditionellen Feminismus ist sie ein weibliches Opfer einer patriarchalen Gesellschaft. Wenn man sich lediglich auf die geschlechtsabhängige Unterdrückung konzentriert, bedeutet dies jedoch, die Besonderheiten ihrer Lage in bezug auf weitere neokoloniale und kulturelle Zusammenhänge zu mißachten. Darüber hinaus geht diese Art der Analyse nicht nur von einem universellen patriarchalen System aus, sie unterstellt ebenfalls, daß alle Frauen Opfer oder Objekte männlicher Vorherrschaft sind. Macht wird demnach als binär definiert, wobei Frauen die Opfer/machtlos und Männer die Unterdrükker/machtvoll sind. So konzentriert man sich auf die Geschlechterdifferenz, um den Ursprung der Unterdrückung einer vermeintlich einheitlichen Gruppe zu beschreiben. Auch Aussagen wie »Alle afrikanischen Frauen sind politisch und wirtschaftlich abhängig« nähren diesen Glauben, ohne die Besonderheiten der Stellung von Frauen in Macht- und Ausbeutungssystemen zu orten. Welche Bedeutung sollte man beispielsweise der Unterdrückung von Assokos Bruder durch eine andere Frau beimessen? Zu Beginn der ersten Folge müht er sich damit ab, seinen beladenen Karren einen steilen Hügel hinaufzuschieben und wird am Ende des Tages von der offensichtlich reichen Frau, die ihn angestellt hat, übers Ohr gehauen. Später erzählt er seiner Mutter, daß er die unehrliche Frau am liebsten vor Zorn erwürgt hätte. Die Plazierung dieser korrupten Handlung als Teil des erzählerischen Aufbaus unterstreicht nicht nur deren Bedeutung für Ambassa, sie bildet auch die Grundlage für den letztlichen Charakterwandel des Bruders. Doch im Gegensatz zu Assoko hat er bereits das Privileg der Bildung verloren. Da sowohl Assoko als auch ihr Bruder schließlich ihre Körper zur Arbeit einsetzen, wird es recht deutlich, daß wirtschaftliche Privilegien in der Gesellschaft, die in *Miseria* porträtiert werden, nicht geschlechtsspezifisch sind.

Assokos Situation könnte hinsichtlich ihrer Genesung auch als Kraftwiedererlangung gedeutet werden, demnach sie sich als eine starke, Widerstand leistende weibliche Stimme aus dem Text erhebt, um gegen die patriarchale Vorherrschaft zu Felde zu ziehen. Aus dieser Sicht ginge es in *Miseria* nicht um die Folgen der Prostitution, da die Gesellschaft Assoko nicht wegen ihres »antisozialen« Verhaltens bestraft. Des weiteren könnte die Tatsache, daß sie am Ende der Serie ihr Glück in der Heirat findet, als ein im Text innewohnender Widerspruch gedeutet werden: denn obwohl Assoko sich entschließt, die Prostitution zugunsten der Ehe aufzugeben, will sie ihre Ausbildung weiterführen. Unter dem Aspekt der Krafterlangung handelt *Miseria* daher von der Bedeutung der Bildung und von der Entscheidung, die eine Frau zur Sicherstellung dieser Bildung fällt. In diesem Fall würde Assokos Wahl eine Reaktion auf eine Situation darstellen und nicht die Reflexion ihrer moralischen Beweggründe. Dieser Interpretationsansatz erkennt jedoch nicht an, daß die Prostitution, die zwar aus Verzweiflung beginnt, aus Berechnung fortgesetzt wird, da Assoko und ihre Familie sich darum bemühen, den materiellen Reichtum, an den sie sich gewöhnt haben, zu erhalten. Zu Beginn steht zwar eine verzweifelte Entscheidung, die zu Assokos Prostitution führt, später wird jedoch eine berechnete Wahl getroffen, derer zufolge sowohl Mutter als auch Tochter diesem Beruf nachgehen. Eben dieser Konsumdrang und die resultierenden Folgen, die ihn begleiten, spielen für Ambassas Anliegen eine zentrale Rolle.

Ein solcher Interpretationsansatz unterstellt, daß Assoko keine andere Wahl hat, als das Patriarchat zu bekämpfen, weil sie ein Opfer der männlichen Macht ist. Sie muß innerhalb des männlichen Systems kämpfen und es zu ihrem Vorteil nutzen, um ihren Lebensunterhalt zu verdienen. Zwar verändert sich das System nicht, wohl aber ihre Stellung innerhalb desselben. Warum ist sie also ein Opfer männlicher Macht? Und inwiefern könnte das Patriarchat mit männlicher Dominanz gleichgesetzt werden? Gewiß, die Wiedererlangung ihrer Kräfte beschreibt eher, wie Frauen im Patriarchat erfolgreich sein können und nicht so sehr, wie sie bestehende Kräfteverhältnisse demontieren. Außerdem bedeutet ihr Aufstieg zur Macht nicht unbedingt, daß sie daran interessiert sind, Systeme der Unterdrückung umzustürzen. Mohanty schreibt, daß,

> *... wenn der Kampf für eine gerechte Gesellschaft unter dem Aspekt betrachtet wird, daß Frauen als Gruppe einen Schritt von der Machtlosigkeit zur Macht tun – und eben dies ist die Implikation im feministischen Diskurs, der den geschlechtlichen Unterschied unter dem Aspekt der Geschlechtertrennung gliedert –, dann wäre eine neue Gesellschaft strukturell identisch mit der vorhandenen Organisa-*

> *tion der Kräfteverhältnisse und würde sich damit als einfache Umkehrung des Vorhandenen herausstellen.* (Ebd., S. 71)

Welchen Sinn macht letztendlich die Anwendung eines feministischen Diskurses, der auf binären Strukturen der Unterdrückung basiert, auf die Analyse der Stellung der Frau in nicht-westlichen Gesellschaften?

Wenn also die Methode der euro-amerikanischen feministischen Filmtheorie sich als problematisch für die Analyse der Darstellung der Frau im afrikanischen Film und Fernsehen herausstellt, welches Modell sollte dann angewandt werden? In *Ngambika: Studies of Women in African Literature* (1986) umreißt Carol Boyce Davies einen afrikanisch-feministischen Ansatz zur Analyse afrikanischer Literatur. Für Davies ist der wirkliche afrikanische Feminismus eine Mischform, in der sich afrikanische Themen mit feministischen Anliegen verbinden. Sie vertritt den Standpunkt, daß der afrikanische Feminismus gewisse Affinitäten zum internationalen Feminismus anerkennt, jedoch nicht über die spezifischen Themen, die sich aus den konkreten Lebenswirklichkeiten von Frauen in afrikanischen Gesellschaften ergeben, hinwegsehen kann.

Dieser afrikanische Standpunkt wird dann von der psychoanalytischen feministischen Filmtheorie übersehen, wenn sie die Betonung einzig und allein auf das Geschlecht legt. Es mag zwar beispielsweise in traditionellen Gesellschaften gewisse geschlechtsspezifische Benachteiligungen gegeben haben, aber vielleicht haben manche Gesellschaftsstrukturen Frauen auch Gleichberechtigung und/oder Macht eingeräumt. Doch mit dem Einzug des Kolonialismus wurden bereits vorhandene Benachteiligungen verstärkt und andere eingeführt. Damit soll nicht gesagt werden, daß afrikanische Frauen nicht gemeinsam mit afrikanischen Männern einen Kampf gegen den ausländischen Imperialismus führen sollen. Es bedeutet ganz einfach, daß die geschlechtsspezifischen Aspekte ihrer Unterdrückung weder automatisch der verallgemeinerten Unterdrückung aller Afrikaner untergeordnet noch aus dem Rassen-, Klassen- bzw. kulturellen Kontext herausgelöst werden sollten. So sollte zum Beispiel die Arbeitsteilung nach Geschlechtszugehörigkeit nicht zur Erklärung der Unterdrückung von Frauen verwendet werden, ohne dabei zu berücksichtigen, wie diese Teilung sich je nach Gesellschaft oder Kontext verändert.

Schließlich tritt der afrikanische Feminismus dafür ein, daß Frauen, die als Subjekte ihre eigene Situation kritisch betrachten können, entscheidungsbefugt sind. In der folgenden Analyse möchte ich aufzeigen, daß es angemessener ist, bei *Miseria* einen afrikanisch-feministischen als einen psychoanalytischen Ansatz anzuwenden.

Die erste Folge der Miniserie hat die Funktion, die Armut und Not der Familie aufzudecken und die Grundlage für eine spätere Veränderung zu schaffen. Die

Zuschauer erfahren, daß der Bruder bereits die Schule verlassen mußte, weil die Mutter den Unterricht nicht mehr bezahlen konnte. Des weiteren wird mitgeteilt, daß die Geschäfte am Obststand der Mutter nicht gerade gut laufen. Gegen Ende der Folge wird ein wichtiges Element der Kernhandlung eingeführt, um den sich der Rest der Miniserie drehen wird. Ein Nachbar, der erfahren hat, daß ein reicher Mann Assoko begehrt, schlägt ihrer Mutter vor, sie möge ihre Tochter »benutzen«, um der Armut zu entrinnen. Die Folge endet mit einem Cliff-hanger: die Ankunft eines Briefes, in dem steht, daß Assokos Schulgebühren fällig sind. Auf diese Weise werden ein Problem und eine mögliche, der Verzweiflung entspringende Lösung vorgestellt.

Miseria weist zwar die Form einer Fortsetzungsserie auf, übernimmt jedoch nicht alle Konventionen des amerikanischen Fernsehmelodrams. Jane Feuer hat in ihrer Untersuchung *Melodrama, Serial Form and TV Today* (1990) behauptet, daß »die meisten Szenen in tagsüber gesendeten Soaps wie *Dallas* und *Dynasty* intensive emotionsgeladene Konfrontationen zwischen Personen enthalten, die entweder blutsverwandt oder verschwägert sind« (Feuer, S. 259). Feuer beschreibt ausführlich, wie durch gewisse Konventionen, die den erzählerischen Aufbau und die Inszenierung betreffen, bestimmte psychoanalytisch aufgeladene Darstellungen entstehen können. Eben diese Konventionen werden in *Miseria* untergraben, um gesellschaftliche oder themenorientierte Darstellungen zu schaffen. Keine der Folgen endet mit einem Beziehungsdrama, sondern mit einem sehr greifbaren Problem, das es zu lösen gilt: Folge 1 – die Probleme der Armut und der Fortsetzung der Ausbildung; Folge 2 – die materielle Bedeutung der Prostitution; Folge 3 – das Problem, einen bestimmten Lebensstandard beizubehalten; Folge 4 – die medizinischen Auswirkungen der Prostitution. Was die Erzählstruktur betrifft, hat Ngono Ambassa ein Produkt geschaffen, das eher zu einer Identifizierung der Zuschauer mit den Themen als mit den Charakteren anregt. Eine Analyse der visuellen Darstellung von *Miseria* wird dies zusätzlich unterstützen.

Feministische und psychoanalytische Interpretationsansätze, die geschlechterspezifische und rezeptive Fragen in melodramatischen Texten problematisieren, sind abhängig von erkennbaren, wiederholten Kamera- und Schnittkonventionen, die innerhalb des persönlichen Raums entwickelt werden. Doch was geschieht, wenn diese Konventionen – wie im Fall von *Miseria* – nicht in der filmischen oder fernsehspezifischen »Grammatik« enthalten sind? Wie angemessen sind dann diese auf die Reaktion der Zuschauer zugeschnittenen Analysesysteme? Feuer erklärt, daß »die meisten Szenen in *Dallas* und *Dynasty* in Halb-Nahaufnahmen gedreht wurden, um die Emotionalität voll zur Geltung zu bringen und das Szenenbild nicht zu verdekken. Die Hyperintensität jeder Konfrontation wird durch die Verwendung einer serienspezifischen Betonung und durch Konventionen in bezug auf die ausgetauschten Blicke, die Dauer der Einstellungen und den Einsatz des Zooms hervorgehoben.« Feuer zufolge werden Szenen innerhalb dieses Programmformats durch eine Kombination mehrerer Schuß-/Gegenschußaufnahmen der starren Blicke der Schauspieler beendet, so daß die Emotion vor einem Szenenwechsel oder einer Werbeeinblendung intensiviert wird.

In *Miseria* enden die Szenen und Folgen an sich nicht mit Schuß-/Gegenschußstrukturen der ausgetauschten Blicke, Standbildverlängerungen oder Zoomeinstellungen. Die meisten Szenen wurden in Normal- und Fernaufnahmen gedreht, und es gibt keine Werbeunterbrechungen. Diese Art der Darstellung steht wohl unter dem Einfluß der im afrikanischen Kino zu findenden Codes. Afrikanische Filmemacher haben historisch gesehen der gesellschaftlichen Gruppe große Bedeutung eingeräumt und somit in ihren Filmen ein kollektives Heldentum geschaffen. Totalen erfüllen daher die Funktion, die Kernhandlung voranzubringen, da nur sie allein den zur Darstellung des Gruppen- oder Gemeinschaftslebens benötigten gesellschaftlichen Raum abdecken können. In *Miseria* ist dieser vergleichbare Gebrauch des gesellschaftlichen Raums von Bedeutung, da er eine Verbindung zu der in der Serie vorherrschenden »Zeugen«-Ästhetik aufweist. Die Kamera fällt beispielsweise nur begrenzt subjektive oder emotionale Werturteile über die Erzählung und ist oft auf eine Weise plaziert, als würde sie die Szene lediglich aufzeichnen. So werden zum Beispiel in einer Szene der zweiten Folge einige Schuß-/Gegenschußaufnahmen zur Wiedergabe einer Konfrontation zwischen Assoko und ihrer Mutter verwendet, in der die Mutter ihr einschärft, daß sie zu dem reichen Mann, der sich für sie interessiert, nett zu sein hat. Als Assoko sich widersetzt, gibt die Mutter zu, daß es die Not ist, die sie zu dieser Haltung gezwungen hat. Im konventionellen Hollywood-Melodrama wäre Assoko, die von ihrer Mutter unterdrückt zu werden droht, leicht von oben aufgenommen worden. Hier jedoch werden beide Frauen in Normaleinstellung leicht von unten aus der Perspektive der Kamera aufgenommen, und nicht – was äußerst wichtig ist – aus dem gegenseitigen Blickwinkel, ins Bild gesetzt. Für den Zuschauer wird eine Perspektive aufgebaut, die nicht dem Blickwinkel der Charaktere, sondern dem einer Ein-Kamera-Inszenierung entspricht.

Zu berücksichtigen ist auch das Minibudget von *Miseria*, das hierbei eine Rolle gespielt haben könnte. Die rein praktische Dynamik, einen Hollywood-Blick zu schaffen, erfordert für die Dauer der gesamten Szene eine Einstellung mit drei Kameras. Die Ein-Kamera-Inszenierung in *Miseria* weist während der gesamten Serie darauf hin, daß kostensparende Maßnahmen wahrscheinlich Vorrang vor künstlerischen Anliegen hatten. Und wenn die Blickwinkel eher aus praktischen als aus emotionalen Erfordernissen entwickelt wurden, bedeutet das dann, daß sich der Blick zwingenderweise auf kulturell festgelegten Vorstellungen der Geschlechterdifferenz stützt?

Die Abhängigkeit von durchgängigen, anerkannten Konventionen der »Filmgrammatik« spielt eine wesentliche Rolle für die Erwartungshaltung in der westlichen feministischen Filmtheorie, daß Frauen Objekte eines männlichen Blickes sind. Was aber geschieht, wenn diese Konventionen nicht in der »Grammatik« der Aufnahmen enthalten sind? In einer Szene der zweiten Folge beschließt der reiche Mann beispielsweise, seine eigene Tochter zu benutzen, um Assoko näherzukommen. Er verspricht ihr ein Aufbaustudium in Frankreich, wenn sie mit Assoko bei ihnen zu Hause lernt. Die Erfahrung, Hollywood-Filme aus einem politisierten Blickwinkel heraus zu betrachten, baut die Erwartung auf, daß die filmische »Grammatik« den Wunsch des Mannes, Assoko über seine Tochter zu unterdrücken, visuell in den Vordergrund setzen wird. Doch diese Unterdrückung wird nicht in die »Politik« der Einstellungen integriert. Der reiche Mann nimmt die schwache Position in der unteren rechten Ecke der Einstellung ein, während seine Tochter leicht von unten aufgenommen wird und in der Aufnahme dominiert. So dient die Schuß-/Gegenschußstruktur hier nicht dazu, den Zuschauer in die Emotionen der Charaktere einzuweben. Sie zeigt dem Zuschauer, der zum Zeugen wird, vielmehr beide Seiten der Auseinandersetzung.

In der afrikanischen Form des mündlichen Geschichtenerzählens werden die Zuhörer dazu aufgefordert, die Folgen von Verhalten wie Habgier, Verschwendung und Selbstsüchtigkeit zu bedenken und nicht so sehr die Psychologie der Charaktere, die diese Wesenszüge aufweisen. Auf ähnliche Weise wird in *Miseria* das Erzählte gegen die visuelle »Grammatik« ausgespielt, und zwar nicht, um einen psychologischen Exzeß heraufzubeschwören, sondern um dem thematischen Gehalt den Vorzug zu geben. Die Zuschauer sind daher aufgerufen, die Konsequenzen von Assokos Entscheidung abzuwägen, und nicht etwa an der psychologischen Entwicklung ihres Charakters teilzunehmen.

Ambassa unternimmt den Versuch, die afrikanische Realität des Neokolonialismus im weiteren Sinne zu porträtieren, und befaßt sich weniger mit dem enger gefaßten psychoanalytischen feministischen Projekt geschlechtsabhängiger Unterdrückung. Die Konsequenzen von Assokos Wahl dienen nicht nur dazu, die Erzählung voranzutreiben, sie drehen sich auch um bestimmte Fragen, die nach Meinung der Autorin überaus wichtig für das heutige Afrika sind: wirtschaftliche Armut, AIDS, die Entschlossenheit, es angesichts der Korruption zu etwas zu bringen. So wählt Assoko die Prostitution, um ihrer Situation der Armut zu entgehen. Die Tatsache, daß sie sich eine durch Geschlechtsverkehr übertragene Krankheit zuzieht, wird zum Aufhänger, um über AIDS zu informieren. Letztlich entscheidet sie sich trotz der finanziellen Vorteile der Prostitution, diese zugunsten der Ehe und einer neuen Beschäftigung als Friseurin aufzugeben. Die Themen sind hart, die Botschaft ist jedoch optimistisch. Die Ausrichtung auf ein breiteres afrikanisches und nicht auf ein geschlechtsspezifisches (weibliches) Publikum, wird dadurch unterstrichen, daß Assokos ganze Familie in der Erzählung dem Konsumdrang unterliegt.

Ambassas Absicht besteht darin, alle Afrikaner anzusprechen und sie in das Projekt des afrikanischen Wiederaufbaus zu integrieren. Die Beschränkung auf Assokos individuelle geschlechtsbedingte Unterdrückung zu Lasten aller anderen Aspekte ihrer Identität würde nicht nur bedeuten, das weiterreichende Thema der neokolonialen Unterdrückung zu vertuschen, sondern auch die Frage in *Miseria* »Und all dies, zu welchem Preis für die afrikanischen Gesellschaften?« zu mißachten. Doch genau dies ist das Anliegen des afrikanisch-feministischen Analyseansatzes: nicht zum Preis der globalen Unterdrückung von Frauen, sondern zum Preis der Unterdrückung der afrikanischen Frau innerhalb ihres spezifischen historischen, gesellschaftlichen und kulturellen Kontexts.

Aus dem Englischen von Sabine Schlottky
Mit freundlicher Genehmigung der Autorin und *IRIS*, Paris

Sheila Petty, Leiterin der Abteilung Film und Video an der Universität Regina, Kanada, arbeitet derzeit an einer Publikation über Ousmane Sembène, forscht und publiziert u. a. über die Repräsentation der Frau im afrikanischen Kino und über die Produktionsformen von Fernsehserien.

N. Frank Ukadike (1995)

Stimmen des Dokumentarfilms

Allah Tantou und *Afrique, je te plumerai*

IM vorliegenden Aufsatz werden neue Formen des afrikanischen Dokumentarfilms untersucht und die Strategien näher beleuchtet, mit denen die kinematographische »Realität« Afrikas konstruiert wurde und wird. Hierzu werden zwei Filme herangezogen: *Allah Tantou* von David Achkar (Guinea 1991) und *Afrique, je te plumerai* von Jean-Marie Teno (Kamerun 1992). Beide Filme werden im Hinblick auf den dokumentarfilmtheoretischen Kontext betrachtet, um das Verhältnis zwischen den vorherrschenden (westlichen) und den oppositionellen (panafrikanischen) Darstellungen Afrikas im Film neu zu definieren. Dabei soll vor allem die kritische Frage geklärt werden, ob der neue afrikanische Dokumentarfilm voll und ganz verstanden werden kann, ohne die radikal divergierenden Ansätze zu begutachten, auf deren Grundlage die panafrikanische filmische Darstellung Thema, Zuschauer und Filmemacher einsetzt, um das Publikum stärker am Film teilhaben zu lassen.

Der dokumentarische Rahmen ist bildlich gesehen ein offenes Fenster, das Einblick in die Geschichte, Kultur und andere Bereiche des Widerstands gewährt. Soziale Probleme, kulturelle Werte und politische Überzeugungen der afrikanischen Welt werden sensibel und zugleich realistisch porträtiert. Gerade die Verbindung zwischen Dokumentarfilm und den dargestellten realen Lebensumständen, zwischen Filmemacher und Thema bzw. Zuschauern, ist besonders charakteristisch für dieses Genre. Ich werde versuchen aufzuzeigen, daß die leidenschaftliche Wahrheitsliebe von einer Liebe zur historischen Genauigkeit und Kommunizierbarkeit herrührt – daher der starke Einfluß des »Glaubens, daß das Gesehene (und Gehörte) die Essenz dessen ist, was ist, und dessen, was wissenswert über das ist, was ist«[60], auf dem die historische Wahrheit Afrikas gründet.

60 Julianne Burton: The Social Documentary in Latin America, 1990, S. 77.

Hin zur Geschichte: Hin zur Kritik

Bill Nichols Beobachtungen zur Unterscheidung von Spiel- und Dokumentarfilm sind für unseren Diskurs von größter Relevanz. Nichols stellt in seiner Untersuchung *Representing Reality* (1991) fest, daß »Erzählungen unser Interesse durch die Konstruktion einer in einer imaginären Welt spielenden Geschichte wecken, wohingegen der Dokumentarfilm sich dazu der Konstruktion einer Behauptung bedient, die auf die historische Welt ausgerichtet ist« (Nichols, S. 118). Die hegemonialen Interessen der Kolonisatoren haben in bezug auf die kolonialisierten Völker im Zusammenspiel mit der Geschichte der Unterdrückung soziale Differenz und Ungleichheit institutionalisiert. Diesem Ungleichgewicht erwächst die privilegierte Perspektive, die die Kolonialgeschichte bietet, von der aus beide Welten analysiert werden können.

Dieser Annahme entgegenzutreten, impliziert eine Entmystifizierung der Kolonialgeschichte, in dem nämlich ihre Methoden der Reifikation, der Objektivierung und der Darstellung des »Anderen« aufgedeckt werden.

Mit der Suche nach einer afrikanischen kinematographischen Realität ist also das Genre des sozialen Dokumentarfilms entstanden, das sich den Kampf gegen das falsche Bild im traditionellen (westlichen) Kino zur Aufgabe gemacht hat. Bei dem Versuch, dieser Verzerrung Paroli zu bieten, spezifizieren die Perspektiven des »alternativen« Kinos eine ideologische Mission, deren spezieller Auftrag die nochmalige Untersuchung hegemonialer Machtverhältnisse ist.

Die Beziehung zwischen Geschichte und Politik in der Gesellschaft und Geschichte und Politik im Film kann in der Entkolonialisierung der Leinwand und in einer Neudefinition der Stellung des Kinos als Ort für politische Kontroversen – so die Bezeichnung der Kritiker – kulminieren. Der konzertierte Versuch, nationalen Konflikten und Identitäten eine konkrete Form zu geben, kann Anzeichen für eine Gesellschaft sein, die sich aufmacht, den Glauben an sich selbst wiederzufinden. Dieser Glaube war durch die »unmenschlichen Verwendungsformen des Kinos« zerstört worden, das in der Standarderzählung und der visuellen Struktur der dominanten Kinogeschichte wurzelt, ein Phänomen, das die »alternativen«, innovativen Darstellungen Afrikas heute in sein Gegenteil zu verkehren suchen.

Die Anwendung westlicher Methoden auf die Konstruktion von Bildern Afrikas im Film bringt etwas hervor, das als Pseudokunst bezeichnet werden könnte und antithetisch zu den Sehnsüchten einer genuinen, von einheimischen Kulturproduktionen bestimmten Kunst ist. *Afrique…* und *Allah Tantou* bilden einen scharfen Kontrast zu zahlreichen Produktionen aus dem Dokumentar- und Spielfilmgenre, die sich Afrika zum Hauptthema gemacht haben. In zwei beliebten Filmen *Reassemblage* (Trinh T. Minh-ha, 1982) und *Unsere Afrikareise* (Peter Kubelka, 1966) beispielsweise, die bevorzugt in amerikanischen Klassenzimmern gezeigt werden, entdecken wir, daß das dort dargestellte Leben der Afrikaner jeder menschlichen Intelligenz spottet. In *Reassemblage* (in dem die afrikanische Subjektivität vernebelt wird) gehört die allwissende Off-Stimme einem »Wanderprediger« – einem freiwilligen Helfer des Peace Corps, der Filmemacherin persönlich. Ganz ähnlich setzt sich *Unsere Afrikareise* absichtlich über afrikanische Sensibilitäten hinweg – ein Film, der von Constance Penley und Andrew Ross[61] für seine »innovative« Schnittechnik gelobt und von Michael Renov dafür gepriesen wurde, daß er »mit dem Mainstream-Dokumentarfilm die Verpflichtung zur Darstellung des historisch Wahren teilt«[62]. In dem Film wird ein Afrikaner als Gewehrstütze eines Weißen benutzt, so daß beim Schuß auf einen Löwen eine Salve direkt neben seinem Ohr loskracht. Außerdem entlarven sich die Österreicher in dem Film, die pausenlos Afrikaner lächerlich machen, als Rassisten und Wilderer, deren Verhalten nicht weniger animalisch ist als das der Giraffen, die sie unbarmherzig auf ihrer Kenia-Safari abschlachten. Ein bezeichnendes Beispiel für die rassistischen und sexistischen Vorurteile findet sich in einer Sequenz, in der der lange Hals einer Giraffe dem des hoch aufgereihten Halsschmucks einer afrikanischen Frau gegenübergestellt wird. Dennoch wird diese eklatant rassistische und sexistische Darstellung von den Kritikern, die den Film wegen seines kinematographischen Einfallsreichtums loben, noch nicht einmal erwähnt.

Die meisten Angriffe auf solche Machwerke konzentrieren sich auf den Machtmißbrauch des Autors, ein Mißbrauch, der wiederum den Anspruch auf dokumentarische Authentizität hinfällig macht. Spuren von Authentizität können in einzelnen Sequenzen jedes beliebigen Films gefunden werden, was aber noch lange nicht heißt, daß die Sequenz das volle Gewicht des gesamten Films trägt. Es stellt sich die Frage, ob Publikum bzw. Kritiker aufgrund der Bedeutung einer bestimmten stilistischen Tendenz eines Films Elemente in Kauf nehmen, die die Realität, deren Darstellung eigentliche Aufgabe des Films ist, verfälschen. Die Geschichte hat gezeigt, daß dem so ist, wenn man nur an den virulenten Einfluß von D. W. Griffiths *Birth of a Nation* (1915), Luis Buñuels sardonischem *Las Hurdes* (1932), Jean Rouchs *Les Maîtres fous* (1953) oder Terry Bishops *Daybreak in Udi* (1949) denkt, alles Filme, gegen die es vehemente Proteste und kritische Stimmen wegen ihres Rassismus gab, die aber dennoch als »Meisterwerke« und Klassiker gehandelt werden.

Wie erkennt man, daß gewisse Aspekte der Geschichte und Kultur mißverstanden wurden, und warum sieht das Publikum die dargestellten Bilder aus einer anderen Perspektive als der Regisseur? An anderer Stelle vertrete ich die Auffassung, daß es theoretisch richtig sein mag, mit faszinierenden Theorien Interventionen des Autors zu polemisieren; ebenso haben einige Künstler versucht, dem Rezipienten zu helfen, ihre »komplexen« Ansätze zur visuellen Darstellung zu verstehen. In der bildenden

61 Constance Penley/Andrew Ross: Interview with Trinh T. Minh-ha, *Camera Obscura* Nr. 13/14, 1985, S. 87.
62 Michael Renov: Toward the Poetics of Documentary, in: Theorizing Documentary, 1993, S. 34.

und performativen Kunst hat jedoch zweifellos das Bild mehr Aussagekraft als beispielsweise der Voice-over in einem Dokumentarfilm oder die polemische Abhandlung zum Zwecke der Bildung oder Fehlinformation des Publikums. Für den kritischen Beobachter spielen Aspekte der Selektivität (Wahl der Einstellungen/Bilder) und des Eingreifens (Auswahlmethode) bei der Entschlüsselung eines Kunstwerks eine wichtige Rolle. Auf den Film angewandt bezieht sich diese Beobachtung auf den Kameraeinsatz, auf die Komposition und die Art und Weise, wie Schnitte erfolgen, um Bedeutung zu transportieren. Weil Film schon von jeher ein ideologisches Projekt ist, kann er nicht politisch neutral sein. Die ideologische Subjektivität des Films bringt den neugierigen Beobachter darüber ins Nachdenken, wie die Methode das auf der Leinwand (das kinematographische Symbol) Dargestellte und das, was in der Realität vorgefunden wurde (das Bezugsobjekt), beeinflußt.

Hierbei gilt es festzustellen, daß zahlreiche afrikanische Spielfilme eine Synthese aus Dokumentar- und Spielfilm bilden, obwohl sie eine fiktionale Erzählstruktur aufweisen. Diese Vorgehensweise erinnert stilistisch gesehen an lateinamerikanische Dokumentarfilmformen. Frühe Filme wie *Afrique sur Seine* (P.S. Vieyra, 1955), *La Noire de ...* (O. Sembène, 1966), *Mandabi* (O. Sembène, 1974), *Last Grave at Dimbaza* (Nana Mahomo, 1976) und *Harvest: 3000 Years* (Haile Gerima, 1976) beispielsweise sind stark von einer dokumentarischen Herangehensweise geprägt. Die Nebeneinanderstellung von fiktionaler und dokumentarischer Darstellung verankert die Erzählung in der mündlichen Überlieferung und erhöht die emotionale Wirkung. Genau wie ihre lateinamerikanischen Kollegen glauben afrikanische Filmemacher an den politischen Nutzen von Filmen und weniger an deren Unterhaltungswert.

Das Aufkommen der realistischen und formalistischen Strömungen – Neorealismus, Doku-Drama und marxistische Dialektik – beschleunigte die Auflösung der entstandenen Verbindungslinie zwischen Fiktion und Realität, Dokumentarfilm und ethnographischen Filmformen, und förderte meiner Ansicht nach die Mißbildungen in der filmischen Darstellung – die Nord-Süd-Dichotomie. Von diesem Standpunkt gehe ich auch in meiner Argumentation aus, daß in afrikanischen Filmen kein einzelnes stilistisches Kriterium überwiegt, obwohl sie hybride Traditionen aufweisen, die ihren Ursprung in Hollywood, russischer sozialistischer Dialektik, italienischem Neorealismus und dem Erbe der Avantgarde haben. Aus diesem Grund muß jede kritische Komponente, die zur Bewertung dieser filmischen Darstellungsformen herangezogen wird, ebenfalls berücksichtigen, wie diese synkretischen »master codes« durch die in der mündlichen Überlieferung verwurzelten kulturellen Codes zergliedert werden.

Auf dem afrikanischen Sektor ist es möglich, in der oralen Kunst (*oral art*) und bei der Produktion von Filmen und anderen Kulturformen ein Ereignis neu zu inszenieren, ohne daß dadurch notwendigerweise seine Bedeutung im Kontext historischer, sozialer und politischer Realitäten verzerrt wird. Solch ein Eingriff wird vielmehr begrüßt, weil er für den fiktionalen Impuls in einem Prozeß sorgt, durch den der kreative und didaktische Wert der zu vermittelnden Botschaft gesteigert wird. Auf dieser Ebene wird das Filmerlebnis zu einem Synonym für Geschichtsunterricht, in dem spezifische kulturelle Codes vermittelt werden und eine Sensibilisierung stattfindet, die diese Kinoform auf unerschrockene Weise politisch werden läßt. Aufgrund dessen ist, in Abhängigkeit von den Produktionsumständen des Films, die Zuschauerakzeptanz ein fester Parameter. Folglich würde der polemische Diskurs über den realitätsgetreuen Dokumentarfilm ebenfalls einen neuen Ansatz finden. Der in der vorherrschenden Deutung im allgemeinen dem Dokumentarfilmgenre zugeordnete Film erhält eine neue Bezeichnung: er wird zu einem in der Spielart des Dokumentarfilms gedrehten Essay.

Historische Spezifität: Ein dokumentarisches Gewissen

Filme aus dem frankophonen afrikanischen Raum machten den afrikanischen Spielfilm und dessen Trend zur Didaktik populär, und obwohl die meisten Geschichten von dokumentarischen Segmenten durchsetzt waren, konnte sich das Dokumentarfilmgenre nie einen festen Platz in der dortigen Kinolandschaft sichern. In den englisch- und portugiesischsprachigen Regionen dagegen stößt der Dokumentarfilm auf ein ständig wachsendes Interesse – leider auf Kosten des Spielfilms. Die Dokumentarfilm-Praxis hat dort jedoch unterschiedliche Quellen. Im anglophonen Raum stand das Muster des Lehr- und Unterrichtsfilms aus der britischen Kolonialzeit Modell – Dokumentationen über die Lebensgewohnheiten des regierenden Oligarchen, Lobgesänge, auch wenn es keinen wirklichen Fortschritt gab, mit dem man sich hätte brüsten können. Die Vorläufer der lusophonen Region sahen sehr viel zielgerichteter aus – Filmen wurde der Status einer Waffe zugewiesen, die zum Befreiungsschlag im Kampf gegen Portugal dienen sollte. Pedro Pimente, stellvertretender Direktor des Filminstituts von Mosambik (INC), bemerkte treffend, daß ein Wandel im vorherrschenden Film notwendig sei, um »etwas Neues zu schaffen, das Produkt einer neuen Ideologie«[63]. Diese Erschaffung von »etwas Neuem« war dann für Angola, Guinea-Bissau und Mosambik von ebenso großer Bedeutung wie die sozialistische Filmideologie für die UdSSR und führte hier zur Aneignung einer Dokumentarfilm-Praxis, die in einer afrikanisch-sozialistischen Ideologie verwurzelt ist.

Als emanzipatorisches Projekt hat sich das afrikanische Kino von jeher mit der Entkolonialisierung der Geschichte und der Befreiung bis hin zu Afrikas Widerstand gegen die Unterdrückung beschäftigt. Im ersten Jahrzehnt afrikanischen Filmschaf-

63 In: Clyde Taylor: Film Reborn in Mozambique, *Jump Cut* Nr. 28, 1983, S. 30.

fens manifestierte sich dieses Vorhaben in antikolonialistischen Projekten. Nach der Unabhängigkeit jedoch, als sich die afrikanische Führungsschicht als noch perfider erwies als die von ihr ersetzten kolonialen Administratoren, nahm das Kino alle aktuellen Themen in seine Tagesordnung auf. Wie Harold W. Weaver hervorhebt, entwickelte sich »ein Kino der Kontroversen zwischen den Filmemachern und der politischen Führung«[64]. Einige Filme, die extreme Kritik am Establishment übten, wurden zensiert, und manche Regisseure wagten sich erst an sozialkritische Themen heran, nachdem die politische Führung gestürzt worden war oder abdedankt hatte. Ein Beispiel hierfür ist *Allah Tantou*, der in Guinea-Bissau gedreht wurde. Das Bemerkenswerte an diesem Film wie auch an *Afrique...* ist die Art und Weise, mit der Themen in ihrem kontinentalen Ausmaß angesprochen werden.

Es können hier zwei grundlegende Analysen aufgerollt werden: eine erste arbeitet mit dem Kontext und bezieht sich auf die Kräfte, die auf der Produktion beider Filme lasteten – die sozialen Institutionen und Produktionspraktiken, die Medienbilder von Afrika konstruieren; eine zweite bringt persönliche/ideologische Manifestationen als Synthese des kollektiven Kampfes gegen die Unterdrückung mit sich. Vier Hauptcharakteristika der Dokumentarfilm-Praxis definieren dies: a) Autorität: als Metadiskurs über den richtigen Umgang mit dem Thema, oder sogar über die Legitimität des Filmemachers und sein Wissen über die porträtierten Problempunkte sowie sein Verhältnis dazu; b) Transparenz: die Verkörperung der Introspektionsprozesse, des »Hineinschauens« (und damit die Umkehrung der ursprünglichen Bedeutung des Begriffs »Transparenz« – das, was reine Aufzeichnung zu sein scheint), und die thematische Darstellung als offenes Fenster zur Welt, um so das Problembewußtsein der Öffentlichkeit zu wecken und zu verstärken; c) Unmittelbarkeit: die Reflexion des »Jetztseins«, das Verhältnis des Themas oder des Zuschauers zur Gegenwart, wobei Ereignisse der Vergangenheit zur Erklärung der aktuellen Situation angeführt werden oder darüber hinaus sogar Ereignisse der Gegenwart zur Verstärkung vergangener Ereignisse herangezogen werden können, um diese unmittelbarer zu machen; d) Authentizität: nahezu ein Synonym für Realität, Ausdruck der Wahrheitsliebe des Filmemachers bei der Darstellung von Realität, Infragestellung gesellschaftlicher Normen und Steigerung des Problembewußtseins der Öffentlichkeit gegenüber Streitfragen und Dichotomien.[65]

Die Struktur von *Allah Tantou* und *Afrique...* dient dazu, die oben aufgeführten filmischen Attribute zu transformieren und so den kritischen Blick des Kinos auf die

64 Harold W. Weaver: The Politics of African Cinema, in: Gladstone Yearwood (Hg.): Black Cinema Aesthetics, 1982, S. 85.

65 Die Anwendung dieser geläufigen Begriffe wurde von Koberna Mercers Neudefinierung in: Diaspora Culture and the Dialogic Imagination, in: Cham/Andrade-Watkins (Hg.): Black Frames, 1988, S. 50-61, beeinflußt.

dargestellten afrikanischen Themen zu erweitern, was wiederum das Publikum informiert und bewegt. Jeder Film arbeitet auf seine Weise mit kreativen Ansätzen und Methoden des traditionellen Dokumentarfilmkinos, aber beide Filme werden auch in einen neuen Kontext gestellt und fungieren dadurch als Werkzeug, um das Wesen der filmischen Darstellung zu hinterfragen. Ein Beispiel hierfür sind die Filmausschnitte, die man ursprünglich zur Verbreitung kolonialistischer oder neokolonialistischer Propaganda zeigte, und denen jetzt eine neue Bedeutung beigemessen wird. Die Ausschnitte werden als *Umkehrbilder* neu zusammengestellt und zu wahrhaften Kritiken kolonialistischer/repressiver Ideologien aufpoliert. Bevor wir zu einer detaillierten Analyse dieser Dokumentarfilme kommen, müssen noch einige kritische Voraussetzungen aus der Dokumentarfilm-Praxis näher untersucht werden; denn diese werden, besonders im Zusammenhang mit meiner Einschätzung in bezug auf die Verwendung und Verwerfung bestimmter Traditionen, meinen Ansatz zwangsläufig beeinflussen.

Bill Nichols weist darauf hin, daß in der Dokumentarfilm-Praxis von den »vorherrschenden Organisationsmustern, nach denen die meisten Filme strukturiert sind«, vier Produktionsmethoden relevant sind, nämlich die »erklärende«, die »beobachtende«, die »interaktive« und die »reflexive«. Er erklärt weiter, daß in diesem Paradigma der erklärende Film den »Zuschauer direkt anspricht, mittels Untertiteln oder Stimmen«, deren Aufgabe es ist, progressives Gedankengut »über die historische Welt« zu vermitteln. Die Off-Erzählung, als »allwissende Stimme« oder »talking head« eingespielt, präsentiert objektiv überzeugende Argumente. Die beobachtende Methode ist näher mit dem *cinéma direct* oder dem *cinéma vérité* verbunden und »legt Wert auf das Nichteingreifen des Filmemachers«, der die Kontrolle über das Bild an die unaufdringliche Kamera abtritt. Bei der interaktiven Methode herrscht in der Erzählung die Koalition von »Monolog und Dialog [...] vor«, wobei »die Autorität des Films auf die angeworbenen sozialen Akteure übergeht«, und dadurch »die Schauspieler in direkten Kontakt mit dem Filmemacher kommen«, Beteiligung, Gespräche oder Befragung darin einbezogen. Die reflexive Darstellungsmethode zuguterletzt versetzt den Zuschauer in die Lage, Darstellungsmethode und -prozeß zu erfahren und schärft aktiv sein Bewußtsein für die filmischen Formen und für die dem Film immanenten Fragestellungen (Nichols, S. 32ff.).

Das Interessante an Nichols Theorie in bezug auf die afrikanische Dokumentarfilmpraxis ist allerdings seine Behauptung, daß Reflexivität »nicht rein formal sein muß; sie kann ebenso deutlich politisch sein«. Er schreibt:

> *Was in einem bestimmten Augenblick als realistische Darstellung der historischen Welt funktioniert und anerkannt wird, ist nicht einfach eine Frage des Fortschritts*

auf dem Weg zu einer endgültigen Wahrheit, sondern von Machtkämpfen und Autoritätsgerangel in den Arenen der Geschichte.« (Ebd., S. 33)

In diesem Zusammenhang läßt die Struktur von *Allah Tantou* und *Afrique...* das absichtliche Arbeiten mit unterschiedlichen Ansätzen erkennen. Die Filmemacher haben sich für eine Kombination von zwei oder mehreren der oben genannten Charakteristika in einem Film entschieden. In oppositionellen Strukturen geht das Experimentieren mit technischen Mitteln Hand in Hand mit der Suche nach neuen Ordnungsprinzipien bei der Konstruktion neuer Bilder. Beide Dokumentarfilme stellen sich deutlich als Prototypen eines solchen afrikanischen *investigation-in-progress*, eines fortschreitenden Experiments (Burtons Begriff) vor. Durch den Einsatz aller kinematographischen Mittel zur Analyse der Zeitgeschichte und aktueller Probleme tragen die Filme nicht nur zum Wachrütteln des Erinnerungsvermögens der Öffentlichkeit bei, sondern erschaffen auch ein aktives Publikum, das Zeuge dieser Geschichte wird. Die unkonventionelle Struktur von *Allah Tantou* und *Afrique...* kommt durch die Nebeneinanderstellung von dokumentarischen und fiktionalen Bildern und durch die narrative Diskontinuität zustande. In der vorherrschenden afrikanischen Kinotradition koexistieren das Fiktionale und das Dokumentarische, um die Grenzen der Realität zu erleuchten und zu erweitern. Mit demselben Ziel wird in den hier diskutierten Dokumentarfilmen entsprechend die dokumentarische Realität mit fiktionalen Bildern durchsetzt. Was auf den ersten Blick wie ein Gemisch aus Filmstilen aussieht (Dokumentar-, Experimental- und Spielfilm; Filmschnitt, Beleuchtung, Wechsel von Stille und Ton), wird jedoch zu einem kohäsiven Film, der bedeutende, tief verwurzelte Probleme vorstellt; auch wenn sich die Filme einer phantasievollen Darstellungsmethode bedienen, ihr Gegenstand ist real. Als Neuinszenierungen der Geschichte erweisen sie sich außerdem als äußerst reflexiv. Beide Filme beginnen mit dem Einsatz einer Off-Stimme. Die Bilder übernehmen jedoch rasch die Kontrolle und verwandeln sie in eine »die Stimme des Volkes«-Darstellung. Ein großer Teil der Dialoge und Monologe wurden vorformuliert, Hintergrund und Szenen mit Schauspielern sind inszeniert. Trotzdem beschäftigen sich die Dialoge, Monologe und Voice-over-Einsätze beider Filme mit Themen aus der Realität. *Allah Tantou* deckt die Lügen auf, die in der offiziellen Version über den Tod von Marof Achkar, dem Vater des Filmemachers, verbreitet wurden, und zeigt, wie das Tyrannenregime Guineas Bürgerrechte untergräbt. Auf ähnliche Weise enthüllt *Afrique...* die kolonialistischen und neokolonialistischen Unterdrückungsmechanismen. Ab und zu wirken einige der bewegenden Folterszenen aufgrund ihrer künstlerischen Gestaltung etwas zu ätherisch oder attraktiv auf den Zuschauer, aber gerade dieser Bann nötigt diesen, sich den realen Bildern hinter der Illusion zu stellen, sie zu überprüfen und zu überdenken.

In *Allah Tantou* sieht man den jungen David in der Rolle seines Vaters, den der Chiaroscuro-Effekt geradezu aus der Leinwand hervortreten läßt. Diese starke Wirkung des Bildes geht jedoch nicht von der Beleuchtung aus, sondern vielmehr von der Dunkelheit der Folterkammer, die einen dunklen Augenblick in der Geschichte versinnbildlicht. Den in der westlichen realistischen Ästhetik verwurzelten Zuschauer zwingt gerade die Dissonanz dieses Gedankens mit der künstlerischen Gestaltung der Hintergrundbeleuchtung dazu, über deren Künstlichkeit nachzudenken. Macht man sich Gedanken über die Auswirkungen dieses Effekts, ist Skepsis gegenüber der Wirkung von Kunst in einer solchen fiktional-historischen Neuinszenierung durchaus angebracht; die Wut, die den Zuschauer dazu nötigt, sich auf die Botschaft und die Details der Argumentation zu konzentrieren, wird jedoch durch die Fusion von Realität (der Tatsache, daß Achkar im Gefängnis dahinsiechte und starb) und Fiktion (die Inszenierung und künstlerische Verherrlichung der Stimmung in seiner Gefängniszelle) transportiert. In *Allah Tantou* ist es die mit künstlerischen Mitteln inszenierte seelische Qual und nicht die Schönheit der Szene, die es dem Zuschauer ermöglicht, die Erfahrungen des gefolterten Opfers zu teilen.

Allah Tantou ist ein autobiographischer Film, der sich persönlicher Betrachtungen bedient, um ein dunkles Kapitel in der Geschichte Guineas zu untersuchen. Er ist auch der erste afrikanische Film, der sich mit Menschenrechtsverletzungen auf dem afrikanischen Kontinent außerhalb Südafrikas beschäftigt.[66]

In ihren Untersuchungen über die Dokumentarfilmtheorie und -Praxis haben Kritiker festgestellt, daß der »autobiographische Dokumentarfilm aus beweiserheblichen Ton/Bildkonstruktionen besteht«, die sich auf »einen selbst oder die eigene Familie [konzentrieren], und [daß] das Thema des Films und des Filmemachers häufig auf einer Vertrauens- und Vertrautheitsebene ansetzt, die in anderen Filmen nie erreicht werden kann, oder nicht einmal angestrebt wird«[67].

In *Allah Tantou* leitet David Achkar die Suche nach seinem Vater in der »Vergangenheit Guineas« ein, »die Selbstfindung seines Vaters im Gefängnis und Afrikas Suche nach einem Neuanfang inmitten der in der Ära nach der Unabhängigkeit herrschenden Desillusion«[68]. Thematisch gesehen ist der Film insofern einzigartig, als er wichtige Aspekte der afrikanischen Geschichte beleuchtet, die zuvor noch nicht angesprochen wurden. Zunächst einmal wird Sekou Touré, wie wir im Westen ihn kennen, als erster Präsident Guineas und als unerschrockener Pan-Afrikanist dargestellt. In seinem Reich aber stand das riesengroße und berüchtigte Camp Boiro Gefängnis, in dem politische Häftlinge eines langsamen Todes starben. Der Film

66 *End of Dialogue* (Nana Mahomo, 1967) und *Last Grave in Dimbaza* (Nana Mahomo, 1974) sind bekannte Filme, die Afrikaner zum Thema Apartheid gedreht haben.

67 Jim Lane: Notes on Theory and the Autobiographical Documentary Film in America, *Wide Angle* 15/3, 07, 1993, S. 21.

68 Beschrieben im Katalog *Library of African Cinema* 1993–1994, 1993, S. 8.

zeigt, daß zum Tod derer, die sterben mußten, keine offizielle Erklärung abgegeben wurde. Da Achkar des Landesverrats beschuldigt und inhaftiert worden war, mußte seine Familie ins Exil fliehen und erfuhr erst nach dem Tod des Präsidenten, daß ihr Angehöriger bereits vor langer Zeit exekutiert worden war. Ironischerweise mußte gerade er, der als Botschafter Guineas in den Vereinten Nationen den Kreuzzug seines Landes gegen die Apartheid anführte, genau die Mißhandlungen erleiden, gegen die er gekämpft hatte. Der Filmemacher erarbeitet mittels Ton und Bild Darstellungen der seelischen Verfassung seines Vaters, seinen Qualen, seiner Selbstkritik und Selbsteinschätzung und seiner Konvertierung vom islamischen zum christlichen Glauben. Dieses Martyrium konnte deshalb so akribisch nachgezeichnet werden, weil David persönlich involviert ist und die geheimen »Memoiren« seines Vaters, die er im Gefängnis schrieb, wiederentdeckt, die für die Rekonstruktion der Geschichte herangezogen wurden. Die »Memoiren«, eine archivarische Goldgrube, ein zweifellos grauenvoller und introspektiver Bericht, haben die Schlagkraft eines historischen Dokuments von bedeutendem Wert. Und wenn in der Tat, wie Nichols feststellt, »der Dokumentarfilm Zugang zu einem gemeinsamen, historischen Konstrukt bietet«, muß man richtigerweise sagen, daß uns *Allah Tantou* »anstelle einer Welt ... Zugang zur Welt« gibt (Nichols, ebd., S. 109).

Während *Allah Tantou* ein historischer Film ist, der sich als logische Konsequenz mit der erschreckenden Liste von Menschenrechtsverletzungen in Afrika beschäftigt, ist *Afrique...* eine intensive Studie der Geschichte der Nation Kameruns. *Afrique...* übt darüber hinaus jedoch auch Kritik am Kolonialismus, vor allem am Kulturkolonialismus, bezieht dabei den gesamten Kontinent mit ein und ruft die Afrikaner offen dazu auf, das ihrige zurückzufordern. Laut Angelo Fiombo ist »Afrika heute durch ein enges Ursache/Wirkung-Verhältnis mit der Vergangenheit verbunden: von kolonialer Gewalt zur politischen Einheitspartei, von der Unterdrückung zur Intoleranz«. Von diesem Standpunkt aus bestätigt *Afrique...* diese Behauptung mit einem kinematographischen Feuerwerk. Fiombo schreibt:

> *... mit einer geschickten Melange aus zeitgenössischen Bildern, Fiktion, wichtigen Zeitdokumenten und wertvoller Rekonstruktion wagt sich der Regisseur in die häufig verbotenen Gänge der Erinnerung dieses Landes vor, mit dem festen Willen, das »Rederecht«, das ihm zu lange verwehrt wurde, noch einmal zu bestätigen.*[69]

In Reminiszenz an *La hora de los fornos* (Fernando E. Solanas, 1968) setzt *Afrique...* die unterschiedlichsten Filmtraditionen ein und mischt dabei Elemente von bissiger Satire, Comedy, Musik, offener Lehrhaftigkeit und neorealistischer Kameraarbeit. Der

69 Angelo Fiombo u. a.: Afrique, je te plumerai, *Ecrans d'Afrique* 2, 1992, S. 29.

Film fordert nicht dazu auf, sich den Herausforderungen der Zukunft zu stellen, sondern klagt die Tyrannei öffentlich an, indem er die koloniale Dekadenz, die anhand der kolonialen und neokolonialen Geschichte verständlich gemacht wurde, kritisiert.

Teno, der Regisseur, hatte ursprünglich beabsichtigt, einen Film über das afrikanische Verlagswesen zu machen. Nachdem er jedoch Zeuge der brutalen Niederschlagung öffentlicher Demonstrationen in Kamerun [1991] geworden war, beschloß er, »Sprache als Werkzeug der Befreiung oder als Werkzeug der Beherrschung zu untersuchen«. Darüber hinaus stellte er fest, daß »durch die Konfiszierung von Sprache, durch die Reduzierung von Sprache auf Codes, die nur einer Minderheit zugänglich sind, das Volk leichter zum Schweigen gebracht und ausgebeutet werden kann«[70]. Bevor der Filmtitel auf der Leinwand erscheint, gibt ein Teaser dem Zuschauer eine kurze Zusammenfassung des Films. Es ist früher Morgen, eine Off-Stimme (»Yaoundé, du erfüllst uns mit Scham – Grausame Stadt, Stadt der offiziellen Lügen«) macht den Zuschauer mit dem Alltag in dieser lärmenden Hauptstadt bekannt. Eine Handkamera bahnt sich schwankend ihren Weg durch die Menschenmenge. Man erfährt, daß die Situation in anderen Großstädten ähnlich ist und daß es bereits einen Toten gegeben hat. Eine Szene aus altem Filmmaterial versetzt uns zurück in das Jahr 1960, als die Menschen fröhlich tanzend ihre Unabhängigkeit feiern. Der erste Präsident, Ahmadou Ahidjo, erwidert die Begrüßung durch die Menge. Er stirbt, Paul Biya tritt seine Nachfolge an und führt den Staat schließlich mit eiserner Hand, durch repressives Durchgreifen und gleichzeitige Umstrukturierungen. Diese Sequenz faßt die Geschichte Kameruns zusammen.

Afrique... überflutet den Zuschauer mit einer Welle von Bildern. Es sind keine Bildcollagen im üblichen Sinn, sondern historische Dokumente und politische Manifeste. Diese Strategie ist eine gezielte Methode, komplexe Geschichte darzustellen. Der Film wurde sorgfältig recherchiert. Ausgehend davon, wie der Filmemacher die Kolonialgeschichte sieht, reicht *Afrique...* bis in das heutige Leben des Regisseurs und wird durch dessen hybride Stellung – dem Status eines im Pariser Exil lebenden Afrikaners – noch prägnanter. Teno schafft ein Meta-Kino, das sich archivierten, propagandistischen Nachrichtenbildern der kolonialen Medien bedient. Als unbeabsichtigte Kritik seiner eigenen Geschichte entfaltet sich dieses Kino durch kraftvolle Bilder, die den Zuschauer dazu zwingen, den Einfluß des Mediums auf das afrikanische Bewußtsein zu reflektieren; das Kino zeigt, wie dieses Bewußtsein über die Jahre allmählich untergraben und dadurch der Weg für das Aufkommen von immer mehr jungen *évolués* [westlich Gebildete] geebnet wurde. Allzu oft haben westliche Nachrichtenmedien – einschließlich der Spiel- und Dokumentarfilme – versagt,

70 Jean-Marie Teno, zitiert in: *Library of African Cinema*, S. 4.

wenn es darum ging, die Probleme Afrikas gründlich zu analysieren; die Darstellungen sind meist befangen und voller Vorurteile.

> *Ich wollte dem Verhältnis von Ursache und Wirkung nachgehen, das zwischen der unerträglichen Gegenwart und der kolonialen Gewalt von gestern besteht, um zu begreifen, wie ein Land als Staat versagen konnte, das einst aus wohlstrukturierten, traditionellen Gemeinschaften bestand.*[71]

Viele Szenen des Films rücken diese Probleme in den Vordergrund. Man kann sie von dem privilegierten Standpunkt der mündlichen Überlieferung und anhand von Werken, die im alten kamerunischen Alphabet[72] geschrieben sind, beurteilen sowie aus dem Blickwinkel des offiziellen kamerunischen Nachrichtennetzes, ausländischer Printmedien und des Fernsehens.

In einer anderen Szene thematisiert *Afrique...* den Mangel an Büchern afrikanischer Autoren in der Universitätsstadt Yaoundé, wenn eine junge Reporterin die Entdeckung macht, daß in den Bibliotheken des Institut Français, des British Council und des Goethe-Instituts nur wenige Bücher stehen, die von Afrikanern geschrieben wurden. Selbst der Bestand der Abteilungen für audiovisuelle Medien und Kinderbücher ist ausschließlich europäischer Herkunft. Trotz der Einrichtung moderner Druckpressen importieren Kamerun und andere afrikanische Länder dreißig Jahre nach der Unabhängigkeit immer noch Bücher aus Europa. Auch wenn der Film dieses wichtige Thema nicht anhand der wirtschaftlichen Entwicklung der letzten achtzig Jahre untersucht, in denen afrikanische Länder ihre Wirtschaft an den IWF und die Weltbank verpfändeten, sind die neu entstandenen Formen von Sklaverei und ökonomischer Unterjochung im Film sichtbar. Denn aufgrund von durch den IWF auferlegten Strukturanpassungsprogrammen und der Abwertung der einheimischen Währung wird es immer schwieriger, Bücher in Afrika herzustellen.

Der Mangel an Büchern, die aus afrikanischer Perspektive geschrieben sind, ist nur ein Bereich, der der westlichen Vorherrschaft weiterhin Vorschub leistet; meiner Ansicht nach haben jedoch die elektronischen Medien eine noch verheerendere Wirkung. *Afrique...* erkennt dieses Problem. Genauso wie der Filmemacher sich daran erinnert, in seiner Jugend Western-Comics gelesen zu haben und in der Schule wie zu Hause dazu angehalten worden zu sein, fleißig zu lernen, um wie ein »Weißer« zu werden, so setzt auch das Fernsehen mit alarmierender Geschwindigkeit seinen Siegeszug als Herr und Gebieter über den kulturellen Wandel fort. Man denke nur

71 Jean-Marie Teno, ebd., S.4.

72 In einer Szene erfährt man, daß vor dem kolonialistischen Eingreifen bereits ein einheimisches Schreibsystem existierte – das Sho-mon-Alphabet, das 1885 von Sultan Ngoya entwickelt wurde. Es wurde bis 1914 in den Schulen gelehrt und danach von den französischen Imperialisten verboten, die ihr eigenes System einführten.

an die Szene, in der der Programmdirektor des staatlichen kamerunischen Fernsehens den Filmemacher von *Afrique...* fragt, wieviel dieser für die Ausstrahlung seines Films im Fernsehen zahlen werde. Der Direktor prahlt damit, daß »*Dallas* und Produktionen (sic) wie *Denver Clan, Chateauvallon, Derrick* und *Mademoiselle* umsonst angeboten werden, und die Leute sie lieben«.

Auf der Beschreibungsebene findet in beiden Filmen ein ständiger Wechsel der autoritativen Stimme statt, während die Erzählform in etwas übergeht, das ein in der Spielart des Dokumentarfilms gedrehter Essay bezeichnet werden kann. Die zahlreichen unterschiedlichen Darstellungsarten in beiden Filmen, wie beispielsweise die dramatische Erzählung, der allegorische Monolog und der Film im Film, fächern die autoritative Stimme auf. Diese Darstellungsarten evozieren auch die vielfältigen Stimmen der mündlichen Überlieferung, die durch den großzügigen Einsatz kulturell etablierter ikonographischer Erklärungscodes viele Darstellungsformen annehmen kann. Interessanterweise ist die Struktur beider Filme, insbesondere die von *Allah Tantou*, dieser traditionellen Art und Weise, Wissen zu verbreiten, verpflichtet. Wendet man sich dem eigentlichen Einfluß der mündlichen Überlieferung zu, entdeckt man, daß die orale Kunst sich auf die filmische Erzählweise auswirken kann, einschließlich der Wiederholung von Dialogen und Bildern, Satire und Dramatisierung; das wichtigste Ergebnis ist die Externalisierung des Textes, die Aufdeckung der autoritativen Stimmen, indem ihre Hierarchie neutralisiert wird.

Afrique... und *Allah Tantou* zeigen den afrikanischen Filmemacher und sein Publikum in einer von Ungerechtigkeit beherrschten Welt und üben vehement und sardonisch Kritik an den unterdrückerischen Machtmechanismen. Beide Filme bedienen sich – wie so viele afrikanische Spielfilme – einer Vielzahl von kinematographischen Ansätzen, um die Geschichte, das Subjekt und die Gemeinschaft in dieser Geschichte zu ergründen. *Allah Tantou* ist besonders an der Familie und der Stellung des Filmemachers in der Familie interessiert. Obwohl er die Gesellschaft scheinbar nicht mit einbezieht, hat der Staatsapparat, der Achkars Familie auseinanderriß, nationale und internationale Implikationen. Durch die Nebeneinanderstellung von Nachrichtenberichten über wichtige Anführer im Befreiungskampf der Dritten Welt – Castro, Kenyatta, Lumumba und Nasser – mit Achkars Gefängniserfahrungen ist der Film von den Erinnerungen an »Zeugnisse der Existenz und des Kampfes«[73], so Teshome Gabriels Formulierung, durchdrungen. Dadurch muß man unweigerlich an all die anderen Menschen denken, die im Kampf für die gerechte Sache gestorben sind, »die Millionen von vergessenen Afrikanern, die in keiner Akte auftauchen« und verschwunden sind.[74]

Im Gegensatz dazu arbeitet *Afrique...* mit einem anderen Ansatz, um die Ge-

73 Siehe hierzu Teshome Gabriel: Third Cinema as Guardian of Popular Memory. Towards a Third Aesthetic, in: Jim Pines und Paul Willemen (Hg.): Questions of Third Cinema, 1989.

74 *Library of African Cinema*, S. 9.

schichte zu hinterfragen und das Subjekt in dieser Geschichte zu verorten. Anders als *Allah Tantou* stellt sich *Afrique...* der Gesellschaft auf direkte Art. Der Film hebt die historische und zeitgenössische Hegemonie und die kulturelle Vorherrschaft Europas – insbesondere bei den Print- und elektronischen Medien – in Kamerun hervor und drängt die afrikanischen Zuschauer dazu, »ihre Kultur und gleichzeitig auch ihre politischen und ökonomischen Institutionen zurückzufordern, um eine echte Unabhängigkeit von Europa und dem Westen zu erreichen«[75]. Diese eindeutig abschließende Aussage ist auf ein bestimmtes Ziel ausgerichtet. Der Filmtitel *Allah Tantou* bedeutet »Der Wille Gottes« – eine Titelgebung, die so spekulativ und restriktiv ist wie die von ihr geschilderten Ereignisse. Einige Kritiker machen dies verantwortlich dafür, daß der Film »sich weigert, eine(n) autoritative(n) Erzählzeit(-raum) aufzubauen«. Der Regisseur ist darauf bedacht, sein Publikum nicht zu befremden. Denn eigentlich wird die Gesamtwirkung des Films gerade durch die geschickten Nebeneinanderstellungen von kontrastierenden, sich manchmal widersprechenden Textfragmenten gesteigert, in einer resonanten Collage aus Homemovies, Nachrichtenausschnitten, einem erzwungenen Geständnis, einem Gefängnistagebuch ... und seinen eigenen Dramatisierungen der Gefängniserfahrung seines Vaters.

Die persönlich geprägte Auswahl von Zeit und Ort und die Betroffenheit des einzelnen Filmemachers tragen dazu bei, den Mythos vom objektiven oder subjektiven Dokumentarfilm zu demontieren. Das Vermächtnis dieser performativen Kunstwerke sorgt für neue Wege auf der Entdeckungsreise in die afrikanische Erfahrungswelt.

Aus dem Englischen von Alexandra Bootz
Mit freundlicher Genehmigung des Autors und *IRIS*, Iowa

Nwachukwu Frank Ukadike lehrt Film- und Kulturwissenschaft an der Universität Michigan; er ist Autor von *Black African Cinema* (1994) und arbeitet derzeit an einer Publikation mit dem Arbeitstitel *Questioning Cinema: Conversations with African Filmmakers.*

75 Andrew F. Clark: Lumumba. Death of a Prophet, *American Historical Review*, Oktober 1993, S. 1158.

Jude Akudinobi (1995)

Tradition versus Moderne

Scheingefechte

Fragen nach Identität und Kultur, wie sie im zeitgenössischen afrikanischen Kino immer wieder auftauchen, werden oft so interpretiert, als gehe es im Grunde um einen Widerstreit zwischen *Tradition* und *Moderne*. Dies ist vielleicht das Ergebnis der Versuche, ein kritisches Paradigma zu finden, das die Komplexität zeitgenössischer afrikanischer Gesellschaftserfahrungen und Filmpraxis *erklären* könnte. Um die Realitäten dieser Erfahrungen tatsächlich produktiv zu analysieren, muß dieses Schema von Tradition und Moderne allerdings revidiert oder sogar aufgegeben werden.

Interessanterweise ist dieses Schema im akademischen wie im populären Verständnis des zeitgenössischen afrikanischen Kinos geläufig. Wie restriktiv das Tradition-Moderne-Schema wirkt, zeigt die Behauptung: »In Afrika scheinen Tradition und Moderne unvereinbarer zu sein als irgendwo sonst in der Welt.«[76] Hier wird Afrika für verirrt und rückständig erklärt – die Einbettung in rassistische Mythologien ist unübersehbar (sofern suggeriert wird, daß etwas an afrikanischen Völkern und Kulturen grundsätzlich falsch ist). Was genauso wichtig ist: Das Tradition-Moderne-Schema leistet der Rückführung afrikanischer Institutionen auf einen kulturellen Urraum Vorschub und reduziert sehr komplexe soziale Erfahrungen und Ausdrucksformen auf eine simple Gegenüberstellung.

76 Tereza Wagner/Claude Ondobo: African Cinema. A Young and Relatively Unknown Art. *Unesco Courier*, März 1988, S. 27.

Labyrinthe

Trotz der jüngsten Entwicklungen in der afrikanischen Kunst, der populären Kultur und im afrikanischen Kino, die sich als kultureller Synkretismus und eine breitere Ausfächerung an Themen, Stilmitteln und Genres zusammenfassen lassen, gilt nach wie vor, daß »westliche Dichotomien von Ästhetik und Funktion sowie Tradition und Moderne das Verständnis von afrikanischen Begriffswelten und Realitäten nicht erleichtert«[77] haben.

Unter »Moderne« wird im herrschenden Diskurs unweigerlich die westliche Zivilisation verstanden. Aber man »kann Tradition und Moderne nicht so einfach von einer spezifischen Tradition und einer spezifischen Moderne trennen ... Die Moderne gelangt als eine bestimmte Kultur mit ihrer eigenen Tradition in die traditionelle Gesellschaft«[78]. Der Aspekt des Spezifischen ist vor allem deswegen wichtig, weil die strukturelle Opposition in der Tradition-Moderne-Formulierung nicht eine Tradition mit einer anderen kontrastiert, sondern die (afrikanische) Tradition einer essentialistisch verstandenen Moderne entgegensetzt. So bemerkte A. E. Afigbo:

> *In den rivalisierenden Mythologien des europäischen Imperialismus und des kolonialen Nationalismus gilt Wandel als eine der vielen wichtigen Veränderungen, die die europäische Herrschaft in die sogenannten traditionellen Gesellschaften hineingetragen hat. Wenn man den Apologeten des Imperialismus gestatten würde, ein eigenes Wörterbuch zusammenzustellen, dann wäre darin das Wort Wandel – in bezug auf kolonialisierte Völker – zustimmend als Fortschritt definiert: als dramatischer und wohltätiger linearer Übergang von einer statischen und unproduktiven traditionellen Kultur in eine dynamische und unbegrenzte Moderne.*[79]

Man sollte auch nicht vergessen, daß im Grunde genommen der Gegensatz von »modern« nicht »traditionell« ist, sondern »altertümlich«. Indem man jedoch afrikanische Traditionen als Gegensatz zur Moderne versteht, wird ein neuer Bezugsrahmen hergestellt, der die fortgesetzte Projektion eines narzistischen (ver)westlich(t)en Selbstbildnisses erlaubt. So schreibt Corinne Kratz in ihrem Essay *We Have Always Done It Like This ... Except for A Few Details* (1993): »Vorstellungen von Tradition sind in den Identitätsstrategien (*politics of identity*) immer impliziert, und die zentralen Felder der Repräsentationsformen von Tradition beeinflussen diese Strategien.« (Kratz, S. 60)

77 Paula Ben-Amos: African Visual Arts from a Social Perspektive, in: *African Studies Review* Nr. 32, 2/4, 1989, S. 38.

78 Joseph R. Gusfield: Tradition and Modernity. Misplaced Polarities in the Study of Social Change, in: Political Development and Social Change, 1971, S. 25.

79 A. E. Afigbo: Education, Urbanization and Social Change in Colonial Africa, in: Readings in African Humanities. African Cultural Development, 1980, S. 129.

Wurzeln

Die filmische Kritik der *Moderne* hat ihre literarischen Vorgänger in den Werken jener afrikanischen Romanciers, deren Bücher maßgeblich zum Ende der Verklärung kolonialer Autoritäten beigetragen haben. In diesen Werken sicherte die Zerstörung der kolonialen Autorität und vor allem des kolonialen Glaubens an die eigene Stabilität eine Nische für die Konstruktion einer uneingeschränkten Afrikanität (*Africanness*). Die Bücher hinterfragen auch die Position der Afrikaner innerhalb der kolonialen Ordnung, deren Fortschrittsdiskurs letztlich schlicht ein Machtdiskurs ist. Beispiele dafür sind Ngugi wa Thiongos *Weep not Child*, Ousmane Sembènes *God's Bits of Wood* (dt. Gottes Holzstücke, 1988), Ferdinand Oyonos *The Old Man and the Medal* und Mongo Betis *The Poor Christ of Bomba* (dt. Der arme Christ von Bomba, 1995). Ganz Ähnliches findet man in zahlreichen Theaterstücken und Gedichten. Man betrachte, zum Beispiel, die Anfangszeilen in Dennis Chukwude Osadebays Gedicht *Young Africa's Plea*: »Don't preserve my customs / As some fine curios / To suit some white historian's tastes«[80] (Erhaltet meine Bräuche nicht / Als kleine exquisite Kuriositäten / So recht nach dem Geschmack eines weißen Historikers). Dieser Ruf nach kultureller Autonomie greift das Interpretationssystem an, durch das afrikanische Traditionen versteinert und exotisiert werden; besonders die institutionelle Autorität des Historikers wird in Frage gestellt, da »im Fall der afrikanischen Geschichte die koloniale Geschichtsschreibung die Vergangenheit afrikanischer Gesellschaften abgeleugnet hat, um den Prozeß der ›kolonialen Aufklärung‹ zu legitimieren«.[81] Statt sich von ihren Lebensumständen einschüchtern zu lassen, definierten diese Autoren unbeirrt, den Status der Afrikaner innerhalb der kolonialen *Realitäten* und deren postkolonialen Restbeständen neu. Werke wie Ayi Kwei Armahs *The Beautyful Ones Are Not Yet Born* (dt. Die Schönen sind noch nicht geboren, 1979) und Chinua Achebes *The Anthills of the Savannah* (dt. Termitenhügel in der Savanne, 1991), um nur einige zu nennen, sind treffende Beispiele für eine solche Neubestimmung.

Wie bereits erwähnt, basiert das Tradition-Moderne-Schema auf der Vorstellung eines ewigen und unwandelbaren Afrika(ner)s. Folgerichtig werden Darstellungen afrikanischer Traditionen als unvereinbar mit *Wandel* und den damit verbundenen Idealen des *Fortschritts* gesehen. Aber, so hat Tanure Ojaide[82] anhand von Beispielen aus *Things Fall Apart* (dt. Onkonwo oder Das Alte stürzt, 1994) und *Death and the King's Horseman* gezeigt: Das kulturelle afrikanische Leben enthält innere, komplexe Mechanismen der Regeneration und war auf kostenlose katalytische Einimpfungen

80 Isidore Okpewho (Hg.): The Heritage of African Poetry, 1985, S. 241.

81 Arnold Temu/Bonaventure Swai: Historians and Africanist History. A Critique, 1981, S. 113.

82 Tanure Ojaide: Modern African Literature and Cultural Identity, *African Studies* Review Nr. 35, 3/12, 1992, S. 47.

in den politischen Körper nie angewiesen. Wie Diana Akers Rhoads zu Achebes *Things Fall Apart* angemerkt hat:

> *Bemerkenswert an seinen Igbos ist, zu welchem Grad sie die Grundlagen dessen verwirklicht hatten, wonach die meisten Völker heute suchen: demokratische Institutionen, Toleranz anderen Kulturen gegenüber, ein Gleichgewicht zwischen männlichem und weiblichem Prinzip, Fähigkeit zur Weiterentwicklung und zur Anpassung an neue Gegebenheiten, Methoden zur Umverteilung des Reichtums, praktikable Moralsysteme, Anreize zur Arbeit, ein effektives Rechtssystem, beeindruckende und unvergängliche Werke der Literatur und Kunst.*[83]

Innerhalb dieser Parameter läßt sich unschwer erkennen, daß 1. die Forderungen der Euromoderne (*Euromodernity*) eine Generalüberholung afrikanischer Kultursysteme beinhalten (und die Zerstörung diffuserer Formen eines kulturellen Synkretismus) und daß 2. die Anzeichen für eine kulturelle Dynamik zwar in afrikanischen Kultursystemen offensichtlich sind, ihre Anerkennung aber jenen Strukturen widerspricht, durch die das beobachtende (westliche) Selbst unverdienterweise in eine Position der Überordnung gelangt. Weiterhin gilt, daß die viel zu häufige Praxis, Tradition und Moderne einander als Gegensatzpaar gegenüberzustellen, dazu führt, daß man jene Mischformen und Übergänge übersieht, die es in der Realität gibt. Es mag nützlich sein, an diesem Punkt einige Beispiele für kulturellen Synkretismus in den untersuchten Filmen aufzuzeigen.

In *Kasarmu Ce* (Saddik Balewa, Nigeria 1992) wird eine bevorstehende Kommunalwahl erwähnt – ein wichtiges Ereignis, das die zeitgenössische politische Realität der Leute widerspiegelt. Das einzigartige Gemälde auf der Ladeklappe von Alhaji Musas Mercedes-Lastwagen zeigt einen Cowboy – eine Ikone des westlichen Kinos, die adaptiert und in einen typischen Ausdruck afrikanischer Populärkultur verwandelt wurde. Und als Alhaji Musa den Plan ausheckt, eine künstliche Düngemittelknappheit zu schaffen und dabei andeutet, daß der Preis in zwei Tagen steigen würde, protestieren die Dorfbewohner, indem sie sagen, sie hätten davon im *Radio* gehört. Obwohl in *La vie est belle* (Ngangura Mweze/Benoît Lamy, Zaire 1987) ein Transistorradio Kurus kulturelle und berufliche Verdrängung verursacht, verhilft es ihm auch zu seinem Entschluß, »elektrische Musik« zu spielen. Also adaptiert er am Ende des Films westliche Musikinstrumente, verwandelt aber seine musikalischen Ideen in eine einzigartige, offenkundig nicht-westliche Ausdrucksform. Weiterhin ist in *Zan Boko* (Gaston Kaboré, Burkina Faso 1988) der Umstand, daß der Sohn des enteigneten Bauern (Tibo) ein Auto bastelt (einen modernen Apparat) statt eines »traditio-

83 Diana Akers Rhoads: Culture in Chinua Achebe´s Things Fall Apart,. *African Studies Review* Nr. 36, 1993, S. 61.

nellen« Spielzeugs, eine weitere Metapher. Abgesehen davon ist es ein wichtiger Punkt in diesem Film, daß es nicht genügend Klassenzimmer gibt, um die übergroße Nachfrage nach einer scheinbar westlichen Erziehung zu befriedigen. Mehr noch, der moralische Kämpfer des Films, Yabre, ist kein Ausrufer, sondern ein »moderner« TV- und Zeitungsjournalist. Ähnlich ist in *Sango Malo* (Bassek Ba Kobhio, Kamerun 1990) der reformistische Kämpe, Malo Malo Bernard, ein westlich gebildeter Lehrer, der Blue Jeans und Lederjacke trägt, also die Ausstattung der westlichen Popkultur, nichtsdestotrotz sich aber das erzieherische Pendant zur Befreiungstheologie zueigen macht. Überdies weist die zentrale Rolle, die Hombas Laden in der Gemeinschaft einnimmt, auf gewisse kulturelle Nuancierungen hin. In *Quartier Mozart* (Jean-Pierre Bekolo, Kamerun 1992) benützt die Hexe Maman Thekla ein Taxi als Transportmittel (anstelle des in der westlichen Folklore vorherrschenden Besens oder seiner afrikanischen Variante). Atango (auch Young Ladies Candy genannt), ist ein Sorbonne-Absolvent und aufstrebender Modedesigner. Es ist von zentraler Bedeutung, daß die Filmhandlung in einem Arbeiterviertel angesiedelt ist – auf einem Schauplatz »moderner« kapitalistischer Klassendifferenzen.

Sicherlich: dem filmischen Diskurs über die postkoloniale Identität geht es weniger um die Rekonstruktion der historischen Vergangenheit als um eine Untersuchung der Gegenwart. Er geht von der Ansicht aus, daß neue Bezugsrahmen – Terminologien, Kategorien, Voraussetzungen – nötig sind, um die Definitionen zu revidieren, mit denen Afrika im herrschenden Diskurs der Moderne seine Position zugewiesen wird. Die Idee der Moderne wird so nicht durch idealisierte und universale Lehrsätze gedeutet, sondern in Hinblick auf ihre Bedeutung für afrikanische Kulturen und Identitäten. Dieser Wechsel ist bemerkenswert, denn vorher wurden afrikanische Realitäten 1. für den Afrikaner durch die Scheinlogik der kolonialen Autoritäten interpretiert, 2. getrübt und sinnentleert wiedergegeben, indem sie westliche Werte zu wünschen vorgaben, oder 3. andernfalls der Domäne der Absurdität zugeschrieben.

In den hier betrachteten Filmen finden wir Fälle von »Magie«, »Hexerei« und »Wahrsagerei«. Im dominanten Diskurs werden diese Dinge oft ins Reich des Absurden verwiesen, da sie scheinbar westlicher Rationalität und Logik und den akzeptierten »wissenschaftlichen« Methoden der Untersuchung wiederprechen. Das Übernatürliche fasziniert nicht nur Afrikaner, wie jeder Beobachter der westlichen populären Kultur feststellen kann. Im Grunde liegen die Wurzeln dieser Faszination im frühen Christentum:

> *Die mittelalterliche Kirche verhielt sich wie ein Hort magischer Kräfte, die sie an die Gläubigen ausgab, damit sie mit einem breiten Spektrum täglicher Aktivitäten und weltlicher Probleme fertig würden... Religiöse Kleinodien, Talismane und*

Amulette wurden zur prophylaktischen Bekämpfung des Bösen und des Unheils getragen. Sie waren zentrale Requisiten mittelalterlichen Aberglaubens und drückten symbolisch die Kraft der religiösen Magie aus, die die Kirche vermittelte.[84]

Man kann kaum abstreiten, daß es einige dieser Elemente auch im »modernen« christlichen Glauben und seinen Praktiken gibt. Daneben machen Abwandlungen dieser Praktiken in Form von Parapsychologie, Wahrsagerei, Astrologie und anderen einen enormen Bestandteil westlichen Alltags aus. Es geht hier nicht darum, nachzuweisen, daß solche Glaubensformen berechtigt und nachvollziehbar sind – sie werden ja auch, wie noch zu zeigen ist, von den Filmemachern sehr ambivalent behandelt –, sondern es soll untersucht werden, ob sie als Bezugsrahmen das Verständnis dafür erleichtern, wie Afrikaner Vorstellungen von sich selbst und von der Welt konstruieren.

In Saddik Balewas *Kasarmu Ce* ist die Überschreitung der kosmischen und kulturellen Harmonie das Zerstörungswerk des räuberischen Alhaji Musa Treda. Demgemäß stirbt Musa Treda einen ziemlich mysteriösen Tod (in einem Kontext jenseits empirischer Realität und Logik). Als der bedrängte Sani den Hellseher Hadi anfleht, »im Sand nachzuschauen«, um etwas über den Tod seines Großvaters herauszufinden, wird er weggeschickt und ihm wird mit einer Parabel entgegnet, die den moralischen Imperativ des Films liefert. Normalerweise gilt:

Menschen bedienen sich der Wahrsagerei, um das Verborgene zu finden, um Ereignisse zu verstehen, die den normalen Lebensrhythmus und das alltägliche Lebensgefühl über den Haufen werfen, damit Gegenmaßnahmen eingeleitet werden können oder die Gemütsruhe wiederhergestellt wird. Zu derartigen Ereignissen gehören Gefahren und Bedürfnisse, die sich technischer Kontrolle entziehen, Katastrophen, ungewöhnliche Verluste, Pech, geheimnisvolle Krankheiten und Todesfälle, unlösbare Konflikte.[85]

So steht Herr Nganga, der Wahrsager in *La vie est belle* (Ngangura Mweze/Benoît Lamy, Zaire 1987), im Zentrum der narrativen Dynamik des Films. Es gibt einen schlafwandelnden Kuru, der während einer Séance, die Herr Nganga für Kurus Objekt der Begierde Kabibi abhält, anscheinend unter einem Bann steht. Dieser Bann wird allerdings viel zu einfach und komisch gebrochen, als die Frau von Kurus Boss ihn zur Arbeit zurückbeordert. Herr Nganga errät richtig, daß Kuru ein Hausboy ist und nicht der großzügige reiche Mann, für den Kabibi ihn hielt. Darüber hinaus bestätigen Kabibis mysteriöse Krankheit nach Kurus Selbstmordversuch und ihre

84 James Curran: Communication, Power and Social Order, in: Culture, Society and the Media, 1982, S. 206.
85 Renaat Devisch: Perspectives on Divination in Contemporary Sub-Saharan Africa, in: Theoretical Explorations in African Religions, 1985, S. 50.

anschließende Heilung durch Herr Nganga eigentlich die Vorstellung, daß in afrikanischen Glaubenssystemen »… Krankheit nicht als eine Folge pathologischer Veränderungen gesehen wird; eher wird Gesundheit und Gesundheitsbeeinträchtigung zum Element des Übernatürlichen in Beziehung gesetzt.«[86] Dieser ganzheitliche Ansatz stellt Kabibis Gesundheit und Liebe wieder her. In *Quartier Mozart* wird die unerklärliche Explosion eines Weinglases beim Abendessen auf Hexerei zurückgeführt. Daraufhin engagiert Mad Dog, der gebieterische Herr des Hauses einen Priester, um in dem Gebäude eine Teufelsaustreibung vorzunehmen – eine Handlung, die, so könnte man mit Recht behaupten, seinen Glauben an die Existenz und Wirksamkeit von Hexerei zeigt. Interessanterweise ist einem neueren Bericht zufolge die Hexenverfolgung in Kamerun so zurückgegangen, daß nun »einige von ihnen zu einem gewissen Grad offizielle Anerkennung genießen, da Richter manchmal keinen anderen Weg sehen als ihre Version und ihre Fachkenntnis als abschließenden Beweis zu akzeptieren«[87]. Eine Hexe, Maman Thekla, steht auch im Zentrum der Erzählhandlung in *Quartier Mozart*. Ihre Verwandlung eines Schulmädchens, Queen of the Hood (Königin des Viertels), und ihre eigene Transformation in einen Mann (Panka), der männliche Genitalien zum Verschwinden bringt, beschwört eine Untersuchung des Geschlechterverhältnisses herauf. Die filmische Konstruktion von Hexerei als Angriff auf die Männlichkeit hat – auffälligerweise – ein Äquivalent in der frühchristlichen Kirche:

> *Interessant ist, daß das wichtigste Handbuch der Kirche zum Thema Hexerei, Malleus Malleficarum (wörtlich: der Hexenhammer), sich intensiv mit Männlichkeitsbedrohungen wie Kastration, teuflischem Geschlechtsverkehr, Verschwinden des Penis und Impotenz beschäftigte – neurotische Ängste, die moderne Psychologen mit einer zunehmenden sexuellen Unterdrückung in Verbindung bringen würden.*[88]

Die obengenannten Beispiele begründen nicht notwendigerweise ein universalistisches Verständnis von Hexerei, aber man kann doch wenigstens sagen, daß ihre Bedeutsamkeit im Film auf gewisse Phänomene verweist, durch die die Kultur die Sozialordnung vermittelnd durchdringt. In *Zan Boko* ist das Beharren auf dem Wasserritual (um die Schmerzen der Wehen zu lindern) sehr bezeichnend: nicht nur, weil die Geburt und das Kind die regenerative Fähigkeit der Kultur symbolisieren, sondern, noch fundamentaler, weil sie den Film in einem Glaubenssystem verorten, in dem andere Realitäten mit den alltäglichen Realitäten in Wechselwirkung stehen.

86 Onigu Otite: Einleitung zu, The Study of Social Thought in Africa, in: Themes in African Social and Political Thought, 1978, S. 24.
87 Catherine Sackey: Witchcraft in Cameroon, *West Africa* Nr. 3943, 19-25 April 1993, S. 663.
88 Paul Hoch: White Hero, Black Beasts: Racism, Sexism and the Mask of Masculinity, 1979, S. 130.

Brücken

Zeitgenössische afrikanische filmische Ausdrucksformen legen es nicht darauf an, kulturelle Identitäten und Formulierungen eindeutig festzulegen. Statt eine monolithische Person zu konstruieren, der die *Moderne* ein Greuel ist, geben diese Werke kritische Analysen von Selbst und Welt vor. Mama Dingari, die Vermieterin in *La vie est belle*, die zur Ausbeutung neigt, wirft an einer Stelle Herrn Nuouandu, Kabibis reichem Verehrer vor, er sei ein *féticheur* – will sagen ein Anhänger »dunkler« Mächte –, und verbietet ihm, ihr Haus zu betreten. Sie schlägt sogar vor, daß Kabibi zwecks Exorzismus ins Dorf geht. Interessant ist, daß ihre Abneigung gar nicht so sehr von altruistischen Prinzipien herrührt; eher entspringt sie dem Glauben, daß Herr Nuouandus angebliche Neigungen ihren Geschäften schaden könnten. In *Quartier Mozart* wird Lady Di als Trendsetter bewundert; Michael Jackson wird als »zu feminin« abgelehnt. Man bevorzugt Denzel Washington, der als »richtiger Mann, fein wie Wein« gepriesen wird. Wir hören auch vom Menstruationszyklus von Caroline von Monaco und davon, daß (manche) afrikanische Amerikaner – von rassistischer Propaganda eingefärbt und in ein sehr komplexes identifikatorisches Milieu verwikkelt – eine negative Sicht der Afrikaner haben: »Sie halten uns für Wilde.« In *La vie est belle* hören wir auch die Frage: »Spielst du Rambo, oder was?« – ein offensichtlicher Verweis auf Sylvester Stallones hypermaskuline Leinwandfigur. In *Zan Boko* verspricht eine Fernsehsendung namens »Goldener Traum« den Zuschauern, sie »an die wundervolle Riviera« zu bringen. Diese Beispiele scheinen zu zeigen, daß die Mehrzahl der afrikanischen Filme vor allem daran interessiert ist, Felder des Verstehens, der Vermittlung und der Interpretation der schwierigen Gegenwart zu erschließen.

Dafür gibt es viele weitere Beispiele. In *Sango Malo* lauscht eine Gruppe von Dorfbewohnern hingerissen den »kosmopolitischen« Lebensweisheiten des Flugzeug-Stewards: »Wenn du Lärm, Hamburger und Popcorns magst, dann geh in die Staaten... Aber ich ziehe Paris vor – Wein und Käse.« Und als er gefragt wird, ob er Palmwein meint, ein beliebtes einheimisches Getränk, antwortet er: »Nein. *Guten* Tafelwein.« Eine ähnliche Situation entsteht in *Zan Boko*, wo eine lokale Delikatesse, Soumbala, von Tingas reichem Nachbarn, Herr Touguri, für unhygienisch angesehen wird, und er zu einem Verbot dieser Speise anregt, indem er seine Abneigung beim Gesundheitsamt aktenkundig macht. Diese beiden Beispiele signalisieren die Ablehnung eines kulturellen Erbes, zu dem logischerweise bestimmte Nahrungspräferenzen gehören. Daß diese Nahrungspräferenzen in absoluten Kategorien von Gut und Schlecht geäußert werden, zeigt die kulturelle Destabilisierung oder Entfremdung der Personen. Darüber hinaus illustriert es die Einschränkungen, die die *Moderne* – hier im Sinne des Erwerbs eines »verfeinerten« Geschmacks – für die afrikanische Identität bedeutet. Bezeichnenderweise wird in beiden Filmen das Dilemma der Selbstdarstellung dramatisiert.

In *Sango Malo* untergräbt Malo Malo Bernards innovativer Lehrplan die Überreste der kolonialen Erziehung, aber ironischerweise wird er durch seine Verachtung für bestimmte *Traditionen* zugrunde gerichtet – besonders durch seine Entscheidung, einen geheiligten Wald, die Verbindung zwischen den Ahnen und den Lebenden, zu roden. Das Land ist auch in *Zan Boko* (was soviel heißt wie »Der Ort, wo die Plazenta vergraben ist«) mit einer historischen und spirituellen Bedeutung erfüllt. In dem Film werden die Übergriffe der Stadt auf ein Dorf mit sozialer Auszehrung gleichgesetzt. Für die Mossi gilt, daß Land »mit einer Bedeutung erfüllt ist, die sowohl religiös und kulturell als auch historisch und emotional ist, zugleich aber noch einen realen Bezug zu dem Ort hat.«[89] Es geht hier deshalb um Entfremdung von Heim, Herd und Hergebrachtem. In diesem Zusammenhang verdienen Saddik Balewas Anmerkungen über die metaphorischen und nationalistischen Nuancen seines Filmtitels *Kasarmu Ce* Beachtung.[90] So lebt Alhaji Mali, der das Gemeinschaftsland des Dorfes wegen seines reichen Mineralienvorkommens begehrt, im Überfluß – Pfauen, ein Mercedes-Benz, ein Springbrunnen – und wird als eine Figur der Zerrissenheit präsentiert, genau wie Mad Dog in *Quartier Mozart*. Aber im Fall von Mad Dog entsteht durch seine privilegierte Rolle ein tyrannisches Verhaltensrepertoire, das durch Männlichkeitsphantasien geprägt ist. Ironischerweise rekrutiert Mad Dog Panka (einen Mann, der vom Geist einer Frau, Maman Thekla, besessen ist) als seinen Nachtwächter. Nachdem er sich vom Land getrennt hat, findet Mad Dog Bestätigung und soziale Legitimation außerhalb »traditioneller« Begrenzungen.

Als Homba, der Ladenbesitzer in *Sango Malo*, sich mit widrigen geschäftlichen Umständen konfrontiert sieht, die teils von seiner eigenen Gier herrühren, teils dadurch verursacht werden, daß Malo Malo die Marktkräfte für die Dorfbewohner demystifiziert, schafft er Prostituierte herbei, um die Forderungen der Dorfbewohner nach einem fairen Marktsystem einzuschränken. Dieser strategische Schachzug erweitert seine Profitmöglichkeiten. Die stärkste Verbindung von Sexualität und sozialem Privileg findet sich vielleicht in *La vie est belle*. In dieser saftigen Farce hofft Herr Nuouandu, ein impotentes, verwestlichtes Mitglied der afrikanischen Elite, auf Heilung durch die »traditionelle« Medizin. Aber Herr Nganga, der Wahrsager, drückt sein Dilemma so aus: »Keinen hochzukriegen, wenn man noch jung ist, das ist ein Verbrechen bei einem Mann, der so reich ist wie du.« Es ist klar, daß hier Männlichkeit und Reichtum miteinander verbunden werden. Herr Ngangas Aussagen über die vorherrschenden Werte signalisieren deshalb eine tiefere, soziale Krise. Wie Ousmane Sembène gesagt hat:

89 Gaston Kaboré, Drehnotizen zitiert nach Sheila Petty: Cities, Subjects, Sites, S. 11.
90 In der Kritk von Biyi Bandele-Thomas: This Land is Ours, *West Africa*, 12.-18. August 1991, S. 1326.

Eine Gesellschaft, die ihre eigene Kultur hat, kann Unglücksfällen und Widrigkeiten jeglicher Art mit erhobenem Kopf begegnen. Ich sage immer, wenn ich eine Frau wäre, würde ich niemals einen Afrikaner heiraten. Frauen sollten richtige Männer heiraten, keine Geistesbehinderten.[91]

Dieses ziemlich provokative Statement handelt nicht wirklich von spezifischen pathologischen Erkrankungen afrikanischer Männer; seine Spitze richtet sich vielmehr gegen einen politischen und kulturellen Rahmen, der eine unkritische Unterwerfung unter die *Moderne* pflegt.

Milieu

Schlußendlich wird die Vorstellung von Persönlichkeit, die die Filme propagieren, nicht dadurch möglich, daß *Tradition* und *Moderne* als polare Gegensätze verinnerlicht, sondern dadurch, daß bestimmte Gemeinsamkeiten in den Vordergrund gestellt werden. Das ist sehr wichtig, weil der dominante Diskurs im Westen über Afrika eher die Kontraste betont hat als die Gemeinsamkeiten. Interessanterweise scheint es gerade deshalb, weil die Zuschreibungen auf Gegensatzpaaren basierten, passend, daß Afrikaner diese als Ausgangspunkt benutzen, um ihre brüchige Identität wiederherzustellen. Dieser Punkt steht bei V. Y. Mudimbes Beobachtung im Zentrum:

Die Zwischenstufe zwischen der sogenannten afrikanischen Tradition und der verheißenen Moderne des Kolonialismus ist die Marginalität … Diese Zwischenstufe verrät nicht so sehr, daß neue Imperative einen Sprung in die Moderne ermöglichen könnten, eher ist es so, daß die Verzweiflung dieser Zwischenstufe eine merkwürdige Angemessenheit und gleichzeitig eine gefährliche Bedeutung verleiht … In ihr zeigt sich die starke Spannung zwischen einer Moderne, die oft nur eine Illusion von Entwicklung ist, und einer Tradition, die das traurige Bild einer mythischen Vergangenheit widerspiegelt… Statt eine Stufe im sogennanten ›evolutionären Prozeß‹ zu sein, ist sie ein Ort der Paradoxe, der die Modalitäten und Implikationen der Modernisierung in Afrika in Frage stellt.[92]

Eine der Folgen ist, daß immer wieder die Stadt-Land-Dichotomie als ein Leitmotiv des afrikanischen Films herausgestellt wurde, und zwar dergestalt, daß der Afrikaner/die Afrikanerin grundsätzlich als *homo ruralis* (miß)verstanden wird, wie es

91 Firinne Ni Chreachain: If I were a woman, I'd never marry an African. Interview with Sembène Ousmane, *African Affairs* Nr. 91/363, April 1992, S. 244.

92 V. Y. Mudimbe, The Invention of Africa, 1988, S. 5.

Corinne Coquery-Vidrovitch in ihrem Aufsatz *The Process of Urbanization in Africa* (1991) hervorhebt. Wo ein solcher Ansatz gewählt wird, in dem meist noch Untertöne eines biologischen bzw. kulturellen Determinismus mitschwingen, erstaunt es kaum, daß bestimmte Dimensionen der afrikanischen sozialen Realität willkürlichen Interpretationen offenstehen. Beispielsweise wird »das städtische Phänomen als ein Ausdruck der Moderne und Entwicklung« (Coquery-Vidrovitch, S. 37) gesehen. Was bei solchen Argumentationsgängen fehlt, ist gewöhnlich ein Begriff der Moderne, der sie nicht als Fortschritt sieht, sondern sie in ihrer Eigenschaft als Begleiterscheinung der enervierenden kulturellen Konfigurationen des zeitgenössischen städtischen Afrikas wahrnimmt. Was in afrikanischen Filmen untersucht wird, ist nicht das Stadtleben als solches – Städte gab es in Afrika auch schon vor dem Kolonialismus –, sondern der koloniale Urbanismus, der imperiale Interessen förderte und die Afrikaner in eine belastende Situation extremer Marginalität brachte:

> *Von daher ist es notwendig, die privilegierten »Orte der Kolonisation« zu untersuchen, in denen es schon früh zu Wandel und Verwestlichung kam. Es ist offensichtlich, daß die Stadt ein solcher Ort ist, nicht nur im geographischen Sinn, sondern als privilegierter Raum der Durchdringung und Vermittlung, in dem Wandel für die Menschen ein Mittel war, das Überleben und die Zukunft zu bewältigen. Das konnten sie weder durch pure Kollaboration noch durch hartnäckigen Widerstand erreichen, sondern durch einen zunehmenden Prozeß der Anpassung und der Verbindung interner sozialer Strukturen mit externen.* (Ebd., S. 73)

Die Darstellung des städtischen Phänomens im afrikanischen Film entsteht also an diesem Schnittpunkt zwischen afrikanischer kultureller Selbstbehauptung und imperialer Versuche der »Domestizierung«. In *Sango Malo* werden die Prostituierten aus der Stadt geholt; in *Kasarmu Ce* ist die Stadt chaotisch und korrupt; in *Zan Boko* ist sie zerstörerisch und raubgierig; in *Quartier Mozart* ist sie ein Kerker und in *La vie est belle* ist sie ein Hort der Genußsüchtigen. Diese Darstellungen zeigen folglich die Städte als Referenzpunkte für die Wiederherstellung der brüchigen afrikanischen Identitäten. Man darf allerdings nicht die vielschichtigen Raster übersehen, die diese Sichtweise formen. In *Quartier Mozart* ist die Stadt sowohl ein verzauberter Ort (sie ist verhext) als auch ein Ort der Bezauberung (sie ist faszinierend). Außerdem, so der Regisseur Jean-Pierre Bekolo, steht der Filmtitel für die Hybridität der zeitgenössischen afrikanischen Existenz, aber sowohl er als auch Vladivostok, der andere Städtename, der im Film erwähnt wird, erinnern an einen historischen Kontext, in dem zur Etablierung der kolonialen Herrschaft auch die Umbenennung afrikanischer Städte gehörte. Interessanterweise erlangt Kuru in *La vie est belle* trotz der Widrigkeiten des Lebens in der Stadt dort Liebe, Ruhm und Vermögen. Da also die

Moderne und das *Traditionelle* im zeitgenössischen Afrika Seite an Seite miteinander existieren, sind die Reibungsmomente – oder sogar Kollisionen – unweigerlich Anstoß zur Untersuchung einer Situation, die vorher nur ausweichend beschrieben und angedeutet war. Das politische und kulturelle Bewußtsein in diesen Filmen bietet nicht nur einen Ethos an, das zu den Vorschlägen der *Moderne* im Widerspruch steht, sondern bezeugt auch das weite Spektrum innerhalb des afrikanischen Erlebens. Es gibt den Afrikanern Anspruch auf eine einzigartige und im wesentlichen nicht-apologetische Identität und bringt sie gleichzeitig in deren Besitz. Es muß dabei betont werden, daß die Kritik an der *Moderne* in diesen Filmen kein Plädoyer für eine Rückkehr zu Anachronismen ist. Die Kritik erkennt, daß die Gesellschaft dynamisch und Wandel unvermeidlich ist, aber auch, daß die Überladung der Euromoderne mit einer Talisman-artigen Macht Afrikas kulturelle Versklavung festschreibt.

Interessanterweise zeigen sich in den Filmen viele Formen der Ambivalenz den »traditionellen« Idealen gegenüber. In *Quartier Mozart* erklärt die Figur »Good For Is Dead« (der Name bedeutet: Kein Kredit mehr) aus Frustration oder aus individualistischer Bekümmerung heraus: »Weil ich ein Bruder bin, wollt Ihr anschreiben lassen. Nennt mich: Good For Is Dead.« In *Sango Malo* wird der Dorfhäuptling, der ja idealerweise der Hüter der Tradition ist, als korrupter Schurke dargestellt, der gerne fünf gerade sein läßt. Anzeichen einer Schnelljustiz wie in *Kasarmu Ce,* wo ein Mob einen des Raubes Verdächtigen jagt, können als Ausdruck gemeinschaftlicher Wut verstanden werden, aber auch als Symptom des Zusammenbruchs des Rechtssystems oder als Zeichen mangelhafter Durchsetzung der Gesetze. Nicht einmal die altehrwürdige Tradition der Brautaussteuer bleibt unhinterfragt: In *La vie est belle* verursacht sie eine Mißstimmung zwischen Mama Dingari und ihrer Tochter Kabibi, sorgt jedoch auch für eine besondere Wendung, als Nuouandou zu Kabibis Mitgift einen elektrischen Drehgrill beisteuern will. In *Sango Malo* verschuldet [diese Tradition] eine Tragödie, in *Kasarmu Ce* führt sie in die Verschuldung. Das alles ändert allerdings nichts daran, daß ein Plädoyer für neue Grundlagen einer afrikanischen Moderne für kulturellen Synkretismus eintritt, und zwar unter der Bedingung, daß solch eine »Synthese eher innerhalb der Parameter der afrikanischen Tradition als außerhalb dieser Parameter«[93] vollzogen werden muß. Daher geht es bei Malo Malos Anstrengungen in *Sango Malo* nicht so sehr darum, welchem entwicklungspolitischen Pfad nun zu folgen sei – wie eine oberflächliche Betrachtungsweise des Filmes vermuten lassen könnte –, sondern um eine Neubestimmung dessen, was Erziehung überhaupt ist. Auch in der Talkshow-Szene in *Zan Boko,* in der über »die Probleme und Bedürfnisse, die die moderne Verstädterung hervorruft« diskutiert wird, und dort besonders in den schalen Sabbeleien des Staatsbeamten über staatsbürgerliche

93 Owuchekwa Jemie Chinweizu/Ihechuku Madubuike: Toward The Decolonization of African Literature, 1980, S. 239.

»Gegenmaßnahmen«, klingen Malos Befürchtungen an. In *Quartier Mozart* sorgt Maman Thekla außerhalb des »regulären« Lehrplans für so etwas wie eine Erziehung des Schulmädchens, Queen of the Hood. Der moralische Imperativ in *Kasarmu Ce* stammt nicht von euromodernen oder islamischen *Traditionen*, sondern aus der zeitlosen Weisheit der Haussa, wie sie in Gleichnissen und Sprichwörtern festgehalten ist. Sogar *La vie est belle* stellt bei aller Frivolität den Wert der Hartnäckigkeit heraus.

Insgesamt geben all diese Fallbeispiele den Figuren die Möglichkeit der Selbsterkenntnis, die eine Vorbedingung für die Erringung von Subjektivität und Ausgeglichenheit ist. Wenn der diskursive Rahmen, mittels dessen ihre Wahlmöglichkeiten konstruiert werden, *Tradition* zu bevorzugen scheint, dann liegt das vielleicht daran, daß die *Moderne* den Afrikanern eine autonome Identität und eine auf Vernunft basierende Form der Herrschaft versagt hat. Wenn die *modernisierten* Afrikaner eher als »Bösewichte« auftreten, ist das vermutlich ein Zeichen ihrer Stellung in der *neuen* Ordnung – die normalerweise durch Autorität und Privileg gekennzeichnet ist. Es zeigt aber auch ihre Beschränkungen – die darin bestehen, daß sie nicht fähig waren, die Komplexitäten des zeitgenössischen afrikanischen Lebens adäquat zu verarbeiten, und daß sie, indem sie ihre neugefundene Macht ausüben, jenes Beziehungsgeflecht verdoppeln, das bislang die Afrikaner benachteiligt hat.

Schlußfolgerung

Die hier erörterten Filme haben – unter anderem – die Funktion, dem Begriff des »Afrikaners« zu einer realistischeren – komplexen und vielfältigen – Darstellungsweise zu verhelfen. In *Kasarmu Ce* beispielsweise findet sich das typische Mazrui'sche Dreifacherbe[94]: arabisch/islamische, eurokoloniale und einheimische Fäden, aus denen so viele der zeitgenössischen Afrikaner sich ihre Identität weben. Diese Filme zeigen auch, welchen Kampf es bedeutet, eine Sprache zu finden, die die ideologischen Spannungen zeigt, die dadurch entstehen, daß das afrikanische kulturelle Erbe als dunkler Schatten auf der Moderne erscheint. So unterstreicht die Unterbrechung des Telefongesprächs am Ende von *Zan Boko* die Brüche im heutigen Afrika, für die Personen wie Kouma, Tingas Bruder in Abidjan, beipielhaft sind. Manchmal wird die Zwangslage als Lebewesen gedacht. In *Zan Boko* beklagt ein Musiker das Schicksal der Gemeinschaft mit dem Kommentar: »Das Monster hat triumphiert.« In *Kasarmu Ce* wird der räuberische Alhaji Malik metaphorisch mit einer Schlange gleichgesetzt, und in *Quartier Mozart* ist der Spitzname des tyrannischen Polizeibeamten Abina Charles de Gaulle: »Mad Dog« – obwohl dieser sich,

94 Siehe Ali A. Mazrui: The Africans. A Triple Heritage, 1986.

indem er sich den Namen des französischen Präsidenten aneignet, auf Autorität, Geschichte und Franzosentum beruft.

Darüber hinaus zwingen uns die Filme, zu erkennen, daß mit der Diskussion über das Selbst, die Gesellschaft und den Wandel die Frage nach moralischer Herrschaft untrennbar verbunden ist. Dieser Punkt ist besonders wichtig, da »in der traditionellen afrikanischen Gesellschaft das Wohlergehen des Individuums eine Funktion und Konsequenz des Wohlergehens der Gesellschaft war und die Gesellschaft das summum bonum der traditionellen afrikanischen Moralphilosophie darstellte.«[95]

Folglich ziehen sich durch die Filme Beispiele für Korruption – persönliche, amtliche und religiöse. Letztere wird in *Kasarmu Ce* sehr subtil gezeichnet und in *Sango Malo* und *Quartier Mozart* durch Priesterkarikaturen verkörpert.

Es ist evident, daß die Tradition-Moderne-Formulierung die Kategorien und Terminologien verwischt, die den Diskurs heutiger afrikanischer Politik ausmachen. Sie ist nicht nur mechanistisch, sie ist auch offenkundig vereinfachend und lädt bewußt zu falschen Schlußfolgerungen ein. Dazu ein letztes Zitat:

> *Sogar die am meisten industrialisierten Nationen haben viele »traditionelle Charakteristika«, während vorindustrielle Gesellschaften viele der Züge besitzen, die man üblicherweise der »Moderne« zuschreibt … Alle Gesellschaften befinden sich im Übergang, und wenn man von dieser Grundlage ausgeht, kann man mehr in Erfahrung bringen, als indem man unbestimmte Tradition-Moderne-Klassifikationen verwendet.*[96]

Aus dem Englischen von Miriam Carbe
Mit freundlicher Genehmigung der Autorin und *IRIS*, Iowa

Jude Akudinobi lehrt Film- und Literaturwissenschaft am *Department of Black Studies* der University of California, Santa Barbara.

95 Friday M. Mbon: African Traditional Socio-Religious Ethics and National Development. The Nigerian Case, in: African Traditional Religions in Contemporary Society, 1991, S. 102.
96 Finkle/Gable (Hg.): Political Development and Social Change, 1971, S. 11.

Clément Tapsoba (1993)

Von der Ausrichtung afrikanischer Filmkritik

Das afrikanische Kino ist das jüngste in der weltweiten kinematographischen Geschichte. Es wurde erst vor etwa dreißig Jahren geboren und mußte eine zweifache Herausforderung annehmen. Die eine bestand darin, das Bild der Schwarzen wiederherzustellen, das durch jene Bilder verfälscht worden war, die der Kolonisator von ihnen mit dem Ziel gemacht hatte, sie seinen kulturellen Hegemonialansprüchen zugute kommen zu lassen. Die andere Herausforderung bestand in der Sensibilisierung und Bildung der Bevölkerungen. Die soziale und politische Funktion von Filmen hat sich dem afrikanischen Kino folglich innerhalb eines historischen Kontextes aufgedrängt. Die kürzlich eingetretene Beschleunigung gesellschaftlichen, kulturellen und wirtschaftlichen Wandels in Afrika unterstreicht heute diese Funktion des afrikanischen Films noch stärker.

Die Aufgabe der Kritik

Der Status der Kritik ist komplex, wenn es darum geht, ihn zu definieren. Kritik kann als eine Reflexionstätigkeit aufgefaßt werden, die die künstlerische Schöpfung zum Gegenstand hat. Man kann sie ebenfalls als eine Wissenschaft auffassen, deren Gegenstand es ist, das geschaffene Produkt und seine Verbreitung zu erklären.

Ich will keine Polemik über diese Frage auslösen. Wir werden uns mit der Annahme begnügen, daß »Kritik gleichsam eine Kunst und eine Wissenschaft ist, die sich auf das kinematographische Kunstwerk anwenden läßt«.

Einigt man sich darauf, daß jede Gesellschaft ihre eigenen Beurteilungskriterien hat, und einigt man sich darüber hinaus auch darauf, daß in Afrika das Kunstwerk eine Sprache ist, welches den Menschen und alle unterschiedlichen Aspekte seines Lebens zum Ausdruck bringt, kann man sagen, daß die Eigenart der dem schwarzen Kino und insbesondere dem afrikanischen zugestandenen Funktion für die der Ausrichtung der kinematographischen Kritik von Filmen in Afrika bestimmend ist.

Jede Kritik in Afrika müßte zuerst eine gegenüber der Bevölkerung sein, die sie informiert, lenkt, aufklärt, und von der sie dafür wiederum Informationen und Erfahrungen erhält, die für den kreativ Tätigen notwendig sind. Der Kritik geht es darum, dem Publikum nicht nur die Tiefen der Signifikanten zu offenbaren, sondern die für die Entwicklung der Signifikanten am besten geeigneten Techniken zu finden.

Zusammenfassend bedeutet dies, daß es nicht ausreicht, das schwarze und insbesondere das afrikanische kinematographische Kunstwerk einfach nur als eine Ausdrucksform des Schönen wahrzunehmen. Diese Ausdrucksform des Schönen im Kunstwerk interessiert, meiner Ansicht nach, vor allem die dogmatische Kritik, die den Gemeinplatz der westlichen Kritik darstellt. Das afrikanische kinematographische Kunstwerk hingegen muß gleichsam als Sprache und als Verdichtung der Äußerungen des Intellekts und des menschlichen Handelns betrachtet werden.

Von der Existenz oder Nichtexistenz afrikanischer Kritik

Kann man, wenn man sie auf diese Weise definiert und sich auf die Praxis der Kritik in den afrikanischen Medien bezieht, behaupten, daß eine afrikanische kinematographische Kritik existiert? Im Laufe der letzten dreißig Jahre hat das für die Entwicklung in den meisten afrikanischen Staaten charakteristische Einparteiensystem nicht die Freiheit der Meinungsäußerung erlaubt, die für die kritische Analyse von kinematographischen Werken notwendig ist, wie sie in dieser Zeitspanne durch gewisse Filmemacher produziert wurden, die den Mut hatten, störende gesellschaftspolitische Themen zu behandeln.

Paulin Soumanou Vieyra, der Pionier afrikanischer Kritik, notierte, daß in vielen Staaten Afrikas die Kritik zu oft von einer »regierungsfreundlichen Objektivität« war, weil die Mehrzahl der Journalisten ihre Einkünfte vom Staat bezogen oder diesem indirekt über ihr Presseorgan unterstellt waren, das wiederum durch die ständige Androhung von Zensur am Gängelband geführt wurde. Demzufolge klassifizierte die Kritik, selbst wenn sie von filmischen Themen handelte, einen Film in die Kategorie guter oder schlechter Filme, je nachdem, ob dieser auf der politischen Linie des Regimes lag oder nicht. Seit den letzten drei Jahren verändert sich diese Situation allmählich durch das Aufkommen privater Medien (Radio, Printmedien) infolge der sich langsam vollziehenden demokratischen Öffnung in den meisten afrikanischen Staaten. Dennoch stellt die Situation der Filmindustrie in Afrika sich selbst Hindernisse für die Ausübung einer wahren afrikanischen Kritik in den Weg. Das größte ist die Unzulänglichkeit der Produktion. Um kritisieren zu können, muß Stoff zur Kritik da sein.

Trotz einer bemerkenswerten Entwicklung muß in den meisten Staaten Afrikas für das Problem der Filmproduktion noch eine Lösung gefunden werden. Abgesehen von den Ausnahmefällen Burkina Faso, Senegal oder Mali ist die kinematographische Produktion schlichtweg nicht existent oder steckt gerade mal in den Anfängen.

Ein anderes Hindernis besteht in einer fehlenden Verleih- und Vertriebsstruktur. Kino bleibt immer ein städtisches Ereignis, mit Leinwänden, auf denen ausländische Filme vorherrschen, deren Ethik in diametralem Gegensatz zur Funktion der Sensibilisierung und Bildung vieler afrikanischer Filme stehen. Afrikanische Filme sind in der Tat nicht auf ihren eigenen Leinwänden anwesend und begegnen selten dem afrikanischen Publikum, ihrem eigentlichen Adressaten.

Schließlich muß noch die mangelnde Ausbildung afrikanischer Journalisten in Sachen Filmkritik unterstrichen werden. Diese haben manchmal überhaupt keine Kenntnis von Filmtechnik und Filmkultur. Alle diese Hindernisse erklären, warum Kritik innerhalb der Organe, die ihr einen Raum zugestehen, sich auf ihren einfachsten Ausdruck reduziert. Die beliebteste Praxis besteht darin, die seitens der Verleiher vorgeschlagenen Film-Resümees zu veröffentlichen und sogar die in ausländischen Zeitungen erschienenen Kritiken zu übernehmen. Kritik verwandelt sich so zu Werbung und Propaganda.

Im Radio (dem in Afrika am weitesten verbreiteten Medium) oder im Fernsehen besteht die gewöhnliche Praxis darin, akustische beziehungsweise Filmausschnitte zu senden. Zu den seltenen Gelegenheiten, in denen ein neu produzierter Film zu einem Ereignis von nationaler Tragweite wird, werden Podiumsdiskussionen rund um den Regisseur und seine Schauspieler organisiert. Wie man sieht, muß afrikanische Kritik erst noch gemacht werden.

Zur Förderung des Entstehens und der Dauerhaftigkeit von Kritik in den afrikanischen Medien setzt das FESPACO seit einigen Jahren den Akzent auf die Anwesenheit afrikanischer Journalisten in Ouagadougou, die somit in aller Ausführlichkeit ihrem jeweiligen Publikum von afrikanischen Filmen berichten können, auch wenn dieses nicht die Gelegenheit hat, die Filme selbst zu sehen, über die gesprochen wird. Im übrigen wurde der afrikanische Kritikerpreis vom FESPACO eingeführt und trägt den Namen des Pioniers Paulin Soumanou Vieyra.

Der Einfluß der Kritik auf das afrikanische Publikum

Die konkreten Hindernisse bei der Umsetzung einer afrikanischen Werkkritik haben seit einigen Jahren das Aufkommen einer westlichen Kritik afrikanischer Werke gefördert. Jene westlichen Kritiker haben manchmal das Privileg, afrikanische Filme in Weltpremieren noch vor den afrikanischen Kritikern und ihrem Publikum zu sehen.

Die privilegierte westliche Kritik nimmt sich das Recht heraus, Leitlinien vorzuzeichnen und in die von ihr entwickelten Kategorien einen wichtigen Teil des afrikanischen Kulturerbes einzufügen. Somit werden die afrikanischen kinematographischen Werke dem afrikanischen Volk seitens westlicher Kritiker vorgestellt, die die Vorgehensweise des afrikanischen Regisseurs entweder schätzen, bestätigen oder mißbilligen.

Auch wenn es einen realen Einfluß der westlichen Kritik auf die afrikanische Kritik gibt, am afrikanischen Publikum vermag sie indes wenig auszurichten. Die von der westlichen Kritik dem einen oder anderen afrikanischen Regisseur zugedachten großartigen Titel vermögen das afrikanische Publikum in seinem Stolz durchaus zu schmeicheln, im Grunde aber beeinflussen sie die Wertschätzung nicht, die es den afrikanischen Werken entgegenbringt.

Das Afrika der Mündlichkeit hat aus dem afrikanischen Publikum einen Kritiker ersten Ranges gemacht. Dieses Publikum ist nach wie vor der einzige Richter der Werke, die ihm zugedacht sind.

In einer 1992 in Burkina Faso durch die SONACIB durchgeführten Umfrage, die die Ursachen für den Rückgang der Kinobesuche bestimmen sollte, bestätigten 41 Prozent der Kinoliebhaber, die sich als Paare Filme anschauen, und 47 Prozent der Befragten insgesamt, daß sie durch »Mund-zu-Mund-Propaganda« angeregt würden, sich einen Film anzuschauen. Die Frage an die Befragten, ob sie sich einen Film trotz einer schlechten Beurteilung durch die Journalisten anschauen würden, beantworteten 57 Prozent mit ja.

Die Modellierung des Publikums zieht ihre Wurzeln zuerst aus dem Publikum selbst, das eine fundamentale Rolle für die Ausrichtung der afrikanischen Kritik spielt. Zur Veranschaulichung sei hier lediglich daran erinnert, daß der von den meisten westlichen Kritikern unbeachtete Film *Heritage Africa* (1988) des ghanaischen Filmemachers Kwaw Ansah in Afrika einer der größten Publikumserfolge der letzten Jahre gewesen ist und sogar ein geradezu typisches Beispiel für Hollywoodkino, James Bond nämlich, von den Leinwänden Kenias verbannte. Ohne echte Werbemittel sind Filme wie *Sarraounia* von Med Hondo (1986) oder *Camp de Thiaroye* von Ousmane Sembène (1988) seitens des betroffenen afrikanischen Publikums wohlwollend aufgenommen worden, während ihm diese Werke im übrigen als uninteressant vorgestellt wurden.

Ich erinnere, daß es während des FESPACO 1989 zuweilen zu heftigen Auseinandersetzungen zwischen afrikanischen und westlichen Kritikern im Hinblick auf *Heritage Africa* kam, der damals vorgestellt wurde. Letztgenannte konnten die technische Qualität und die einwandfreie Inszenierung des Films, dessen Thematik sie außerdem für überholt hielten, nicht dulden und gaben ihren Vorzug hingegen dem Werk des Burkiners Idrissa Ouédraogo, *Tilaï* (1990), das sie für »afrikanischer« hielten (*sic*).

Die neuen kritischen Methoden, die der Westen auf sein eigenes Kino anwendet, sind von ihrem Gegenstand her interessant, doch im Hinblick auf eine Herausstellung aller verschiedenen Aspekte eines afrikanischen Werks unzulänglich. Indem er ausschließlich äußere Beurteilungskriterien berücksichtigt, läuft der afrikanische Regisseur bisweilen Gefahr, Werke vorzuschlagen, die von der Sorge um die Befriedigung des von einem ausländischen Publikum geäußerten exotischen Geschmacks getragen sind. Der Bruch findet dann allerdings zwischen dem afrikanischen Publikum und dem afrikanischen Regisseur statt, der aufhört, ein afrikanischer Regisseur zu sein und ganz einfach zu einem einsamen Wesen wird.

Die Entstehung eines neuen, eigenen Ansatzes

Da sie sich innerhalb einer Kultur der Mündlichkeit bewegen, haben afrikanische Filmemacher mittels ihrer filmischen Erzählungen immer die engen Verknüpfungen wiedergegeben, die es zwischen ihrer eigenen und den traditionellen Erzählungsformen gibt. Afrikanische Werkkritik müßte, wenn sie ihrem Wesen nach selbst eine gesellschaftliche Funktion hat, die Stilelemente und Denkarten herausstellen, die ihren Ursprung in der mündlichen Poesie und Prosa finden. Die Symbolik dieser Werke und ihre Erzähltechnik verdienen es, unter Berücksichtigung der mündlichen Überlieferung untersucht zu werden. Dieser traditionelle thematische Ansatz reicht heute allerdings nicht mehr aus. Die neuen Erfordernisse der kinematographischen Kunst einerseits und der Wandel der Mentalitäten andererseits, die sich beim afrikanischen Publikum infolge des wachsenden Einflusses ausländischer Bilder vollziehen, sind Faktoren, die für einen neuen Ansatz des afrikanischen Kinos für den Filmemacher ebenso wie den Kritiker bestimmend sind.

Mehr und mehr ist der afrikanische Filmemacher gehalten, mit der sozialen Funktion seiner Werke ein unterhaltendes Moment zu verbinden, ohne dabei seine eigene Identität zu verlieren. Ihrerseits muß die afrikanische Kritik endogen und introvertiert zugleich sein. Die eigene Identität zu erhalten, stellt die fundamentale Herausforderung dar, von der sich sowohl der Schöpfer als auch der Kritiker schwarzer kinematographischer Werke leiten lassen muß – angesichts der immer stärkeren Uniformierung des weltweiten Kinos durch die Hollywood-Maschinerie.

Die Erfahrung von *Ecrans d'Afrique*

Schon immer haben afrikanische Filmemacher die komplementäre Rolle der afrikanischen Kritik für die schöpferische Tätigkeit anerkannt. In diesem Sinne sprachen afrikanische Filmemacher 1983 unter der Ägide der FEPACI ihre Empfehlung für die Gründung einer Fachzeitung aus, die eine Mittlerfunktion zwischen Regisseuren und Publikum erfüllen würde. In einem ersten Schritt erfolgte von 1990 an die Veröffentlichung des übergreifenden Bulletins *FEPACI-Infos*, zwei Jahre später der zweisprachigen Vierteljahreszeitschrift *Ecrans d'Afrique/African Screen.*

Wie zu erwarten war, stieß dieses Projekt von Anfang an auf die Skepsis und Ablehnung seitens derer, die sich schon immer seit der Kolonisierung das Recht herausgenommen haben, die Verhaltensmaßregeln für unsere Kinematographien festzulegen. Doch glücklicherweise gibt es auch solche, die glauben, eine afrikanische Kritik sei unbedingt notwendig, darunter das Centro di Orientamento Educativo in Mailand, das unsere ersten Schritte unterstützte.

Ecrans d'Afrique / African Screen behauptet sich von Ausgabe zu Ausgabe mehr als ein Organ, in dem afrikanisches Kino von Afrikanern und für Afrikaner analysiert und kritisiert wird, wobei dem *Black Cinema* in der Diaspora ein breiter Raum gewidmet ist, für uns eine Art, den notwendigen Austausch zwischen zwei Entitäten mit gemeinsamen kulturellen Wurzeln herzustellen.

Aus dem Französischen von Caroline Gutberlet
Mit freundlicher Genehmigung des Autors, Présence Africaine
und *Ecrans d'Afrique*, Ouagadougou.

Clément Tapsoba ist Journalist und Generalsekretär der Vereinigung der Filmkritiker in Burkina Faso, Chefredakteur der Zeitschrift *Ecrans d'Afrique* und arbeitet derzeit an einer Publikation über das burkiner Kino.

Richard Porton (1995)

Zwischen Antikolonialismus und Kritik der Moderne

Hyènes

Im Zusammenhang mit dem Phänomen der »multinationalen Neuverteilung der Knappheit« wird das afrikanische Kino nicht umhin können, sich – wenn auch in allegorischer Form – mit den vernichtenden Auswirkungen einer Neuen Weltordnung, in der die Weltbank und der IWF die Rollen neokolonialer Herrscher innehaben, zu beschäftigen. Zwar wäre es simplistisch, genaue Analogien zwischen der Wirtschaftskrise und den Krisen der filmischen Darstellung zu unterstellen, ein Film wie *Hyènes* von Djibril Diop Mambety (Senegal 1991) scheint jedoch den Zustand des afrikanischen Kinos zu Beginn einer Übergangsphase zu enthüllen. Der Film zeichnet ein genaues Bild vom fortdauernden dialektischen Schwanken zwischen Antikolonialismus und Kritik an der westlichen Modernität, das zu einer Neubewertung der afrikanischen Tradition angeregt hat.

V. Y. Mudimbes einflußreiches Werk *The Intervention of Africa* (1988) stellt diese Spannungen innerhalb des afrikanischen intellektuellen Diskurses als dynamisches Engagement dar, das sich aus zwei wesentlichen Quellen speist, nämlich der marxistischen und der traditionalistischen. Zwar wäre es gewissermaßen falsch, diese beiden Tendenzen so zu beschreiben, daß sie einander ausschließen, beide Standpunkte werfen jedoch spezifische Widersprüche auf, die zweifelsohne für die jüngsten stilistischen und thematischen Permutationen innerhalb des afrikanischen Kinos relevant sind. Der Marxismus (der stark durch eine Linse gefiltert wird, die Mudimbe als »die Afrikanisierung des Marxismus« bezeichnet) hat sicherlich so wichtige antikolonialistische Abhandlungen wie *Discours sur le colonialisme* (dt. Über den Kolonialismus, 1968) von Aimé Césaire oder so gehaltvolle Filme wie *Xala* (1974) von

Ousmane Sembène oder *Sambizanga* (1973) von Sarah Maldoror geprägt. Dennoch propagierte der Marxismus – oder zumindest die abgeschwächte marxistisch-leninistische Verbindung, die herablassende Westler häufig der »Dritten Welt« hinterließen – eine grobe Modernisierung, die die besten Aspekte afrikanischer Gemeinschaftstradition ignorierte. So führte auch häufig die Assimilation einer gekürzten Fassung der marxistischen Theorie durch bourgeoise afrikanische Eliten zu deutlich antimarxistischen Ergebnissen.

Eine Alternative zum Marxismus-Leninismus formulierte der senegalesische Historiker Cheikh Anta Diop in *The African Origin of Civilization* (1974), dessen Einsatz für eine Neubewertung der in Vergessenheit geratenen afrikanischen Vergangenheit bereits auf das analoge Projekt in *Black Athena* von Martin Bernal hindeutet. Mudimbe schreibt, daß Diop den »Marxismus als Folie« verwendet, wobei er versucht, die »kulturelle Einheit des präkolonialen Afrikas zu enträtseln« (Mudimbe, *The Invention of Africa*, S. 96). Während einige behaupteten, daß dieser kulturalistische Handlungsfaden einem romantischen Organizismus zum Opfer fallen würde, stellt das Diop'sche Werk eine strategische Intervention dar, die sich als Gegenmittel gegen den »Euro-Afrikanismus« anbot, durch den sich Intellektuelle zu Beginn der neokolonialen Epoche verführen ließen. Zwar barg Diops Werk die Möglichkeit eines romantischen Eintauchens in eine prälapsarische Vergangenheit, junge Kritiker wie Anthony Appiah erkannten jedoch die Notwendigkeit, ein Gleichgewicht zwischen den wetteifernden intellektuellen Verzweigungen der Militanz von Césaire und Fanon sowie den historischen Ausgrabungen von Diop aufrechtzuerhalten.

Wenn *Hyènes* diese beiden Strömungen assimiliert hat, so war dies durch ein empfindliches Gleichgewicht geprägt, das den Status des Films als französisch-schweizerisch-senegalesische Koproduktion widerspiegelt. Verschiedene Filmhistoriker, einschließlich Manthia Diawara und Françoise Pfaff, haben die Abhängigkeit frankophoner Branchen vom französischen Kapital aufgezeichnet, obwohl das koloniale Zeitalter offiziell beendet ist. Der Erzählstil, einschließlich des Quellenmaterials, enthält und kommentiert in *Hyènes* auf subtile Weise das derzeit gespannte Verhältnis zwischen den problematisch theoretisierten Wesen: Kern und Peripherie.

Hyènes ist in gewisser Weise angelehnt an das vielleicht größte Werk des Schweizer Bühnenautors Friedrich Dürrenmatt: *Der Besuch der alten Dame*. Das Dürrenmatt'sche Werk weist gleichermaßen Affinitäten zum ausgereiften Begriff des Absurden Becketts und zur explizit didaktischen Dramaturgie Brechts auf. Zwar erkennt Dürrenmatt die Bedeutung beider Theaterströmungen an, er verwirft jedoch deren modernistische Polaritäten. Statt dessen schlägt er ein Theater vor, das in der Parabel und tragikomischen Ironie wurzelt – seiner Meinung nach die einzig mögliche Option in einem Zeitalter, in dem sich angeblich die authentische Tragödie nicht realisieren läßt. Obgleich Dürrenmatts Stücke als Allegorien bezeichnet wurden, verwirft der Bühnenautor diese Bezeichnung, weil eine Allegorie vorauszusetzen seiner Meinung nach den Interpretationsprozeß blockiert. Diop Mambetys Aneignung und Transformation von *Der Besuch der alten Dame* dekolonisiert das Stück und überträgt die Dürrenmatt'sche Parabel in einen neuen ideologischen Kontext. Zwar schien das ansatzweise existentialistische (wobei auf die umgangssprachliche Verwendung des Wortes Bezug genommen wird) Theaterstück die europäische Trägheit angesichts des im Nazismus zum Ausdruck kommenden fundamentalen Übels zumindest teilweise anzuprangern, *Hyènes* (auf eigene Weise parabolisch wie alle Dürrenmatt'schen Werke) verschreibt sich jedoch einer gesellschaftlichen und politischen Kritik, die nicht auf sterile Platitüden reduziert werden kann. Aus einer äußerst vielseitigen Perspektive kann der Film als Angriff auf den fortdauernden Wirtschaftsimperialismus (wobei ein Vergleich mit anderen neuen afrikanischen Filmen wie zum Beispiel *Samba Traore* von Idrissa Ouédraogo (Burkina Faso 1992) und *Guelwaar* von Ousmane Sembène (Senegal 1992) durchgeführt werden sollte) sowie als trauriger Kommentar zum derzeitigen Zustand der afrikanischen Gemeinschaftstradition betrachtet werden.

Im Gegensatz zu Dürrenmatts eigener vehementen Zurückweisung jeglicher allegorischer Absicht, bietet Walter Benjamins Rehabilitierung der Allegorie in *Der Ursprung des deutschen Trauerspiels* (1928) ein entscheidendes Instrumentarium, das auf erfolgreiche Weise sowohl die Verbindungen als auch Ungleichheiten zwischen Dürrenmatts und Diop Mambetys Kritiken ausleuchten könnte. Mit Hilfe einer subversiv durchgeführten Neubesetzung der Allegorie können wir ebenso zwischen westlichen und afrikanischen Ansätzen der Moralsuche, aber auch zwischen den verschiedenen filmischen Tricks unterscheiden, die Diop Mambety zur Schaffung einer Parabel einsetzt, die sich radikal vom unauffälligen Realismus abhebt, den viele afrikanische Regisseure vorziehen. Zwar räumt Benjamin ein, daß die Allegorie in der Regel als Produkt aus Zeiten des angeblichen Verfalls verunglimpft wurde, seine antiklassische, radikal moderne Empfindsamkeit machte jedoch das, was (insbesondere im Zusammenhang mit dem *Trauerspiel* des deutschen Barock) als Artefakte der gesellschaftlichen Zerschlagung bezeichnet wurde, zu einer ästhetischen Tugend. Da die Allegorie die »Gebrochenheit« der Welt beschreibt, ja sogar feiert, handelt es sich um ein Genre, das sich ausgezeichnet für die Bedürfnisse zeitgenössischer afrikanischer Regisseure eignet – Filmemacher, die die jüngste Verwüstung von Wirtschaft und Umwelt beklagen und zugleich die sie umgebende Hoffnungslosigkeit aktiv negieren wollen. Diop Mambetys Allegorie faßt die Militanz des frühen afrikanischen Kinos über eine objektive und reflexive Analyse der politischen Verzweiflung zusammen, die den Nihilismus der reaktionären Varianten der Moderne nicht teilt. Benjamin bezeichnet die Allegorie als »natürliche Geschichte« der Spuren der Vergangenheit bzw. als das, was ein Kommentator »die Scherben der Erinnerung, die

die Schwingungen des organischen Schlusses zunichte machen«, nannte.[97] Anders ausgedrückt: Die Allegorie widersteht dem erzählerischen Schluß, agiert im Gegensatz zu den dünn gesäten Beispielen der Moderne jedoch nicht innerhalb eines historischen Vakuums. Benjamin sah in der allegorischen Weltanschauung eine Darstellung der »Weltpassion« in den »Stationen ihres Niedergangs«. Diese Metapher gilt mehr als alles andere für *Hyènes* – ein Film, der kalt auf die Habgier des Westens und gleichzeitig auf die einheimische afrikanische »Neue Klasse« blickt. Diese hat die Bedürfnisse der »Armseligen der Erde« vergessen, die wiederum häufig die Protagonisten wichtiger »Dritte-Welt«-Filme der sechziger und siebziger Jahre waren. Zwar unterstreicht Benjamins Allegoriekonzept die »Vergänglichkeit der Menschheitsgeschichte« und die Instabilität der Bedeutung, es schließt jedoch nicht die Möglichkeit einer – wenn auch unwahrscheinlichen – Wiedervereinigungsutopie aus. Und diese Hoffnung kommt manchmal in der tragikomischen Version der Allegorie von *Hyènes* zum Ausdruck.

Hyènes handelt von der Rückkehr einer wohlhabenden Frau in das Dorf, in dem sie Jahre zuvor von einem Mann, der heute völlig gutmütig erscheint, »verführt und verlassen« worden war. Doch obwohl sich der Film offensichtlich eine verbissene Entschlossenheit zu eigen macht, befreit Diop Mambety die Dürrenmatt'sche Parabel von ihrem quasi-theologischen Überzug. Die trostlose Stadt Colobane faßt viele Gegensätze der senegalesischen Gesellschaft zusammen, da sowohl revolutionäre Hoffnungen als auch traditionelle Solidaritätsbande untergraben werden. Colobane mit seiner verblaßten Bourgeoisie und seinem habgierigen Kleinbürgertum dient als Mikrokosmos für die Reflexion über die derzeitige Wirtschaftskrise Afrikas.

Linguère Ramatou, die rachsüchtige alte Dame des Films, versetzt die Bevölkerung von Colobane in wilde Aufruhr, als sie eine Zukunft unermeßlichen Reichtums verspricht. »Ramatou kommt zu uns zurück ... reicher als die Weltbank ... nur die Dame kann uns retten«, lautet die hoffnungsvolle Ermahnung der Bewohner der Stadt. Vor Verzweiflung erstarrte einheimische Politiker und Kirchenmänner betrachten Ramatous Freigebigkeit als einzige Möglichkeit, aus dem Teufelskreis aus Armut und Ausbeutung auszubrechen. Dramaan Drameh, der liebenswürdige Geschäftsinhaber, der mit seinen emsigen Kunden unaufhörlich Calvados trinkt, erwartet die angesehene alte Dame sehnsüchtiger als alle anderen Bewohner. Die Wohltätigkeit Ramatous erweist sich am Ende natürlich als Fehlschlag und die verheerende Folge von Ereignissen, die Colobane unausweichlich heimsucht, scheint Kritiker und Zuschauer zum Schweigen zu bringen, die versucht sein sollten, sich in moralistischen Interpretationen zu ergehen.

Der allegorische Aufbau des Filmes ist geprägt durch das Leiden, welches den afrikanischen Ländern durch die »strukturelle Anpassung« auferlegt wird. Hierbei

97 Rebecca Comay: *Benjamin's Endgame*, in: Benjamin/Osborne (Hg.): Benjamin's Philosophy, 1993, S. 255.

handelt es sich um den Versuch der Weltbank, die Innenpolitik der Schuldnerländer zu steuern, indem letztere gezwungen werden, ihre Exporte zu steigern und die Sozialausgaben drastisch zu kürzen, womit Elend und Armut unweigerlich einhergeht. Wie einer der schärfsten derzeitigen Kritiker der Weltbank bemerkte: »Die zentrale Rolle, die dem wirtschaftlichen und materiellen Wachstum als Grundlage aller modernen Gesellschaftssysteme zukommt, hat zu einem einzigartigen Begründungsansatz für neue Formen politischer und gesellschaftlicher Vorherrschaft geführt.«[98] Angesichts dieser erdrückenden materiellen Realitäten könnte ein irregeführter Moralist den Film zum Beispiel als bloße Anklage des Konsumdrangs betrachten, eine Abhandlung, die den Opfern der strukturellen Anpassung scheinbar Vorwürfe in bezug auf ihre Sehnsucht danach macht, sich einigen unbedeutenden materiellen Genüssen hinzugeben. In der abschließenden Analyse scheint der Film eher ein zuweilen komischer Klagegesang und weniger eine Moralpredigt zu sein.

Trotz der gelegentlichen rhetorischen Verzierungen Diop Mambetys – die Nebeneinanderstellung von einem »Sony«-Monitor und Aufnahmen des afrikanischen Hungerelends ist eines der auffälligeren Beispiele – ist der Film weit entfernt von früheren Beispielen des afrikanischen Gesellschaftsrealismus – ob nun veranschaulicht durch die Romane und Filme von Ousmane Sembène oder die Synthese des Dokumentarfilms und der Autobiographie von Safi Faye. Die Überlagerung von ironischen Anspielungen und tragikomischem Ton in *Hyènes* weist eine gewisse Ähnlichkeit zu einem früheren Film Diop Mambetys auf: *Touki-Bouki* (1973). In diesem Film, der von einigen Kritikern auf ethnozentrische Weise und klischeehaft als afrikanischer *A bout de souffle* (1959) dargestellt wurde, hoffen die rebellischen Protagonisten darauf, nach Frankreich flüchten zu können, aber ihre nihilistische Begeisterung für Gewalt verurteilt ihr Vorhaben zum Scheitern. Die Verlockung des Pariser Glamours entpuppt sich als hohle Fantasievorstellung, wobei der Film jedoch keine künstliche Wiederherstellung der präkolonialen Tradition propagiert. Auf ähnliche Weise skizziert *Hyènes* ein trostloses Bild der modernen Habgier, ohne sich dabei einer Rückkehr zu einer paradiesischen, präkolonialen Glückseligkeit hinzugeben. Bei der Besprechung verschiedener afrikanischer Filme, einschließlich *Touki-Bouki,* stellen Roy Armes und Lizbeth Malkmus in der Art eines zweifelhaften Essentialismus die These auf, daß die herausragenden Regisseure »ihre Filme um einige externe Gegensätze strukturieren« (zum Beispiel Vergangenheit/Gegenwart, Tradition/Moderne).[99] Das Bemerkenswerte an Diop Mambetys Filmen sind jedoch die konzertierten Versuche, diese Art von Zweipoligkeit aufzubrechen, indem die Alternativen nicht als Wahlmöglichkeiten, sondern als sich selbst verzehrende Artefakte dargestellt werden.

98 Bruce Rich: Mortgaging the Earth. The World Bank ..., 1994, S. 108.
99 Roy Armes/Lizbeth Malkmus: *Arab and African Filmmaking*, 1991, S. 187-190.

Das schaurig karnevaleske Crescendo in *Hyènes* stellt sich als einschlägiger Fall heraus. Als die Dorfbewohner ihr Verlangen nach Schuhen aus Burkina Faso und glänzenden Kühlschränken gestillt haben, bringt Ramatou einen Jahrmarkt nach Colobane. In dessen Mittelpunkt steht ein atemberaubendes Riesenrad. Wenn diese Zerstreuungen dazu dienen sollen, die Bewohner zu besänftigen, während Dramaan zum Sündenbock wird, dann gehen Ramatous Pläne nur zu gut auf. Trotz seines freundlichen Wesens müssen wir uns damit abfinden, daß Dramaan für das frühere Leben in Armut und gezwungener Prostitution der Millionärin verantwortlich ist, obgleich Ramatou selbst keinerlei Redlichkeit verkörpert. Dramaans klagender Ausbruch: »Meine Dame, wir halten uns an die Prinzipien der Zivilisation«, erinnert eher an den Schmerz einer selbst zugefügten Wunde als an die Schrillheit einer Offensive. Im Gegensatz zu den eindeutigen bejahenden Heldinnen in *Sambizanga* und Med Hondos *Sarraounia* (1986) ist Ramatou keine Ikone der Machterlangung. Sie kann lediglich die negative Freiheit einer rücksichtslosen Entmystifizierung bieten.

Einerseits kann uns ein materialistischer Ausgangspunkt in die Lage versetzen, *Hyènes* teilweise als eine Allegorie dessen zu sehen, was Immanuel Wallerstein in seiner Untersuchung *Africa and the Modern World* (1986) die afrikanische Integration in die »sozialwirtschaftliche Hierarchie des Weltsytems« nannte. Mitte der achtziger Jahre prophezeite Wallerstein, daß die kommende Epoche »für die wirklichen Randgebiete von schwerem Leiden geprägt sein wird, deren unwesentlicher Export auf einen sehr schwachen Weltmarkt treffen und deren Lebensmittelproduktion weiter zusammenbrechen wird.« (Wallerstein, S. 102) Genau diese Prognose erfolgte vor Ende des Kalten Krieges und ermutigte IWF und Weltbank dazu, noch drakonischere Sparprogramme durchzuführen. Ein geziemend zynischer Wirtschaftler erklärte, daß in dem, was als »Dritte Welt« (ein vielleicht altmodischer Ausdruck seit der Implosion der Zweiten Welt) bezeichnet wurde, eine sogenannte Entwicklung »Priorität vor einer Form von Unterentwicklung hat« (Wallerstein, S. 125). Die Zerstörung der Umwelt und eine zunehmende Verarmung sind das Endergebnis der multinationalen Gegenwart von Konglomeraten wie Mobil. Angesichts dieses düsteren Szenarios stellt Ramatous Freude, als sie Colobane mit Konsumgütern von zweifelhaftem Wert bombadiert, eine phantastische Lösung für ein scheinbar unlösbares Dilemma dar. Die Schlußaufnahme in *Hyènes* – ein Bulldozer, der die vorübergehende Fülle der Stadt einebnet – verneint unwiderruflich die vorherigen flüchtigen Vergnügungen.

In seinem jüngst erschienenen zusammenfassenden Überblick über die mündliche Literatur Afrikas, *African Oral Literature* (1992), zeigt Isidore Okpewho, auf welche Weise zeitgenössische Schriftsteller wie Ousmane Sembène und Wole Soyinka traditionelle Betrügergeschichten zum Zwecke einer radikalen Gesellschaftskritik umformen und untergraben. In Werken wie *The Road* und *Kongi's Harvest* wird die traditionelle Solidarität mit den Opfern zu bissigen Attacken gegen die verwurzelte Macht. Das Verhältnis von *Hyènes* zum kritischen Erbe der mündlichen Tradition ist auf gewisse Weise anders. Diop Mambetys tragikomische Haltung beinhaltet die Keime der Gesellschaftskritik, ist weder normativ noch programmatisch im Sinne der Tradition von Soyinka oder Sembène. Diop Mambetys Ansatz ist auf aggressive Weise parodistisch. Durch eine geschickte Anwendung dessen, was Michail Bachtin einen »doppelstimmigen Diskurs« bezeichnet hat, setzt *Hyènes* gekonnt Motive der mündlichen Tradition und aus ernsthafteren hoffnungsvollen afrikanischen Filmen in einen neuen Rahmen. Der Film kann nicht als zynisch charakterisiert werden, wenn auch dieses Beispiel gutgelaunter Verzweiflung der entfernte Schrei des aufständischen Kinos vergangener Jahre ist.

Außerdem weicht der Film vom einfachen beobachtenden Stil jüngster afrikanischer Filme wie *Yaaba* (Idrissa Ouédraogo, Burkina Faso 1989) ab. Im Gegensatz zu dem unauffälligen lyrischen Realismus des vorgenannten Films verwendet Diop Mambetys Film eine Form von Rhetorik, die schamlos die Aufmerksamkeit auf sich lenkt. Aufnahmen von Hyänen verkünden die begeisterte Erwartung der Dorfbewohner von Wohlstand und unterbrechen Dramaans Verhör durch den städtischen Klerus. Diop Mambetys Vorliebe für die Wiederholung gewisser visueller Motive und Dialogpassagen liegt in der Übernahme des eigentümlichen Wiederholungszwangs der Allegorie und der Fähigkeit, die Erfahrung von allem, was ungelegen, traurig und erfolglos ist, zu komprimieren. Mit Hilfe dieser Strategie kann der Film unaufhörlich um die politischen und gesellschaftlichen Traumata kreisen, welche die Erzählung beleben. Im Gegensatz zu vielen westlichen Abwandlungen des Radikalismus erhebt Benjamins Konzept der Allegorie nicht den Fortschritt zum Fetisch. Betont wird die Willkürlichkeit der Menschheitsgeschichte, was sich mit einem Film deckt, der die historischen Kontingenzen analysiert, ohne dabei oberflächliche Lösungen vorzuschlagen.

Wie viele der weiblichen Protagonisten jüngster afrikanischer Filme dient Ramatou mit ihren Potentialen in bezug auf moralische Leidenschaft und zerstörerische Wut als Katalysator für emanzipatorische Hoffnungen und ist gleichermaßen eine Figur, mit deren Hilfe sich der Zuschauer des belagerten sozialen Gefüges bewußt werden kann. »Die Welt hat eine Hure aus mir gemacht, und ich will aus der Welt ein Freudenhaus machen«, lautet Ramatous *Cri du coeur*, als sie eine Siedlung betrachtet, die nur noch der Todesschatten ihres früheren Wesens ist. So ist die eigentliche Prostitution und die Bedrohung durch Aids – wie zu erwarten – ein Thema, das in jüngsten afrikanischen Filmen untersucht wurde, wobei Henri Duparcs *Rue Princesse* (Senegal 1994) eines der neuesten Beispiele darstellt. In *Hyènes* wird die Prostitution zur Metapher dafür, wie eine verzerrte Vorstellung der Modernität einen ganzen Kontinent der paternalistischen Ideologie des Westens unterworfen hat, und es paßt in diesen Kontext, daß eine Frau den ethischen Sumpf demaskiert, der zum derzeitigen Wirtschaftsdebakel beigetragen hat.

Der vorsichtig modulierte Synkretismus von *Hyènes* forciert die Veränderung – vielleicht sogar Unterminierung – einiger Kritiken, die in eifrigen nationalistischen Werken wie *Toward The Decolonialization of African Literature*[100] festgehalten wurden. Die nigerianischen Literaturkritiker, die bei dieser lebhaften Debatte zusammenarbeiteten, liefern ein höhnisches Bild der Herablassung, die für die meisten Darstellungen afrikanischer Literatur exemplarisch ist, aber auch der »Absonderung« moderner afrikanischer Fiktion und Poesie von den Wurzeln der mündlichen Überlieferung. Die Autoren heben ihre ausgewähltesten Beinamen für Wole Soyinka auf. Der Bühnenautor und Romancier, der schließlich den Nobelpreis gewinnen sollte, wird aufgrund seiner Kapitulation in Richtung einer »Euro-Moderne« verdammt. Umgekehrt werden andere Autoren als exemplarische Vertreter eines antikolonialistischen Eifers und ernsthaftere Vorläufer der neuen afrikanischen Tradition betrachtet. So lobt man beispielsweise Ousmane Sembène als einen »*Griot* des Volkes«.

Wären die europäische Modernität und die indigenen afrikanischen Modalitäten unvereinbare Polaritäten, hätte Diop Mambetys filmische Parabel eine wirklich beunruhigende Wirkung. Sicherlich schämt sich Diop Mambety nicht zu verkünden: »Es ist eine Freude für mich, Friedrich Dürrenmatt Tribut zu zollen.« Dennoch ist diese Hommage an einen modernen europäischen Bühnenautor politisch so scharfsinnig wie die didaktischsten Romane und Filme von Sembène und auf paradoxe Weise so abgestimmt auf wichtige Strömungen innerhalb der afrikanischen Tradition wie die Geschichten von Amos Tutuola. Es kann einleuchtend argumentiert werden, daß *Hyènes* ein »doppeltes Bewußtsein« enthält, das fast exemplarisch für viele afrikanische Koproduktionen der jüngsten Vergangenheit ist. Während W.E.B. DuBois mit dem Begriff »doppeltes Bewußtsein«[101] das qualvolle Schwanken zwischen schwarzer Identität und amerikanischer Selbstverliebtheit der Afro-Amerikaner beschreibt, müssen Filmemacher wie Diop Mambety behutsam die afrikanische Identität gegen ein modernistisches Erbe abwägen, welches eine frühere Generation von afrikanischen Intellektuellen, nämlich insbesondere die Gründer von *Présence Africaine*, beeinflußt hat.

Einige Sequenzen aus *Hyènes* könnten als süffisante (und auf subtile Weise parodistische) Episoden betrachtet werden, welche die Widersprüche aufzeichnen, die auf Afrikas ambivalente Umarmung der Moderne, aber auch auf die literarischen und filmischen Modernismen zurückgehen. Mit beißender Ironie, aber ohne jede Form von Selbstgerechtigkeit enthüllt Diop Mambety die Sackgasse, in die die Selbstentfremdung seiner Protagonisten führt. Mit Hilfe des vordergründigen, auf seltsame

100 O.J. Chinweizu/I. Madubuike: Toward the Decolonialization of African Literature, 1983.
101 Vgl. David Levering Lewis: W.E.B. DuBois: Biography of a Race 1868–1918, 1993.

Weise nicht festlichen Karnevals kann der Filmemacher die Ikonen der *Négritude* verhöhnen, obgleich *Hyènes* selbst ohne diesen literarischen Vorgänger undenkbar wäre. Der wichtigtuerische Bürgermeister von Colobane raucht bei seiner Konfrontation mit dem nunmehr pathetischen Dramaan Havannas und bemerkt, daß »Senghor einst einen Spaziergang mit Königin Elisabeth II. machte«. Hierbei handelt es sich um einen besonders geschickten Kommentar zur neokolonialistischen Verquickung, da die Prahlerei des Bürgermeisters einer Selbstanklage gleichkommt. Die Verbindung zwischen der englischen Monarchin und dem ehemaligen senegalesischen Dichter/Präsidenten ist eine anstößige Parodie auf die Verbindungen mit der europäischen Kultur, die bei einigen der extremsten Beispiele des afrikanischen Antikolonialismus festzustellen sind. Ein Schriftsteller sagte in diesem Zusammenhang, daß »selbst ein so radikaler Radikaler wie Frantz Fanon zu einem der existentialistischsten Schüler Sartres wurde.«[102] Die Tatsache, daß *Hyènes* einen verbissenen Traditionalismus ablehnt und sich gleichzeitig über die Albernheiten moderner Europhiler lustig machen kann (obwohl der Film als solcher das Beispiel eines idiosynkratischen Modernismus ist), zeigt eine außergewöhnlich raffinierte Sensibilität. Diop Mambetys Film ist eher eine versteckt subversive Aneignung der westlichen Moderne als ein Zugeständnis an seine homogenisierende Lingua Franca.

Gegen Ende des Film sieht Dramaan schweigend Nachrichtenbilder von verhungernden Afrikanern im Fernsehen – ein Bild, das so provokativ wie verschlüsselt ist. Letztlich dient diese kurze Anspielung an konkrete Opfer als eine Art von mutlosem Kontrapunkt zur Konsumorgie von Colobane. Diese Bilder wecken typischerweise einen herablassenden Pathos und wurden durch ihre Fähigkeit, eine kurzlebige internationale Schuld wachzurufen, fast banalisiert. Diop Mambetys Erzählstil setzt diese Hungerszenen auf geschickte Weise in einen neuen Kontext, und zwar auf eine Art, die nicht den wohligen, aber kraftlosen Humanismus von »We are the World« hevorruft, sondern auf subtile Weise all diejenigen tadelt, die in der nichtssagenden Wiege der Kulturindustrie verharren.

Vielleicht ist es Aimé Césaire am besten gelungen, eine antikolonialistische linke Haltung und den Respekt vor der afrikanischen Vergangenheit zusammenzuführen – ein Respekt, der skeptisch gegenüber der Verlockung ist, alle Spuren des traditionellen afrikanischen Lebens durch den Modernismus auslöschen zu lassen. Césaire spricht in seiner Rede über den Kolonialismus (1968) von »gemeinschaftlichen Gesellschaften..., die nicht nur *ante*kapitalistische, sondern auch *antikapitalistische* ... kooperative und brüderliche Gesellschaften waren.« Das afrikanische Kino verfolgt die unverkennbare Tatsache, daß diese Gemeinschaftsvision ernsthaft bedroht ist, ob man nun dabei an die gebieterische Allegorie von *Hyènes* oder den verhalteneren Gesellschaftsrealismus von Ouédraogo denkt. Der Protagonist aus dessen jüngstem

102 John Gaffar LaGuerre: Enemies of the Empire, 1984, S. 237.

Film *Samba Traore* nimmt an einem gewaltsamen Raubüberfall teil – ein Verstoß, der das empfindliche Gleichgewicht des dörflichen Lebens erschüttert. In Ouédragos intimer Erzählung wird die wütende Modernität durch einen einzelnen tragischen Fehler veranschaulicht, während Diop Mambetys größeres Gemälde die Aushöhlung traditioneller Formen der Solidarität als kollektives Gedränge darstellt.

Mit Hilfe von Mudimbes bahnbrechendem Werk konnten die Bestandteile dessen definiert werden, was er als unverkennbar afrikanische Gnosis bezeichnet – ein dynamisches Konzept, das auf den Versuch zurückzuführen ist, sich von der westlichen Hegemonie und der unaufhörlichen und lästigen Durchdringung imperialer Wahrnehmungsweisen zu befreien. Das afrikanische Kino wird sich zweifelsohne weiterhin mit den sich verändernden Konturen dieser Gnosis herumschlagen. Dies geschieht zu einer Zeit, da die Schuldenkrise, Umweltkatastrophen und politische Machtlosigkeit unaufhörlich den Kontinent quälen und der geheuchelten Unschuld, die dem Westen so sehr am Herzen liegt, spotten. Benjamin pries die Allegorie dafür, daß sie nicht bereit ist, eine falsche »Totalität« zu konstruieren. Ähnlich ist die unausweichliche und notwendige Unbestimmtheit von *Hyènes*, ein Testament für den komplexen Trend des neuen afrikanischen Kinos, sich einer Sache zu verschreiben, die man als konstruktive Eigenverletzung bezeichnen könnte, während es gleichzeitig die Zuschauer daran erinnert, daß die alten Ursachen der von außen kommenden Unterdrückung nicht verschwunden sind.

Aus dem Englischen von Beate Beering
Mit freundlicher Genehmigung des Autors und *IRIS*, Iowa

Richard Porton publiziert in *Cineaste* und *Film Quaterly*.

Djibril Diop Mambety (* 1945 in Dakar, Senegal) Schauspieler und Filmemacher.

Filme:
- *Contras-City*, 1968, 16mm, 16'. Franz. OF.
- *Badou Boy*, 1970, 16mm, 60'. Franz./Wolof OF.
- *Touki-Bouki*/Die Reise der Hyäne, 1973, 35mm, 110'. Franz./Wolof OF.
- *Parlons grand-mère*, 1989, 16mm, 34'.
- *Hyènes*, 1991, 35mm, 113'. Wolof OF.
- *Le Franc*, 1994, 35mm, 44'. Franz./Wolof OF m. dt. U.
- In Vorbereitung: *La petite vendeuse du soleil*, ~60'.

Sambizanga (1973)

Sambizanga, ein Vorort von Luanda, Hauptstadt Angolas, von dem aus am 4. Februar 1961 angolanische Kämpfer aufbrachen, um das Militärgefängnis der portugiesischen Kolonialherren zu stürmen. *Monique Hennebelle* führte mit der Filmemacherin *Sarah Maldoror* 1973 das im folgenden gekürzte Interview.

Sarah Maldoror: Ich bin über das Theater zum Kino gekommen. In den 60er Jahren war ich Mitglied des Ensembles, das sich »Les Griots« nannte und zu dem Ababacar Samb Makharam[103], Toto Bissainthe[104] und Timité Bassori[105] gehörten. Wir hatten das Stück *Hinter verschlossenen Türen* von Sartre inszeniert und gaben Poesie-Lesungen. Kennengelernt hatten wir uns im Rahmen von *Présence Africaine*[106]. Dabei fällt mir insbesondere eine denkwürdige Vorstellung ein, bei der wir das Stück *Et les chiens se taisaient* von Aimé Césaire gespielt hatten. Heute sieht es nach nichts aus, aber damals hatte es große Bedeutung... Nach zwei Jahren gemeinsamer Arbeit löste sich die Gruppe auf. Ababacar Samb ging nach Rom, um am Centro Sperimentale Film zu studieren. Ich bin zunächst nach Guinea gegangen, das Sekou Touré kurz zuvor in die Unabhängigkeit geführt hatte [1958], und dann nach Moskau.

Dort haben Sie Ousmane Sembène getroffen?
Ich kannte ihn schon von meiner Pariser Zeit. Er war damals Schriftsteller und hatte noch keine Filme gedreht. Wir waren vor allem von Mark Donskoi ausgebildet worden, dessen Assistenten wir in *Erziehung der Gefühle* (1947) waren. Sembène blieb sechs Monate, ich zwei Jahre. Ich war an der Lomonosov-Universität. 1963 bin ich

103 Ababacar Samb Makharam (1934–1987), senegalesischer Schauspieler und Regisseur u. a. von *Kodou* (1971) und *Jom ou l'histoire d'un peuple* (1981) (Anm. d. Hg.).

104 Toto Bissainthe, haitianische Sängerin, Bühnen- und Filmschauspielerin, gestorben 1994.

105 Timité Bassori (*1933), Schauspieler und Regisseur der Côte d'Ivoire v.a. von Dokumentarfilmen: *Les forestiers* (1963), *L'Abidjan Niger* (1963), *Sur la dune de la solitude* (1964), *Le sixième sillon* (1966), *Feux de brousse* (1968), *La femme au couteau* (1969), *Boudoukou An 11* (1971), *Odienne An 12* (1972), *Koussou 1* und *Koussou 2* (1972), *Akati et dances de Côte d'Ivoire* (1974) (Anm. d. Hg.).

106 Présence Africaine, eine 1947 gegründete Schriftenreihe mit Sitz in Paris und Dakar, Senegal (Anm. d. Hg.).

nach Marokko und anschließend nach Algerien gegangen, wo ich anfing, im Filmbereich zu arbeiten. Ich war Assistentin von Ahmed Lallem in seinem Kurzfilm *Elles* (Algerien 1968), einer dokumentarischen Reportage über die Entwicklung von jungen Gymnasialschülerinnen. In Algier habe ich dann meinen ersten Film realisiert: *Monangambee* (nach einer Erzählung von Luandino Vieyra, *Le complet de Matens*), produziert von der FLN (Front de Libération Nationale). Man hatte mir eine Crew des algerischen Fernsehens zur Verfügung gestellt. Dieser Film beschrieb anhand einer kleinen Anekdote das grundsätzliche Unverständnis der afrikanischen Gesellschaft für die Portugiesen. Ein Mann wird wegen angeblicher Kollaboration mit der Widerstandsbewegung MPLA (Movimento Popular de Libertaçâo de Angola) verhaftet. Seine Frau erhält die Erlaubnis, ihn im Gefängnis zu besuchen. Während ihrer kurzen Unterredung verspricht sie ihrem Mann, einen »complet«, also einen Anzug zu schicken. Ein portugiesischer Wachmann, der der Unterhaltung gelauscht hatte, beeilt sich, die Information seinem Vorgesetzten zu melden. Diesen packt eine irrsinnige Wut. Er läßt den Gefangenen zu sich kommen und bemüht sich, ihn zum sprechen zu bringen: warum dieser »Anzug«? Hatte er mit der Hoffnung gespielt, vor ein Zivilgericht zu kommen? Der Mann verharrt in seinem Schweigen. Er wird geschlagen, verprügelt. Nichts. Schließlich bringen ihn die Aufseher, des erfolglosen Verhörs überdrüssig, ernsthaft verletzt in seine Zelle zurück. Er dreht sich zu einem Mitgefangenen um und vertraut ihm mit einem Lächeln an: »Diese Idioten, die werden nie irgend etwas verstehen. Bei uns ist ein ›complet‹ ein vollständiges Fischgericht, kein Anzug.« Ende.

Wo wurde dieser Film gezeigt?
Er wurde in Europa nicht kommerziell vertrieben, stand allerdings im Wettbewerb zahlreicher Festivals. Er war Preisträger in der Sparte Kurzfilm in Dinard und wurde mit dem internationalen Kritikerpreis in Karthago ausgezeichnet. Der Film wurde auf dem Festival in Tours, vom Forum des jungen Films in West-Berlin [1973], von der fünfzehnköpfigen Regisseurgruppe (SRF) in Cannes ausgewählt. Er war auch auf dem FESPACO 1972 in Ouagadougou zu sehen.

Sie haben danach einen Spielfilm namens »Des fusils pour Banta« gedreht.
Dieser Film wurde im »Maquis«[107] von Guinea-Bissau mit einer Gruppe von Soldaten der Nationalen Algerischen Volksarmee gedreht. Ich traf im Januar dort ein, die Gruppe folgte im März, die Dreharbeiten dauerten von April bis Mai. Ich muß sagen, daß mir die Schwierigkeiten einer solchen Unternehmung zu Beginn nicht ganz bewußt waren. Um so mehr, als ich mir in den Kopf gesetzt hatte, einen Spielfilm zu

107 Maquis, franz.: 1. Widerstandsgruppe und Versteck des Widerstands; 2. niedriger dichter Buschwald; 3. in frankophonen afrikanischen Metropolen auch Ausdruck für Tanz- und Eßlokale unter freiem Himmel (Anm.d.Ü.).

machen, und in 35mm obendrein! Völlig verrückt! Als ich Amilcar Cabral[108] in Conakry (Guinea-Bissau) meine Idee vorstellte, sagte er: »Hör zu, das Beste wird sein, wenn du dich erst mal in den Maquis begibst, um zu sehen, wie es dort zugeht. Anschließend reden wir noch einmal über dein Projekt.« So bin ich nach Guinea-Bissau und habe das Leben der Partisanen und der Bevölkerung beobachtet. Ich muß noch den Grund verdeutlichen, weshalb ich unbedingt einen Spielfilm machen wollte und keine Reportage. Es ist wohl den Umständen zu verdanken, daß Befreiungskriege dazu neigen, sich in bestimmten Punkten zu gleichen: in der Tat finden immer Waffentransporte und ähnliche Dinge statt. Ich wollte aber gerade eine etwas anders gelagerte Wirklichkeit zeigen. Deshalb hielt ich daran fest, eine fiktive Geschichte zu erzählen. Mein Ziel war es, die Wirklichkeit des Kampfes vom Volk von Guinea-Bissau unter der Leitung der PAIGC (Partido Africano de Indenpendência da Guinea e Cabo Verde) über den Umweg einer bebilderten Erzählung bekanntzumachen. Da mir die materiellen und finanziellen Mittel fehlten und ich auch keine Erfahrung hatte, stellte sich dieses Vorhaben als schwierig heraus. Nichtsdestotrotz ist es geglückt.

Des fusils pour Banta erzählt die Geschichte einer Frau, die zu Beginn des Befreiungskrieges Widerstandskämpfer versteckt, die von der portugiesischen Polizei und Armee verfolgt werden. Die Handlung findet in einer besetzten Zone, im Dorf Banta, statt. Der Film erzählt, wie die erste den Kolonialisten entwendete Pistole in den »Maquis« gelangt. Er konzentriert sich darauf, die konkrete Wirklichkeit der Organisation des Kampfes zu beschreiben: diese Waffe muß bis zu einer Basis weiterbefördert werden. Für die Freiheitskämpfer, die häufig aus den Städten kommen, ergibt sich das Problem, sich im Busch zurechtzufinden. Es geht auch darum, der Bevölkerung den Sinn dieses Befreiungskampfes zu erklären: Was bedeutet Unabhängigkeit? Es geht darum, die Lebensumstände zu verbessern, die Kinder zur Schule zu schikken, zu zeigen, daß der Weiße im Leben Guinea-Bissaus nicht notwendig ist. Es geht darum, zu beweisen, daß ein Weißer ebenfalls getötet werden kann... Die Bevölkerung wurde in der Tat von den Portugiesen während ihrer jahrhundertelangen Anwesenheit dazu dressiert, den Weißen zu achten, ihn zu fürchten. Der Film läßt gewissermaßen den Zuschauer an der Bewußtseinsbildung teilnehmen. Zu Beginn sehen wir eine Frau, die das Dorf des Nachts verläßt, um den Freiheitskämpfern Reis zu bringen. Während einer dieser Unternehmungen wird sie von den Portugiesen getötet.

Sie haben überhaupt keine direkten, dokumentarischen Aufnahmen gemacht?
Doch, der Film beinhaltet eine Reihe von Szenen, die während der langen Märsche

108 Amilcar Cabral, Begründer der Partido Africano de Indenpendência da Guinea e Cabo Verde (PAIGC) 1956, der 1973 durch portugiesische Agenten in Conakry ermordet wurde, wenige Monate vor der Ausrufung der Unabhängigkeit Guinea-Bissaus (Anm. d. Hg.).

oder bei Versammlungen aufgenommen wurden. Aber die Hauptstruktur ist fiktiv. Es gibt zum Beispiel eine Szene, in der eine portugiesische Kolonne angegriffen wird. Ich griff auf die Mitglieder einer französischen Crew zurück, die genau zur selben Zeit eine Reportage über den Kampf der PAIGC machte: René Lefort und Tobias Engel. Sie haben die portugiesischen Soldaten gespielt. Ich hatte Cabral darum gebeten, mir Gefangene zur Verfügung zu stellen; er antwortete mit einer Gegenfrage: ob ich denn die Bestimmungen der Genfer Konvention nicht kennen würde. Wie ich Ihnen bereits sagte – ich war ziemlich naiv! Ich habe mich dann mit den Mitteln vor Ort arrangieren müssen.

Aber zu Beginn hatten Sie doch ein Drehbuch?
Das Szenario bestand aus einigen allgemeinen Ideen, die ich im Laufe der Dreharbeiten ausformulierte und aufgrund der Situation, die ich antraf, sukzessive verbesserte. Ich hatte keinen genauen Drehplan und habe deshalb viel improvisiert.

Wie steht es mit diesem Film?
Er ist unvollendet geblieben, wurde nicht vertont. Allerdings hatte ihn Pereira, Vize-Generalsekretär des PAIGC, in seiner derzeitigen Fassung gesehen und ihn gemocht. Ich hoffe, daß er schließlich doch noch fertiggestellt und eines Tages gezeigt werden kann. Es hat Schwierigkeiten gegeben, über die ich mich nicht auslassen möchte.

Haben Sie Hilfe von Guinea, von Sekou Touré erhalten?
Ja. Die Statuen, die den Film eröffnen, sind mir von Präsident Sekou Touré ausgeliehen worden. Ich habe sie benutzt, um das Alter der afrikanischen Kunst anzudeuten und auch um den Zusammenhang von kulturellem und bewaffnetem Kampf zu zeigen: Deshalb schließt die Eingangssequenz mit der Einblendung eines Soldaten der PAIGC, der gerade dabei ist, nicht eine Negermaske (*un masque nègre*), sondern eine Granate zu schnitzen. Danach fängt der eigentliche Film an.

Kommen wir zu »Sambizanga«, der gewissermaßen Ihr erster Spielfilm ist …
Wie *Monangambee* ist *Sambizanga* eine freie Adaptation einer Erzählung des angolanischen Schriftstellers Luandino Vieira, *La vraie vie de Domingos Xavier*, erschienen bei *Présence Africaine*. Erst während der Dreharbeiten wurde der Titel auf Bitten angolanischer Widerstandskämpfer geändert. Sambizanga ist der Name eines Vorortes von Luanda, der Hauptstadt Angolas. Ich habe diesen Film gedreht, einerseits weil die Erzählung von Luandino Vieira sehr schön ist, und andererseits weil ich denke, daß wir afrikanische Regisseure uns mit dem derzeitigen Los des kolonisierten Afrikas auseinandersetzen müssen.

Unter welchen Bedingungen haben Sie »Sambizanga« gedreht?
Ich habe einen Vorschuß auf die Einnahmen von 380.000 NF vom Centre National du Cinéma Français bekommen und einen Zuschuß von der Agence de Coopération Culturelle et Technique (ACCR). Ich wurde auch großzügig vom Kongo unterstützt, der uns Unterkunft, Autos und weitere Leistungen bereitstellte. Der kongolesischen Regierung möchte ich dafür danken, uns während der Dreharbeiten wirklich geholfen zu haben. Das Drehbuch war mit Maurice Pons in Paris geschrieben worden. Ich habe es den Zwängen vor Ort entsprechend angepaßt.

Welche Sprache wird in »Sambizanga« verwendet?
Alle Interpreten des Films drücken sich in ihrer Muttersprache aus, das heißt die Portugiesen sprechen Portugiesisch und die Afrikaner verschiedene afrikanische Sprachen aus der Gegend, wie Lingala und Lari.

Wollen Sie damit sagen, daß Ihr Film babylonisch ist?
Auf gewisse Weise ja, wenn Sie so wollen! Nach einer eingehenden Untersuchung dieses schwierigen praxisrelevanten Problems habe ich mich zu dieser Lösung durchgerungen. Ich denke, daß dies überhaupt keine Bedeutung für die Zuschauer anderer afrikanischer Regionen hat und auch nicht für diejenigen vom Rest der Welt, die keine dieser Sprachen verstehen …

Dieser Versuch ist zumindest originell! Meines Wissens nach hat er keine Vorläufer in der Geschichte des Kinos.
Im Anbetracht der Tatsache, daß *Sambizanga* aufgrund der Gegebenheiten in Angola vor Ablauf einer bestimmten Zeit nicht gezeigt werden wird, das heißt nicht vor der Unabhängigkeit dieses Landes[109], dachte ich, daß dies ohnehin nicht so wichtig ist.

Man hat Ihnen vorgeworfen, so scheint es, einen »zu schönen« Film gedreht und auch »zu schöne« Schauspieler gewählt zu haben.
Ich gehe von folgendem Prinzip aus: Es gibt überhaupt keinen Grund, weshalb schwarze Filmemacher ein Kino machen sollten, das nicht die gleiche technische Qualität besitzt wie ein Kino, das von Weißen gemacht ist. Entweder man hat Talent oder man hat keines. Die Hautfarbe hat hier nichts zu suchen. Die Technik sollte allen zur Verfügung stehen. Ich verstehe, daß einige afrikanische Filme aufgrund der Schwäche eines lächerlichen Budgets nicht von einer perfekten technischen Qualität

109 1975 wird die Unabhängikeit Angolas ausgerufen; es folgen Flügelkämpfe zwischen MPLA, UNITA und der FNLA. Angola wird Austragungsort der Blockinteressen: kubanische, südafrikanische und portugiesische Truppen führen ihre nicht zuletzt rassistisch motivierten Kämpfe in Angola aus. Erst nach Beendigung des Kalten Krieges und dem Ende des Apartheid-Regimes ziehen sich die Besatzungsmächte allmählich zurück. (Anm. d. Hg.).

sein können. Die Filmemacher sind sicher sehr mutig, Filme unter diesen Bedingungen zu drehen, ich denke aber nicht, daß man aus der Not eine Tugend, aus den technischen Schwächen einen Stil machen muß. Ich hatte das Glück, über ein normales Budget zu verfügen und ich sehe nicht, warum ich darauf hätte verzichten sollen.

Man hat mir außerdem vorgeworfen, keinen Kriegsfilm mit Panzern, Gewehren usw. gemacht zu haben. Allerdings entspricht *Sambizanga* in keiner Weise der Definition des Kriegsfilms, wie sie im amerikanischen Kino beispielsweise angelegt ist. Es ist ein Film, der die Beschreibung der Anfänge der Widerstandsbewegung in Angola um 1960 zum Inhalt hat, die sich an einer wahren Geschichte orientiert. Ich zeige, wie eine politische Widerstandsorganisation versucht, sich zu bilden. Und es ist wahr, daß die MPLA bei ihrer Gründung nicht besonders viel Macht hatte.

Und in der Tat sind die Hauptfiguren, der Mann und seine Frau, schön. Ja und, es gibt auch schöne Neger (*de beaux nègres*). Was wollen Sie hören! Wenn ich zwischen schönen Schauspielern und weniger schönen aussuchen kann, nehme ich die schönen. Basta!

Wie kamen Sie zum Stil von »Sambizanga«?
Keine Ahnung. Alles was ich Ihnen sagen kann, ist, daß ich eine technische Qualität erreichen wollte, die unangreifbar ist. Ich bin überhaupt nicht damit einverstanden, wenn man behauptet, ich hätte einen hollywoodartigen Film gemacht. Es ist schlichtweg falsch. Die sowjetischen Botschaftsangehörigen in Paris haben mir vorgeworfen, einen Film gedreht zu haben, der ihrer Meinung nach nicht afrikanisch sei. Ich finde diese Bemerkung ziemlich dreist! Sie hätten sicherlich gewollt, daß ich Afrikaner in Lumpen zeige, schmutzig, die vielleicht mit den Füßen essen? Oder auch Kinder mit Blähbäuchen? Ich will keinen »Miserabilismus« machen. Die Armut existiert in Afrika, und ich habe sie in meinem Film gezeigt. Aber ich habe vor allem Personen inszeniert, die entweder bereits bewußte Widerstandskämpfer waren oder solche, die mitten in diesem Bewußtwerdungsprozeß stecken, Leute, die noch an der Vergangenheit hängen, sich aber auf die Zukunft vorbereiten.

Welchen Anteil hatte die Improvisation in diesem Film?
Einen ziemlich großen. Um Fehler zu vermeiden, haben wir ständig die Angolaner gefragt, was sie davon halten. Ich denke da zum Beispiel an die Szene der Inhaftierung von Domingos Xavier.

Welchen Einfluß hatte die MPLA?
Sambizanga wurde nicht von der MPLA produziert. Es ist ein Film im Dienst der Befreiung Angolas, dessen Kampf hauptsächlich von der MPLA getragen wird. Die Rolle dieser Bewegung bestand darin, mir nicht-professionelle Darsteller zur Verfü-

gung zu stellen und Angolaner, die uns während der Arbeiten an diesem Film geholfen haben und mit ihrem Rat beistanden.

Was denkt die MPLA über »Sambizanga«?
Bis heute (Februar 1973) hatte ich noch keine Gelegenheit, ihnen eine Kopie zu schicken, was ich sehr bedaure. Sie haben diesen Film also noch nicht sehen können.

Wie sind Sie mit Ihren Schauspielern umgegangen, wieviele Aufnahmen haben Sie pro Einstellung gemacht?
Ich hatte Glück, denn der Darsteller, der Domingos Xavier spielt, ist ein ziemlich außergewöhnlicher Mann. Ich habe ihn nur durch großen Zufall entdeckt. Eines Tages kam ich auf einer Straße an einer Baustelle vorbei und sah einen Traktorfahrer, der dem Typus zu entsprechen schien, den ich suchte. Ein weiterer Zufall war, daß dieser Traktorfahrer auch Angolaner war. Auch Elisa de Andrade ist keine professionelle Schauspielerin. Sie ist Volkswirtin. Ich hatte sie schon in *Monangambee* eingesetzt. Sie ist ursprünglich von den Kapverden. Die Schauspieler leitete ich im allgemeinen so, daß ich erst einmal erklärte, was ich erreichen wollte. Der Darsteller von Domingos (Domingos de Oliveira) konnte Proben nicht leiden. Mein Assistent zeigte ihm mit Gesten, was wir von ihm erwarteten. Ich habe dann zwei oder drei Takes pro Einstellung genommen.

Können Sie über die Struktur, über den Rhythmus Ihres Films sprechen?
Ich habe im wesentlichen versucht, den Rhythmus des afrikanischen Lebens nachzubilden, eine gewisse Langsamkeit. Was ich unbedingt sagen will, ist, daß ich nichts erfunden habe. Alles, was ich zeige, ist von der Wirklichkeit, so wie ich sie beobachtet habe, inspiriert.

Dem Ende des Films fehlt es sicherlich nicht an Originalität. Während eines Volksfestes erfährt man vom Tod von Domingos Xavier im Gefängnis. Der Anführer unterbricht für einen Moment die Festivitäten, um eine Rede zu halten, und lädt anschließend die Anwesenden dazu ein, weiterzutanzen.
Wenn die Freiheitskämpfer sich während eines Festes versammeln, dann nur, um einen Verdacht der portugiesischen Polizei zu vereiteln. Und tatsächlich lädt der Anführer die Leute dazu ein, weiterzufeiern. Denn die afrikanische Revolution kann nicht jedes Mal aufhören, wenn ein Mitstreiter umkommt. Mein Freund, wenn du fällst, kommt aus dem Schatten ein Freund an deine Stelle.

Ihr Film zeigt eine Frau, die die koloniale Unterdrückung physisch erleidet. In bezug auf das Thema der Frau im Krieg kann man feststellen, daß das Kino häufig zwischen zwei Haltun-

gen schwankt: entweder geschieht es in der Art, die ich mit Pavel Kortchagin oder »Die Mutter« (1956) von Gorki-Donskoi als Heroismus über alles beschreiben würde, oder aber in der Art des Films »Rih al-Awras« (1966) des algerischen Filmemachers Mohamed Lakhdar-Hamina, in dem das persönliche Drama, der Kummer in seiner ganzen Dimension unterstrichen wird. Mir schien, daß »Sambizanga« sich zu diesen beiden Tendenzen gleichermaßen weit entfernt hält. Sie versuchen nicht, vom Schmerz der Ehefrau, die zur Witwe wird, abzulenken, und gleichzeitig unterstreichen Sie, daß der Kampf weitergeht.
In diesem Film liebt Maria ihren Mann. Es ist also völlig natürlich, daß sein Tod sie in eine tiefe Krise stürzt. Auch, weil sie politisch nicht besonders gebildet ist. Außerdem ist es normal, daß eine Frau den Tod ihres Mannes beweint. Dies bedeutet allerdings nicht, daß der Kampf deshalb aufhört.

Der Film zeigt Mischlinge in der Verwaltung und bei der Polizei. Eine Besonderheit des portugiesischen Kolonialismus?
Der Schneider, der auch ein Untergrundführer ist, erklärt Mitstreitern, daß die Hautfarbe nicht der entscheidende Punkt ist. Er sagt, daß der fundamentale Gegensatz zwischen arm und reich, den Ausbeutern und der Ausgebeuteten besteht. Im Film ist der Folterer ein Weißer, aber es gibt auch einen Mischling. Desgleichen sieht man vor dem Gefängnis schwarze und weiße Kinder miteinander spielen. So ist es in der Tat.

An welches Publikum dachten Sie, als sie Ihren Film realisierten?
An kein bestimmtes Publikum. Es ist ein Film, den ich überall, wo es möglich ist, zeigen möchte.

Wie lokalisieren Sie sich im Kontext des afrikanischen Kinos?
Ich denke hier wie Med Hondo, daß es noch nicht wirklich afrikanische Kinematographien gibt. Man wird erst dann gebührend von afrikanischen Kinematographien sprechen können, wenn sie tatsächlich unabhängig sind, wenn die Produktion und der Verleih in afrikanischen Händen sind. Zum jetzigen Zeitpunkt gibt es nur afrikanische Filmemacher, die afrikanische Filme machen.

Ohne Zweifel. Aber es lassen sich jetzt schon bestimmte Züge, Tendenzen, auch Stilrichtungen in diesen afrikanischen Filmen afrikanischer Regisseure feststellen.
Ich denke, daß das afrikanische Kino erst ab dem Tag in der Lage sein wird, originäre afrikanische ästhetische Formen zu entwickeln, wenn die afrikanischen Länder über eine autonome Infrastruktur verfügen.

Aus dem Französischen von Caroline und Mahé Gutberlet
Mit freundlicher Genehmigung von Monique Hennebelle

Sarah Maldoror (*Guadeloupe), Schauspielerin und Filmemacherin; lebt und arbeitet in Paris.

Filme:

- *Monangambee*, Algerien 1970, s/w, 16mm,18'.
- *Des fusils pour Banta*, Guinea-Bissau 1971, 35mm, s/w, unvollendet.
- *Louise Michel, la Commune et nous*, Frankreich 1973, 16mm, 20'.
- *Saint Denis sur avenir*, Frankreich 1973, 16mm, 20'.
- *Sambizanga*, Kongo 1972, 16 mm, 80'. Tanit d'Or, Jours du Film de Carthage 1972.
- *Un carnaval dans le Sahel*; *Fago, Ile de feu*; *Un homme, une terre: Aimé Césaire*; *Et les chiens se taisaient*, eine Dokumentarfilmreihe für das Französische Außenministerium, 1977.
- *Un dessert pour Constance*, Frankreich 1981.
- *Le passager de Tassili*, Frankreich 1983.
- *Un Sénégalais en Normandie*, Frankreich 1983.
- *Aimé Césaire, le masque des mots*, 1987.
- *Vlady*, 1994, 16mm, 30'.
- *Léon G. Damas*, Frankreich 1995, 16mm, 24'.

Clyde Taylor (1989)

Adieu »Dem Wahren, Guten, Schönen«

Ich denke, also bin ich. René Descartes

Ein Mensch ist nur wegen anderer Menschen ein Mensch. Xhosa-Sprichwort

Den Rahmen für die Situation schwarzer Menschen in der Hierarchie der Bilder bilden die ideologischen Konturen von Darstellung überhaupt, also das, was Michel Foucault als »Macht/Wissen« bezeichnet hat. Die Schlagkraft unterdrückter Völker im Kommunikationskampf – sei es als Sender, sei es als Empfänger innerhalb der von dieser Hierarchie beeinflußten Systeme – hängt davon ab, ob sie verstehen, wie nebensächlich der Kampf um das Wesen der Wahrheit ist verglichen mit dem Kampf um die Herrschaft über die Wahrheit, wie irrelevant »Schönheit« ist gegenüber der Macht, Schönheit auszuwählen und zu benennen.

Von Anfang an ist die Frage der Ästhetik ein Nicht-Dialog zwischen denen, die die bestehende Weltordnung unterstützen, und denen, die durch eine Neugestaltung der Arena nur gewinnen können. Die erste Frage muß immer sein, ob Schwarzen eine durch Filmtechnologie und Kinopraxis vermittelte Vision ihrer selbst erlaubt sein wird. Die bestehende Weltordnung übt Druck aus, damit dieser Imperativ zugunsten von ablenkenden Argumenten über »Kunst«, »Geisteswissenschaften«, »Kompetenz« und »Vermarktbarkeit« zurückgestellt wird. Sogar unter ihren Opfern tauchen diese ideologischen Masken in wechselnden Verhüllungen auf.

Erörterungen über das Kino und schwarze Menschen – ob sie angemessen dargestellt werden, welche Filme »positiv« sind, wie Filme von Schwarzen neben anderen bestehen – reproduzieren ein falsches Bewußtsein, wenn sie nicht auf dem Wissen basieren, inwiefern afrikanische Völker diesen Repräsentationsapparat in überwältigender Weise als Unterdrückungsmechanismus erfahren haben. Debatten darüber, welcher Film besser oder authentischer ist als andere, sind andernfalls vielleicht schon hoffnungslos in den begünstigten Diskurs des Kulturimperialismus verstrickt. Dessen Vorlieben werden bereits dadurch befriedigt, daß man sich eher mit individuellen Fällen als mit dem Netzwerk der Beziehungen beschäftigt, die soziale Ausdrucksformen möglich oder unmöglich machen, daß man eher auf einen raffinierten Gebrauch der Genres achtet als darauf, welcher Dienst der bestehenden Herrschaft mittels der Fragmentierung der Wahrnehmung durch Genre-Erfordernisse geleistet wird. Die nächste Stufe eines solchen Dialogs ist die Auswahl einer Top-Ten-Liste und die übernächste ein Trivialitätenwettbewerb. Der ästhetische Diskurs richtet sich magnetisch zum passiven Konsum, zur wettbewerbsorientierten, hierarchischen Anerkennung, Akzeptanz und Sammlung dessen, was angeboten wird, und daher zu dem sozialen System, das für dieses Angebot sorgt.

Nietzsches wohlbegründeter Verdacht, die Entstehung moralischer Kategorien sei in alten Klassenunterschieden zwischen der Aristokratie und den niederen Schichten verwurzelt (wie sich ja auch in der Etymologie von Bezeichnungen wie edel oder vulgär oder gemein zeigt), läßt sich auch auf die Erfindung der Ästhetik im 18. Jahrhundert anwenden und auf den Dienst, den viele ihrer Kategorien – oder sogar das Gesamtunternehmen selbst – der Klassen- und Rassenschichtung geleistet haben. Nietzsches *Genealogie der Moral* (1887) erinnert uns daran, daß solche Herausbildungen eines Macht/Wissens nicht auf die moderne europäische Mittelklasse beschränkt sind. Außerdem spiegelt die griechische Wurzel des Wortes Ästhetik die entschlossene Aneignung einer Vergangenheit, die mit klassischer Schönheit und aristokratischen Verwandtschaftslinien assoziiert werden kann, seitens der sich ausbildenden herrschenden Bourgeoisie, die ihren niedriger gestellten Zeitgenossen nur die Rolle des Barbaren und Wilden überlassen wollte.

Die affirmative Interpretation von Ästhetik setzt sie zu einer Genuß erzeugenden Wirkung auf die Sinne in Beziehung. Aber hier müssen wir Teshome Gabriels Frage stellen: Um wessen Genuß geht es? Eine Betrachtung des Empfindens und Genießens der Beherrschten ist in der ästhetischen Analyse verpönt und wird abgewertet. Werden die Interpretationen der Beherrschten nicht durch eine tierische Empfindlichkeit in ihrem Wert gemindert, entstellt sie nicht die Wut, verfärbt sie nicht Schmerz und Protest und ist ihnen nicht dadurch die Repräsentativität genommen? Das normative Idealsubjekt der Ästhetik, wie sie von ihren Schöpfern im klassizistischen Europa ersonnen wurde, wäre der bürgerliche Gentleman, der sich einer gesunden Konstitution erfreut. Von Anfang an war dieses Konzept historisch determiniert und klassengebunden.

Die post-cartesianische Ästhetik ist ein spähumanistisches System, das die Bourgeoisie aus seinen aristokratischen Anfängen übernommen hat, um das Wissen und insbesondere das Wissen über das »Schöne« zu beherrschen. Als solche ist sie »ein Schlüsselelement in der Herausbildung des bürgerlichen Individuums und in der

Konstituierung einer subjektiven Position, aus der heraus die Herrschaft der ›Ersten Welt‹ erschaffen und reproduziert wird.«[110] Zur zentralen geistigen Leistung der Ästhetik wurde die Objektivierung der Sinneserlebnisse durch die Klammern einer ästhetischen Haltung, Disposition und Erfahrung, eines ästhetischen Blicks. Zunehmend zeichnete sich die ästhetische Erfahrung, wie bei Kant, durch Interesselosigkeit aus, durch Abwesenheit von der Verseuchung durch moralische und politische Überlegungen. Es ist dieser endgültige Anspruch eines wertfreien, transideologischen, universell anwendbaren kognitiven Wissens, der die Ästhetik als ideologisches Produkt entlarvt.

Die Entwicklung zahlreicher an die 60er Jahre anschließenden Diskurse hat die Vorbedingung für eine radikale Untersuchung der Ästhetik und die Aufdeckung ihrer Künstlichkeit geschaffen. Die Wissenschafts- und Kultursoziologie, neomarxistische Überlegungen, Kulturanthropologie, Foucault'sche Archäologie, Poststrukturalismus, die Herausforderung des Formalismus seitens hermeneutischer Methoden kritischer Interpretation, Feminismus und Schwarze Ästhetik *(black aesthetic)* haben alle auf ihre Art die wackligen Grundlagen der Pseudowissenschaft vom Schönen offengelegt und abgetragen. Es gilt jetzt, diese Kritik fortzuführen, indem man erkennt, was nur wenige dieser Strömungen explizit ausgesprochen haben: daß die Ästhetik als System überaltert und bankrott ist.

Von Anfang an spielte die Pseudowissenschaft der Ästhetik eine wichtige Rolle bei der Gleichschaltung westlicher Wissensorganisation und eines um das Sehen kreisenden Rassismus. In einer Zeit, als die Begriffe der Kunst und des Künstlers noch nicht durch Vorstellungen von Gelehrtheit, Wissen und Wissenschaft getrennt waren, erfanden bildende Künstler wie Petrus Camper und Johann Lavater auf Rassen basierende Physiognomie-Schemata, die in die am Anfang ihrer Entwicklung stehende Naturgeschichte integriert wurden.[111] Im klassischen Denken des 18. Jahrhunderts, zu dem die Ästhetik beitrug, versuchte die Naturgeschichte, indem sie eine Theorie der großen Verbindungslinie der Lebewesen entwarf, ein Wissensraster zu etablieren, das keinerlei Freiräume oder Leerstellen offenließ. In diesem Raster wurde Schwarz zur Nicht-Farbe, zur Abwesenheit von Farbe, die die Anwesenheit aller anderen Farbtöne begründet. Im Einklang damit nahmen für viele die afrikanischen Menschen den Platz des anderweitig fehlenden Verbindungsgliedes (*missing link*) in der großen Verbindungslinie ein, in der Gott und der Mensch oben stehen und die hinunter zur Tierwelt reicht. An diesem System ist bemerkenswert, mit welcher Regelmäßigkeit die ästhetischen Haltungen und Zuschreibungen in die anderen Daten integriert wurden, durch die die »Rassen« der Menschheit katalogisiert und klassifiziert wurden. So scheint es, daß die Einführung ästhetischer Kriterien durch

110 Laura Kipnis: Aesthetics and Foreign Policy, *Social Text*, Bd. 3, 1986, S. 90.
111 George L. Mosse: Toward a Final Solution, 1978, S. 21-27.

erklärt rassistische Theoretiker wie Gobineau, in denen Schwarzen Eigenschaften wie Häßlichkeit, Mißbildung, moralische Degeneration, die dem Chaos gleichkommt etc., zugeschrieben werden, nur Urteile aussprachen, die implizit schon in der ausufernden Praxis der rassischen Klassifikation und Schichtung enthalten waren. Eine Art visuelle Stereotypisierung, wie sie häufig und in vielen sozialen Situationen zwischen endogamen und exogamen Gemeinschaften üblich ist, wurde in Europa durch das »wissenschaftliche« Establishment systematisiert und kodifiziert. So schuf man die Bedingung der Unmöglichkeit schwarzer Schönheit und Kreativität.

Bei der Untersuchung des Paradoxes, daß die Aufklärung den modernen »wissenschaftlichen« Rassismus hervorgebracht hat, macht Richard Popkin ähnlich wie Cornell West die Beobachtung, daß »die Autorität der Wissenschaft, die Aktivitäten des Beobachtens, Vergleichens, Messens und Ordnens der physischen Eigenschaften des menschlichen Körpers gefördert und ermutigt hat.«[112] Für West rekonstruierten diese geistigen Haltungen, die den »normativen Blick« begleiteten, eine angenommene »geheime« Vorstellung weißer Überlegenheit der klassischen Antike, die dann zur Konvention des westlichen Rassismus wurde. Wie verbreitet die Vorstellung von weißer Überlegenheit (über Schwarze) im Kern des westlichen philosophischen Diskurses war, zeigt sich in Äußerungen von Locke, Berkeley, Hume, Montesquieu, Voltaire, Franklin, Jefferson, Kant, Buffon, Hegel und Linné. Der normative, klassizistische Blick des 18. Jahrhunderts, der sich mit dieser Praxis des Beobachtens, Vergleichens, Messens und Ordnens verband, war die Grundlage solcher Wissenschaften des 19. Jahrhunderts wie der Schädellehre, Lombrosos »psychologischer« Klassifizierung »krimineller« Typen, des Krypto-Darwinismus und Sozialdarwinismus. Er sonderte Schwarze, Juden und die Arbeiterklasse als Formen der »Degeneration« aus und führte zu den Begründungsprinzipien der »Endlösung« in unserem Jahrhundert.[113]

Der Kampf um das Macht/Wissen hat zu zahlreichen Modifizierungen des Begriffs der Ästhetik geführt – viele davon haben vor allem den Zweck, die Interessen der zunehmend marginalisierten westlichen Künstler zu verteidigen. Aber – eine bemerkenswerte Demonstration der Hartnäckigkeit kultureller Visionen – inmitten all dieser Veränderungen blieben die Möglichkeiten des ästhetischen Genusses und Urteils der Beherrschten im Verborgenen, interniert, wie Foucault sagen würde. Ob Romantik, Symbolismus, Moderne oder Postmoderne – in keiner dieser ästhetischen Bewegungen oder Theorieen und Kritiken gibt es eine Rolle für den nicht-westlichen Anderen, höchstens gelegentlich die des exotischen Objekts. »Warum hat es nie große weibliche Künstler gegeben?« Dieser Frage, die sich im Licht der Geschichte der Ästhetik nahezu von selbst beantwortet, dürfen wir ein weiteres Paradox hinzufügen. Wie kommt es, daß unter der Herrschaft der Ästhetik, die doch vorgibt, universell

112 Cornell West: Prophecy Deliverance, 1982.
113 Mosse: Toward the Final Solution, 1978.

anwendbare Gesetze zu haben, der Diskurs nicht ein einziges Mal von einem nicht-westlichen Denker beeinflußt wurde und es innerhalb ihrer Parameter und auch im populären Denken keinen einzigen großen oder sogar zentralen nicht-westlichen Künstler (ich spreche hier nicht von darstellenden Künstlern) geben konnte?

Welche Beweise brauchen wir noch, bis wir erkennen, daß der Begriff der Ästhetik nicht zu retten ist? Als produktive Geste des Widerstands versuchten afro-amerikanische Künstler und Kritiker (darunter auch ich) in den späten 60er Jahren eine lange Geschichte der verzerrten Darstellung unter der eurozentrischen Ideologie der Ästhetik umzustürzen, indem sie eine »Schwarze Ästhetik« (*black aesthetic*) schufen. Die neue Bezeichnung war ein Abkürzungsweg, der auch zu einigen heute noch fruchtbaren und gültigen Beobachtungen geführt hat. So stellten einige fest, wie gesättigt die Sprache mit Assoziationen einer rassistischen Kosmologie ist – schwarzes Schaf, schwarzer Freitag, anschwärzen, dunkles Mittelalter –, und manche versuchten es mit einer manichäischen Umkehrung durch entgegengesetzte Prägungen wie »weißer Tag« oder »weiße Liste«. Die Schwarze Ästhetik gab mit solchen einfachen Verkehrungen aber die Aufgabe einer echten Rekonstruktion auf und tat, als wäre es ausreichend, einfach alte Kategorien mit neuen Inhalten zu füllen.

Die gänzliche Ablehnung der Ästhetik erst eröffnet den Weg zu neuen, befreienden kritischen Prinzipien, die der Entdeckung und Förderung des Humanen Maßstäbe geben können. Die Schaffung einer neuen Wissenschaft des Humanen würde die Idee der Kreativität und die ganzheitliche Erkenntnis des Lebens, die von der dichotomisierenden Kategorie der Ästhetik zugunsten von Klasseninteressen und unter dem Deckmantel des Humanismus auseinanderdividiert wurden, wieder miteinander verbinden. Aber das Projekt der Rekonstruktion muß sich den Herausforderungen eines sich wandelnden, beständig wieder auflebenden Eurozentrismus stellen, wie er sich in den Überlegungen zum »Posthumanismus« zeigt. Da der Poststrukturalismus für eine Dezentrierung des menschlichen Subjekts und damit auch eines Humanismus steht, der auf dem Individualismus basiert, müssen auch Fragen aus anderen Ecken kommen. Ist der Humanismus als solcher bankrott und erschöpft oder einfach nur der euro-amerikanische Humanismus? Können nicht neue Grundlagen für andere nicht-westliche humanistische Prinzipien in dem eingangs zitierten Xhosa-Sprichwort gefunden werden, das als antithetische Antwort Descartes' *cogito* korrigiert? Das angemessene Ziel wäre nicht eine Ästhetik des Schwarzen Kinos, sondern ein Kino, in dem ein neubelebter Kampf um menschliche Kreativität stattfinden kann.

II

Daß eine solche Richtungsänderung plausibel ist, wird durch Sylvia Wynters Überlegungen zur Konstruktion einer neuen Wissenschaft des Humanen unterstützt. Ihrer Analyse – *The Ceremony must be found: After Humanism* (1984) – zufolge ist die heutige Gesellschaft dadurch gekennzeichnet, daß sie eine Krise des Wissens durchläuft, die zu ihrer Lösung einer radikalen Neuformulierung der historischen Erfahrungen bedarf. Eines der wichtigsten Zeichen dieser Krise ist die Akzeptanz für eine Übergangslösung inmitten der Übermacht der Widersprüche, das, was Hans Blumenberg als »Phase der Objektivierung« bezeichnet. Damit ist ein historisches Moment gemeint, in dem die Ereignisse und ihre Funktionen aus der Herrschaft menschlicher Motivationen und Ziele herauswirbeln, so daß eine Art neuer Autoritarismus eingeführt wird, um sie wieder unter Kontrolle zu bringen. Das Mittelalter brachte eine Phase der Objektivierung hervor, die von theologischem Absolutismus begleitet war; in der derzeitigen Krise steht der Absolutismus im Zeichen technologischer Rationalität.

Die damalige Krise wurde durch die Konstruktion des Renaissance-Humanismus und dessen ketzerische Erarbeitung eines neuen Wissens überwunden. Eine Schlüsselrolle in diesem rekonstruierten neuen Wissen spielte die Rhetorik, aus der ein Akt symbolischer Selbstdarstellung geformt wurde. Einem neuen menschlichen Selbst, das sich selbst imaginierte und selbst bildete, »wurde die Funktion eines Endzwecks und formalen Grundes zugesprochen, der das menschliche Verhalten determinierte wie andere biologische Organismen durch ihre genetischen Eigenheiten determiniert wurden«. Was mit diesen rhetorisch-figurativen Systemen der Gruppenbindung und Selbstdefinition geschieht, steht im Zentrum von Wynters Geschichtsinterpretation. Zu den wesentlichen Phänomenen gehört hier, daß das biologische Erbe durch das kulturelle ersetzt wird und daß Gruppensysteme auf eine Gleichheit/Differenz-Methodologie angewendet werden, in denen es um Identifikation und Ausschließung geht, um eine Erhaltung der Grenzen, und in denen andere Gruppen notwendigerweise als das korrespondierende Chaos dienen, mittels dessen die Ordnung identifiziert werden kann.

Die gegensätzlichen strukturellen Codes von Gleichheit/Differenz, die in allen Gesellschaften dazu dienen, ein bestimmtes Verhalten zu erzeugen, und die um verschiedene Leben/Tod-Kriterien angeordnet sind, drücken sich weiterhin als Kultur bzw. Sicherheit versus Natur bzw. Gefahr aus. Im Mittelalter wurde der Gegensatz Ordnung/Chaos als Opposition des Himmlischen und des Weltlichen gesehen und der göttliche Mensch, die unsterbliche Seele, dem natürlichen Menschen, dem sterblichen Körper entgegengesetzt. Die subversive Neuinterpretation des Wissens, die den Humanisten gelang, stürzte dieses letztere Gegensatzpaar um und verschob so das Ordnungssystem der Erkenntnis von religionsästhetischen Formen (*religio-aesthetic modes*) hin zu der »neuen profanen narrativen Darstellungsweise, die wir heute als ›Literatur‹ bezeichnen« (Wynter, ebd., S. 31).

Ein herrschaftssichernder Schachzug des Renaissance-Humanismus war die Projektion des neuen europäischen Menschen als Mensch an sich; seine Vernunft wurde gleichbedeutend mit Vernunft an sich. Und in der neuen Machtorientierung des Wissens sorgte die herrschende Unterscheidung von Gleichheit und Differenz dafür, diese allgemeine Vernunft gegenüber alternativen Formen der Vernunft zu privilegieren. Daraus ergeben sich die Folgen, die Foucault als »Internierung« bezeichnet hat, wie die Isolation »der Wahnsinningen«, oder, wie Wynter hinzugefügt hat, der Völker der Neuen Welt in Encomienda-Systemen, die der Internierung der Gesamtheit der afrikanischen Völker vorausging.

In ihrer Untersuchung, wie während dieser neuen »Herrschaft der Wahrheit«, die das vernunftgeprägte europäische Verhalten zur Norm erhob, ein neues strukturelles Band zwischen dem imaginierten Selbst und dem notwendigen Anderen geschmiedet wurde, gelangt Wynter an den Punkt, an dem auch Popkin, West und Mosse den Zusammenfluß westlicher Ästhetik mit europäischem Rassismus verorten. Das Unternehmen, den Arier oder Indo-Europäer zum Menschen an sich zu erklären, verlangte ein bio-ontologisches Prinzip, das Schwarze nicht anders denn als »das ultimative Chaos« sehen konnte. Dieser fundamentale Irrtum ist symptomatisch für das verzerrte, antihumanistische Verhalten, das aus dem »vernunftförmigen Apparat« entsprang und in die Massaker der Kolonialzeit und den Völkermord in Auschwitz, den Genozid im Gulag und in Kambodscha mündete.

Die gegenwärtige Krise des Wissens wurde durch die Revolte an den Universitäten, in der die Forderung nach *Black Studies* erhoben wurde, verschärft. Aussagekräftiger als diese Revolte selbst war vielleicht ihr Ertrag, nämlich »die Auslagerung eines finanziell ausgetrockneten Schwarzen Kulturzentrums am Rand des Campus, bei dem es sich immer um ein ausgebleichtes, verrottetes Haus handelt, zu dem man sich über einen schlammigen Pfad durchschlagen muß« (Wynter, ebd., S. 40). An den eindringlichen Metaphern, die Wynter hier verwendet, ist entscheidend, daß die Empfänger dieses Geschenks erkennen, welche Regelmäßigkeiten in den Reaktionen auf ihre Präsenz auftreten. Zu diesen Regelmäßigkeiten gehört die bekannte Zuschreibung als Randgruppe, die die Grenzziehungen aufrechterhalten soll. Wir müssen uns klarmachen, wie hartnäckig inmitten der Reformen der neuen Situation das Überlieferte aufrechterhalten wurde, wenn man trotz allem fähig war, Seminare über »Amerikanische Literatur« abzuhalten, die Hemingway, Hawthorne und Fitzgerald thematisierten, aber Hurston, Richard Wright und Ralph Ellison ausschlossen.

Die neuen Studien, die sich bald auf Chicanos, Frauen und asiatische Amerikaner ausdehnten und einen ersten Höhepunkt in Saids *Orientalism* (dt. Orientalismus,

1981) fanden, waren zunächst genauso ketzerisch wie es der Renaissance-Humanismus in seinen Anfängen war. Wynter bemerkt, daß »wir, da wir uns gar nicht bewußt waren, was wir da eigentlich taten, anfangs nur die Forderung erhoben, in die normative Ordnung des allgemeinen Bildungskanons integriert zu werden, sozusagen als Zusatz. Das Ergebnis war, daß wir uns in exotischen Enklaven wiederfanden, die als ›ethnische‹ oder ›Geschlechter-‹ und/oder ›Minderheitenforschung‹ bezeichnet wurde«. Die Selbstbestimmung der Schwarzen Ästhetik war, möchte ich hier ergänzen, die gleiche Falle: denn was nun möglich und notwendig geworden war, war eine weitere ketzerische Umwälzung der gesamten »Wissenschaft des Humanen«.

Wynters Argumente bieten einen sehr überzeugenden historischen Vergleich. Die Parallelen zwischen der Periode, als der Eurohumanismus sich aus dem mittelalterlichen Weltbild befreite, und der heutigen unwiderbringlichen Zerstörung des Wissens, stellen einen überzeugenden Erklärungsansatz dar, der die beunruhigenden Widersprüche zusammenbringen und die zerstreuten Kräfte sammeln kann. Die Neuinterpretation des menschlichen Erlebens, die durch diesen historischen Vergleich ermöglicht wird, ist meiner Ansicht nach dort am vielversprechendsten, wo es um das Bestreben geht, die Dogmen der eurohumanistischen Ästhetik als repressive, weltliche Theologie zu entlarven, die gestürzt und ersetzt werden muß, so wie einst der Humanismus erstarkte und schließlich die sozio-religiösen Kräfte des Mittelalters verwandelte.

III

Die gegenwärtige Krise des Wissens, also auch der rivalisierenden Definitionen des Humanen, spiegelt sich auf einer niedrigeren Ebene in der Krise der Ästhetik und ihren zunehmenden Legitimationsproblemen wider und noch mehr in der Kluft zwischen der Darstellung schwarzer Menschen im überentwickelten Kino und ihrer Darstellung im Schwarzen Film. Die Geburtsstunde des Schwarzen Films fällt in den Kampf zwischen einem absterbenden Begriff des Humanen und einem sich neu ausbildenden. Wenn das Schwarze Kino an diesem kritischen historischen Wendepunkt eine zentrale Rolle spielen soll, dann kann es das nur außerhalb der Begrenzungen durch die »Ästhetik« tun, indem es seine eigene Version der Humanität entwirft, während es einen Nullpunkt der Ästhetik durchläuft.

So hat die Krise die Bedingung der Möglichkeit einer postästhetischen Perspektive geschaffen, aus der unterdrückte Dimensionen des Humanen wiederentdeckt werden können. Der angemessene erste Ausdruck dieser Perspektive besteht darin, daß den westlichen patriarchalen Versuchen, die menschliche Kreativität zu kolonisieren, ein kraftvoller Nihilismus im oft geschmähten revolutionären Sinn dieses Wortes entgegengesetzt wird. (»Dies ist das Ultimatum unserer Anhänger: Was zerschlagen werden kann, soll zerschlagen werden; was den Schlag aushält, ist gut; was in Stücke geht, taugt nichts; zerschlagt also alles – es kann und wird nichts schaden.«)[114]

Dennoch wäre der Versuch selbstmörderisch, einen Begriff, der schon mythische Proportionen angenommen hat, der bereits tief in institutionalisierte Praktiken eingelassen ist und einen starken Einfluß auf Herrschaftssysteme ausübt, zu zerstören. Die postästhetische Sichtweise muß jenes »etwas« neu untersuchen, auf das die Ästhetik unzweifelhaft verweist, obzwar sie es falsch benennt, falsch klassifiziert und sich seine Substanz in falscher Weise aneignet. Das oberste Gebot ist eine Wiederentdeckung des Unterdrückten in Form einer breiten, nicht klassifizierten, nicht spezifizierten Kategorie wie der der menschlichen Kreativität. Darauf aufbauend ist eine Betrachtung möglich, die für die verschiedenen kreativen Energien neue Formulierungen findet, die sich von denen des kanonisierten ästhetischen Diskurses unterscheiden. Jacques Maquet, dessen ethnologische Grundlagen ihn trotz allem nicht in die Lage versetzt haben, die Fallstricke der westlichen Ästhetik zu umgehen, spricht davon, daß Kreativität (Ästhetik) in unterschiedlichen Gesellschaften einen unterschiedlichen Sitz hat: so im Stierkampf in Spanien, in der Teezeremonie in Japan, in christlichen Ritualen im mittelalterlichen Europa. Seine Analyse bringt ihn nicht an den Punkt, an dem deutlich wird, daß die kulturellen Eigenheiten dieser Formen den Versuch widerlegen, universelle ästhetische Prinzipien zu finden.[115] Aber er geht doch weit genug, uns zu zeigen, daß Kreativität in unterschiedlichen kulturellen Situationen unterschiedlich verortet, wahrgenommen und wertgeschätzt wird.[116] Die Postästhetik setzt bei der Erkenntnis an, daß der Ausdruck, den dieses weite Spektrum an Aktivitäten im Diskurs der »Ästhetik« findet, eine primitive Verkürzung menschlicher Potentiale darstellt, eine Verkürzung, die sich nicht einmal auf die Perspektive der westlichen Kultur innerhalb einer bestimmten historischen Konstellation zurückführen läßt, sondern sich der Betrachtungsweise einer einzigen Klasse der westlichen Gesellschaft verdankt.

Von daher erkennt die Postästhetik eine räumlich begrenzte Gültigkeit der »vorästhetischen« Kreativität an und akzeptiert sie als um nichts begrenzter und kulturspezifischer als die »Kunst«, die unter dem Banner der Ästhetik entstanden ist. Im Gegensatz zu kreativen Aktivitäten, die außerhalb des ästhetischen Denkens stehen, muß die postästhetische Perspektive allerdings bewußt mit der schwierigen Herausforderung umgehen, die die Befreiung aus dem hegemonialen Einfluß des ästheti-

114 Zitiert in Avrahm Yarmolinsky: Road to Revolution, 1959, S. 120.

115 Jacques Maquet: Introduction to Aesthetic Anthropology, 1971; siehe auch sein Buch: The Aesthetic Experience, 1986.

116 Eine ausführlichere Behandlung dieses Punkts findet sich bei Roger Taylor: Art, an Enemy of the People, 1978, S. 37-39.

schen Diskurses für sie bedeutet. Da die Ästhetik als tyrannische Ideologie beständiger Analyse und Prüfung bedarf, kann aus diesen Untersuchungen Material abfallen, das einer Dekonstruktion dient, welche im Gegenzug die Rekonstruktion postästhetischer Strategien unter der absterbenden Herrschaft der ästhetischen »Wahrheit« erlaubt.

Die wichtigsten Determinanten des westlichen Ästhetikprojekts sind Fragen nach Schönheit, Transzendenz, Ordnung, Wahrnehmung/Rezeption, Schaffensprinzip, Grundlagen der Kritik, Werten, Autorenschaft (Genialität), Geschmack und historischen Definitionen. Es dürfte lehrreich sein, eine dieser Determinanten, nämlich die Ordnung, einmal näher zu betrachten. Nicos Hadjinicolaou, ein marxistischer Theoretiker weist in seinem Buch *Art History and Class Struggle* (1978) darauf hin, daß »es verschiedene Sphären oder Formen der Ideologie gibt: beispielsweise die moralische, die rechtliche, die politische, die religiöse, die ökonomische, die philosophische und die ästhetische Sphäre. Der Prozeß, mittels dessen die eine Sphäre die anderen dominiert, ist außerordentlich komplex« (ebd. S. 12). Trotz dieser Komplexität ist deutlich erkennbar, daß die Rolle der Ästhetik darin besteht, diese anderen Ebenen zu vereinen, zu rationalisieren und zu legitimieren, das heißt sie zu ordnen. In der folgenden Passage aus *Die Verdammten der Erde* beschwört Fanon einige dieser Ebenen und stellt eindringlich heraus, wie sie durch die Ästhetik harmonisiert werden: »Das Erziehungssystem, sei es nun laizistisch oder kirchlich, die Struktur der moralischen Reflexe, die vom Vater an den Sohn weitergegeben wird, die beispielhafte Rechtschaffenheit von Arbeitern, die nach fünfzig Jahren guter und loyaler Dienste eine Medaille erhalten, die Zuneigung, die auf harmonischen Beziehungen und gutem Benehmen basiert – in der kapitalistischen Gesellschaft sorgen all diese ästhetischen Ausdrucksformen des Respekts gegenüber der etablierten Ordnung dafür, daß um die ausgebeutete Person eine Atmosphäre der Unterwerfung und der Hemmung entsteht, die die Aufgabe der Beherrschung maßgeblich erleichtert.« (Fanon, S. 31)

Seit Fanons Zeiten hat die Technologie die Ästhetisierung des Alltags rapide vorangetrieben und den Bürger des Westens mit dem betäubt, was Guy Debord in seiner gleichnamigen Untersuchung als *Gesellschaft des Spektakels* (1985) bezeichnet und was von Baudrillard als ein in eine Hyperrealität aufgeblasenes Simulacrum gesehen wird. Fanon gelangt zu der Behauptung, daß »der Eingeborene, wenn er eine Rede über westliche Kultur hört, sein Messer zieht – oder zumindest dafür sorgt, daß es sich in Reichweite befindet«. Aber tut er das auch, wenn er ein Moped oder einen tragbaren Kassettenrekorder sieht?

Auf diesem Gebiet, in der Ästhetisierung des Alltagslebens, zeigt sich die regulative Rolle der Ästhetik als eine Form des Macht/Wissens in ihrer prächtigsten Gestalt.

Die schiere Größe der Herausforderung lädt dazu ein, eine gründliche Untersuchung auf später zu verschieben.

Die postästhetische Sichtweise muß sich auch klarmachen, daß das überentwickelte Kino vollständig in die Ästhetisierung täglicher Erfahrungen eingebettet ist, und folglich das eine nicht ohne das andere angegriffen werden kann. Die Implikationen der postästhetischen Analyse legen nahe, daß dieser verdoppelte Widerstand mehr sein muß als nur die Zusammenfassung einiger anekdotischer Bezüge und Metaphern, die im Lauf des Widerstands gegen die Beherrschung der Sinne durch das kapitalistische Kino in diesen größeren Zusammenhang gestellt wurden. Dazu gehört auch – programmatisch gesprochen –, daß die künstliche akademische Trennung von Filmschulen, Kommunikations- und Kulturwissenschaft aufgehoben wird.

Das postästhetische Projekt befragt von seinem nichtwestlichen Standpunkt aus unweigerlich die Genregrenzen des etablierten ästhetischen Diskurses und zieht sie neu. Wenn der Begriff der »Kunst« mythisch ist, dann müssen auch seine Subkategorien mythisch sein, und außerdem gilt, daß sie vom Macht/Wissen aufgestellt wurden, um die Möglichkeiten menschlicher Kreativität in streng überwachte Bezirke aufzuteilen, die der institutionalisierten Ordnung dienen, und zwar so, daß von rebellierenden kreativen Allianzen abgeschreckt wird. Auf der soziologischen Ebene wird die Funktion des Genres verstärkt, indem es die Professionalisierung und Spezialisierung legitimiert und nun selbst in seiner Wirkungsweise als abstrakte Ideologie unterstützend wirkt.

Einige wenige profitieren davon, aber insgesamt wirkt die Aufrechterhaltung des derzeitigen Genre-Systems, das eine formalistische Erweiterung eines mythischen ästhetischen »Wissens« darstellt, als ein Hindernis für die Erstarkung der kreativen Arbeit der Entwicklungsländer der »Dritten Welt«. Um ein sich förmlich aufdrängendes Beispiel zu nennen: Die Unterschiede in der Produktionsweise von Literatur und Kino und die komplexen Bedürfnisse, die Grenzen zwischen diesen beiden Formen des Schaffens aufrechtzuerhalten, die es im Westen gibt, sind in der schwarzen Welt von viel geringerem Gewicht. Aus der Logik der eigenen Entwicklung heraus muß die schwarze Welt das Kino als eine andere, neuere Literatur verstehen – genau wie es der Logik der westlichen Kulturentwicklung entsprach, eine ähnlich divergente Form, nämlich das Theater, als Literatur zu verstehen.

Ein weiteres Feld, das produktive Untersuchungen ermöglicht, ist die Beziehung zwischen Ästhetik und Geschichte, speziell deren parallele Entwicklung und ihr schließlicher Zusammenschluß im ästhetischen Historizismus. In ihn mündeten die Subjektivierung der Geschichte, die Konstruktion des cartesianischen Subjekts fast zeitgleich mit der Erfindung der Geschichtswissenschaft und der Ästhetik. Das Ergebnis dieser kulturellen Innovationen war die Ästhetisierung der Geschichte und die Historisierung der Ästhetik.

Die Grundlagen der Ästhetik und der Geschichtsschreibung wurden beide im 17. Jahrhundert in der Debatte über die *Anciens* und die *Modernes* gelegt. Im 18. Jahrhundert zog Winckelmanns Wiederentdeckung der archetypischen Ursprünge der Schönheit am Beispiel des antiken Griechenlands ein immenses Interesse an Archäologie und Altertumsforschung nach sich und begünstigte so noch konkreter die entstehende historische Disziplin. Danach war es unmöglich geworden, eine Ära menschlicher Erfahrung als grotesk und zurückgeblieben zu bezeichnen, solange sie Anspruch darauf erheben konnte, zu den historischen Entwicklungsschritten der hochgehaltenen Subjektivität des westlichen Bewußtseins zu gehören.

Die durch die Ästhetik geschaffene Treibhausatmosphäre ist für die zunehmende Selbstreferentialität der westlichen Kunst und Literatur verantwortlich. Die Art und Weise, in der die Werke immer weniger Bezug auf die Natur und auf die soziale Realität nehmen und sich stattdessen immer mehr auf andere Werke und ihre Tradition beziehen, kann als Zeichen einer Legitimationskrise gedeutet werden. Die Ästhetik hatte immer die Funktion einer Sprache, innerhalb derer das einzelne Werk kodiert wird. Pierre Bourdieu entwickelt in *Die feinen Unterschiede* (dt. 1996, 4. Aufl.) ein Bild dieser Kodierung, das sie als kulturelles Erbe zeigt, welches die Besitzenden legitimiert und den Besitzlosen die Legitimation entzieht. Dieser selbstreferentielle Code des »Kulturadels« mit seiner Berufung auf einen Stammbaum historischer Kontinuität ist so angelegt, daß man ohne ein beträchtliches Wissen über die westliche kulturelle Tradition und ihre theoretischen Unterstützungssysteme gar nicht über Ästhetik sprechen kann. Kein Mensch – und mag er auch noch so kreativ sein – kann darauf hoffen, diesem Kulturadel anzugehören, wenn er nicht vorher ausreichend bewiesen hat, daß es ihm an diesem kanonischen Wissen nicht ermangelt. Angesichts des spätkapitalistischen Klassenpaternalismus und der eurozentrischen und xenophoben Haltung der westlichen Kulturvorstände dürfte die jüngste Entwicklung verstärkter und beschleunigter Selbstreferentialität nichts anderes sein als ein krampfhaftes Zurschaustellen kultureller Beglaubigungen zu einem Zeitpunkt, an dem diesen nur noch ein willkürlich festgelegter Wert innewohnt.

In seiner weiteren Entwicklung verleibte sich der ästhetische Diskurs den Historizismus ein, zu dessen Erfindung er beigetragen hatte, indem er Kausalbeziehungen zwischen ästhetischen Stilrichtungen und historischen Abschnitten hergestellt hatte. Die ersten Ästheten waren unweigerlich Neoklassizisten, die von sich behaupteten, sie erneuerten die »ästhetischen« Prinzipien und Praktiken des Musterbeipiels menschlicher Kreativität bei den alten Griechen und Römern. Bemerkenswert oder sogar skandalös ist die anschließende Unmöglichkeit des Ausbruchs für jene westlichen Eliten, die dahin gelangten, die Konturen dieses Paradigmas anzufechten, aber ideologisch nicht in der Lage waren, seine Grundlagen in Frage zu stellen.

Wenn der Kampf zwischen den *Anciens* und den *Modernes* der erste im Westen verwurzelte »Krieg der Stilrichtungen« war, so war doch der, den die Romantiker gegen die Klassizisten führten, der erste, in dem es um das Terrain ging, das die Erfindung der Ästhetik umreißt, und das nacheinander von den verschiedensten Gruppierungen westlicher Künstler für sich beansprucht wurde, die in ihrer ideologischen Lähmung unfähig waren, über seine Parameter hinauszublicken.

So durchlief die auf der Ästhetik basierende Geschichte eine Reihe kanonischer Kunstepochen, in denen die Romantik von den Ästheten des *l'art pour l'art* abgelöst wurde, diese wiederum vom Impressionismus, auf den der Symbolismus folgte und anschließend die Moderne, die Expressionismus, Kubismus und Surrealismus ihren Tribut zollte und schließlich in die Postmoderne mündete. Diese Bewegungen lassen sich am besten als ideologische Prinzipien wetteifernder westlicher männlicher Eliten verstehen, die miteinander um den Vorrang bei der Kolonisierung der Kreativität und um die Vorherrschaft auf dem Kunstmarkt kämpften.

Das paradoxeste Kapitel in der merkwürdigen Geschichte der Ästhetik steuerten diejenigen Mitglieder der westlichen Elite bei, die sie eigentlich angriffen, nämlich die Marxisten. Die marxistische Analyse versetzt einige ihrer Anhänger in die Lage, die ideologischen Züge der Ästhetik zu demaskieren. Nahezu unweigerlich wendet sich der marxistische Diskurs über die Ästhetik dann jedoch einer *Korrektur* oder Reform des Begriffs zu, die seine *Probleme* aus marxistischer Sicht lösen soll. Marx, Engels, Lenin, Trotzki und auch nachrangige Denker wie Lukács, Adorno und Marcuse, um nur einige zu nennen, haben sich an den ästhetischen Wechselbalg geklammert und waren nicht in der Lage zuzugeben, daß es sich hier um ein Kind handelt, das sehr wohl mit dem Bade ausgeschüttet werden darf.[117] Bei der Frage nach der menschlichen Kreativität und der Nicht-Frage nach der *Kunst* verfällt die marxistische materialistische Philosophie unverfroren in Idealismus und Essentialismus. Darüber hinaus endet ihre Suche nach dem Wesen und der Spezifik der Kunst – ein Eldorado westlicher Philosophen – regelmäßig damit, daß ein bestimmter nichtvolkstümlicher Kunstbegriff kanonisiert wird, den man in klassischen bürgerlichen Formen früherer Perioden verkörpert sieht. In diesen merkwürdigen geschichtlichen Vorgängen liegt eine lehrreiche Warnung: Diese Intellektuellen der »Ersten Welt« waren in der Lage, ihre eigene Klasse auf jedem Gebiet mutig zu verraten, nur nicht auf dem der Ästhetik. Noch sinnvoller ist allerdings, an die Position der Ästhetik als Bindeglied zwischen kapitalistischer Ideologie und westlicher (bürgerlicher) Kultur zu erinnern.

Der Marxismus bietet fruchtbare Ansätze für die Neuinterpretation westlicher

117 Roger Taylor hat diese Widersprüche in seinem Buch: Art, an Enemy of The People, 1978 eher unsanft abgehandelt. Eine einfühlsamere Behandlung findet sich in Janet Wolffs, Aesthetics and the Sociology of Art (1984) und Terry Eagletons, Criticism and Ideology (1976). Die Schlußfolgerung von Eagletons Buch ist ein Paradebeispiel dafür, wie abhängig die Euromarxisten von der bürgerlichen Kultur sind, obwohl sie ihren ideologischen Charakter durchschauen.

Kunstideologien. Aber die Postästhetik kann ähnlich verheißungsvolle Aussichten auch in einer bestimmten Stilepoche der Geschichte der Ästhetik finden, nämlich in der Moderne. Die Moderne zeichnet sich dadurch aus, daß sie als einzige der historischen Kunstparadigmen dem Namen und der Bedeutung nach den Anspruch erhebt, mit der Gesamtgeschichte in Einklang zu stehen und den Entwicklungen in der Wissenschaft, Technologie, Wirtschaft und Politik gleichberechtigt gegenüberzustehen. Der maßlose Ehrgeiz der kulturell-kreativen Situation eines entfremdeten Segments des europäischen Patriarchats, die sich »Moderne« nennt, einen Prototyp des globalen Erlebens darstellen zu wollen, ruft dazu auf, den gesamten Begriff der »Moderne« zurückzuweisen und neu zu formulieren.

Aus der Sicht derjenigen, die bislang Objekt und nicht Subjekt der Geschichte waren, liegt die bemerkenswerteste Entwicklung der Ära der Moderne in der Befreiungsbewegung der unterdrückten Völker, da diese Bewegung von einer industriellen Gesellschaftsordnung und von westlichen ideologischen Konstrukten und Doktrinen (Demokratie, Sozialismus, Kommunismus etc.), die dazu bestimmt waren, diese Ordnung zu gliedern, beeinflußt wurde. Moderne bedeutet also hier eine weltweite Suche nach einer Demokratisierung des sozialen Lebens, die (weitgehend) von den durch die Industrie ohnmächtig gewordenen Gruppen gelenkt wird.[118]

Es ist hier nicht die Aufgabe, die Geschichte dieser Befreiungsbewegung zu vervollständigen, zumal daran ja dank des derzeitigen Aufschwungs der Sozialgeschichte bereits gearbeitet wird, sondern hier sollen lediglich ihre Existenzgrundlagen bezeichnet werden. Unterdrückte Völker verstehen die Moderne als Aufforderung, die Menschen von den ausbeuterischen Aspekten des Feudalismus, der Theokratie und ähnlicher Herrschaftsformen zu befreien. Gleichzeitig bestand jedoch die maßgebliche weltweite Entwicklung dieser Ära in der Kolonisierung und Unterwerfung der Mehrheit der Weltbevölkerung durch Europa und in dem internen und externen Widerstand gegen diese Unterwerfung. So kommt es zum bekannten Paradox, daß aus der gleichen Quelle, die die extremste Form der Beherrschung hervorgebracht hat, auch – mittels der fortgeschrittenen Systeme der Kommunikationstechnologie und dem Beispiel der eurozentrischen liberalen Doktrinen folgend – die Herausforderungen für das (revidierte) Projekt der Moderne stammen.

Aber während diese andere Geschichte der Moderne Anregungen aus westlichen Entwicklungen erhält und ebenso innerhalb wie auch jenseits des Westens entsteht,

118 »Für Weiße«, schreibt Paul Gilroy in *There Ain't no Black in The Union Jack* (1987), »mag die Ästhetik der Moderne ›um eine Abwendung von oder gar einer Abscheu vor dem Humanen gekreist sein‹, wie sie im Bild Gregor Samsas als Käfer eingefangen ist und durch Adornos Überlegungen über die Unmöglichkeit, nach Auschwitz Gedichte zu schreiben, deutlich wird. Für die afrikanische Diaspora, die sich für mehrere Jahrhunderte in einem ›Milieu der Entrechtung‹ geformt hat, warf die Moderne ganz andere Fragestellungen auf. Sie kreisten um die Notwendigkeit, schwarze Kultur wiederzuentdecken und ihr Gültigkeit zu verschaffen und jenes Bewußtsein des Seins und der Zugehörigkeit wieder mit Leben zu füllen, das durch die Sklaverei ausradiert worden war« (S. 219).

unterscheidet sie sich nichtsdestotrotz radikal von der offiziellen westlichen Geschichtsschreibung, in der »unterentwickelte« oder »primitive« Völker inklusive Frauen und die europäische Bauernschaft »modernisiert« und »zivilisiert« werden, indem sie sich die kulturelle Wahrnehmung des Euromodernismus zu eigen machen. Die rhetorische Unannehmlichkeit, von zwei Arten der Moderne sprechen zu müssen – von einer hierarchischen, hegemonialen, die von der westlichen Bourgeoisie beherrscht wird, und von einer demokratischen und universalistischen – spiegelt sehr genau die Herausforderung wider, die darin liegt, die gleichzeitigen und aufeinander einwirkenden Entwicklungen dieser beiden Geschichtsverläufe zu interpretieren, wobei eine zusätzliche Erschwernis in der Aneignung des »Wissens« durch den einen liegt, während der andere die Form eines epistemologischen Hintergrunds angenommen hat.

Prinzipiell findet die populäre Moderne (*popular modernism*) überall dort ihre Ursprünge, wo erste Ansätze eines Widerstands der traditionellen Kultur gegen kapitalistisch organisierte Industrialisierung und gegen Imperialismus zu finden sind.[119] Danach wird die gemeinsame Erfahrung solcher erzwungenen Gemeinschaften Teil der Ära der Moderne; denn genau wie in der offiziell sanktionierten Moderne bezeichnet der Terminus eine Ära lediglich aufgrund ihrer herausragenden Züge und konnotiert eine Wertschätzung ihrer progressivsten Entwicklungen: nämlich, im Fall der populären Moderne, der emanzipatorischen. Innerhalb der populären Moderne gibt es zahlreiche Ereignisse und Bewegungen unterschiedlichster Art, die immer wieder ideologischen Fragmentierungen, endlosen Diskussionen, Dialogen und Reinterpretationen unterworfen und den Qualen der Regression durch Faschismus, Theokratie, Messianismus und rassistischer Vorstellungen vom »auserwählten Volk« ausgesetzt sind.

Wo die Anfänge dieser Ära liegen, mag den Debatten der Historiker überlassen bleiben. Aber für schwarze Menschen in der Neuen Welt war die Revolution in Haiti zweifellos ein bedeutsamer Schritt auf dem Weg zur Afromoderne. Im afromodernen Humanismus eines Ousmane Sembène gelten solche Widerstandsbewegungen als künstlerisch-kreativ-kulturelle Handlungen, denn: »Der Mensch ist das Symbol der Kunst ... Was wäre alle Kunst des Universums wert, wenn es im Universum keine menschliche Existenz gäbe?«[120] Wenn man selbst auf eine kurze Darstellung der neudefinierten Ära der Moderne verzichtet, so zeigen sich doch bestimmte Konturen, die einer Orientierung dienen können, dadurch, daß man aus der Perspektive der zeitgenössischen Dekolonisation einen Blick auf sie wirft.

Die Dekolonisation stellt innerhalb des afrozentrischen Modernisierungsprozesses eine höhere Bewußtseinsstufe dar. Ein Eckpunkt dieses erhöhten Bewußtseins ist

119 Siehe C.L.R. James: A History of Negro Revolt, 1938.
120 Ousmane Sembène, in: Man is Culture, Sixth Annual Hans Wolff Memorial Lecture, 1979, S. 1/S. 3.

Owuchekwa Chinweizus *The West and the Rest of Us*, in dem zwei Versionen der Geschichte der Moderne angegriffen werden; von gleicher Bedeutung ist das strikt auf die Ebene der Kultur bezogene Buch von Ngugi wa Thiongo *Decolonising the Mind*.

Der Fortschritt der Dekolonisation, den man als absolut gesetzte Suche nach Unabhängigkeit und Wiedererlangung des eigenen kulturellen Erbes sehen kann, was auch die Wiederentdeckung der Geschichte, die Neuinterpretation der Populärkultur und eine verschärfte Kritik am westlichen Macht/Wissen einschließt, fand im Rückblick seine Meilensteine in den Werken Frantz Fanons, in der *Négritude*, in der *Harlem Renaissance*, in den Gedanken und Schriften von Carter G. Woodson, Marcus Garvey, C.L.R. James, W.E.B. DuBois und Edward Blyden.

Diese eigenmächtige Auswahl muß durch eine weitere Reihe ergänzt werden, die June Jordans Essays *Civil War* und *On Call* einschließt, Angela Davis' *Women, Race and Class*, die Romane von Buchi Emecheta, Toni Morrison und Alice Walker, die Schriften von Lorraine Hansberry, Margaret Walker, Amy Jacques Garvey, Ida B. Wells, Anna Julia Cooper, Harriet Jacobs und vieler anderer. Denn die Theorie der Dekolonisation wäre mißgebildet, wenn sie die zusätzliche Arbeit einer Depatriarchalisierung des Bewußtseins ausschließen würde.

Der Bruch mit dem euromodernen Macht/Wissen fördert gleichzeitig eine Loslösung von seinen Beschränkungen in Form autorisierter Expertise und Spezialisierung, die als Instanzen des dominanten Diskurses erkannt werden, welche als Torhüter die Mechanismen des akzeptierten »Wissens« aufrechterhalten sollen. Der kulturelle Diskurs der Afromoderne verweigert sich der Beengtheit detaillierter Studien im Rahmen der etablierten, eurozentrischen Erzählweise der menschlichen Kultur und begründet eine eigene Rekonstruktion. Er wendet sich ab von den Verboten, die die neugezogenen Grenzen von Wissensparadigmen wie »Panafrikanismus« und »Dritte Welt« verbieten wollen. Er stellt jene schwarzen Kulturerzeugnisse, die von den Attraktionen westlicher »großer Traditionen« fehlgeleitet wurden, ins Abseits.

Zur Rekonstruktion der Moderne bedarf es keiner Erarbeitung formaler Merkmale, die den Entgegensetzungen zu traditionellen Formen, der Dissonanz und der Zurückweisung eines photographischen Realismus entsprächen, durch den sich die Moderne der Museen und Büchereien auszeichnet. Für die neu entstehende populäre Kreativität wurde der Imperativ dieser formalen Innovationen bereits erörtert: Entgegensetzungen werden selektiv gebraucht, nämlich dort, wo es um Formen geht, die in der vorherrschenden »Kunst« die Tradition ausmachen, aber nicht dort, wo es um traditionelle Formen der populär-modernen Gemeinschaft geht. Aus ähnlichen Gründen braucht der Entwicklungsprozeß der rekonstruierten Moderne auch keine Geschichte der »Ästhetik«, er bedarf nicht des Rasters von Kunstrichtungen oder der Grammatik des Stils. Die begründende Wahrnehmung der untergründigen Modernität (*underground modernity*) liegt darin, daß der Mensch, wie von Sembène behauptet, Kultur ist und daß Kreativität einen Teil seines historischen Charakters ausmacht. So umfaßt sie ohne strenge Klassifikation so unterschiedliche Ausdrucksformen wie die Erzählungen von ehemaligen Sklaven, Dokumentarfilme, den Calypso, kritische Essays, Graffiti und Autobiographien.

Der Beginn der postästhetischen Ära eröffnet die Möglichkeit eines neu umrissenen Verständnisses für diese Ausdrucksformen und für das Schwarze Kino; denn die Postästhetik neigt dazu, unschuldige Kollaborationen mit den Zielen der westlichen Ästhetik zum Verschwinden zu bringen. Die postästhetische Ära findet ihre historischen Vorbilder in der Schwarzen Ästhetik der 60er und 70er Jahre, in der *Négritude,* der *Negro Renaissance* der Vereinigten Staaten bzw. vergleichbaren Bewegungen in der Karibik, schließlich in jenem Punkt im Gruppenselbstverständnis, über den nur gemutmaßt werden kann und an dem erstmals die Kultur als eines der wichtigsten Schlachtfelder entdeckt wurde. Dieser Moment dürfte eine wichtige Zäsur in der Afromoderne bedeuten, da die Wurzeln der Dekolonisation sich bis zu demselben Wendepunkt zurückverfolgen lassen, der vermutlich in den 80er oder 90er Jahren des 18. Jahrhunderts anzusiedeln ist, eine Periode, in der es in Afrika und seiner Diaspora Ansätze zu einer einschneidenden Umorientierung durch eine Bewegung gab, die *Äthiopianismus* genannt wurde. Die Selbstbehauptung der kulturellen Neubestimmung im Äthiopianismus, der Bewegung für ein unabhängiges schwarzes Christentum, zeigt sich im Slogan »Gott ist schwarz«.

Wenn die kulturelle und ideologische Dekolonisation nur eine bestimmte Phase innerhalb der größeren Entwicklung der Afromoderne ist und diese wiederum nur eine Dimension der weltweiten populären Moderne darstellt, dann läßt sich die Postästhetik als ein eher neuerer Ansatz innerhalb der Dekolonisation (und innerhalb der populären Moderne) verorten, der sich auf Anliegen des neuen Humanismus und der neuentdeckten menschlichen Kreativität bezieht. Richard Wright kommt die Ehre zu (falls weitere Studien nichts Gegenteiliges beweisen), als erster eine postästhetische Strategie formuliert und ausgeführt zu haben. In der Einleitung zu *Native Son* (1966) stellt er fest, daß sein erster Erzählband seine Leser zu Tränen rührte und schwor sich, daß sein nächstes Buch »keine Bankierstochter zum Weinen bringen wird«. Indem er als Sinnbild eine *Bankierstochter* verwendet, attackiert Wright ganz spezifisch die Bourgeoisie, und indem er Tränen vorbeugt, verhindert er bewußt die typische religiös-sentimentale Rezeptionshaltung, die von dieser Klasse kultiviert wird. In *Native Son* hält Wright darüber hinaus dem Leser hartnäckig jene einfühlende Identifikation mit dem Helden vor, die für den Bildungsroman üblich ist. Am Ende vermeidet er gänzlich einen kathartischen Effekt, der die Aufnahme des Buches als »ästhetisches Erlebnis« ermöglichen und seine Zurückführung in die soziale Realität verhindern würde.

So wenig wie die adaptive Epistemologie der Afromoderne stellt die Postästhetik bindende Dogmen auf. Die repressivsten Züge der Ästhetik waren ihre *a priori*-Regeln für Schönheit und Kreativität, die erstickende Formen des Traditionalismus, Akademien und deren Listen kreativer Erfordernisse (von denen unglücklicherweise einige in den Theorien der Schwarzen Ästhetik recycelt wurden) hervorgebracht haben. Die Postästhetik ist auf das Kreative und Befreiende hin ausgerichtet, und dieses muß die Freiheit haben, sich auszudrücken, bevor es bewertet wird. Das Aufbürden von Lehrsätzen – ein endloses Thematisieren der Rolle des Künstlers beispielsweise – wäre außerdem ein Kurzschluß der dialogischen Entwicklung des emanzipatorischen postästhetischen Prozesses zu einem Zeitpunkt, da traditionelle ästhetische Begriffe wie der des Autors, der Einheit des Textes, der Neutralität narrativer und Genreformen durch den Dekonstruktivismus verheißungsvoll aufgelöst werden.

Die Vermeidung des Dogmatischen heißt nicht, daß die Postästhetik einen anarchistischen Ausweg aus jeglicher Theorie, schöpferischer Selbstbestimmung oder Betrachtung über formale Darstellungsweisen sucht. Obwohl Wrights Roman und andere anti- oder postästhetische Werke wie Haile Gerimas Film *Child Resistance* (1972), Alice Walkers Roman *The Colour Purple* oder die Filme Sembènes[121] den Gedanken an einen hypothetischen »Nullpunkt der Ästhetik« wachrufen, wird die Unsinnigkeit und Irrelevanz der Frage nach einem solchen Punkt schnell augenfällig. In jeder absichtlichen menschlichen Äußerung ist eine schöpferische Strategie unvermeidlich, was sich beispielsweise in *Native Son* in der Parodie auf das beliebte Genre des Krimis zeigt und bei Sembène in den Verweisen auf die Griots. Eine fortschreitend-kritische Funktion kann der Postästhetik im dreiseitigen Dialog zuwachsen, den Haile Gerima zwischen Filmemacher/Geschichtenerzähler, Publikum/Gemeinschaft und Aktivist/Kritiker ausgemacht hat. In ihren Anfängen gelangte eine produktive postästhetische Ausdrucksform wie der Jazz durch die informelle Wirkungsweise eines ganz ähnlichen Dialogs zu seinen Kriterien.

Die Bedingungen der Möglichkeit, aus denen die Postästhetik erwächst, verleihen der Wiederentdeckung von vier fundamentalen Haltungen zur Ästhetik Gültigkeit, die sich in der afroamerikanischen Tradition finden lassen. Diese sind die assimilierende Haltung: der beliebte Synkretismus (wie im Blues), wo westliche kreative Vorbilder sehr wählerisch adaptiert und für Ziele eingesetzt werden, deren Inhalte jenseits des typischen westlichen »ästhetischen Erlebens« liegen; die ironischen Haltungen: das heißt, daß die westliche Ästhetik als Instrument genutzt wird, dabei ihre Werte jedoch distanziert betrachtet oder sogar angegriffen werden (Toni Morrisons *The Bluest Eye*, Julie Dashs Film *Illusions* (1982); bestimmte Dimensionen von Ralph Ellisons *Invisible Man*); und die postästhetische Haltung.

Die Postästhetik impliziert eine Bewußtwerdung der Notwendigkeit, die Anstrengungen gegen den Kulturimperialismus und das Elitedenken der bürgerlichen Kul-

121 Eine Filmographie von Ousmane Sembène in diesem Band auf S. 32.

tur und somit auch gegen die in die Ästhetik eingebetteten Prinzipien dieser ideologischen Wirkungszusammenhänge zu bündeln. Bei seinem Übergang in die postästhetische Ära dürfte sich die schöpferische Ausrichtung des Schwarzen Kinos, das sich der Gefahren durch den Kulturimperialismus und durch das herrschende Elitedenken bereits bewußt ist, zunehmend den Verführungen der Ästhetik entziehen und sich befreienden Strategien zuwenden. Es ist damit zu rechnen, daß sich diese Strategien organisch aus dem Dialog zwischen Theorie und Praxis innerhalb der oben erwähnten dreiseitigen Dynamik ausbilden werden. Aus den vielen möglichen Richtungen scheint an diesem Punkt vor allem eine ganz besonderer Aufmerksamkeit wert zu sein.

Besonders hervorzuheben sind diejenigen postästhetischen kreativen/kritischen Strategien, die mit der bewußten historischen Entwicklung der emanzipatorischen Ideologien übereinstimmen, welche Ziele jenseits ästhetischer Fragen aufscheinen lassen. Es müßte sich zeigen, daß diese kreativen/kritischen Strategien symmetrisch zu den vielversprechendsten Formen dekolonisierenden Denkens stehen.

Ich würde hier argumentieren, daß diese hervorzuhebenden kreativen/kritischen Prinzipien als dialogische Form des Diskurses (*dialogic mode of discourse*) zu bezeichnen sind. Der durch sie geschaffene Text würde, in der richtigen Weise durchdacht, die dialogische Haltung widerspiegeln, die die Theorie der Dekolonisation beflügelt. Die semantischen Referenzen innerhalb des Textes stünden intertextuell zum sozialen Diskurs der geistigen Dekolonisation. Ein solcher Text könnte die innere Mehrstimmigkeit (*heteroglossia*) zum Ausdruck bringen; es könnte ihm gelingen, die einstimmige (*mono-glossic*) Identifikation mit einer einzigen Heldenfigur zu vermeiden und stattdessen seine Ausdrucksmittel für das Verständnis eines Beobachters zu kodieren, der als ein Suchender/Teilnehmender konkret einer lokalen kulturellen Gruppe, aber eigentlich einer ganzen sich selbst demokratisierenden Bevölkerung verstanden wird. In solch einer heldenlosen Erzählung wird der soziale Prozeß zum eigentlichen protagonistischen Zentrum – anstelle der Gefühlsaufladung und individualistischen Befriedigung der Identifikation mit einem Helden.

Statt die Möglichkeiten des dialogischen Diskurses zu schematisieren, wollen wir einige dieser Möglichkeiten in ihrer imaginativen Vielfalt in einem Werk des Schwarzen Kinos aufzeigen, das postästhetische und dialogische Strategien auf einer sehr anpruchsvollen Stufe verwirklicht hat, nämlich Ousmane Sembènes Film *Ceddo* (1976). Die Handlung setzt in der nicht näher beschriebenen westsudanesischen Gemeinschaft in einem ebenso entscheidenden wie exemplarischen Moment der imperialistisch geprägten afromodernen Geschichte ein. Die »Ceddo«, die verachteten einfachen Leute, die außerhalb der Religion stehen, haben sich zu einer Revolte erhoben und die Prinzessin gekidnappt. Daraufhin setzen sich die vielfältigen Teilgebiete der politischen Interessen rund um die Krise in Aktion. Zu ihnen gehört auch das traditionelle Königshaus und einer seiner edlen Söhne, der die »Hand« der Prinzessin als Legitimation seiner Thronfolgeabsicht beansprucht. Ein anderer islamisierter junger Edelmann erhebt den Anspruch, die Prinzessin müsse den neuen Glauben führen. Der Imam weist beider Ansprüche zurück und nutzt den kritischen Moment dazu, ein neues, repressives islamisches Regime einzuführen, dessen Gesetze das traditionelle Königshaus seiner Legitimation berauben und die Unabhängigkeitsbestrebungen der Ceddo zunichte machen. Am Rande dieser Kämpfe erhoffen sich ein europäischer Sklavenhändler und ein christlicher Missionar, daß auch für sie etwas abfallen möge, und versuchen möglichst geschickt zu manövrieren.

Ceddo bewegt sich in einer postästhetischen und dialogischen Sphäre der Kreativität, weil der Film einen Konflikt problematisiert, in dem es keine simple, dualistische Dialektik gibt, und stattdessen soziale Interaktion als simultan geführten Kampf unter vielen verschiedenen, unterschiedlich begründeten Autoritäten erkennt, die sich weigern, zu säuberlichen binären Gegensatzpaaren zu verschmelzen, und zu denen auch plurale Religionen gehören, plurale politische Strategien, Klassen, Geschlechter und Kulturen. Der mehrstimmige Austausch zwischen diesen rivalisierenden Allianzen zerstört das Potential für mechanische Allegorien, ebenso die Wandlungen der Charaktermasken, die sich innerhalb der unterschiedlichen Interessen verorten. Der Film läßt nicht nur eine Vielzahl ideologischer Stimmen zu Wort kommen (denen allerdings natürlich nicht gleiches Gewicht zukommt), sondern zeigt auch eine Vermengung dieser Stimmen wie beispielsweise in der nicht-linearen, flüchtigen (und instabilen) Doppelrolle der Prinzessin als triumphale Retterin der traditionellen Herrschaft und als Partisanin der nach Unabhängigkeit strebenden Ceddo zugleich.

Es handelt sich nicht nur um ein Drama ohne Helden, es ist auch eine offene Erzählung, nicht nur, weil sie sich am Ende einem Schluß verweigert, sondern auch aufgrund der Räume, die die Erzählung für die teilnehmende Reflexion des Zuschauers offenläßt. Der Film tritt in seinen Kodierungen schamlos parteiisch für den sich selbst befreienden Zuschauer ein – was sowohl durch die wichtige Verwendung einer nicht zum Kanon gehörigen schriftlosen Sprache, nämlich Alt-Wolof, signalisiert wird als auch durch die kulturellen Identifikationen, die die Musik nahelegt. Aber für diesen Zuschauer gibt es auch genügend Stellen, an denen er die Widersprüche untersuchen und verschiedene durch die Personen verdeutlichte Inhalte extrapolieren kann. Unter den Zufälligkeiten der Oberfläche liegen zahlreiche Texte verborgen, die der Zuschauer ständig reintegrieren muß.

Genauso wichtig ist *Ceddos* progressiver Sinn für Geschichte, der den Umstand, daß die Handlung sich in der Vergangenheit abspielt, nutzt, um verständlich zu machen, daß persönliche und politische Realität das Resultat miteinander verbundener historischer Betrachtungsweisen ist. Der Film verweigert sich der geschlossenen historischen Linearität kommerzieller Ausstattungsfilme mit ihren flüchtigen Lektionen über eine versteinerte »menschliche Natur« zugunsten eines aktuellen Bezugs auf die heutigen Realitäten.

In seiner Mißachtung der historischen Linearität beruft sich Sembène nur auf westliche religiös-ästhetische Haltungen, um sie gleichzeitig zu karikieren (die Vorwegnahme des von Selbsterhöhung träumenden Priesters). In einer weiteren Mißachtung der historischen Linearität verwendet Sembène vorwärtstreibende Jazzmusik an einem Handlungshöhepunkt; diese anachronistische Brechung dient dazu, die zahlreichen Parallelen zwischen der kolonialen Vergangenheit und der Gegenwart zu unterstreichen. Das letzte, eingefrorene Bild der Prinzessin, die auf den Zuschauer zu und an ihm vorbei geht, pointiert die Offenheit der Erzählung (und der geschichtlichen Entwicklung), erlaubt dem Zuschauer aber auch, dieses Schwellenmoment zur afrikanischen Moderne noch einmal zu überdenken.

Eine der postästhetischen Strategien in *Ceddo* ist die Vermeidung einlullender Musik. Als Ausnahme von Sembènes bekanntem Mißtrauen westlichen Filmmusiken gegenüber nutzt *Ceddo* Musik als offenen, bewußten dramatischen Effekt, jedoch nicht als unterbewußte Streicheleinheit. Typisch für Sembène ist, daß er das Folklorehafte meidet, weil es für ihn eine vom Westen, von stereotypischen Vorbildern und der Ethnologie verseuchte Form ist; folglich gibt es keine Tänze, keine Hände, die Trommeln schlagen, keine farbenfrohe Rituale. Sembène beschränkt sich auch auf eine minimalistische Ausstattung, damit nichts an die unechten Spektakel erinnert, die den eurozentrischen Filmen so wert und teuer sind. Gleichzeitig verhindert diese minimalisierte Ausstattung die gesellschaftliche Distanzierung, die im ästhetisierten Historienspektakel stattfindet. *Ceddos* dialogische progressive Hermeneutik, eine afromoderne Vermittlung mündlicher Tradition, dient einer kreativen Strategie, die in ihrer Bewältigung expressiver Möglichkeiten zugleich prä- und postästhetisch ist.

Die Unzumutbarkeit der Ästhetik für die kulturell Enteigneten, für all jene, die von der westlichen Subjektivität ausgeschlossen sind, sollte mittlerweile deutlich geworden sein. Die Schwarze Ästhetik erkennt diese Irrelevanz nur teilweise. Ihre adaptive Grundhaltung (die haben eine Ästhetik, die ihnen sehr entgegenkommt; warum sollen wir nicht auch eine haben) läßt sie schnell an Grenzen geraten. Von »westlicher bürgerlicher Ästhetik« zu sprechen, heißt, eine Tautologie verwenden. Es gibt keine andere Art der Ästhetik – außer dort, wo unabhängig entwickelte kreative/kritische Systeme anderer kultureller Hintergründe sich von selbst oder gezwungenermaßen in analoger Weise als »Ästhetik« wahrnehmen – in freiwilliger oder hilfloser Unterwerfung unter die westliche Hegemonie. Wo diese Duldung bewußt stattfindet, spielt sie nur die bekannte Verwechslung zwischen Moderne und Verwestlichung durch. Einzelpersonen in schwarzen und anderen Gemeinschaften, die sich kreativ ausdrücken wollen, sich dabei an Vorbilder der westlichen Elite anlehnen und dies dann als abweichende oder alternative Ästhetik interpretieren, sollten sich darüber im klaren sein, daß ihre Konstruktionen unweigerlich innerhalb des akademischen Herrschaftswissens in die Rubrik »Ethnoästhetik« eingeordnet wird.

Die tödliche Vitalität der Ästhetik, die sogar jene, die sich außerhalb ihrer Legitimationssphäre befinden, zu ihrer Mythologie der Kunst hinzieht und jene, die außerhalb ihres ästhetischen Historizismus stehen, zum Gepränge ihrer Kunstbewegungen lockt, zeigt sich symptomatisch in der bereitwilligen Konversion zur »Postmoderne« seitens vieler Schwarzer, die nach Grundlagen für ihre Generation suchen. Zu einer solchen Selbstzerrüttung kann es nur kommen, wenn man die Geschichte des anderen als die eigene liest und die Unterschiede zwischen »Moderne« und Afromoderne vernachlässigt. Einen ironischen Beigeschmack erhält das unter anderem dadurch, daß der Widerstand schwarzer Aktivisten großzügig zu dem sozialen Horizont beigetragen hat, der die Moderne in ihre »Post«-Phase getrieben hat. Nun überstürzt in den Orden der Postmoderne einzutreten, könnte für Schwarze den paradoxen Effekt haben, daß gerade dadurch alle auf eine ideologische Neuordnung der multikulturellen Realität gerichteten Energien abgeschnitten werden. Aller historischen Wahrscheinlichkeit nach wird jedoch die Postmoderne wie ihre Vorgänger versuchen, die menschliche Kreativität durch Kampagnen einer Kunstpropaganda zu kolonisieren.

Auch wenn Schwarze und Weiße in den überentwickelten Ländern gemeinsam der konsumfixierten Entfremdung des Spätkapitalismus entgegentreten können, basiert ihre Beziehung zu diesen sozialen Widersprüchen doch auf grundverschiedenen historischen Erfahrungen: die eine Gruppe trifft als Subjekt-Erbe auf diese Bedingungen, die andere als Objekt-Opfer. Sobald man erkennt, daß es zwei antagonistische Modernen gibt, wird deutlich, daß die Moderne für Schwarze kaum vorbei sein kann, sondern im Gegenteil gerade erst begonnen hat. Es ist höchst zweifelhaft, ob Schwarze Anhänger der Postmoderne sein können – es war ihnen ja bisher noch gar nicht erlaubt, die Moderne zu verwirklichen.

Aus dem Englischen von Miriam Carbe
Mit freundlicher Genehmigung des British Film Institute, London

Clyde Taylor, Professor für Anglistik an der Tufts University und Dozent an der New York University, USA. Autor des Drehbuchs zum Dokumentarfilm *Midnight Ramble* über Oscar Micheaux; arbeitet derzeit an der Publikation *Breaking the Aesthetic Contract;* publiziert und forscht über Independent Feature Movement, Third Cinema, politics of representation u. a.

Bouna Medoune Seye (1996)

Antrag auf kinematographisches Visum

Scheiße, entschuldigen Sie bitte, nein, ist mir völlig egal. Daß das afrikanische Kino von Afrikidioten[122] gemacht wird, ist nicht mein Problem. Ich bin ein Afrikaner, der Negerkunst macht und den universellen Kinematographen zum Vorwand nimmt. Denn ich ordne mich dem dritten Jahrtausend zu. Ich bin ein Post-Zeitgenosse.

Folgen wir den sogenannten Spuren von Françoise Huguier, jener Dame, die fotografisch und ethnologisch über Leiris' *Phantom Afrika*[123] gearbeitet hat, dann können wir annehmen – wir nehmen nicht einmal an, sondern wir sagen: Françoise ist nur auf den Spuren des Phantoms Afrika, denn: das afrikanische Gespenst sind wir. Okay. Reden wir übers Kino, astrein und knallhart. Sollte das Filmmaterial, wie es in Paris, New York, Abidjan oder Lagos verwendet wird, nicht dasselbe sein wie mein Streifen in Dakar, dann, werte Damen und Herren, bin ich ein Vollidiot. Warum sollten 54 Staaten, 54 unterschiedliche Sensibilitäten in ein Kino eingesperrt werden? Das afrikanische Kino... Ich, der Neger, lehne zutiefst das Ghetto-Kino ab, das von einem afrikanischen Kino kommt.

Scheiße auch, was Djibril Diop Mambéty in Dakar macht und was Idrissa Ouédraogo in Burkina Faso macht, hat nichts miteinander zu tun. Fangen wir erst gar nicht an, von Souleymane Cissé in Mali zu reden, denn all das hat absolut rein gar nichts miteinander zu tun. Warum also intellektuelle Gewalt in die »Künste« (*les arts, lézard*[124]) säen?

122 Im Original: Africons; zusammengesetzt: Africain/con = Afrikaner/blöd, dumm (Anm. d. Hg.).

123 Vgl. die Ausstellung »Hors murs« sowie den von der UNESCO gesponserten Fotoband: Françoise Huguier: Sur les traces de l'Afrique Fantôme, 1990. Vgl. Michel Leiris: Phantom Afrika. Tagebuch einer Expedition von Dakar nach Djibouti 1931–1933. (dt. 1985).

124 Im französischen Original wird das gleichlautende Wortpaar *les arts*, die Künste, *lézard* (= Eidechse) verwendet (Anm. d. Hg.).

Ich, Bouna der Neger, verfasse gerade meinen Text in einer Bar im 13. Arrondissement von Paris. Vor mir gestikuliert ein weißer Laienkomödiant ständig herum und erklärt, wie alle Regisseure, eine Szene, und zwar eine echte Szene, die nicht der Phantasie, sondern sehr wohl einem Erlebten entspringt.

Hör zu, wir reden über Kino. Hört ihm zu, das Kino ist gut, es ist gut, also was wollt Ihr mehr? Und in der Tat, sie sind alle gut, diese Kinematographien. Wenn wir uns nicht ... Hör zu, wir scheißen drauf. Kino ist überall dasselbe. Ich habe den Ort gewechselt und bin zur Bastille gegangen, sagen wir zur Oreille Cassée, einer bunt gemischten Galerie-Bar, die momentan *in* ist und an deren galerischen Wänden eine Ausstellung des Bouna Medoune Seye hängt. Das Thema meiner Fotos: Aber das ist völlig egal, es waren bloß wieder einmal Fotos an einer Wand. In jedem Fall haben Fotos seit der Erfindung der Fotografie vor hundert Jahren oder ein bißchen länger die Wände niemals verlassen. Was soviel heißt, daß wir selbst nichts erfunden haben. Wir haben schon immer die Fotos an den Wänden vorgefunden. Außerdem reden wir über Kino, nicht über Fotografie.

Françoise, die Freundin von Laurent, gesellt sich zu uns ins Oreille Cassée und sagt: »Das war vielleicht 'ne Unterhaltung, die ich gerade mit meinem Taxifahrer hatte!« Laurent fragt: »Was denn für eine?« Françoise antwortet: »Über Politik, Religion, seine beiden Kinder, er ist ein Black und dazu Protestant und es ist das totale Chaos.«

Es ist 8 Uhr 22 sehr früh am Morgen, und ich sage Ihnen, daß es für mich sehr früh ist, denn Kino mache ich nur nachts. Wo bist du Dakar, meine Schlampe, meine Geliebte? Scheiße aber auch, wir reden doch übers Kino? Von Dakar der Schlampe nach Treichville der Kanaille und bis Paris der Rotztante haben sich unsere Kameras in den Mäandern der Kunst herumgetrieben. Reden wir wirklich über Kino oder worüber? Meine »kinematografische Beschaffenheit« (*cinémacité*), die jener große Meister des Theaters Jean-Michel Bruyère[125] kurz und bündig als Kunst bezeichnet. Er, der aus dem Land kommt, wo die Wolken sich schlafen legen. Sagen wir, aus dem Land der Kälte. Und Alain bittet um einen Kaffee und ein Glas Milch, groß bitte. Und Alain sagt, Bouna hör auf, schon am frühen Morgen machst du ...

Er, Alain der Schizophrene, ist der Prinz der Rue Clignancourt. In meiner Umgebung läuft ständig Film ab. Und dieser Typ aus Mali, der auf den Türken einredet, sie verstehen sich nicht. Es ist sehr früh, und Alain spricht von Liebe. Der türkische Besitzer antwortet ihm, daß es für ihn mit der Liebe aus und vorbei sei. Das genau ist Kino. Denn es sind privilegierte Momente und Lichtblicke, die nicht irgendwem zugänglich sind. Heißt das etwa, die Bilder mit den Kinoliebhabern teilen zu wollen?

Die Geschichte definiert nicht neu, sagen wir: die Filmkritiker hören aus rein finanziellen Interessen nicht auf, die Geschichte des Kinos zu manipulieren und Lügen über sie zu verbreiten. Denn die Kritiker selbst werden durch große Produ-

125 Regisseur am Theater »La Fabrique« in Marseille.

zenten manipuliert, obwohl sie ohne ein künstlerisches Projekt rein gar nichts tun können. Da hat der Architekt sich im Konstruktionsplan geirrt. In jedem Fall hat das nichts mit Kino zu tun. Okay.

Frustriert, nichts Bildliches machen zu können, produzieren die Kritiker Worte und beleidigende Diskriminierungen über die Künste (*lézard*). Ich, Bouna, bin kein Künstler. Inmitten meiner Fotografie, meinem Kino, meiner Malerei, meinen Installationen, meiner Deko und mehr, kümmert mich alles einen Dreck, ich bin kein Künstler. Nein, scheiße nochmal, ich bin ein Bilder-Mechaniker. Wir kommen wieder auf Jean-Michel Bruyère zurück, der mir in aller Einfachheit in einer blauen Nacht in Dakar sagte: »Weißt du, Bouna, es ist unnötig, sich dem langsamen Tod hinzugeben, denn unsere Kunst ist tödlich genug. Mach weiter, und basta.«

Scher dich zum Teufel, Dakar, meine schöne widersprüchlich-kontrastreiche Schlampe! Ich sehe keinen Grund, warum ich von Jean-Michel Bruyère in einem Text über Kino sprechen sollte, um den mich Deutschland gebeten hat. Wir kehren nach Dakar zurück. Abdou Ba. Über ihn will ich nicht sagen, was er mir bedeutet, es geht sowieso niemanden etwas an. Darum geht es hier auch gar nicht. »Junge, dir gehen die Dinge, die du machst, so leicht von der Hand.« Scheiße, sprechen wir hier überhaupt über Kino oder nicht? Kino läßt sich nur in Maßen und in Unmaßen machen. Wenn derjenige, der es zu realisieren vorgibt, anfangs eine schöne Gestik hat – wenn man nämlich nicht in der Lage ist, eine schöne Geste mit Hilfe einer gleitenden Beschreibung zu machen, läuft die Kamera, genauer gesagt der Kameramann Gefahr, im Verhältnis zur Erklärung des Regisseurs, die zerhackt ist, weil die Gestik getrödelt hat, ins Stocken zu geraten. Also hat der Kameramann nur ebenso herumgetrödelt wie der Regisseur. Ich für meinen Teil verlange nichts anderes als Scheißbilder, die von Scheißregisseuren in einer wunderbaren Welt gemacht wurden. Das Schloß ist verriegelt. Ich bitte nicht darum, daß man es mir öffne. Ich muß schon selbst nach dem passenden Schlüssel suchen. Junge, wir reden über Kino, nicht über Schlösser.

Das schwerwiegendste Problem des afrikanischen Kinos liegt meiner Meinung nach darin, daß es ohne Aussicht auf gedeckte Gegenleistung gemacht wird. Gerade durch diese Art Bettelei verharrt das Kino im Ghetto. Denn die Regisseure nehmen nicht die Haltung von gleichwertigen Partnern ein, die ein künstlerisches Projekt anbieten, sondern wenden sich als Bittsteller an die jeweiligen Organisationen. Für mich in meiner künstlerischen Vorgehensweise ist so etwas undenkbar. Ich suche nicht nach Ausreden, um gewisse Regisseure zu schonen, da ich keine Namen genannt habe, allerdings gibt es Ausnahmen. Ein Grund dafür, weshalb sich Filmographien untereinander vergleichen lassen.

Es geht nun schon zwei Jahre, daß ich versuche, meinen Kurzfilm *Rouge Feu*[126] zu

126 *Rouge Feu* bedeutet feuerrot und ist die Umkehrung *von feu rouge*, die (rote) Verkehrsampel (Anm. d. Ü).

drehen, was mir nicht gelingt, da ich unfähig bin, herumzuschleimen. Dafür sehe ich andere, die mehrere mittellange Filme gedreht haben, weil sie wissen, wie man schöne Worte macht. Und ich sage, bravo Junge, genial, es lebe das Ghetto-Kino, das von Afrikanern gemacht ist, was für eine Scheiße. Und wenn ich mir anschaue, was meine großen Brüder alles an Kino in Dakar gemacht haben, sage ich mir: Scheiße aber auch, Bouna, du kannst doch das Filmgerüst, das sie dir vermacht haben, nicht einfach verschleudern, und das ohne Gegenleistung. Vor allem einen dieser Meister, der große Hoffnung in das Kino von Dakar setzt. Und dieser Meister, nun, von ihm ist nicht mehr die Rede.

Mit oder ohne Kamera, in unseren Köpfen ist Kino immer präsent. Unsere städtische *Umgebung*, und sei es nur eine Ampel zur Hauptverkehrszeit, all diese verschiedenfarbigen Autos und all diese unterschiedlichen Leute, die sich anschauen, ohne sich im geringsten zu sehen, und die Autos, die sich, Stoßstange an Stoßstange, trotzdem nicht berühren, ist das etwa nicht Kino? Gut, sie werden wieder einmal sagen, das sei typisch Bouna, aber verstehen Sie, Bouna … Aber sehen Sie, mir, Bouna, ist das scheißegal. Denn was ich tue, ist ohne Verdienst. Ich kann nur das, und überhaupt, was genau ist das Problem in den Künsten (*lézard*)? Wenn mein Freund Schizo-Alain, der Prinz der Rue Clignancourt, mich fragt, hey, hast du meine Mutter heute gesehen? Obwohl er genau weiß, daß ich seiner Mutter niemals über den Weg gelaufen bin oder sie gar kennengelernt habe, weder aus der Nähe noch aus der Ferne, sehen Sie, das ist eines Cassavetes würdig. Ja, das ist Kino durch und durch.

Ich bin an einem anderen Ort in Paris, zusammen mit Laurent und Mous oder, wenn Sie wollen, mit Moustapha dem Türken. Sehen Sie, Moustapha bat uns, ihn zu begleiten, da er auf die Suche nach einem neuen Spielautomaten gehen mußte, den er möglicherweise für seine Bar ausleihen wollte. Laurent steht am Spielautomaten. Mous diskutiert mit dem Kellner und dem Besitzer, sagen wir, mit einem der beiden Besitzer, der Kellner ist, denn der Mitinhaber, dem die andere Bar nebenan gehört, ist auch Kellner, und gleichzeitig bietet mir Laurent zum Schreiben, wie wenn ich kein Papier mehr hätte, aus dem Kartenspiel des Barbesitzers die Herz Zehn als Unterlage an. Der Besitzer, ein Herr der nicht aufhört von Spielautomaten zu reden und unablässig wiederholt daß es keine Spieler mehr gibt und daß es nicht mehr ist wie früher und ja Monsieur wir kennen die Krise selbst die Bierbrauer verkaufen ihr Bier woanders. Um zwei oder drei Uhr morgens habe ich super Kundschaft. Es gibt kein Kleingeld mehr. Jetzt das Trinkgeld, und Ende.

Zum Schluß und wirklich zum Schluß haben sie unsere rituellen Masken zu abgeschmacktem Kunsthandwerk für Vollkasko-Touristen entstellt. Ist das etwa Kino?

Aus dem Französischen von Caroline Gutberlet
Mit freundlicher Genehmigung des Autors

Bouna Medoune Seye (*1956 Senegal), Maler, Fotograf und Filmemacher; lebt und arbeitet in Dakar.

Filme:
- Kurzfilm über die Montagnés während eines Aufenthalts in der Galerie »Chambre blanche« (Québec), 1992.
- *Bandit cinéma*, 1992, S-16mm, auf 35mm kopiert, 23'. La Huit Prod., Paris. Preis der Stadt Mailand 1993 und dem Prix Qualité du Centre National de la Cinématographie (CNC, Paris) 1995.
- *Saï Saï By – Dans les tapats de Dakar*, 1994, Betacam auf 16mm kopiert, 13'. Prix de la Coopération und des Canal France International während des FESPACO 1995.
- Videoproduktionen für das Theaterstück *La vie a de longues jambes* (Das Leben hat lange Beine) von Jean-Michel Bruyère: »Die Füße auf den Straßen von Dakar«, 15'; Film über Joe Ouakham, 1995, 15'.
- Videoproduktion für die Fernsehsendung *Simplement une heure* (Afrikanische Künstler und AIDS) im Auftrag von *Revue Noire*: Porträts der Maler Kan-Sy und Cheikh Niass sowie des Musikers Alioune Kassé, 1995.

In Vorbereitung:
- Dokumentarfilm über die Verrückten von Dakar 60'.
- *Ass's London*, Spielfilm, 90'.
- *Accent Grave*, Spielfilm, 90'.
- *Rouge Feu*, 16mm, 26'.

Mitarbeit/künstlerische Leitung u. a. in den Filmen:
- *Set Setal*, Moussa Sene Absa, Senegal 1991, 20'.
- *Yeku* Fousseynou Diagola, 1991.
- *Un destin pour L'Unesco*, Moussa Sene Absa, Senegal 1991.
- Künstlerische Leitung der Videoclips von Youssou Ndour, *Guorgui* und *Chimes of Freedom*, 1992.
- *Le Masque*, Flora Gomes, Guinea-Bissau 1993.
- *Temedi*, Gahité Fofana, Guinea Conakry 1995.

Fotografische Arbeiten:
Arbeiten über: Kinder in Senegal, Mode, Tanz, schnelle Wagen, Wasserverkäufer, Verrückte in den Straßen von Dakar…
Ausstellungen seit 1983 in Dakar (Senegal), Bamako (Mali), Genf, Berlin und Frankreich; Publikationen seit 1984 in *Marie-Claire*, *Télérama* (Paris), *666*, *Souka Magazine* (Senegal), *Revue Noire* (Paris) u.a.;
veröffentlichte ein Fotoband, *Les trottoirs de Dakar*. Paris, Editions Revue Noire 1994.

Filmothek

Bibliothek

Achebe, Chinua: Literature of Celebration. *West Africa*, 5. - 11. Februar 1990.

Adair, Gilbert: The Artificial Eye, *Sight and Sound*, Bd. 57, Nr. 4, 1988.

Afigbo, A. E.: Education, Urbanization and Social Change in Colonial Africa. In: Readings in African Humanities. African Cultural Development. Enugu, 1980.

L'Afrique et le Centenaire du Cinéma/*Africa and the Centenary of Cinema*, Dakar/Paris: Présence Africaine/FEPACI 1995, franz./engl.

Akers Rhoads, Diana: Culture in Chinua Achebe´s Things Fall Apart. *African Studies Review* Nr. 36, 2/9, 1993.

Alvarado, Manuel/John O. Thompson (Hg.): The Media Reader. London: British Film Institute 1990.

Anderson, Benedict: Die Erfindung der Nation. Zur Karriere eines erfolgreichen Konzepts. Frankfurt am Main: Campus 1988.

Armes, Roy/Lizbeth Malkmus: Arab and African Filmmaking. London/New Jersey: Zed Press 1991.

Baker Jr., Houston: Modernism and the Harlem Renaissance. Chicago: University of Chicago Press 1987.

Balogun, Françoise: Le cinéma au Nigeria. Brüssel: OCIC 1984.

Ben-Amos, Paula: African Visual Arts from a Social Perspective. *African Studies Review* Nr. 32, 2/4, 1989.

Benjamin, Andrew/Peter Osborne (Hg.): Benjamin´s Philosophy. Destruction and Experience. London/New York: Routledge 1993.

Benjamin, Walter: Ursprung des deutschen Trauerspiels (1928). Frankfurt/Main: Suhrkamp 1993 (6. Aufl.).

Benveniste, Emile: Problems in General Linguistics (1971), dt. Probleme der allgemeinen Sprachwissenschaft. Frankfurt/Main: Syndikat 1971.

Bhabha, Homi: The Other Question. Reconsidering the Stereotype and Colonial Discourse. *Screen* Bd. 24, Nr. 6, 1983, 18-36.

——— : Einleitung zu Frantz Fanon: Black Skin, White Masks. London, 1986.

Bobo, Jacqueline: Individual Response. *Camera Obscura*, Bd. 20/21, 1989.

Bordwell, David/Kristin Thompson: Film History. An Introduction. New York, 1994.

Boughedir, Ferid: African Cinema from A to Z/Le cinéma africain de A à Z. Brüssel: OCIC 1992.

Bourdieu, Pierre: La distinction. Critique sociale du jugement (1979), dt. Die feinen Unterschiede: Kritik der gesellschaftlichen Urteilskraft. Frankfurt am Main: Suhrkamp 1996 (4. Aufl.).

Boyce Davies, Carol: Feminist Consciousness and African Literary Criticism. In: *Ngambika: Studies of Women in African Literature*, Carol Boyce Davies und Anne Adams Graves (Hg.). Trenton: Africa World Press 1986.

Brownlow, Kevin: The Paradise´s Gone By. London, 1968, 1989².

Burton, Julianne: The Social Documentary in Latin America. Pittsburgh, PA: University of Pittsburgh Press 1990.

Byars, Jackie: All That Hollywood Allows. Re-Reading Gender in 1950s Melodrama. Chapel Hill/London: University of North Carolina Press 1991.

Camera Nigra. Le discours du film africain. Brüssel/Paris: OCIC/L´Harmatan 1994.

Caughie, John (Hg.): Theories of Authorship. A Reader. London: Routledge & Kegan Paul 1981.

Césaire, Aimé: Discours sur le colonialisme (1955), dt. Über den Kolonialismus. Berlin: Wagenbach 1968.

Cham, Mbye Baboucar: Art and Ideology in the Work of Ousmane Sembène and Haile Gerima. *Présence Africaine*, Bd. 129, 1984, 79-91.

Cham, Mbye B./Clare Andrade-Watkins (Hg.): Black Frames. Critical Perspectives on Black Independent Cinema. Cambridge (MA): The MIT Press 1988.

Chinweizu, Owuchekwa Jemie/Ihechuku Madubuike: Toward The Decolonization of African Literature. Enugu, 1980/Washington: Howard University Press 1983.

Clark, Andrew F.: Lumumba. Death of a Prophet, *American Historical Review*, Oktober 1993.

Cook, Pam (Hg.): The Cinema Book. London: British Film Institute 1993.

Coquery-Vidrovitch, Catherine: The Process of Urbanization in Africa. *African Studies Review*, Nr. 34, 1991.

Le critique africain et son peuple *comme producteur de civilisation*. Kolloquium in Yaoundé im April 1973. Dakar/Paris: Présence Africaine 1977.

Curran, James: Communication, Power and Social Order. In: Culture, Society and the Media. London, 1982.

Cutrufelli, Maria Rosa: Women of Africa. Roots of Oppression. London: Zed Press 1983.

Debord, Guy: Society of the Spectacle (1983), dt. Die Gesellschaft des Spektakels. Berlin, 1985.

Devisch, Renaat: Perspectives on divination in contemporary sub-Saharan Africa. In: Theoretical Explorations in African Religion. London, 1985.

Diawara, Manthia: African Cinema: FESPACO, an evaluation. *Third World Affairs*, 1986.

———— : African Cinema, Politics and Culture. Bloomington: Indiana University Press 1992.

———— : Souleymane Cissés Light on Africa, *Black Film Bulletin*, Nr. 3, 1988.

———— : Sub Saharan African Film Production. The Technological Determinism. *Jump Cut*, Bd. 32, 1987.

Dictionnaire du cinéma africain, Bd. I. Association des trois mondes (Hg.). Paris: Karthala/Ministère de la coopération et du développement 1991.

Diop, Cheik Anta: The African Origin of Civilization. Myth or Reality. Westport, CT: Lawrence Hill 1974.

Doane. Mary Ann: Dunkle Kontinente. Epistemologie der rassischen und sexuellen Differenz in der Psychoanalyse und im Kino. In: Doane/Friedberg u.a.: Feminismus und Medien. Frankfurt/Bern 1991, 6-65.

Downing, John H. D. (Hg.): Film and Politics in the »Third World«. New York: Autonomedia 1987.

Dyer, Richard: The Matter of Images. Essays on Representation. London/New York: Routledge 1993.

———— : WEISS. In: Frauen und Film (Frankfurt am Main) 54/55, 1994: Ethnos und Geschlecht, 65-80.

Dyer, Richard/Ginette Vincendeau (Hg.): Popular European Cinema. London/New York, 1992.

Eagleton, Terry/Frederic Jameson/Edward Said: Nationalism, Colonialism, and Literature. Minneapolis: University of Minesota Press 1990.

Ekwuazi, Hynginus: Film in Nigeria. Lagos/New York: Third Press International 1991.

Eliade, Mircea: The Sacred and the Profane (1957), dt. Das Heilige und das Profane. Vom Wesen des Religiösen. Frankfurt am Main: Suhrkamp 1990.

Enahoro, A.: Towards a Philosophy of African Cinema. *African Media Review*, Bd. 3, 1, 1988.

Fanon, Frantz: Peau noire, masques blancs (1952), dt. Schwarze Haut, weiße Masken. Frankfurt am Main: Suhrkamp 1980.

———— : Les damnés de la terre (1961), dt. Die Verdammten dieser Erde. Frankfurt am Main: Suhrkamp 1981.

———— : L´an V de la révolution algérienne (1964).

Die Fremde Sehen. Ethnologie und Film. München: Trickster 1984.

Freye, Marilyn: On Being White. Towards a Feminist Understanding of Race and Race Supremacy. In: The Politics of Reality. New York, 1983.

Finkle/Pable (Hg.): Political Development and Social Change. New York, 1971.

Gabriel, Teshome: Towards a Critical Theory of Third World Films. *Third World Affairs*, 1985.

———— : Third Cinema in The Third World. The Aesthetics of Liberation. Michigan: Ann Arbor 1982.

———— : Xala. A Cinema in Wax and Gold. *Jump Cut*, Juli 1982.

Gardies, André & Pierre Haffner: Regards sur le cinéma négro-africain. Brüssel: OCIC 1987.

Gilliams, Angela: African Cinema as New Literature. In: Journey Across Three Continents. New York, 1985.

Gilroy, Paul: There Ain't no Black in The Union Jack. London, 1987.

Gusfield, Joseph R.: Tradition and Modernity. Misplaced Polarities in the Study of Social Change. In: Finkle/Pable (Hg.): Political Development and Social Change. New York, 1971.

Hadjinicolaou, Nicos: Art History and Class Struggle. London, 1978.

Haffner, Pierre: Essai sur les fondements du cinéma africain. Abidjan: Les Nouvelles Editions Africaines 1978.

——— : Kino in Schwarzafrika. Haus der Kulturen und der Welt/*Cicim*, Bd. 27/28, 1989.

Hall, Stuart und T. Jefferson (Hg.): Resistance Through Rituals. Youth Subcultures in Post-War Britain. London, 1976.

——— : Ideologie, Kultur, Medien, Neue Rechte, Rassismus. Ausgewählte Schriften. Hamburg: Argument 1989.

Histoire génerale de l`Afrique, Bd. 1: Méthodologie et préhistoire africaine. Paris: Unesco/Présence Africaine 1986.

Hoch, Paul: White Hero, Black Beasts. Racism, Sexism and the Mask of Masculinity. London, 1979.

Hockings, Paul (Hg.): Principles of Visual Anthropology. Den Haag: Mouton 1975.

Hondo, Med: The Cinema of Exile. In: Downing (Hg.): Film and Politics in The Third World. New York, 1987, 69-76.

Hugier, Françoise: Sur les traces de l´Afrique Fantôme. Paris: Maeght 1990.

Hulme, Peter: Islands of Enchantment. Extracts from a Caribbean Travel Diary. *New Formations* (London), Bd. 3, 1987, 81-95.

Ilboudo, Patrick G.: Le Fespaco 1969-1989. Les cinéastes africains et leurs oeuvres. Ouagadougou: Editions La Mante 1988.

James, C.L.R.: A History of Negro Revolt (1938). London, 1969.

——— : Nkrumah and The Ghana Revolution (1977). London: Allison/Busby 1982.

——— : Beyond a Boundary (1966). New York: Pantheon 1984.

Katz, Elihu/George Wedell (Hg.): Broadcasting in the Third World. Promise and Performance. London: Macmillan 1977.

Kipnis, Laura: Aesthetics and Foreign Policy. *Social Text*, Bd. 3, 1986.

Kratz, Corinne A.: We´ve Always Done It Like This ... Exept For a Few Details. *Comparative Studies in Society and History*, Bd. 35, 1, 1993.

LaGuerre, John Gaffar: Enemies of the Empire. Trinidad: University of the West Indies 1984.

Lane, Jim: Notes on Theory and the Autobiographical documentary Film in America. *Wide Angle*, Bd. 15, Nr. 3, 1993.

Leahy, James: Yeelen. A biofilmography. *Monthly Film Bulletin*, Bd. 55, Nr. 658, 1988.

Leiris, Michel: L´Afrique Fantôme (1934). Dt. Phantom Afrika. Tagebuch einer Expedition von Dakar nach Djibouti 1931–1933. Frankfurt am Main: Suhrkamp 1985.

Lewis, David L.: W.E.B. DuBois. Biography of a Race 1868–1918. New York: Henry Holt & Co. 1993.

Library of African Cinema 1993–1994. San Francisco: California Newsreel 1993.

Man is Culture, Sixth Annual Hans Wolff Memorial Lecture: Bloomington 1979.

Maquet, Jacques: Introduction to Aesthetic Anthropology. Malibu, 1971.

——— : The Aesthetic Experience. An Anthopoligist Looks at The Visual Arts. New Haven: Yale University Press 1986.

Maynard, Richard A.: Africa On Film. Myth and Reality. Rochelle Park (NJ), 1974.

Mazrui, Ali A.: The Africans: A Triple Heritage. Boston: BBC Publ. 1986.

Mbon, Friday M.: African Traditional Socio-Religious Ethics and National Development. The Nigerian Case. In: Jacob K. Olupona (Hg.): African Traditional Religions in Contemporary Society. Papers presented at the conference »The Place of African Traditional Religion in Contemporary Africa«, Nairobi 10.–14. Sept. 1987. New York: Paragon House 1991.

McNaughton, Robert: Secret Sculptures of the Komo. Philadelphia, 1979.

Metz, Christian: Langage et cinéma. Paris: Editions Larousse 1971.

Miller, Christopher: Orality Through Literacy. Mande Verbal Art After the Letter. *The Southern Review*, Bd. 23 , Nr. 1, 1987.

Milliband, Ralf/Leo Panitch (Hg.): Socialist Register. London: Merlin Press 1992.

Minh-ha, Trinh T.: Woman, Native, Other. Bloomington: Indiana University Press 1989.

Mohamed, Abdul R. Jan: Manichean Aesthetics. The Politics of Literature in Colonial Africa. Boston, 1983.

Mohanty, Chandra Talpade/Ann Russo/Lourdes Torres (Hg.): Third World Women and the Politics of Feminism. Bloomington: Indiana University Press 1991.

Mosse, George L.: Toward the Final Solution (1978), dt. Die Geschichte des Rassismus in Europa. Frankfurt am Main, 1994 (9. Aufl.).

Mudimbe, V.Y.: The Invention of Africa. Gnosis, Philosophy, and The Order of Knowledge. Bloomington/Indianapolis: Indiana University Press 1988.

Mulvey, Laura: Visual Pleasure and Narrative Space. *Screen* (London), Bd. 16 (01), 1975, 6-18; dt. Visuelle Lust und narratives Kino. In: G. Nabakowski/H. Sander/P. Gorsen (Hg.): Frauen in der Kunst. Frankfurt am Main: Suhrkamp 1980, 30-46.

Murphy, W. P.: Secret Knowledge As Property and Power in Kpelle Society. Elders versus Youth. *Africa*, Bd. 50, Nr. 2, 1980.

***Neuvième FESPACO**: Cinéma et Libération des Peuples*. Ouagadougou: Secrétariat Général des Festivals Cinématographiques 1985.

Niane, Djibril: Soundjata ou l'épopée mandingue. Paris/Dakar: Présence Africaine 1960. Engl. Sundiata. An Epic of Old Mali, 1965.

Nichols, Bill: Representing Reality. Issues and Concepts in Documentary. Bloomington: Indiana University Press 1991.

Ni Chreachain, Firinne: If I were a woman, I'd never marry an African. Interview with Sembène Ousmane. *African Affairs*, Bd. 91, Nr. 363, 1992.

Nietzsche, Friedrich: Zur Genealogie der Moral (1887). Stuttgart, 1995.

Ojaide, Tanure: Modern African Literature and Cultural Identity. *African Studies Review*, Bd. 35, Nr. 3, 1992.

Okpewho, Isidore: Myth in Africa. A Study of Its Aesthetic and Cultural Relevance. Cambridge: Cambridge University Press 1983.

——— (Hg.): The Heritage of African Poetry. London, 1985.

——— : African Oral Literature. Bloomington/Indianapolis: Indiana University Press 1992.

Onoge, Omafume F.: The Crisis of Consciousness in Modern African Literature. In: Themes in African Social and Political Thought. Enugu, 1978.

Opubor, Alfred/Onhora E. Nwuneli (Hg.): The Development and Growth of the Film Industry in Nigeria. Lagos/New York: National Council for Arts and Culture 1979.

Petty, Sheila: Cities, Subjects, Sites. Sub-Saharan Cinema and the Reorganization of Knowledge. *Afterimage*, Summer 1991.

Pfaff, Françoise: The Cinema of Ousmane Sembène.Westport, Conn.: Greenwood Press 1984.

Pines, Jim/Paul Willemen (Hg.): Questions of Third Cinema. London: BFI 1989/1984.

Ranger, Terence/Eric J. Hobsbawm (Hg.): The Invention of Tradition. Cambridge: Cambridge University Press 1983.

Renov, Michael (Hg.): Theorizing Documentary. New York: Routledge 1993.

Ricard, Alain: Du théâtre au cinéma yoruba, le cas nigérien. *CinémAction*, Bd. 26, 1983: Cinémas noirs d'Afrique, 160-167.

Rich, Bruce: Mortgaging the Earth. The World Bank, Environmental Impoverishment, and the Crisis of Development. Boston: Beacon Press 1994.

***The role of the African Film-maker** in Rousing an Awareness of Black Civilisation, Présence Africaine*, Nr. 90, 1974.

Jean Rouch – Un griot gaulois. René Pedral (Hg.). *CinémAction*, Nr. 17. Paris: CinémAction/Harmatan 1982. Wiederauflage unter dem Titel, *Jean Rouch ou le ciné-plaisir*. René Pédral/Corlet-Télérama (Hg.). *CinémAction*, Nr. 81, September 1996.

Saber, Ahmed: Political and Social Thought in the West African Novel. Mongo Beti's »Perpetue«, O. Sembène's »Xala«, and Ayi Kwei Ansah's »The Healers«. Diss. University of Georgia, 1985.

Sackey, Catherine: Witchcraft in Cameroon. *West Africa* Nr. 3943, 19-25 April 1993.

Said, Edward: Orientalism (1978), dt. Orientalismus. Frankfurt/Berlin/Wien: Ullstein 1985².

——— : Culture and Imperialism (1994), dt. Kultur und Imperialismus. Einbildungskraft und Politik im Zeitalter der Macht. Frankfurt am Main: S. Fischer 1994.

Schmidt, Nancy: African Film Bibliography. Bloomington: Indiana University Press 1986 (6. Aufl.).

Seiter, Ellen: Individual Response. *Camera Obscura*, Bd. 20/21, 1989.

Seye, Bouna Medoune: Les trottoirs de Dakar, Fotografien. Paris: Revue Noire 1994.

Shohat, Ellen/Robert Stam: Unthinking Eurocentrism. Multicultural Studies in the Media Age. London/New York: Routledge 1994.

St. Clair, Drake: The Redemption of Africa and Black Religion. Chicago, 1970.

Stories of the Past – Souleymane Cissé. *Monthly Film Bulletin*, Nr. 658, 1988.

Sundkler, Bengt: Bantu Prophets. London: Oxford University Press 1964.

Tapsoba, Clément: Du rôle de la critique africaine. In: *FESPACO 1987*, Festivalkat. Ouagadougou, Burkina Faso.

Taylor, Clyde: Film Reborn in Mozambique, *Jump Cut*, 28, 1983.

———— : Decolonizing World Cinema. *Third World Affairs*, 1985.

Taylor, Roger: Art, an Enemy of the People. Hassocks, 1978.

Temu, Arnold/Bonaventure Swai: Historians and Africanist History. A Critique. London, 1981.

Tomaselli, Keyan: The Cinema of Apartheid. Race and Class in South African Film. London/New York: Routledge 1988.

Tradition orale et nouveaux médias. Xème Fespaco. Brüssel: OCIC 1989.

Ukadike, N. Frank: African films. A Retrospective and a Vision For the Future, *Critical Arts*, 7, Okt. 1993, 43-60.

————: Black African Cinema. Berkeley: California University Press 1994.

Vieyra, Paulin Soumanou: La critique et le cinéma africain, in: *Le critique africain et son peuple*. Kolloquium in Yaoundé im April 1973. Dakar/Paris: Présence Africaine 1977.

————: Réflections d'un cinéaste africain. Collection Cinémédia. Brüssel: OCIC 1990.

Wagner, Tereza/Claude Ondobo: African Cinema. A Young and Relatively Unknown Art. *Unesco Courier*, März 1988.

Walker Alexander, Margaret: This is My Century. Black Synthesis of Time.

Wallerstein, Immanuel: Africa and the Modern World. Trenton (NJ): Africa World Press Inc. 1986.

West, Cornell: Prophecy Deliverance. Philadelphia, 1982.

Winston, Brian: A Whole Technology of Dyeing: A Note on Ideology and the Apparatus of Chromatic Moving Image. *Daedalus*, Bd. 114, Nr. 4, 1985.

Wright, Richard: Native Son (1966), dt. Sohn dieses Landes. München, 1993.

Wynter, Sylvia: The Ceremony must be found. After Humanism. *Boundary*, Nr. 2, 1984, 19-70.

Yarmolinsky, Avrahm: Road to Revolution. New York, 1959.

Yearwood, Gladstone (Hg.): Black Cinema Aesthetics. Athens: Ohio University Press 1982.

Yung, -: Besprechung von *Yeelen* o.T., *Variety*, 13. Mai 1987.

Zahan, Dominique: The Religion, Spirituality, and Thought of Traditional Africa. Chicago, 1970.

Zeusse, Evan M.: Ritual Cosmos. Athens: Ohio University Press 1979.

Quellennachweise

Die Texte wurden von den Herausgebern teilweise überarbeitet und gekürzt.

* Jude Akudinobi: Tradition/Modernity and the Discourse of African Cinema. *IRIS*, 18, 1995, 25-37.
* *Asientos*, Dialogtext zum gleichnamigen Film von Claire Jaumain und François Woukoache, Brüssel 1995.
* Férid Boughedir: Perspectives. Férid Boughedir: African Cinema from A to Z. Brüssel: OCIC 1992, 51-53.
* Manthia Diawara: Oral Literature and African Film: Narratology in Wênd Kûuni. Paul Willemen/Jim Pines (Hg.): Questions of Third Cinema. London: BFI 1989, 199-211.
* Richard Dyer: The Light of the World – White People and the Film Image, dt. Das Licht der Welt – Weiße Menschen und das Film-Bild. Marie-Louise Angerer (Hg.): The Body of Gender – Körper, Geschlechter, Identitäten. Wien: Passagen 1995, 151-166. *Von den Herausgebern überarbeitet.*
* FantaSma. Ein Interview mit Régine Fanta Nacro; Mahé Gutberlet und Hans-Peter Metzler, Paris 29.9.1996.
* Phillip Gentile: In the Midst of Secrets. Souleymane Cissé's *Yeelen*. *IRIS*, 18, 1995, 125-135.
* Stuart Hall: Rassismus und kulturelle Identität. Stuart Hall: Ausgewählte Schriften Bd. 2. Hamburg: Argument 1994, 26-43/Cultural Identity and Cinematic Representation. John Rutherford (Hg.): Identity, Community, Culture, Difference. London: Lawrence & Wishard 1990, 222 237. *Die deutsche Übersetzung wurde um die explizit filmischen Aspekte der vorangegangenen Fassungen erweitert.*
* Amadou Hampaté Bâ: La tradition vivante. Histoire générale de l'Afrique. Méthodologie et préhistoire africaine. Paris: Présence Africaine/Edicef/Unesco 1986, 99-112.
* Abid Med Hondo: Les bicots nègres vos voisins. *Framework*, Film Journal, London 4. Jg., Bd. 7/8, 1978, 21-22.
* Nixon Kariithi: Misreading Culture and Tradi tion: Western Critical Appreciation of African film. L'Afrique et le Centenaire du Cinéma. Paris/Ouagadougou: Présence Africaine/ Fepaci 1995, 166-187.
* Félix Samba N'Diaye: Le temps des grands frères S Kat. *Cinéma du Réel*, Paris 1996, 49/52.
* Sheila Petty: Miseria: Towards an African Feminist Framework of Analysis. *IRIS*, 18, 1995, 137-145.
* Richard Porton: *Hyenas*. Between Anti-Colonialism and The Critique of Modernity. *IRIS*, 18, 1995, 95-103.
* Emmanuel Sama: Le film étranger sur son propre territoire. *Ecrans d'Afrique*, 4, 1993, 54-67.
* *Sambizanga*: Un film de Sarah Maldoror sur les débuts de la guerre de libération en Angola. *L'Afrique littéraire et artistique*, 28, April 1973, 78-87.
* Bouna Medoune Seye: Demande de visa cinématographe. Im Auftrag der Herausgeber. Paris, September 1996.
* Clément Tapsoba: De l'orientation de la critique du cinéma africain. Vortrag anläßlich des Symposiums »Black Cinema: A Celebration of PanAfrican Film«, Tisch School of Art, New York University, 10.–14. Sept. 1993. L'Afrique et le Centenaire du Cinéma/Africa and the Centenary of Cinema. Paris/Dakar: Présence Africaine/Fepaci 1995, 157-165.
* Clyde Taylor: Black Cinema in the Post-Aesthetic Era. Pines/Willemen (Hg.): Questions of Third Cinema. London: BFI 1989, 90-110.
* Tu nous regardes comme des insectes. Realisiert von Albert Cervoni. In: Rouch – Un griot gaulois, René Pédral (Hg.). *Cinémaction*, 17, 1982, 77-78.
* N. Frank Ukadike: The Other Voices of Documentary. *Allah Tantou* and *Afrique, je te plumerai*. *IRIS*, 18, 1995, 81-94.
* Paulin Soumanou Vieyra: Le cinéma africain dans son expression populaire. Beitrag zum Kolloquium Cinéma, Litérature et culture populaire, VI. Jours du Films de Carthage, 1976. P.S. Vieyra: Réflexions d'un cinéaste africain. Brüssel: OCIC 1990, 155-165.

Filmfestivals / Filmreihen / Kinos

Deutschland

AFRICA ALIVE, Frankfurt am Main
Kontakt: Kitty Vincke
Kommunales Kino des Deutschen Filmmuseums
Schaumainkai 41, 60359 Frankfurt am Main
Tel.: 0 69 - 21 23 88 30; Fax: 0 69 - 21 23 78 81
Seit 1995 (1996);
Nächstes Festival: voraussichtlich 1998

africa film festival / Touki Bouki, Hannover
Veranstalter: Afrika Initiative Hannover
Lister Meile 4, 30161 Hannover
Kontakt: Klaus Strempel
Obentrautstr. 46, 30419 Hannover
Tel.: 05 11 - 75 37 73 (p), 05 11 - 9 24 50 77 (d);
Fax: 05 11 - 9 24 50 79 (d)
Erstmalig: April-Juni 1996

Afrika-Filmtage, Bremen
Kontakt: Karl-Heinz Schmid
Kommunalkino Bremen / Kino 46
Waller Heerstr. 46, 28217 Bremen
Tel.: 04 21 - 3 87 67 30; Fax: 04 21 - 3 87 67 34
Erstmalig: 1987
Termin: Jährlich, März (1997)

African Films, Berlin
Veranstalter: Kino im K.O.B.
Potsdamer Str. 157, 10783 Berlin
Tel.: 0 30 - 3 21 88 79; Fax: 0 30 - 3 24 99 33

Afrikanisches Filmfest, Hamburg
Veranstalter: Fama-Kino
Luruper Hauptstr. 247, 22547 Hamburg
Tel.: 0 40 - 8 32 54 41

Filmfest Afrika, Berlin
Veranstalter / Kontakt: Petra Wagner
Haus der Kulturen der Welt
John-Foster-Dulles-Allee 10, 10557 Berlin
Tel.: 0 30 - 3 97 87-134; Fax: 0 30 - 3 94 86 79
E-Mail: hkw@contrib.de
Erstmalig: 1993/94
Termin: alle 2 Jahre, März-Juni (März 1998)

Französische Filmtage, Tübingen
Veranstalter: Filmtage Tübingen e.V.
Dieter Betz (Festivalleiter)
Friedrichstr. 11, 72072 Tübingen
Tel: 0 70 71 - 3 28 28; Fax: 0 70 71 - 3 10 06
E-Mail: 07071360120-1@T-Online.de
WWW: http://www.cityinfonetz.de/filmtage/00.html
Erstmalig: 1984
Termin: jährlich, Mitte Juni (18.-25.06.1997)

Freiburger Film-Forum
Kontakt: Gudula Meinzolt, Andrea Wenzek
Kommunales Kino e.V. Freiburg
Urachstr. 40, 79102 Freiburg
Tel.: 07 61 - 70 95 94; Fax: 07 61 - 70 69 21
Erstmalig: 1985
Termin: alle 2 Jahre, Mai (6.-11. Mai 1997)

Jenseits von Europa, Köln
Veranstalter: FilmInitiativ Köln e.V.
c/o version- bild - text - ton
Vor den Siebenburgen 32, 50676 Köln
Tel.: 02 21 - 3 10 09 62; Fax: 02 21 - 31 09 63
Erstmalig: 1992 (1993,1994, 1996)
Nächstes Festival: voraussichtlich 1998

Tage des unabhängigen Films, Augsburg
Veranstalter: Filmbüro Augsburg
Schroeckstr. 6, 86152 Augsburg
Tel.: 08 21 - 15 30 77 o. 79; Fax: 08 21 - 34 95 218
Schwerpunkt: 1992
Termin: jährlich

Belgien

FESTIVAL DU CINEMA AFRICAIN, Brüssel
Kontakt: Diaspora Productions
Cécile Heuschling,
46, Bd Charlemagne, B-1040 Bruxelles
Tel.: +32-2-2 30 58 58; Fax: +32-7 30 02 32
Erstmalig: 1994
Termin: jährlich, Juni

FESTIVAL INTERNATIONAL DU FILM FRANCOPHONE, Namur
Kontakt: André Ceuterick
175, rue des Brasseurs, B-5000 Namur
Tel.: +32-81-24 12 36; Fax: +32-81-22 43 84
WWW: http://www.ciger.be/namur/evenements/fiff96/index.shtml
Erstmalig: 1986
Termin: jährlich, September/Oktober
(26. Sept. - 4. Okt. 1997)

Dänemark

IMAGES OF AFRICA, Kopenhagen
Kontakt: Copenhagen International Theatre
Kristina Kroll
Vestergade 8, DK-1456 Copenhagen
Tel.: +45-33-15 15 64; Fax: +45-33-32 81 82
Termin: jährlich, Juli

Frankreich

BIENNALE DES CINEMAS ARABES, Paris
Kontakt: Institut du Monde Arabe
1, Rue des Fossés Saint Bernard, F-75005 Paris
Tel.: +33-1-40 51 38 38; Fax: +33-1-43 54 76 45
Erstmalig: 1987
Termin: jährlich, Juni

CINEMAS D'AFRIQUE, Loudun
Kontakt: Jean-Claude Rullier
Cuzay, F-86120 Roiffé
Tel.: +33-549-98 77 79; Fax: +33-549-98 12 88
Termin: alle 2 Jahre, Februar

CINEMA DU REEL, Paris
Kontakt: Bibliothèque publique d'information
19, rue Beaubourg, F-75197 Paris Cedex 04
Tel.: +33-1-44 78 44 21; Fax: +33-1-44 78 12 24
Erstmalig: 1979
Termin: jährlich, März

FESTIVAL CINEMAS D'AFRIQUE, Angers
Kontakt: Gérard Moreau
3 Bis Quai Gambetta, F-49100 Angers
Tel.: + 33-421-20 08 22; Fax: +33-421-20 08 27
Erstmalig: 1987
Termin: jährlich, April-Mai (8.-12. Mai 1997)

FESTIVAL DES FILMS DE CULTURE NOIRE, Paris
Kontakt: Sanvi Panou
4, Villa Poissonnière, F-75018 Paris
Tel.: +33-1-42 51 85 55; Fax: +33-1-42 51 18 85
Erstmalig: 1993
Termin: jährlich, Januar

FESTIVAL DES TROIS CONTINENTS, Nantes
Kontakt: Alain Jalladeau
BP 3306, F-44033 Nantes, Cedex 01
Tel: +33-240-40 69 09 73; Fax: +33-240-40 73 55 22
WWW: http://www.in-net.fr/Nantes/Festivals.html#Festival des 3 Continents
Erstmalig: 1979
Termin: jährlich, November

FESTIVAL INTERNATIONAL DU CINEMA MEDITERRANEEN, Montpellier
Kontakt: Festival Int. de Cinéma Méditerranéen
6, Rue Vieille Aiguillerie, F-34000 Montpellier
Tel.: +33-467-66 36 36; Fax: +33-467-66 36 37
Erstmalig: 1979
Termin: jährlich, Oktober/November

FESTIVAL INTERNATIONAL DU FILM, Amiens
Kontakt: Festival International du Film
36, rue de Noyon, F-80000 Amiens
Tel: +33-22-91 01 44; Fax: +33-22-92-53-04
Erstmalig: 1980
Termin: jährlich, November

Großbritannien

AFRICA AT THE PICTURES, London
Kontakt: Keith Shiri – Africa at the Pictures
38 King Street, London WC2 E8JT
Tel: +44-171-8 36 19 73; Fax: +44-171-8 36 19 75
Termin: alle 2 Jahre, August/September

Italien

FESTIVAL DEL CINEMA AFRICANO, Milano
Veranstalter / Kontakt: COE- Comunicazione & Media, Alessandra Speciale
Via Lazzaroni, 8; I-20124 Milano
Tel: +39-2-6 69 62 58 / 66 71 20 77; Fax: +39-2-66 71 43 38; E-Mail: coe@iol.it
WWW: http://www.dream.it/festival
Erstmalig: 1991
Termin: jährlich, März (14.-20. März 1997)

GIORNATA DEL CINEMA AFRICANO, Perugia
Kontakt: Centro Sociale
Via Bartolo 43/F, I-06100 Perugia
Tel.: +39-75-5 72 89 05; Fax: +39-75-5 72 67 68
Erstmalig: 1983
Termin: jährlich, Februar

Niederlande

Afrika in Beeld, Amsterdam
Kontakt: Notorious Film, Mariet Bakker
P.O. Box 17456, NL-1001 JL Amsterdam
Tel.: +31-20-6 25 24 23; Fax: +31-20-6 20 52 33
Erstmalig: 1987
Termin: jährlich, September

Schweiz

BLACK MOVIE, Genève
Kontakt: Black Movie
5, rue de Temple; CH-1201 Genève
Tel.:/Fax: +41-22-7 38 14 50
Erstmalig: 1990
Termin: jährlich, November/Dezember

CINEMAFRICA, Zürich
Kontakt: Hanna Diethelm, Barbara Hegnauer
Film Podium
Postfach, CH-8022 Zürich
Tel.: +41-1-383 04 08; Fax: +41-1-451 43 66
Erstmalig: 1987 (89, 91, 93)
Termin: alle 2 Jahre, November

FESTIVAL DE FILMS DE FRIBOURG
Kontakt: Martial Knaebel, Ingrid Kramer
8, Rue de Locarno, CH-1700 Fribourg
Tel.: +41-37-22 22 32; Fax: +41-37-22 79 50
Termin: jährlich, Januar

LES FILMS DU SUD, Lausanne
Kontakt: Cinema Bellevaux
Rte Aloys Fauquez 4, CH-1018 Lausanne
Tel.: +41-21-37 46 42
Erstmalig: 1993

RENCONTRES MEDIAS NORD-SUD, Genève
Kontakt: Tina Boillat, Télévision Suisse Romande
20, quai Ernest Ansermet, CH-1211 Genève 8
Tel: +41-22-7 08 81 93; Fax: +41-22-3 28 94 10
E-Mail: nordsud@vtx.ch
Erstmalig: 1989
Termin: jährlich, April/Mai (26.-29.Mai 1997)

Spanien

MOSTRA DE CINEMA MEDITERRANI, Valencia
Kontakt: Luis Fernandez
Plaza del Arzobispo 2, E-46003 Valencia
Tel.: +34-6-3 92 15 06; Fax: +34-6-3 91 51 56
Termin: jährlich, Oktober

Burkina Faso

Festival PanAfricain du Film et de la Television de Ouagadougou (FESPACO), Ouagadougou
Kontakt: Philippe Sawadogo
Sécrétariat Général Permanent du FESPACO
FESPACO 01 B.P. 2505
Ouagadougou 01, Burkina Faso
Tel.: +226-30 75 38; Fax: +226-31 25 09
WWW-Seite: http://rubis.iie.cnam.fr/_castera/burkina/fespaco.html
Erstmalig: 1969
Termin: alle 2 Jahre, Ende Februar (25. Februar - 4. März 1997)

Ghana

ACCRA FILM FESTIVAL
Tel.: +233-21-22 26 87
Termin: jährlich, Dezember.

Marokko

RENCONTRES DU CINEMA AFRICAIN DE KHOURIBGA
Kontakt: Aberrahmane Tazi
Municipalité de la ville de Khourigba
Tel.: +212-3-49 34 04; Fax: +212-3-49 26 23
Erstmalig: 1977
Termin: jährlich

Senegal

RECIDAK, Dakar
Kontakt: Courrier Villa
Nr. 2744 Dieuppeul 3, Dakar, Sénégal
Tel.: +221-24 21 99; Fax: +221-25 53 00
Erstmalig: 1990
Termin: jährlich, Juni

Togo

LA SEMAINE DE L'IMAGE, Lomé
Kontakt: Do Kokou
74, Avenue de la Libération, BP 300 Lomé
Tel.: +228-21 71 61
Termin: jährlich, Dezember

Tunesien

JOURNEES CINEMATOGRAPHIQUES DE CARTHAGE, TUNIS
Kontakt: Mohamed Challouf
5, Rue Ali Belhouane, 2070 Lamarsa
Tel.: +216-1-74 53 55; Fax: +216-1-74 55 64
Erstmalig: 1966
Termin: alle 2 Jahre, Oktober

Zimbabwe

SOUTHERN AFRICAN FILM FESTIVAL, Harare
Kontakt: Southern African Film Festival
144 Chinhoyi Street, Harare
Tel.: +263-4-73 40 77; Fax: +263-4-707 898
Erstmalig: 1993 (1995)
Termin: alle 2 Jahre, Oktober

USA

NEW YORK AFRICAN FILM FESTIVAL
Kontakt: Mahen Bonetti
154 West 18 St. Suite 3B, 10011 New York USA
Tel.: +1-212-2 43 25 22; Fax: +1-212-8 07 97 52
WWW: http://www.africaonline.com/AfricaOnline/filmfest/film.html
Termin: jährlich, März/April

BLACK INTERNATIONAL CINEMA
Chicago, New York, Los Angeles, Berlin
Kontakt: Black International Cinema – Fountainhead Tanz Theatre, c/o Mc Kinney Griffith
413 West Navarre, South Bend, Ind. 46616 USA

CONTEMPORARY FILMS OF THE AFRICAN DIASPORA, New York
Kontakt: ArtMattan Prod.
535 Cathedral Parkway 14-B,
New York, NY 10025
Tel.: +1-212-7 49 60 20 / 3 16 60 20
Erstmalig: 1993
Termin: jährlich, November/Dezember

PANAFRICAN FILM FESTIVAL, Los Angeles
Kontakt: Ayuko Babu
P.O. Box 2418 Beverly Hills,
CA 90312 Los Angeles
Tel.: +1-213-2 95 17 06; Fax: +1-213-2 95 19 52
Erstmalig: 1992
Termin: jährlich, Januar/Februar

PROJECT BLACK CINEMA, Sarasota, Florida
Kontakt: Project Black Cinema
Tel.: +1-813-9 57 79 44
Erstmalig: 1992
Termin: jährlich, September

Kanada

PLANET AFRICA / TORONTO FILM FESTIVAL
Kontakt: Cameron Bailey
Tel.: +1-416-967 73 71
WWW: http://www.bell.ca/toronto/filmfest/headquarters/africa.htm
Termin: jährlich, September

VUES D´AFRIQUE, Montréal
Kontakt: Vues d´Afrique
67, rue Sainte-Catherine Ouest,
Montréal, Québec H2X 1Z7
Tel.: +1-514-2 84 33 22; Fax: +1-514-8 45 06 31
WWW: http://www.francophonie.org/lettre
Termin: jährlich, April/Mai

Gemeinsam herausgegeben mit dem Evangelischen Zentrum für Entwicklungsbezogene Filmarbeit (EZEF)

Filmverleihe

Deutschland

Arsenal, Filmverleih Tübingen

Neue Straße 15, 72070 Tübingen
Postfach 210163, 72024 Tübingen
D.: Ralf Babucke
Tel.: 0 70 71 - 9 29 60 Fax.: 0 70 71 - 92 96 11
V.: Yeelen (Cissé), Samba Traoré (I. Ouédraogo), Halfaouine (Boughedir), Bezness (Bouzid) u.a.

Bundesverband Jugend und Film e.V.
Kennedyallee 105a, 60596 Frankfurt am Main
D.: Reinhold T. Schöffel
Tel.: 0 69 - 6 31 27 23 Fax.: 0 69 - 6 31 20 22
Ausschließlich nicht-kommerzielle Nutzung

EZEF, Evangelisches Zentrum für entwicklungsbezogene Filmarbeit
Kniebisstr. 29, 70188 Stuttgart
D.: Bernd Wolpert
Tel.: 07 11 - 9 25 77 50 Fax.: 01 77 - 9 25 77 25

Freunde der Deutschen Kinemathek e.V.
Welserstr. 25, 10777 Berlin
D.: Karl Winter
Tel.: 0 30 - 2 11 17 25 Fax.: 0 30 - 24 42 81

Landesbildstellen/Medienzentralen
siehe Informationsdienste: Spielfilm- Kurzfilmliste

Schweiz

trigon-film
Rösmattstr. 6, 4118 Rodersdorf
Tel.: +41-61-7 31 15-15/ -13 Fax.: -731 32 88
D. 35mm: Silvia Stoll, Buchzelstr. 78, 8053 Zürich
Tel.: +41-1-3 82 06 69
D. 16mm: Film Institut, Erlachstr. 21, 3000 Bern 9
Tel.: + 41-31-3 01 01 16 Fax.: -3 01 28 60

Frankreich

AFIX-Production (Film und Musik)
88, rue Lecourbe, 75015 Paris
Inh.: Pierre Yaméogo
D.: D. Kouyaté, M. Hebie, I. Ouédraogo, I. Beogo, D. Yaméogo, u.a.
Tel.: +33-1-47 83 67 35 Fax.: -41 61 03 22

Atria/Association Technique de Recherches et d'Informations Audiovisuelles; Produktion und Distribution ausschließlich afrikanischer Filme
16, Bd Jules Ferry, 75011 Paris
Festivals und D.: Annabel Thomas
Tel.: +33-1-43 57 17 32 Fax.:-43 57 01 33
oder - 43 55 06 02

Cap Vert – Almadies-Films
Produktion und Distribution
89, rue de Flandre, 75019 Paris
P./D.: Félix Samba N'Diaye u.a.
Tel.: +33-1-40 35 34 77 Tel. & Fax: -40 05 92 12

CINEMATHEQUE DU MINISTERE DE LA COOPERATION: AUDECAM Cinémathèque
100, rue de l'université, 75007 Paris
D.: Jeanick Le Naour
Tel.: +33-1-45 51 28 24 Fax: -45 56 10 72
Nicht-kommerzieller Verleih; keine Rechte am Verleih in der BRD, es ist allerdings möglich, über CICIM, München und mit der Einverständniserklärung des Autors/der Autorin, die Filme zu leihen.

Film du Défi, Production et Formation
7, Avenue du Belvedere,
93310 Le Prés-St.-Gervais
P./D.: Régine Fanta Nacro
Tel.: +33-1-48 97 41 66 Fax: -48 97 87 27

Les Films de la plaine
2, rue Paul Eluard, 93100 Montreuil
P./D.: Sophie Salbot
Tel.: +33-1-48 51 98 68 Fax: -48 51 98 42
F.: Idrissa Ouédraogo

Les Films du Raphia
Production et Distribution Film et Vidéo
42, rue Monge, 75005 Paris
P./D.: Jean-Marie Teno
Tel.: +33-1-45 29 14 27 Fax: -46 62 92 90

Marsa-Films
10, rue de la Pépinière, 78008 Paris
Tel.: +33-1-42 93 86 00 Fax: -42 93 74 40

La Médiathèque Des Trois Mondes
(Verleih/Dokumentationszentrum)
63, rue du Cardinal Lemoine, 75005 Paris
D.: Martine Leroy
Tel.: +33-1-42 34 99 00 Fax: -42 34 99 01
E-Mail: ATM @ globenet.gn.apc.org
Datenbanken über Afrikanische Filme und afrikanisches Kino; Zeitschrift: Images Nord-Süd.

Mercure Distribution/Verleih
27, rue de la butte aux cailles, 75013 Paris
D.: Jacques Le Glou
Tel.: +33-1-44 16 88 44 Fax: -45 65 07 47
Macadam Tribu (Laplaine), Le grand blanc de Lambarene (Ba Bobhio), Po di Sangui (Gomez), Rue Princesse (Duparc), Wendemi (Yaméogo), Toubab Bi (M. Touré), Tabataba und Quand les étoiles rencontrent la mer (Rajaonarivelo).

Großbritannien

BFI – The British Film Institute
African and Caribbean Unit
21, Stephen Street, London W1P 2LN
Tel.: +44-171-2 55 14 44 Fax: -4 36 79 50

NFTS – Distribution Service
Beaconsfield Studios
Station Road Beaconsfield, Bucks HP 91 LG
D.: Richard Jenkins
Tel.: +44-149-4 67 12 34 Fax: -4 67 40 42

Informationsdienste

California Newsreel: Film and Video Library of African Cinema
149 Ninth Street, San Francisco, CA 94103
Tel.: +1-415-6 21 61 96 Fax: -6 21 65 22

CICIM – Centre d'Information Cinématographique de l'Institut Français
Kaulbachstr. 13, 80539 München
Tel.: 089 - 28 66 28-37/-38/-39; Fax: /- 40
Organisation von Filmreihen zum französischsprachigen Kino; Herausgeber der Buchreihe CICIM

Cimade – Service oecuménique d'entre aide
176, rue de Grenelle, 75007 Paris
Tel.: +33-1-44 18 60 50 Fax: -45 56 08 59

Spielfilmliste / Kurzfilmliste
Gemeinsam herausgegeben vom Gemeinschaftswerk der Evangelischen Publizistik e.V. (GEP) und dem Institut Jugend Film Fernsehen (JFF)
GEP: Postfach 50 05 50, 60394 Frankfurt am Main
Tel.: 069 - 5 80 98 - 0/Fax: -5 80 98 - 254
JFF: Pfälzer-Wald-Str. 64, 81539 München
Tel.: 0 89 - 6 89 89-200 Fax: - 6 89 89 -111
Mitarbeiter des JFF für Afrika-Fragen:
Fernand Jung, Volksdorf 2, 84326 Falkenberg,
Tel/Fax: 0 87 27 - 525

Zoom – Zeitschrift für Film
Bederstr. 76, CH-8027 Zürich
Redaktion: I. Waldner
Tel.: +41-1-2 02 01 33 Fax: -2 02 49 33
siehe auch Cinémafrica, Festival Zürich

Internet-Adressen

Afrikanische Filme

Africa Film
http://www-sul.stanford.edu/depts/ssrg/africa/film.html
Übersicht über die besten Links zum Themengebiet Afrikanische Filme

African and Afro-American Media Booklist
http://www.ids.net/~picpal/afribib.html
Übersicht über die Standardwerke zu afrikanischer und afroamerikanischer Präsenz in den Medien

Homepages der internationalen Filmfestivals siehe in der Festivalliste (S. 250 ff)

African/Cultural Studies

Black Cultural Studies Website
http://dialin1.wing.net/~armedia/bcs.html
Links zu diversen TheoretikerInnen der Cultural Studies (Homepages, Bibliographien Essays von Stuart Hall, Paul Gilroy, Wahneema Lubiano, Arthur Jafa, Houston A. Baker Jr., Kobena Mercer, Manthia Diawara, Hortense J. Spillers); wird ständig erweitert

WWW Virtual Library: African Studies
http://www.w3.org/pub/DataSources/bySubject/AfricanStudies/africanWWW.html
Übersicht/Knotenpunkt der African Studies zu überwiegend us-amerikanischen Universitäten

African Studies WWW (U. Penn)
http://www.sas.upenn.edu/African_Studies/AS.html
Knotenpunkt der Universität von Pennsylvania zu einer umfangreichen Linkliste in bezug auf afrikanische Themen

Afrikanische Netzwerke

Africa Online
http://www.africaonline.com/

Burkina Faso Homepage
http://rubis.iie.cnam.fr/~castera/burkina/index.html

AFRIC NETWORK: l´Afrique, c´est encore un secret pour tout le monde
http://www.afric-network.fr/

Boutique d'information audiovisuelle des trois mondes
http://bekia.msh-paris.fr/biblio

AfricaNet
http://www.ina.fr/CP/AeL/index.fr.html

Gumbo YaYa
http://www.pacificnet.net/geechee/yaya.html

AFRIKA – SACHBÜCHER

Walter Michler

Afrika – Wege in die Zukunft

Ein Kontinent zwischen Bürgerkriegen und Demokratisierung
ISBN 3-89502-020-6 (zahlr. Grafiken, Tabellen, Kastentexte)

»... sowohl als spannende Lektüre als auch als Hand- und Arbeitsbuch zu empfehlen.« ARD/ZDF-Videotext
»Ein engagiertes und sachkundiges Buch...« ekz
»Kenntnisreich hat jetzt Walter Michler in seinem Buch ein faires Bild vom ›Schwarzen Kontinent‹ gezeichnet. Fakten gegen Vorurteile gestellt.« missio

Mano Dayak

Die Tuareg-Tragödie

A. d. Franz. v. S. Köppen
ISBN 3-89502-39-7 (mit Farbfotos)

Mano Dayak schreibt als erster Tuareg die Geschichte seines Volkes. Er beschreibt die Kultur der Tuareg und die Überlebensstrategien in der Wüste, die sich seit Jahrhunderten bewährt haben, und er schildert ausführlich den politischen Konflikt mit der Zentralregierung sowie das Ringen um eine friedliche Lösung.

Stefanie Christmann

Die Freiheit haben wir nicht von den Männern

Frauen in Eritrea
ISBN 3-89502-040-0 (zahlr. Fotos)

Dieses Buch schildert die sozialen und ökonomischen Probleme der ehemaligen Freiheitskämpferinnen und das Leben von Frauen der verschiedenen eritreischen Ethnien. In ausführlichen Interviews kommen im zweiten Teil viele Frauen selbst zu Wort.

Inga Nagel

Die kleinen Frauen Afrikas

Mädchen in Burkina Faso
ISBN 3-89502-040-0 (zahlr. Fotos, 2. Auflage 1997)

Die Autorin, die sich seit langen Jahren in Burkina Faso aufhält, beschreibt sehr anschaulich die Probleme von Mädchen und jungen Frauen in einem afrikanischen Land. Neben Schule und Ausbildung werden auch traditionelle Erziehungseinrichtungen untersucht. Dazu kommen Geschichten und Lebensberichte.

Dies ist nur ein kleiner Ausschnitt aus unserem Programm.
Bitte fordern Sie doch unser aktuelles Gesamtverzeichnis an:

Horlemann-Verlag · Postfach 1307 · 53583 Bad Honnef